HERVÉ RYSSEN

I MILIARDI DI ISRAELE
Truffatori ebrei e finanzieri internazionali

Hervé Ryssen

Hervé Ryssen (Francia) è uno storico e un ricercatore approfondito del mondo intellettuale ebraico. È autore di dodici libri e di diversi documentari video sulla questione ebraica. Nel 2005 ha pubblicato *Speranze planetarie*, un libro in cui dimostra le origini religiose del progetto globalista. *Psychoanalysis of Judaism*, pubblicato nel 2006, mostra come l'ebraismo intellettuale presenti tutti i sintomi della patologia isterica. Non si tratta di una "scelta divina", ma della manifestazione di un disturbo che ha le sue origini nella pratica dell'incesto. Freud aveva pazientemente studiato la questione sulla base di quanto osservato nella propria comunità.

La Francia ospita una delle più grandi comunità ebraiche della diaspora, con una vita culturale e intellettuale molto intensa. Hervé Ryssen ha potuto sviluppare il suo ampio lavoro sulla base di numerose fonti storiche e contemporanee, sia internazionali che francesi.

I miliardari di Israele
Truffatori ebrei e finanzieri internazionali

Les milliards d'Israël, Escrocs juifs & financiers internationaux,
Levallois-Perret, Baskerville, 2006.

Tradotto e pubblicato da
Omnia Veritas Limited

www.omnia-veritas.com

© Omnia Veritas Limited - Hervé Ryssen - 2023

Tutti i diritti riservati. Nessuna parte di quest'opera può essere riprodotta in qualsiasi forma senza la previa autorizzazione scritta dei titolari del *copyright*. La violazione di questi diritti può costituire un reato di copyright.

PARTE PRIMA **13**

LE GRANDI TRUFFE 13
   1. Frode all'IVA *19*
      Il caso Eurocanyon 22
      Il caso Rubens Lévy 23
      La grande truffa del biossido di carbonio (CO2) 27
      L'inizio della truffa 27
      L'impunità degli enarchi 33
      Fabrice Sakoun, assente al momento del verdetto 40
      La polizia di Lione è in buone mani 43
      Il "Flacucho": il più grande di tutti! 48
      Piccoli punteggi tra amici 51
      Sulle tracce della CO2 54
      Come mettere a tacere l'antisemitismo? 57
   2. Frode pubblicitaria *62*
      Le 800 vittime dei falsi gendarmi 62
      Vittime "franco-israeliane 63
      Le 544 vittime di Jonathan Zeitoun 64
      Jacques Benayoun ha truffato gli agricoltori 65
      Il libro d'oro della polizia di Monte Carlo 68
   3. Falsi ordini di trasferimento *71*
      La mostruosa faccia tosta di Gilbert Chikli 77
   4. Truffe varie ed eventuali *82*
      Il caso Badache-Apollonia 82
      Denaro sottratto agli enti di beneficenza 87
      Traffico di carte bancarie 90
      I truffatori del mercato 91
      I buoni affari di Re Salomone 95
      I contraffattori 100
      Frode della memoria 106
      La vendetta di Oscar Friedman 114
      Il Talmud e la mentalità ebraica 118

PARTE SECONDA **123**

GLI SQUALI DELLA FINANZA 123
   1. Lo schema piramidale *123*
      Bernard Madoff, il campione assoluto 124
      Una shoah finanziaria 126
      Tra negligenza e complicità 128
      Le presunte vittime erano in realtà sue complici 131
      Risarcimento delle vittime 138
      La morte del goy 139
      I piccoli Madoff 141
      Scott Rothstein e il suo miliardario 142
      Bruce Friedman, un Madoff californiano 143
      Eliyahu Weinstein ha truffato la sua comunità 143
      Tzvi Erez, il piccolo Madoff "canadese 144

- Nevin Shapiro si rilassa a Miami 144
- Philip Barry e il business del porno 145
- Barry Tannenbaum: un Madoff sudafricano 145
- Ezri Namvar, il Madoff della costa occidentale 146
- Due Madoff si suicidano 146
- Seymour Jacobson: uno svizzero che amava il Belgio 147
- Claire Arfi, un "Madoff in gonnella". 147
- Contanti veloci, facili ed efficaci 150

2. *Le grandi frodi in borsa* *152*
- Purtroppo Abraham Hochman è morto. 152
- Michael Milken e le obbligazioni spazzatura 153
- Jordan Belfort: un Leonardo DiCaprio con la kippah 160
- La truffa della bolla dotcom 171
- Il reato di abuso di informazioni privilegiate 173
- Ivan Boesky: il punto di riferimento in questo campo 174
- Steven Cohen: "Si mangia ciò che si uccide". 175

3. *La rapina alla Federal Reserve* *177*
- I prestiti predatori e la crisi dei subprime 179
- La truffa dei CDO 187
- CDS: Armi di distruzione di massa 191
- Lo scandalo dei pignoramenti 200
- Far pagare il contribuente 203
- ODC sintetici, frutti dell'amore 212
- Reclami contro Goldman Sachs 222
- Criminali ai vertici dello Stato 225
- Il risveglio dell'antisemitismo 230

4. *I super predatori* *233*
- Goldman Sachs in Grecia: magia finanziaria 234
- George Soros e la speculazione 238
- Miliardari cosmopoliti 240
- Miliardari "visibili e influenti" 245
- Banchieri cosmopoliti e rivoluzionari socialisti 246
- La frode della Federal Reserve 251

5. *Una mentalità unica* *256*
- Beate le monete d'oro 257
- Sulla sofferenza di essere un banchiere 261
- Acquisto di protezione 264
- Il prestito fruttifero 269
- Rapacità patologica 274
- Terribili pregiudizi 278

IL PROGETTO COSMOPOLITAN **287**

ALTRI TITOLI 297

I MILIARDI DI ISRAELE

Gli ebrei hanno un rapporto molto particolare con il denaro. Non si tratta di un odioso "pregiudizio antisemita", ma di una realtà tangibile, dato che gli ebrei sono ampiamente sovrarappresentati tra i miliardari del mondo[1]. Da sempre, sparsi in tutti i Paesi, sono famosi per il loro coinvolgimento nel commercio internazionale. Sono anche, da secoli, i maestri delle banche e della speculazione. Naturalmente, tutti gli speculatori, tutti i maestri della finanza e del commercio internazionale non sono ebrei; e viceversa, tutti gli ebrei non sono impegnati in questi traffici. Ma è innegabile che abbiano svolto e continuino a svolgere un ruolo cruciale.

Per spiegare la loro predominanza nel sistema finanziario, gli intellettuali ebrei ripetono in continuazione che, essendo il prestito a interesse vietato dal cristianesimo e dall'islam, gli ebrei sono stati in qualche modo spinti a farlo loro malgrado. Ma questo significa dimenticare un po' troppo in fretta che i banchieri ebrei erano già i padroni della professione, e questo molto prima dell'avvento del cristianesimo e, a maggior ragione, dell'Islam.

Inoltre, gli storici ebrei spesso sostengono che nelle terre cristiane, per secoli, la pratica di altri mestieri era loro vietata e che quindi sarebbero stati costretti a dedicarsi ad attività legate al denaro. In realtà, nella storia non c'è mai stato alcun divieto per gli ebrei di dedicarsi a un mestiere produttivo. Per quanto se ne sa, nessuno ha mai impedito a un ebreo di fare il falegname o l'ebanista, il fabbro o il contadino. D'altra parte, il codice di diritto ebraico vieta agli ebrei di coltivare terre straniere. In ogni caso, preferivano intraprendere professioni che consentissero loro di sfruttare le proprie capacità intellettuali e le

---

[1] *Milliard* in francese corrisponde a 1000 milioni, cioè a un miliardo in inglese. Sebbene questa parola compaia nel dizionario RAE, è usata raramente, per questo motivo la usiamo solo per tradurre il titolo originale del libro. Quindi, in francese, un "*milliardario*" è un individuo multimilionario con più di 1 miliardo (nota del traduttore, NdT in poi).

proprie abilità finanziarie, tenendo sempre presente la possibilità di fuggire in caso di problemi nel Paese ospitante.

Gli ebrei sono stati espulsi da tutti i Paesi, da tutti i tempi, in tutte le epoche, quando non sono stati direttamente massacrati: dagli egiziani, dai babilonesi, dai greci, dai romani, dai cristiani e dai musulmani; sempre e ovunque. E ogni volta - come abbiamo mostrato nella nostra *Storia dell'antisemitismo* - la ragione principale addotta era l'usura, cioè il prestito a interesse abusivo, che rovinava contadini e mercanti e rendeva le comunità ebraiche di tutte le città immensamente più ricche. La ricettazione era un'altra accusa frequente citata nei testi, così come il loro manifesto odio verso la Chiesa e i goyim in generale. In tutta Europa li si vedeva praticare il contrabbando alle frontiere, tagliare la moneta, lavare i ducati d'oro nell'acido, usare l'arsenico per dare all'ottone il colore dell'oro, "tradire e ingannare i cristiani" in mille modi. Nulla è cambiato da questo punto di vista, ma le truffe, dall'inizio di questo millennio, hanno assunto una portata senza precedenti. Il fatto è che le grandi truffe sono la loro specialità quasi esclusiva. Anche in questo caso, nessuno li ha mai guidati su questa strada. Perché, a dire il vero, trovano in se stessi, nel Talmud (il loro libro sacro che contiene gli insegnamenti dei rabbini[2]) e nelle loro tradizioni ancestrali, le risorse psicologiche, morali e intellettuali per imbarcarsi in simili imprese.

---

[2] Per saperne di più sul Talmud, leggere Hervé Ryssen, *Psicoanalisi dell'ebraismo (e l'Appendice I)*. (NdT).

PARTE PRIMA

LE GRANDI TRUFFE

Le più grandi truffe della storia hanno avuto luogo all'inizio del secolo, a tal punto che i record sono stati frantumati - non semplicemente superati, ma proprio frantumati. Nel nostro precedente libro sulla mafia cosmopolita, pubblicato nel 2008, abbiamo evocato alcuni casi che oggi possono sembrare appartenere a un'altra epoca:

Claude Lipsky, ad esempio, è stato definito il "truffatore del secolo" quando è scoppiato il caso nel settembre 2000. Dal 1987, Claude Lipsky offriva investimenti a militari francesi in pensione o ancora in servizio nel continente africano. Ufficiali e sottufficiali avevano accumulato redditi confortevoli grazie ai loro stipendi di soldati in missione all'estero, e questi risparmi avevano attirato l'attenzione del truffatore, che aveva offerto loro un rendimento annuo superiore al 10% su capitali affluiti per 50.000 franchi. Circa 175 milioni di franchi (26,7 milioni di euro) si sono volatilizzati e diverse centinaia di soldati hanno costituito un'associazione per denunciare la truffa. Il 21 maggio 2007, davanti al tribunale di Versailles, il 75enne "*uomo d'affari franco-israeliano*" continuava a sostenere la propria innocenza. Non aveva sottratto i fondi: "*Erano andati perduti. Come in tutte le società finanziarie, a volte funziona molto bene, altre volte ci sono problemi*", aveva detto ai giornalisti. Claude Lipsky aveva a sua volta promesso a uomini d'affari e pensionati succulenti investimenti nella metropoli. Questa è la testimonianza di Suzette, una ristoratrice di 54 anni di Loir-et-Cher: "*Ci è stato presentato dal nostro banchiere. Così, anche se avevo qualche dubbio, gli ho dato 750.000 franchi. Quando poi ho capito di essere stato ingannato, sono andato a trovare Lipsky nel Var, dove ha una sontuosa proprietà. Il colloquio fu inutile e lo denunciai*". Per Pierrette e Louis, 73 e 77 anni, il copione era stato identico: "*Abbiamo consegnato 900.000 franchi, frutto della vendita della nostra attività di surgelati quando siamo andati in pensione. Non abbiamo più nulla*", hanno dichiarato sconvolti.

Vale la pena ricordare anche Jacques Crozemarie, il presidente dell'Associazione per la Ricerca sul Cancro (ARC). L'uomo appariva regolarmente in televisione nelle pubblicità per convincere i telespettatori a inviargli il loro denaro. La gente comune non sapeva che centinaia di milioni di franchi venivano sottratti dal truffatore per finanziare il suo lussuoso stile di vita. Lo scandalo era scoppiato nel gennaio 1996. Il rapporto della Corte dei Conti aveva rivelato che solo il 26% delle donazioni ricevute dall'ARC arrivava effettivamente agli scienziati. 327 milioni di franchi (30 milioni di euro) sono stati sottratti tra il 1990 e il 1995, come ha rivelato il processo aperto nel maggio 1999, pari a 8.000 euro in contanti a settimana. Jacques Crozemarie si era dimesso dalla direzione dell'associazione, ma continuava a sostenere la propria innocenza e, sicuro di sé e dei propri diritti, nel 1999 si era rivolto al tribunale correzionale "mandando a quel *paese*" la presidente, accusandola di "*non fare nulla per il cancro*" e arrivando a mettere in dubbio la competenza dei magistrati della Corte dei Conti: "*Non sanno contare*", avrebbe detto davanti a tutti. Con una sfacciataggine fenomenale, ha poi dichiarato alle telecamere: "*Sarei un criminale se avessi intascato qualcosa, ma guardate le mie spese di rappresentanza, sono nulle! Non mi rimborsano nemmeno il conto del ristorante!*". Il servizio di Emmanuel Cohen nel programma *Secrets d'Actualité* del 26 marzo 2006 lo mostra debole, che lotta con il suo bastone mentre entra in aula. Ma poche ore prima, alcune foto scattate alle sue spalle lo mostravano in una stazione di servizio mentre camminava senza bastone. Si scoprì anche che il suo camice bianco non era altro che un travestimento di circostanza: il capo dell'ARC non era mai stato un medico. Non aveva mai studiato medicina, ma questo non gli impediva di presentarsi spesso circondato da eminenti scienziati, in posa con il suo camice bianco. Con il suo dottorato "*honoris causa*" dell'Università di Tel Aviv, era riuscito a controllare tutti gli ingranaggi della principale associazione che sollecitava la generosità dei francesi e truffava 3,5 milioni di donatori.

Il caso del Sentier era più importante. Il Sentier, nel centro di Parigi, era il quartiere dell'abbigliamento. 5000 produttori e grossisti lavoravano ogni giorno accanto ai loro dipendenti, quasi tutti immigrati clandestini che venivano sfruttati "alla vecchia maniera", a volte per quindici ore al giorno. Lavoravano alle macchine da cucire o per strada, scaricando camion e caricando rotoli di tessuto. Questi innumerevoli schiavi salariati provenienti da Paesi poveri, che accettavano un lavoro ingrato in cambio di un salario misero, facevano la felicità dei padroni cosmopoliti.

Nel 1997, Sentier è stato l'epicentro di una gigantesca truffa. Si trattava di un sistema di "*cavalleria*": una "cambiale" permette al fornitore di essere pagato dal suo cliente immediatamente invece che tre mesi dopo. La banca, che paga al posto del cliente, applica semplicemente una commissione. Il cliente pagherà il debito contratto alla banca entro tre mesi. Si tratta di una situazione vantaggiosa per tutte le parti. Tuttavia, se il cliente rivende immediatamente la merce con un profitto, può essere pagato da un'altra banca con lo stesso sistema. Tra quello che paga alla prima banca in tre mesi e quello che la seconda banca gli paga immediatamente, il cliente realizza un profitto rivendendo il prodotto più costoso. Il secondo cliente non deve fare altro che ripetere la stessa cosa con un terzo, e il terzo con un quarto, e così via. E poiché nessuno controllerà se le consegne sono reali, non è nemmeno necessario che la merce venga effettivamente consegnata. Alla scadenza della cambiale, il cliente non paga il suo debito con la banca, la quale si rivolge al fornitore... che è scomparso e fallito. Il cliente allora sostiene di non poter pagare perché il fornitore non ha consegnato la merce, che in realtà non è mai esistita. Questa è la "cavalleria"[3].

Tra aprile e giugno 1997, nel Sentier sono state emesse 2.700 cambiali, preludio di numerosi fallimenti. 93 società avevano lasciato insoluti banchieri e fornitori per 540 milioni di franchi, "*ma se l'inchiesta avesse riguardato le 768 società potenzialmente coinvolte, si sarebbe superato il miliardo di franchi*" (Libération, febbraio 2001). (*Libération*, 20 febbraio 2001). Le società sono state create a questo scopo, gestite da disoccupati reclutati per la truffa.

Oltre alla "*cavalleria*", c'era la "*carambouille*". La *carambouille* è una procedura un po' più primitiva che consiste nell'acquistare beni senza pagarli, venderli con uno sconto e sparire al momento giusto. C'erano state anche frodi assicurative. Gli incendi avevano distrutto i magazzini di Aubervilliers. I magazzini di merci fittizie sarebbero andati a fuoco e le assicurazioni avrebbero dovuto pagare 16 milioni di franchi. Tutto ciò ha fatto dire a un poliziotto: "*Non ho mai visto tanti Rmisti*

---

[3]In questo sistema, spesso si utilizza una facciata fittizia per simulare le transazioni commerciali agli occhi della banca o di un altro finanziatore, al fine di far passare il nuovo prestito come un profitto. Attraverso questa facciata, il mutuatario alimenta la sua apparenza di rispettabilità e solvibilità, e quindi la fiducia del finanziatore, e quindi la sua propensione a ottenere nuovi fondi dal finanziatore. La tecnica si presta facilmente all'accumulo di denaro: il truffatore può utilizzare il denaro per presentarsi come cliente solvibile di un complice, che a sua volta otterrà un prestito più grande, e così via (NdT).

[beneficiari del RMI (reddito minimo)] girare in BMW". Quando nel luglio 1997 le banche decisero di avvertire la Procura, era ormai troppo tardi. Nel novembre 1997 e nel marzo 1998, due spettacolari retate della polizia avevano portato a 188 arresti. La mente dell'operazione, soprannominata "lasciare la banca piantata", era Haïm Weizman, che aveva l'abitudine di aggirarsi per il quartiere Sentier vestito con la tuta di Tsahal, a ricordo del suo grado di sergente capo dell'esercito israeliano. La sua rete aveva mobilitato 23 delle 54 società "attive" attorno alle quali era organizzata la truffa. 31 membri della sua squadra sono stati incriminati, ma lui ha preferito fuggire in Israele con altri complici. Il caso Sentier ha richiesto diciotto mesi di indagini giudiziarie. Quindici persone erano ancora latitanti e trentatré banche si erano costituite parte civile. Il processo si è svolto a Parigi a partire dal 20 febbraio 2001 ed è durato circa dieci settimane, data l'ampiezza del procedimento. Hanno testimoniato 124 imputati, tutti accusati di frode organizzata. Oltre alle pene detentive, l'accusa di racket, che era stata mantenuta, obbligava gli imputati a rimborsare in solido le banche e i fornitori. La somma da pagare era di 280 milioni di franchi: "*Ci vogliono morti*", si è lamentato Samy Brami dopo l'udienza. "*Vogliono ucciderci con i soldi*", ha infine esclamato disperato.

Il 10 maggio 2004, la camera istruttoria del tribunale di Parigi ha esaminato il dossier "Sentier II", incentrato sulle reti di riciclaggio di denaro tra Francia e Israele. 142 persone sono state accusate di riciclaggio di denaro: 138 individui e quattro banche. Il processo Sentier II è iniziato nel febbraio 2008 e doveva durare fino a luglio. Il traffico consisteva nell'"avallare" gli assegni, cioè modificare il nome del beneficiario con la semplice apposizione di un timbro bancario sul retro. La girata è vietata in Francia dagli anni '70, come in quasi tutto il mondo, tranne che in Israele. L'assegno veniva consegnato a un "cambiavalute" in cambio di denaro contante (meno la commissione). Il cambiavalute depositava poi l'assegno nella sua banca israeliana e quest'ultima si faceva accreditare il conto dalla banca francese. Il contante permetteva di frodare il fisco francese o di pagare gli stipendi in nero. La Brigata di investigazione finanziaria (Brif) aveva esaminato meticolosamente tutti gli assegni da oltre 20.000 franchi che circolavano tra la Francia e Israele, ed era emerso che il traffico di assegni riciclati in contanti ammontava a più di 1 miliardo di franchi. Le banche non potevano certo verificare tutto, visto il numero di assegni in circolazione - diverse decine di migliaia al giorno. Ma gli investigatori ebbero dei sospetti fondati quando scoprirono che una banca accettava di trasferire un assegno intestato al Tesoro o all'URSSAF[4] a favore di una terza persona con una semplice dicitura in ebraico sul retro. Con questo sistema era effettivamente possibile riciclare qualsiasi assegno rubato, il che spiegava la scomparsa di numerosi sacchi postali nei centri di smistamento delle Poste. A volte, i beneficiari degli assegni rubati venivano chiamati semplicemente "signor Urssaffi" o "pubblicità del Tesoro". Le centinaia di assegni Sentier venivano raccolti e poi inviati in Israele invece di essere incassati nelle banche francesi. Gli ebrei chassidici Chabad-Lubavitch[5], in abiti tradizionali e che difficilmente sarebbero stati perquisiti all'aeroporto, avevano il compito di portare gli assegni oltre il confine, le valigie piene di assegni all'andata a Roissy e i contanti al ritorno da Israele. Erano coinvolti sei rabbini del movimento Chabad-Lubavitch e più di venti leader di associazioni. Hanno rifornito i commercianti del Sentier di valigie di contanti.

La truffa della falsa pubblicità, iniziata nell'agosto 2003, consisteva nella vendita di annunci pubblicitari su pubblicazioni specializzate edite da associazioni di polizia, gendarmeria, vigili del fuoco e ministero delle Finanze. I truffatori offrivano questi annunci ai piccoli commercianti nella convinzione che un'inserzione in una rivista della polizia o in un annuario fiscale li avrebbe aiutati a evitare una multa o un adeguamento fiscale. Gli spazi pubblicitari non esistevano, ma gli assegni venivano incassati in Israele. In diciotto mesi, i truffatori avevano accumulato un bottino di 55 milioni di euro. Le intercettazioni telefoniche hanno permesso di risalire alla mente dell'operazione: Samy Souied, che aveva rapporti d'affari con il direttore della banca Hapoalim in Israele. Dopo questo caso - come vedremo - la truffa è diventata ancora più grande e Samy Souied è tornato alla ribalta.

Nel marzo 2008 è scoppiato un altro scandalo. Era stata smantellata una gigantesca rete di frodi all'IVA. Una quindicina di persone sono state accusate di aver sottratto allo Stato 100 milioni di euro. Un record in Francia per questo tipo di frode. Dopo due anni di indagini, la mente, Avi Rebibo, 38enne franco-israeliano, e la sua banda sono stati accusati

---

[4] In Francia, le Unioni per la riscossione dei contributi di sicurezza sociale e degli assegni familiari (URSSAF) sono enti privati con una missione di servizio pubblico che rientrano nel ramo "riscossione" del sistema generale di sicurezza sociale (NdT).
[5] Sui mistici ebrei, in particolare i chassidim di Chabad Lubavitch, si legga *Psicoanalisi dell'ebraismo (e l'Appendice V)*. (NdT).

di frode organizzata. Ancora una volta, dal 2008, questo tipo di frode ha assunto proporzioni gigantesche.

Allo stesso modo, ha avuto grande risalto la truffa del "bonifico fasullo" o "truffa del presidente", che consisteva nel telefonare all'indirizzo del dipartimento finanziario di una grande azienda, fingendo di essere il presidente e chiedendo un bonifico bancario. Il primo esempio di questo tipo di truffa si è verificato nel luglio 2005. Con formidabile sfacciataggine, Gilbert Chikli aveva manipolato al telefono la responsabile di un'agenzia, convincendola a consegnare 23 milioni di euro in contanti in una valigia. Gilbert Chikli si è poi ritirato in Israele, lasciando dietro di sé numerosi seguaci e imitatori.

Tutti questi casi, e alcuni più vecchi, sono stati descritti in dettaglio nel nostro libro del 2008 sulla mafia[6]. Vedremo di seguito che sono piuttosto piccoli rispetto alle enormi truffe che hanno avuto luogo in Francia, in Europa e negli Stati Uniti dal 2008.

---

[6] *La mafia ebraica*. Si veda anche *Lo specchio del giudaismo* (2009) e *Storia dell'antisemitismo* (2010).

1. Frode all'IVA

Le frodi sull'IVA (imposta sul valore aggiunto) hanno ricevuto poca attenzione da parte dei media da quando, nel 2009, è scoppiato lo scandalo delle frodi sulla carbon tax (CO2). Miliardi di euro sono stati volatilizzati, o meglio - per dirla senza mezzi termini - rubati dalle tasche dei contribuenti da truffatori senza scrupoli. Anche se altri casi di frode dell'IVA si erano già verificati prima della grande truffa della CO2: soprattutto con i telefoni cellulari, ma anche in generale con prodotti costosi, piccoli e facilmente trasportabili: computer, microchip, videogiochi, per non parlare del gas, dell'elettricità o delle carte telefoniche prepagate.

Il funzionamento di queste frodi era molto semplice. Facciamo un esempio: un'azienda A con sede in Francia acquista 100.000 euro di telefoni cellulari senza IVA da un'azienda B con sede in Belgio. L'azienda A non paga l'IVA in Belgio, poiché non esiste l'IVA sulle vendite tra paesi intracomunitari. In seguito vende i prodotti a un'azienda complice C, anch'essa francese, che fa un buon affare (90.000 euro, ad esempio, IVA esclusa + 18.000 euro di IVA, cioè 108.000 euro; consideriamo qui un'aliquota IVA del 20%).

Una volta addebitata l'IVA, la società A dovrebbe essere in perdita, poiché ha pagato 100.000 euro per l'acquisto e ha venduto i beni per 108.000 euro, IVA inclusa, da cui vanno dedotti i 18.000 euro di IVA locale sulla vendita: quindi una perdita di 10.000 euro. Tuttavia, se la società non paga l'IVA allo Stato francese e scompare, ottiene un profitto di 8.000 euro. Questa è la cosiddetta società di comodo, o "taxi", o "difettosa", o, in francese sefardita, "*petadora dell'IVA*". L'azienda C, dal canto suo, applicherà l'IVA al consumatore finale. Ha quindi acquistato un prodotto più economico, che le ha permesso di abbassare il prezzo di costo e di sfruttare un vantaggio competitivo che le consente di aumentare le vendite e i profitti.

Il cosiddetto "carosello dell'IVA" non è molto complicato. Immaginiamo che l'azienda C, invece di rivendere i beni al consumatore finale, li rivenda all'azienda B in Belgio - senza IVA, poiché si tratta di una vendita intracomunitaria. In questo caso, la merce torna al punto di partenza ed è pronta a circolare di nuovo. Questa frode è quindi soprannominata "carosello", in riferimento alla famosa giostra girevole con i cavalieri di legno. In questo caso, la perdita dello Stato è duplice, poiché prima non riceve l'imposta prelevata dalla società "difettosa" A, e poi perde la stessa imposta da parte di C, poiché la merce è stata esportata in un Paese dell'Unione Europea.

In questo modo è possibile intrecciare diverse società di comodo tra i diversi attori. La società C, ad esempio, invece di rivendere i telefoni direttamente alla società B in Belgio, può rivenderli alla società D in Lussemburgo, che a sua volta li rivenderà alla società B. Il ciclo ricomincia quando la società B li rivende per 100 000 euro alla società francese A. E il ciclo ricomincia quando l'azienda B li rivende per 100.000 euro all'azienda francese A. Quando lo schema è perfettamente funzionante, le merci, che hanno circolato attraverso diversi Stati membri, tornano al punto di partenza e riprendono lo stesso circuito. E invece di consegnare merci costose e poco ingombranti, ci si può limitare a consegne fittizie.

Questo sistema di IVA intracomunitaria è stato introdotto nel 1993 con il Trattato di Maastricht, che ha abolito le frontiere fiscali e quindi anche i controlli doganali alle frontiere dell'Unione. Da Maastricht, quindi, non è più necessario controllare se il contenuto di un camion corrisponde alla fattura che lo accompagna, quindi perché consegnare merci quando si sa che torneranno comunque al punto di partenza?

In un rapporto pubblicato nell'aprile 2004, la Commissione Europea è apparsa preoccupata per l'aumento di questa frode, *"preoccupante per molti Stati membri: può rappresentare fino al 10% del loro gettito netto dell'IVA"*. In Francia, nel 2006, il gettito netto dell'IVA ammontava a[7] 127 miliardi di euro. E per quel 2006, secondo una relazione della Corte dei Conti del 9 marzo 2012, il tasso di frode è stato stimato al 7%[8]. Nel 2011, secondo un rapporto della Commissione Finanze dell'Assemblea Nazionale, le frodi IVA nel loro complesso ammontavano a 10 miliardi di euro all'anno, mentre solo un centinaio di agenti doganali erano coinvolti nella loro supervisione.

---

[7] All'epoca l'IVA rappresentava il 51% del gettito fiscale totale.
[8] A questa relazione era seguita una legge (art. 7 bis della legge finanziaria di modifica del 2012) che mirava a creare un meccanismo di autovalutazione dell'IVA per le forniture di gas naturale, elettricità e comunicazioni elettroniche, *"effettuate da un fornitore stabilito in Francia per scopi diversi dal consumo o dall'utilizzo da parte dell'acquirente soggetto a IVA in Francia"*.

Il quotidiano economico *L'Expansion* aveva scoperto un'enorme truffa all'inizio di novembre 2005. Charles-Emmanuel Haquet aveva intitolato il suo articolo *L'impunità dei professionisti della truffa dell'IVA*: "*Camion fantasma carichi di telefoni cellulari. Decine di società corrotte. Un capo banda nascosto in Argentina. Un bottino di 60 milioni di euro... Ci sono voluti quattro anni di indagini, controlli e intercettazioni da parte delle autorità per mettere fine, lo scorso agosto, a una delle più grandi truffe dell'IVA del secolo*". Ma sappiamo da decenni che i record in questo settore vengono regolarmente superati, come vedremo di seguito.

"*Quante reti di questo tipo operano in Francia?*", si chiede Gilles Duteil, esperto di giustizia di Aix-en-Provence. "*In Francia nessuno è consapevole delle dimensioni del fenomeno. Tuttavia, si tratta di un reato grave. Più importante, in totale, della somma del traffico di droga*".

In quell'articolo si parlava di "*mafie pakistane e italiane*". Non ci dicono di più... I criminali "*facevano circolare la merce in diversi Paesi europei*". Si trattava soprattutto di "*prodotti ad alto valore aggiunto e a basso volume, come telefoni cellulari o componenti elettronici*". Ci è stato detto che spesso i prodotti facevano "*diverse decine di giri, il record assoluto è un pallet di cartucce d'inchiostro sequestrato dalla polizia belga dopo essere stato venduto seicento volte!*". Per i criminali il profitto è duplice: rubano somme astronomiche agli Stati membri e vendono la merce in perdita per poterla smaltire più rapidamente.

La Direzione generale delle imposte, che dal 1993 si occupa della riscossione dell'IVA intracomunitaria, è stata molto discreta al riguardo. Si sapeva solo che i suoi investigatori erano sopraffatti dall'entità del compito. *Ogni mese segnaliamo la comparsa di nuovi caroselli alle nostre controparti francesi*", ha dichiarato Yannick Hulot, coordinatore fiscale dell'OCS (unità belga anti-carosello). *Non ne abbiamo più sentito parlare. Come se non avessero il tempo di occuparsi delle pratiche*".

Vincent Drezet, segretario nazionale dello Snui (Sindacato Nazionale Unitario Fiscale), ha confermato: "*In Francia ci sono 3,5 milioni di imprese soggette all'IVA e noi effettuiamo solo 51.000 controlli all'anno. Le nostre risorse sono insufficienti*". Gli agenti del fisco non hanno avuto un lavoro facile, in quanto le procedure sono state macchinose: "*Per effettuare una ricerca, il responsabile del fascicolo deve fornire prove tangibili della frode, ha spiegato Vincent Drezet. Deve dimostrare chi sono i complici, qual è lo schema di frode e quali sono le aziende coinvolte nel traffico... Solo allora può inviare una lettera raccomandata al sospettato. Va da sé che quest'ultimo è stato a lungo nella polveriera".*

Era quindi necessario affrettarsi a cogliere i criminali sul fatto. "Prima di tutto, *gli attori giudiziari dovrebbero essere pienamente consapevoli di questi schemi di frode. Ciò avviene raramente. Le indagini sono quindi rallentate*", lamenta Gilles Duteil, fondatore di un master professionale presso l'Università di Aix-Marseille, intitolato "Prevenzione e repressione della criminalità finanziaria". Gilles Duteil ritiene che sia necessario "*creare una piattaforma multidisciplinare*" per "riunire le *competenze doganali, fiscali e giudiziarie*".

In Francia, la lotta ai caroselli è di esclusiva competenza delle autorità fiscali. Tuttavia, il Belgio, che ha istituito una struttura di questo tipo, è riuscito a ridurre le frodi dell'80%. Alla fine del 2001, lo Stato belga aveva infatti decretato la lotta alle frodi IVA come "priorità nazionale". Era stata creata una cellula. La cellula riuniva polizia ed esperti fiscali ed era dotata di un programma informatico che scansionava i database giorno e notte e avvisava quando veniva individuato uno schema sospetto. "*Dove prima erano necessari due anni, abbiamo ridotto il tempo di intervento a tre mesi*". Così i truffatori hanno finito per stabilirsi nei Paesi vicini.

Il caso Eurocanyon

Nel nostro libro sulla mafia (2008), abbiamo citato il caso del marzo 2008. Era stata smantellata una gigantesca rete di frodi all'IVA e una quindicina di persone erano state accusate di aver sottratto allo Stato 100 milioni di euro. Si trattava della più grande frode di questo tipo mai vista in Francia. Dopo due anni di indagini, la mente, Avi Rebibo, un "franco-israeliano" di 38 anni, e la sua banda sono stati accusati di frode organizzata.

Avi Rebibo gestiva Eurocanyon, una società lussemburghese specializzata in telefonia mobile. Acquistava telefoni cellulari in Inghilterra in esenzione di IVA, per poi rivenderli senza profitto a società di copertura (IVA inclusa) che vendevano le apparecchiature a prezzi inferiori a quelli di mercato a una cinquantina di aziende, le quali a loro volta offrivano le partite di telefoni ai fornitori britannici. Il denaro usciva poi dal sistema attraverso una rete di trasferimenti tra conti offshore.

Avi Rebibo è stato accusato in particolare di aver gestito le società di "taxi". Il suo avvocato, Sylvain Maier, ha respinto categoricamente queste accuse. Secondo lui, Avi Rebibo era stato vittima dei suoi clienti che non avevano dichiarato l'IVA. Non aveva mai infranto la legge, ma *"poiché viveva in Israele, i dirigenti delle società accusate lo avevano accusato"*, ha dichiarato l'avvocato. Da allora non si è saputo più nulla di questa enorme truffa. Nessuna notizia su tutti i media tradizionali...

Il caso Rubens Lévy

Nel novembre 2009, il quotidiano Le Télégramme d'Ille-et-Vilaine ha riferito dell'apertura di un importante processo a Rennes. Quarantadue imputati provenienti da tutta la Francia sono stati accusati di frode organizzata, favoreggiamento, ricettazione, falsificazione di documenti e uso di documenti falsi. La truffa, che è stata parzialmente valutata dalle autorità fiscali francesi per oltre 20 milioni di euro di danni, era stata denunciata da un dirigente d'azienda di Nantes. Ci sono voluti otto anni di indagini per scoprire la truffa.

Il meccanismo era semplice: far credere al fisco che le merci venissero esportate dalla Francia verso i Paesi dell'UE per riscuotere l'IVA. I truffatori effettuavano vendite fittizie grazie a società di import-export reali o di nuova costituzione, a una banca compiacente e a complici nei porti di Le Havre, Dunkerque, Nantes e Brest. Le società emettevano fatture false a nome di società fittizie. In totale, dopo diversi anni di indagini e un migliaio di audizioni delle persone coinvolte, sono state trovate 1128 fatture.

Gli imputati erano accusati di aver dichiarato al fisco centinaia di milioni di franchi di false esportazioni. Per quattro anni, presunti fornitori, complici di presunti clienti, avevano fatto circolare fatture e documenti di trasporto per transazioni fittizie che, una volta presentate al fisco, avevano permesso di addebitare l'IVA al 20,6%. Le perdite per il fisco, che non ha verificato la realtà delle transazioni: 200 milioni di franchi su un fatturato di 1 miliardo di franchi.

L'indagine aveva rivelato lo stile di vita particolarmente ostentato dei principali imputati: auto di lusso, yacht, gioielli, opere d'arte, palazzi, ma il denaro dirottato verso i paradisi fiscali non era stato recuperato.

L'uomo che ha organizzato l'intera truffa si chiamava - mi dispiace per la comunità ebraica, ma era uno di loro: Rubens Levy. Era un uomo d'affari di Le Havre. *"Ha ammesso di aver partecipato allo schema, anche se ha sempre negato di essere stato l'ideatore e il principale beneficiario"*, ha spiegato il suo avvocato. *In effetti, durante le indagini del caso, era venuto volontariamente da Israele, un Paese da cui non si può essere estradati, per dare spiegazioni"*. Dopo il suo arresto, *Le Parisien* del 16 giugno 2000 spiegava: "Pur *ammettendo di aver reclutato società complici e di aver fatto trasferire denaro dai suoi conti in Svizzera e in Portogallo, sostiene che il suo ruolo si limita a quello di un semplice agente o mediatore d'affari e riesce a malapena ad abbozzare una descrizione dei suoi sponsor"*. Levy, a quanto pare, era un semplice intermediario e non un mandante.

Dieci anni dopo, il 10 aprile 2010, un articolo di Frederic Berg, pubblicato su *La Charente Libre*, riportava il processo del giorno precedente, che si era svolto dopo una deliberazione di due mesi. Si trattava apparentemente della *"più importante frode all'IVA mai scoperta in Francia"*, il che in realtà non era vero. Tra gli imputati c'erano dirigenti d'azienda, uomini d'affari e pensionati. Il pesce grosso (o "alma de càntaro"?) era un certo Daniel Berthelot, 65 anni, commercialista da poco in pensione, residente a Cognac. Era l'ex presidente della Federazione francese di judo e soprattutto un uomo di grande influenza, membro della Massoneria, in particolare della GLNF (*Grande Loge nationale française*). All'epoca dei fatti, Daniel Berthelot gestiva tre audit, ad Argenteuil, Cognac e Guyane. Anche suo figlio Julian, 36 anni, era stato accusato. Ex delegato dipartimentale dei giovani dell'RPR (ex partito liberale) della Charente, era direttore della società Euro-consultant, con sede a Cognac.

Il nocciolo della questione era scoprire chi fosse a conoscenza della truffa. Berthelot padre e figlio hanno giurato di non saperne nulla. Julian Berthelot aveva addirittura dichiarato: *"Le società interessate ricevevano una commissione dall'1,5 al 3%. Per quanto ci riguarda, non c'era alcun problema. Avevamo anche tutte le fatture delle operazioni"*. Il racconto di un episodio gioca a suo favore: due imputati avevano organizzato un incontro con lui a Londra per consegnargli dei documenti per autenticare alcune operazioni, e avevano raccontato al tribunale la messa in scena: ufficio in affitto, falsa targa sulla porta, ecc. "Sono *stato ingannato*", ha concluso il giovane Berthelot.

Anche il padre Daniel Berthelot, che si è detto *"devastato"* dalla copertura mediatica del caso, ha affermato di essere *"all'oscuro di tutto"*.

Ha spiegato di essersi "*pienamente fidato*" di Georges Toledano, l'uomo d'affari che lo aveva introdotto nel sistema. "*Stava cercando aziende che generassero IVA e che potessero essere interessate a prendere una commissione. Ne conosceva alcune*". Daniel Berthelot era servito solo come intermediario: "Non applicava *commissioni e pensava che le operazioni fossero legali. Sono rimasto sbalordito.*

Georges Toledano, 48 anni all'epoca dei fatti e ancora sefardita, era il proprietario dell'OCV, un'agenzia di viaggi situata in Rue Blanche a Parigi. Questa società aveva fatturato per lungo tempo una serie impressionante di viaggi a Xavier Dugoin, consigliere generale di Essone. Fino al giorno in cui Toledano fu colto da un irrefrenabile desiderio di esotismo: nel 2000, vendette la sua agenzia per acquistare una villa da 18 milioni di franchi in Florida.

Rubens Levy, ricercato dal 6 giugno 2000, aveva deciso di costituirsi dopo un anno di latitanza. Aveva fornito al giudice un pesante dossier pieno di fatture e fotocopie di assegni, che spiegava così: "*Quando è scoppiato lo scandalo, non ero ancora consapevole della sua reale portata. Sono dovuto fuggire per vedere le cose in prospettiva, per raccogliere i documenti e per capire*". Il quotidiano Le Parisien del 16 giugno ha pubblicato questo dialogo:

-Qual è stato il suo ruolo in questo caso? - Sono stato *pagato dagli organizzatori di questa frode per reclutare aziende che potessero prestare il loro nome a queste false esportazioni. Il denaro passava anche attraverso le mie società in Portogallo e in Svizzera. Oggi i tribunali si sono fermati a questo punto e mi ritengono il principale responsabile. Dimostrerò che questo denaro è uscito di nuovo senza che io lo toccassi.*

- Lei sembra piuttosto ingenuo. Tuttavia, lei è entrato volontariamente nella truffa.... "*Queste persone mi hanno usato nello stesso modo in cui hanno manipolato molte persone rubando le loro foto d'identità per falsificare documenti, per aprire conti in Belgio o in Svizzera. A uno dei miei amici hanno chiesto due foto, presumibilmente per offrirgli un abbonamento al PSG. Non ha mai visto l'abbonamento, ma la sua foto è stata trovata su documenti falsi. I capi di questa truffa sono capaci di tutto. Durante la mia fuga, degli uomini che si sono spacciati per poliziotti mi hanno arrestato con una commissione rogatoria in mano. Mi hanno torturato e mi hanno dato per morto. Devo la mia vita a un passante che ha sentito le mie urla e ha bussato alla porta del garage dove ero rinchiuso*".

- Ma chi sono, secondo lui, le menti della frode? Levy risponde: "*Penso che il caso sia iniziato con un piccolo numero di addetti ai lavori che hanno individuato la falla nel sistema fiscale. Il mondo della Massoneria ha contribuito a renderla nota a pochi uomini d'affari con la capacità di finanziare l'investimento iniziale. Un uomo come Georges Toledano mi ha proposto di entrare direttamente in una rete e mi ha presentato persone importanti, alti funzionari, avvocati finanziari. C'erano anche dei veri e propri truffatori come Christophe Lebesque, un uomo d'affari di Le Havre, al quale ho dimostrato che aveva firmato numerosi trasferimenti di fondi, e Philippe Thomas, un furbacchione che è riuscito ad andare in televisione al programma di TF1 "Y'a pas photo" per lamentarsi di essere stato vittima di una truffa. L'ultima goccia! A parte questo millantatore, la maggior parte dei protagonisti della truffa è riuscita a mettere dei paraventi tra sé e la legge*".

- Come reclutavano i complici? "*O si trattava di vere e proprie aziende che ricevevano una commissione, oppure creavano false società per organizzare esportazioni fittizie. Nei fascicoli di Francia, Inghilterra e Germania ce ne sono decine. Avevano anche dei complici nei trasportatori e nelle dogane per ottenere i timbri necessari per la dichiarazione da inviare al fisco*".

Sebbene Julian Berthelot sia stato assolto, Daniel Berthelot è stato condannato a 24 mesi di reclusione con sei mesi di sospensione e alla confisca dei beni utilizzati per commettere il reato. L'importo che è stato condannato a restituire non è stato reso noto nel dettaglio, ma le trentotto persone condannate sono state condannate a pagare un totale di 28,2 milioni di euro allo Stato.

Rubens Levy, il principale protagonista del caso, che aveva smontato la versione dei fatti di Daniel Berthelot, è stato condannato a sei anni di carcere... ma senza un mandato di deposito all'udienza.

L'altro principale accusato, Christophe Lebesque, è stato condannato a tre anni e mezzo di carcere, così come altri sei protagonisti[9]. Molti dei condannati avevano espresso l'intenzione di ricorrere in appello e chiedere un nuovo processo e, poiché non era stata pronunciata alcuna esecuzione provvisoria, l'appello era quindi sospensivo. In altre parole, Rubens Levy era libero di tornare in Israele.

---

[9] In questi casi di truffa sono quasi sempre coinvolti uno o più goyim, di cui non si rendono conto.

Il quotidiano *Ouest France* del 18 febbraio 2013 riporta che le sentenze sono state confermate in appello: "*Rubens Levy, 51 anni, la mente della truffa, condannato a sei anni, ha visto confermata la sua sentenza*". Ma ovunque si trovasse, questa notizia deve averlo fatto sorridere.

La grande truffa del biossido di carbonio (CO2)

La frode dell'IVA (Imposta sul Valore Aggiunto) nel mercato dell'anidride carbonica (2008-2009) è probabilmente la più grande frode mai perpetrata, la più grande truffa organizzata di tutti i tempi; la nuova "rapina del secolo". Nonostante sia centinaia di volte più voluminoso delle truffe che fecero notizia negli anni '30 e portarono in piazza decine di migliaia di patrioti, lo scandalo della "frode della CO2" ha indignato poche persone, se non nessuna. Ciò è dovuto, ancora una volta, al fatto che i media tradizionali sono rimasti molto discreti su questo tema. Le poche informazioni a nostra disposizione, tuttavia, ci permettono di capire perché i giornalisti e le autorità pubbliche abbiano mantenuto un basso profilo.

In Francia, una rapina con violenza, anche per poche centinaia di euro in un supermercato, è punibile con 15 anni di carcere. D'altra parte, una rapina di miliardi di euro al fisco, nella peggiore delle ipotesi, comporterebbe cinque anni di reclusione. E in ogni caso, i rischi sono piuttosto bassi, poiché, in ultima analisi, rimane la possibilità di fuggire nello Stato di Israele, che non estrada i suoi cittadini. Vale quindi la pena tentare la fortuna.

Il principio della truffa

La truffa si basa sull'esistenza del nuovo mercato dei "diritti di inquinamento o diritti di emissione" istituito dal "Protocollo di Kyoto", entrato in vigore all'inizio del 2005, ma la cui imposizione è stata applicata a partire dal 2008. L'obiettivo di questo accordo internazionale era quello di creare un meccanismo per incoraggiare gli industriali a ridurre le loro emissioni di anidride carbonica (CO_2) per combattere il riscaldamento globale. A ogni azienda veniva assegnato gratuitamente un volume di quote di emissione. Se un'azienda ne consumava solo una parte, poteva rivendere il saldo alle aziende che avevano superato la propria quota. Le aziende più virtuose traevano profitto, mentre quelle più inquinanti venivano penalizzate. Nell'Unione Europea, 12.000 siti industriali erano soggetti a questa tassazione, principalmente nei settori dell'elettricità, del cemento, dell'acciaio e della carta[10].

In Francia, le quote di emissione di anidride carbonica venivano scambiate sotto forma di obbligazioni su "Bluenext", la principale borsa delle quote di emissione, il cui principale azionista era un vecchio istituto finanziario pubblico: la *Caisse des Dépôts et Consignations* (*CDC*), che gestiva il registro delle emissioni per conto del Ministero dell'Ambiente. A Parigi bastava avere una società e presentare una fotocopia della carta d'identità per essere riconosciuti come broker su Bluenext. Il filtraggio avveniva sulla base della commissione di apertura del conto, circa 1500 euro, e dei 2500 euro che bisognava pagare anche per le commissioni di gestione. Ma il Ministero dell'Ambiente, in accordo con il Ministero delle Finanze, aveva deciso di sovvenzionare la registrazione, sbloccando circa 450.000 euro per incoraggiare i candidati a venire a partecipare al grande mercato del carbonio. In un certo senso, lo Stato incoraggiava i truffatori a mettere le mani in cassa. Nel 2009, Bluenext ha contato 1038 conti industriali soggetti alla carbon tax, oltre a 240 conti di intermediari classici... compresi i truffatori. C'erano microimprese francesi, cinesi, californiane, ungheresi e, curiosamente, una sovrarappresentazione della città di Marsiglia.

In Danimarca, l'iscrizione al registro delle emissioni di CO_2 era ancora più semplice: per accedere al mercato scandinavo del carbonio bastava registrarsi online e inviare per posta una fotocopia della carta d'identità. L'iscrizione a un registro permetteva di acquistare e vendere quote di

---

[10]"*Lo sviluppo più importante degli ultimi anni per le materie prime è stato il mercato di scambio delle quote di anidride carbonica, uno degli strumenti istituiti dal Protocollo di Kyoto, che mira a ridurre le emissioni di CO_2. Il suo principio? A ogni azienda viene assegnata una quota di emissioni. Se supera la sua quota, è obbligata ad acquistare crediti di emissione da un'altra azienda che, avendo emesso meno di quanto consentito dalla sua quota, ha un surplus da vendere sul mercato. Il mercato si declina in vari modi: a pronti (giorno per giorno), a termine o di comune accordo. La maggior parte delle aziende si rivolge a intermediari, banche e broker specializzati. Si tratta di un normale mercato delle materie prime che esiste già in stato embrionale in Europa e che vedrà la luce negli Stati Uniti con il nome di cap and trade. La posta in gioco è enorme: secondo l'amministrazione Obama, solo dall'altra parte dell'Atlantico, nei prossimi sette anni saranno messi all'asta crediti di carbonio per un valore di 646 miliardi di dollari - una cifra che potrebbe essere due o tre volte superiore. Il valore di questo nuovo mercato del carbonio potrebbe superare i mille miliardi di dollari all'anno.* Marc Roche, *La banca, come Goldman Sachs gestisce il mondo*, Ediciones Deusto, Barcellona, 2011, p. 209.

emissioni di CO2 in tutta Europa. Molti cittadini francesi si erano quindi iscritti al registro danese, poiché l'aliquota IVA in Danimarca era la più alta d'Europa: il 25%. Questo era un vero svantaggio per i professionisti dell'IVA, che utilizzavano documenti d'identità falsi e email su Yahoo e Gmail. Il più delle volte, le carte d'identità false non erano nemmeno necessarie: i truffatori di solito toglievano una lettera dal loro nome o cognome. Centinaia di truffatori sono riusciti a registrarsi nel registro danese. I primi avevano cognomi "*di origine sefardita, araba o spagnola*". A questi si sono aggiunti "*diversi cognomi di origine pakistana o emiratina*", che facevano riferimento "a *indirizzi britannici o di Dubai*[11] ".

Con un solo clic sul computer, i truffatori, che facevano riferimento alla piattaforma di scambio di CO2 Bluenext, acquistavano tonnellate di CO2 al lordo delle imposte nell'Unione Europea, per poi rivenderle con un'aliquota IVA del 19,6%. La società è scomparsa qualche mese dopo senza lasciare traccia, prima che le autorità fiscali venissero a conoscenza dell'operazione.

In effetti, l'amministrazione europea di Bruxelles aveva deciso di assoggettare le quote di CO2 all'IVA a causa della loro vicinanza a materie prime come il grano, il petrolio o il nichel, per esempio. Ma queste materie prime sono commercializzate da attori industriali noti, che non scompaiono da un giorno all'altro senza lasciare un indirizzo. È quindi quasi impossibile negoziare le consegne di grano o di petrolio senza essere un'azienda affermata e riconosciuta. Di norma, solo gli industriali o le istituzioni finanziarie hanno il diritto di intervenire in un mercato organizzato. Che si tratti di un mercato azionario, obbligazionario, del petrolio, dello zinco o del nichel, il mercato finanziario è riservato agli esperti. Ma il mercato del carbonio era aperto a tutti, perché gli ambientalisti avevano pensato a un'appropriazione globale del mercato da parte dei cittadini e che, a medio-lungo termine, tutti avrebbero avuto "diritti di emissione". Bluenext, la piattaforma parigina per lo scambio di obbligazioni di CO2, era ampiamente aperta a tutti, mentre un mercato azionario richiede un broker riconosciuto. Inoltre, una volta registrata su Bluenext, una società non era tenuta a comunicare il profilo dei propri clienti, che vendevano con IVA inclusa.

Inoltre, con la CO2, le consegne erano molto più semplici che con le materie prime reali, poiché le quote di CO2 erano immateriali, cioè aria.

---

[11] Aline Robert, *Carbone Connexion*, Max Milo, 2012, p. 84

I truffatori sarebbero quindi in grado di vendere, IVA inclusa, e molto rapidamente, merci acquistate a un prezzo inferiore del 20% solo pochi minuti prima. E il pagamento e la consegna dei buoni potrebbero avvenire entro quindici minuti dalla transazione, mentre in un mercato convenzionale ci vorrebbero tre giorni.

Così, alla fine del 2007, un parigino aveva iniziato ad acquistare 10.000 tonnellate di CO_2, cioè 10.000 buoni del valore di soli 4,2 euro ciascuno, da un internet café in un piccolo mercato dei Paesi Bassi, con la sua società francese. I buoni sono stati poi venduti a complici registrati e autorizzati al commercio di carbonio per cancellare le tracce. Lo stesso giorno, dopo quattro scambi diversi, i titoli sono stati nuovamente venduti dalla società Monceau Trade sul mercato Powernext (che aveva preceduto "Bluenext") al prezzo di 4,1 euro - un po' meno, quindi - ma con un'IVA del 19,6%. L'investimento mattutino di 42.000 euro aveva generato nel pomeriggio circa 49.000 euro. Il profitto è stato immediatamente trasferito dalla Caisse des Dépôts et Consignations su un conto aperto a questo scopo a Hong Kong. Il test era stato un successo clamoroso. Tuttavia, trattandosi di una vendita in perdita, c'era il rischio significativo di essere sospettati di riciclaggio di denaro. Il truffatore ha quindi evitato i rischi dell'Internet café e ha chiesto a suo cugino di effettuare gli ordini di acquisto e vendita da... Gerusalemme. Centinaia di migliaia di euro passavano ogni giorno sui suoi vari conti bancari.

I furfanti creano poi una società in Lussemburgo. A differenza di molte banche europee che indagano sull'origine dei fondi, le banche dell'enclave lussemburghese sono meno scrupolose; inoltre, è possibile costituire una società di diritto statunitense. Si tratta della "Commodity Stock Market[12] ". Per rimanere anonimi, i truffatori mettono a capo della società un uomo di paglia che funge da copertura. In seguito, in cambio di poche migliaia di euro, i fattorini delle pizze, i tossicodipendenti, i pensionati o i parenti degli amici venivano messi a capo di società i cui indirizzi facevano riferimento alle caselle postali create dalle società di domiciliazione delle imprese[13]. Non c'era

---

[12] Gli spiriti cosmopoliti usano spesso nomi inglesi per le loro attività e aziende, ostentando così le loro convinzioni globaliste.

[13] Le società di domiciliazione aziendale offrono servizi molto utili, adatti soprattutto alle aziende in fase di costituzione o di nuova creazione, o a quelle con un budget ridotto che non hanno necessariamente bisogno di locali commerciali. Permettono loro di avere un indirizzo amministrativo in modo rapido ed economico. Ma non solo: offrono anche molti altri servizi, come: reception, servizi di segreteria, affitto di spazi di lavoro, ecc.

bisogno di fidarsi del banchiere per aprire un conto: in caso di rifiuto o di diniego da parte della banca - i truffatori lo sapevano bene - bastava chiedere un "rifiuto di aprire un conto" e inviarlo alla Banque de France, che avrebbe poi designato un'altra banca per eseguirlo. Così, un certo Moktar di Marsiglia, che parlava a malapena una parola di francese, riuscì ad aprire un conto bancario per la sua nuova società. L'uomo di paglia può anche essere una persona della famiglia, della cui buona fede non è facile dubitare: una persona molto giovane o molto anziana, una casalinga, un lontano parente. In Francia, l'uomo di paglia non viene quasi mai incriminato o accusato; e i truffatori lo sanno perfettamente.

Nell'autunno del 2008, la Caisse des Dépôts ha ricevuto decine di richieste di apertura di conti nel mercato del carbonio da parte di società che non avevano nulla a che fare con l'industria chimica, della carta, dell'acciaio o del cemento. Si trattava di società di intermediazione di recente costituzione. Come nel registro danese, i nomi delle società, che all'inizio erano piuttosto sobri, in seguito divennero sempre più fantasiosi. Nel registro compaiono nomi come "Tradewell", "Great Luck International", "I Play Ltd", "I Vanish", ecc., i cui indirizzi e-mail sono anch'essi ridicoli, ad esempio "dancoco8@gmail.com".

È interessante notare che gli scambi sono stati per lo più unidirezionali: gli operatori hanno venduto obbligazioni su Bluenext, ma hanno comprato molto poco. Gli esperti francesi si sono quindi chiesti: è possibile che gli industriali francesi abbiano ricevuto troppe quote rispetto alle loro esigenze e le stiano quindi rivendendo? Ovviamente, gli enormi volumi venduti avrebbero causato problemi al flusso di cassa della piccola società Bluenext. Da aprile, gli importi dell'IVA anticipata sono saliti alle stelle: dai 2607 euro di marzo, il volume è passato a 663.723 euro ad aprile, 50 milioni di euro ad agosto e 181 milioni di euro a dicembre. 181 milioni di euro a dicembre. Per una società con un fatturato inferiore ai 10 milioni di euro, questi importi erano sproporzionati[14]. Per ogni obbligazione venduta, il marketplace pagava il 20% in più al venditore-truffatore (anticipo dell'IVA), che poi doveva saldare la propria IVA. Nel frattempo, lo Stato rimborsava Bluenext ogni trimestre. Lo Stato anticipava l'IVA tramite Bluenext, quindi non si trattava di un mancato guadagno (perdita di profitti) ma direttamente di evidenti tagli al bilancio. Fortunatamente, il nuovo azionista che

---

[14] Aline Robert, *Carbone Connexion*, Max Milo, 2012, p. 62. Bluenext, che riceveva un centesimo di commissione per ogni tonnellata di CO2 venduta o acquistata, aveva realizzato un profitto di 15 milioni di euro.

copriva il flusso di cassa di Bluenext era la Caisse des Dépôts, cosa che nessuna banca avrebbe mai fatto.

La rete così creata sarebbe arrivata a contare 35 società, facendo evaporare diversi miliardi di euro. L'ironia della sorte ha voluto che la Caisse des Dépôts et Consignations, azionista al 40% di Bluenext, che gestiva anche il registro delle quote CO_2 di quest'ultima, effettuasse direttamente trasferimenti *offshore* di somme fino a sei cifre verso la Lettonia o Hong Kong. Per diversi mesi, queste ingenti transazioni non hanno fatto scattare alcun campanello d'allarme, proprio grazie alla garanzia reputazionale del venerabile istituto finanziario. Bluenext, una società di circa venti persone, è diventata in poche settimane il primo debitore dello Stato.

"All'epoca pensavamo che il mercato fosse esploso a causa delle nuove regole e perché alcuni Paesi come la Polonia avevano tardato a immettere le loro quote sul mercato", spiega Serge Harry, ex presidente di Bluenext. Alla fine, quando abbiamo notato volumi ricorrenti da parte di piccole aziende, abbiamo lanciato l'allarme[15] ".

Tra ottobre 2008 e giugno 2009, la banca di Stato ha inviato a Tracfin[16] (il servizio antiriciclaggio) 22 "dichiarazioni sospette" relative a 80 società. I conti di una delle società mostravano diversi trasferimenti di fondi verso il Montenegro, Cipro e la Georgia. Ma Tracfin ha preferito attendere ulteriori informazioni e ha tardato a reagire. Tra la data della dichiarazione e la presentazione del fascicolo alla procura di Parigi, il 29 aprile 2009, sono trascorsi quattro mesi, durante i quali la società in questione ha effettuato la maggior parte delle transazioni fraudolente per un valore di circa 200 milioni di euro.

---

[15]*La Provence*, 4 gennaio 2012.
[16]Il Tracfin (acronimo di *Traitement du Renseignement et Action contre les Circuits Financiers clandestins*) è un servizio di intelligence francese incaricato di combattere il riciclaggio di denaro, il finanziamento del terrorismo e anche le frodi fiscali, sociali e doganali. (NdT).

L'impunità dei nani[17]

Il gabinetto di Christine Lagarde, allora ministro dell'Economia, era stato allertato il 30 gennaio 2009 da una lettera del direttore generale della Caisse des Dépôts, Agustin de Romanet, che aveva rilevato diverse anomalie: molti broker rivendevano grandi quantità di CO_2 in perdita, come era logico che fosse quando la truffa era nota. Con un margine del 19,6%, potevano permettersi di lesinare per rivendere più rapidamente e mettere i piedi nella polvere. Ma ci sono volute diverse riunioni tra la Caisse des Dépôts, il gabinetto di Eric Woerth, allora ministro del bilancio, e quello del ministro delle finanze prima di reagire. La decisione di abolire la tassa è stata presa il 15 maggio 2009, ma ci sono volute altre tre settimane prima che venisse applicata all'inizio di giugno. Una lentezza sfortunata, visto che tra il 15 maggio e il 9 giugno, data dell'effettiva abolizione dell'IVA, erano stati scambiati su Bluenext 1240 milioni di tonnellate di CO_2.

Nella sua relazione annuale del 2011, la Corte dei Conti ha indicato direttamente la responsabilità della Caisse des Dépôts (CDC). Ogni titolare di un conto nel registro del carbonio francese doveva avere un conto bancario presso la CDC per poter acquistare e vendere obbligazioni (quote); e invece di trasferire i loro fondi su un altro conto francese, i truffatori li hanno portati direttamente fuori dal Paese attraverso la banca statale. In qualsiasi altra agenzia bancaria, qualsiasi trasferimento da un Paese all'altro di oltre 10.000 euro sarebbe stato soggetto a una dichiarazione doganale. Ma la banca di Stato offriva una garanzia insospettabile. Era ancora più sorprendente che i trasferimenti provenissero da microimprese con nomi personali e che le destinazioni fossero in Paesi non soggetti a limitazioni delle emissioni di CO_2. Secondo i regolamenti del registro, le società registrate erano effettivamente autorizzate a effettuare trasferimenti di denaro in tutto il mondo, ma a condizione che avessero filiali domiciliate con un conto bancario all'estero. Nel più grande caso francese, perseguito a Marsiglia,

---

[17] *Gli Enarchs* sono i diplomati della prestigiosa Ecole Nationale d'Administration (ENA). Fondata nel 1945, era la scuola incaricata di garantire la selezione e la formazione degli alti funzionari dello Stato francese. È stata sciolta nel 2021 e sostituita dall'Istituto Nazionale del Servizio Pubblico. Nel corso degli anni, l'ENA è stata al centro di critiche per il suo ruolo nella riproduzione delle élite, della burocrazia e dell'eccessiva centralizzazione del Paese. Molti sono arrivati a ritenere che una grande maggioranza di *enarchi*, ex allievi della scuola, controlli la vita politica ed economica della Francia. (NdT)

la società RIDC aveva una filiale a Panama. 380 milioni di euro sono stati trasferiti direttamente lì, più volte. Decine di milioni di euro sono stati versati a una società chiamata Atlas Capital, in Montenegro, senza che venisse lanciato alcun allarme...

Dopo l'improvvisa abolizione della tassa all'inizio di giugno 2009, i volumi scambiati sono passati da 20 milioni di tonnellate di CO2 al giorno a soli due o tre milioni di tonnellate. Si può quindi dedurre che il 90% degli scambi era dovuto a truffatori. Con un prezzo medio di 14,31 euro per tonnellata di CO2 nel periodo considerato, le perdite per le autorità fiscali hanno superato i 300 milioni di euro, e questo in meno di tre settimane[18]. In totale, tra l'autunno 2008 e il settembre 2009, la frode ha permesso ai truffatori di sottrarre alle tasche dello Stato francese 1,8 miliardi di euro.

La giornalista Aline Robert, che ha pubblicato un libro sull'argomento intitolato *Carbonne Connection*, ha dichiarato in un'intervista pubblicata nel settembre 2012: "*L'amministrazione pubblica ha tardato a capire. Persino la Caisse des Dépôts, che tra l'aprile 2008 e il giugno 2009 ha assistito a flussi sorprendenti di denaro verso i paradisi fiscali, non ha reagito. Avrebbe potuto bloccare i conti dei truffatori e fermare i trasferimenti di denaro. Non l'ha fatto e si è limitato ad allertare Tracfin (l'organismo del Ministero delle Finanze incaricato della lotta al riciclaggio di denaro[19])*". Non sono state imposte sanzioni all'ente pubblico.

A Bercy (la sede parigina del Ministero delle Finanze), la Direzione generale delle imprese, all'interno della Direzione delle imposte, non ha nemmeno chiesto informazioni sulle centinaia di milioni di euro che rimborsava ogni mese a un piccolo operatore dei mercati emergenti, Bluenext, che in pochi mesi era diventato il più grande debitore di IVA dello Stato. I servizi di Bercy hanno dimostrato ancora una volta una certa pigrizia, aspettando per diversi mesi che il caso venisse indagato prima di costituirsi parte civile.

Nessun direttore dei servizi coinvolti era mai stato rimproverato o licenziato, né dalla direzione di Tracfin, né dall'ufficio delle imposte, né dai gabinetti dei ministri del Bilancio o delle Finanze. Il *Ministero delle Finanze non ha ritenuto opportuno rispondere alle domande e alle richieste scritte dei magistrati della Corte dei Conti*", scrive Alina

---

[18] *La Tribune*.fr, 26 novembre 2010.
[19] *Les Échos*.fr, 3 settembre 2012.

Robert. *L'impunità dei servizi statali è tale che nessun funzionario del ministero si è assunto la responsabilità del caso: nessuno è stato sanzionato in questo ministero così caro agli enarchi e che si suppone essere la casa dell'élite della Repubblica*[20] ".

Il pubblico ministero ha poi rimproverato a Bluenext di non aver verificato l'affidabilità non delle società registrate, ma dei suoi clienti. Dopo una trattativa, Bluenext ha dovuto pagare 31,8 milioni. La Caisse des Dépôts, da parte sua, ha pagato la sua parte proporzionale di multa, cioè circa 12,8 milioni di euro: cifre ridicole rispetto alle perdite dello Stato[21].

Alla fine del 2009, Europol ha stimato l'entità della frode a livello europeo in 5 miliardi di euro. Lo Stato britannico, colpito quanto la Francia dalla frode dell'IVA sul carbonio, era alla ricerca di decine di persone nell'area, da Malta a Dubai, fino al Pakistan. La giornalista Alina Robert ha scritto qui che il Pakistan ha svolto "*lo stesso ruolo di Israele per i truffatori francesi, quello di un rifugio. Nel caso di Israele, l'inesistenza di accordi di estradizione tra la maggior parte dei Paesi e Israele significa che i truffatori sono al sicuro dalla giustizia*[22] ".

In Inghilterra e in Germania, gli uomini arrestati sarebbero stati principalmente pakistani, ma non sono stati resi noti i nomi. Durante il processo del 2012, il giudice inglese aveva ordinato che l'intero procedimento si svolgesse a porte chiuse, per cui non erano emerse informazioni dagli interrogatori. È emerso solo che tre uomini di origine "pakistana" sono stati condannati a pene detentive tra i 5 e i 15 anni. In Germania, nel 2011 sono stati condannati sei uomini di paglia. È bene sapere che anche i truffatori francesi hanno utilizzato inglesi di origine pakistana come prestanome per le loro società. In Danimarca, dove molti truffatori si sono registrati, solo pochi uomini sono stati condannati, tre anni dopo il fatto. A Parigi, le istruzioni sui casi venivano condotte nella massima segretezza.

L'ammontare del conto era poi aumentato: sebbene le frodi ammontassero a più di 2 miliardi nel Regno Unito e altrettanti in Francia, a cui si dovevano aggiungere gli 850 milioni dichiarati dalla Germania, la stima di Europol di 5 miliardi era quindi molto inferiore

---

[20] Aline Robert, *Carbone Connexion*, Max Milo, 2012, p. 72
[21] Bluenext ha chiuso i battenti nel dicembre 2012 e ha licenziato i suoi venticinque dipendenti.
[22] Aline Robert, *Carbone Connexion*, Max Milo, 2012, p. 77

alla realtà, ha spiegato Aline Robert. Anche l'Italia, i Paesi Bassi, il Belgio e la Spagna sono stati pesantemente colpiti; anche la Grecia, l'Austria, l'Ungheria e la Polonia sono state colpite, ma in misura minore. Secondo Marius Christian Frunza, ex dipendente della società di brokeraggio Sagacarbon, la frode ammontava a 10 miliardi di euro[23].

Polizia e giustizia infiltrate

In Francia sono state aperte cinque indagini giudiziarie. Sono state suddivise tra quattro degli undici giudici della piazza finanziaria. La portata del caso era tale. Il giudice Jean-Marie d'Huy si era occupato di tre indagini, mentre il giudice Renaud Van Ruymbeke era responsabile di una delle indagini. I giudici Aude Buresi e Guillermo Daieff, dell'unità "lotta al crimine organizzato", creata nel 2009 e collegata all'unità finanziaria, erano incaricati del caso "Nathanael".

Il primo compito degli investigatori è stato quello di rintracciare i truffatori, i cui nomi erano introvabili. Il nome di "Frederick[24]", il truffatore parigino, ad esempio, non compariva nello statuto della sua principale società legale statunitense con sede in Lussemburgo, per la quale si era avvalso dello zio. La strategia degli investigatori doganali è stata quella di affidarsi alle intercettazioni telefoniche e al tracciamento delle e-mail per identificare gli indirizzi IP dei computer utilizzati. Ma gli elenchi di informazioni li hanno condotti ogni volta a internet café, Starbucks e altri MacDonalds, dove i truffatori si collegavano via Wifi. In questo modo i truffatori sono rimasti perfettamente anonimi e i dati non sono stati rintracciati. Solo dopo diverse settimane sono riusciti a trovare un indirizzo fisso... a Gerusalemme. È lì che i truffatori hanno chiamato la "Puffetta", che era la cugina del protagonista principale. Lei eseguiva gli ordini e rispondeva alle mail. A distanza di pochi minuti l'una dall'altra, la Puffetta aveva effettuato l'accesso al suo messenger Gmail e a un account di voucher Bluenext appartenente a una delle sue aziende. Era l'inizio della pista che avrebbe portato allo smantellamento della rete. Il denaro era transitato attraverso Lituania, Cipro, Montenegro e Georgia. Questi Paesi non erano paradisi fiscali e in teoria avrebbero dovuto collaborare con la giustizia degli altri Paesi. In pratica, però, le

---

[23]Aline Robert, *Carbone Connexion*, Max Milo, 2012, p. 205
[24]Nel suo libro, Aline Robert avverte il lettore all'inizio che ha cambiato i nomi dei personaggi principali. I loro nomi compaiono qua e là, ma il lettore ha l'impressione di trovarsi di fronte a un puzzle. Abbiamo dovuto rifondere l'intera opera con informazioni tratte dalla stampa.

rogatorie internazionali emesse dai giudici francesi non si sono mai concretizzate.

Un poliziotto di Versailles ha trovato un indizio importante grazie a un assegno di dubbia provenienza. Scorrendo i conti di "Fabrice S^{25}", è rimasto sorpreso dallo stile di vita di questo commerciante del Sentier che guidava una lussuosa Aston Martin e possedeva uno yacht a Cannes. Per un uomo la cui attività ufficiale era vendere jeans nei mercati, era un po' esagerato. Va notato che Fabrice S. si era anche specializzato nel riciclaggio di denaro per la "comunità". Insieme al suo amico di Lione, "Sebastian", possedeva una società di noleggio di auto di lusso: Hummer, Ferrari, Maserati, Aston Martin, ecc. che venivano noleggiate in Costa Azzurra. In realtà, i noleggi erano per lo più fittizi e il denaro che entrava in contanti era denaro sporco che usciva pulito dai conti bancari della società. Al tasso del 3 o 4%, il denaro veniva poi trasferito sul conto degli "amici della Comunità". È stato questo amico di Lione a coinvolgere "Fabrice S." nella truffa del carbonio.

Sposato, padre di due figli e molto impegnato nella comunità ebraica della periferia di Parigi, Fabrice Sakoun aveva effettivamente iniziato a vantare una fortuna impressionante dal 2009. I suoi affari erano decollati troppo rapidamente, secondo gli inquirenti che sospettavano che l'uomo si fosse arricchito partecipando alla frode della CO2. Sakoun era allora accusato di essere l'amministratore della società Nathanael, un'azienda tessile i cui conti mostravano movimenti di fondi impressionanti: 263 milioni, in due mesi, trasferiti all'estero. Tra marzo e giugno 2009, aveva sottratto al fisco circa 43 milioni di euro. Un suo complice ha acquistato 100.000 euro di obbligazioni in Olanda al mattino, prima delle tasse, e li ha rivenduti su Bluenext, ricevendo 20.000 euro, che sono stati immediatamente trasferiti nel Regno Unito, e poi su conti domiciliati in Cina, Macao e Hong Kong, da dove hanno alimentato i conti in Israele poche ore dopo.

L'8 dicembre 2009 ha avuto luogo una prima perquisizione a Parigi, in un lussuoso appartamento in Avenue de Iéna, a Parigi, che "Federico" aveva affittato per 4.000 euro al mese. "Federico" (secondo Aline Robert) - che in realtà si chiamava "Gregory Z", secondo *La Tribune* - ha avuto appena il tempo di chiudersi in bagno e di buttare nel water la sua SIM del cellulare, mentre la sua compagna litigava con i doganieri. Ma le carte di credito di alcune delle sue società (CO2 Limited, Twilight)

---

[25]*La Tribune*. Fr del 26 novembre 2010 non rivela il cognome del truffatore.

erano ancora nel suo portafoglio. Fortunatamente, quel giorno nell'appartamento c'erano solo 20.000 euro in contanti. Figlio di un ristoratore, divorziato e padre di tre figli, Gregory Zaoui aveva iniziato la sua carriera fraudolenta vendendo jeans e telefoni cellulari. Era diventato notevolmente ricco e aveva intrecciato relazioni degne di nota, avendo pranzato qualche giorno prima con un alto funzionario della polizia giudiziaria. Non si aspettava quindi questa ricerca improvvisa, perché probabilmente contava di essere avvisato per tempo[26]. Gregory Zaoui, accusato dalla giustizia di aver frodato quasi 200 milioni di euro, era ora dietro le sbarre.

L'inchiesta del giudice Jean-Marie d'Huy aveva permesso ai doganieri di perquisire l'abitazione di uno dei suoi collaboratori, "Arthur" (secondo Aline Robert), 38 anni, che viveva in un appartamento ultra-sicuro a Neuilly-Sur-Seine. Arthur" si chiamava in realtà Kevin El Ghazouani, un ristoratore di Neuilly e commerciante di ordini di acquisto di auto di lusso.

Tre settimane dopo, il secondo caso è passato alla seconda fase. Il 15 gennaio 2010, Fabrice Sakoun ("Raphael", secondo Aline Robert) è stato arrestato a casa sua. Anche lui avrebbe dovuto essere avvertito della mossa sbagliata, ma la sera prima aveva staccato il telefono. Al mattino, ha avuto appena il tempo di nascondere la scheda SIM del telefono nel reggiseno della moglie. I suoi amici e complici erano stati avvisati durante la notte e, in assenza di prove, documenti o computer trovati nelle loro case, sono stati a malapena disturbati. La fuga di notizie ha fatto sì che l'indagine venisse trasferita dal tribunale di Versailles ai servizi doganali giudiziari di Vincennes, sotto il comando della brigata finanziaria parigina.

Nel carcere della Santé di Parigi, Gregory Zaoui era stato assegnato all'area VIP e la sua permanenza non era probabilmente difficile da affrontare. Aveva diritto alla visita di un rabbino e a ricevere cibo kosher e, soprattutto, l'amministrazione carceraria gli aveva assegnato un compagno di cella: Fabrice Sakoun, arrestato tre settimane dopo di lui.

In prigione, il rabbino aveva fornito loro dei telefoni cellulari; anche se, naturalmente, questi erano intercettati dalla polizia e le conversazioni dei due criminali potevano essere enigmatiche: "*Hai*

---

[26] Secondo Aline Robert, era il numero tre della polizia giudiziaria parigina, poi retrocesso per motivi oscuri. Aline Robert. *Carbone Connexion*, Max Milo, 2012, p. 133, 178

parlato con il londinese? No, non l'ho ancora preso... Ma non preoccuparti, passerò dal biondo, funzionerà... E dobbiamo anche stringere con il Belgio... E anche gli spaghetti[27] ".

Il "biondino", un ragazzo dai capelli scuri e dagli occhi azzurri, era in realtà "Sebastian" (secondo Aline Robert), il Lionese. In realtà era un pappone di nome Esteban Alzraa. Dalla loro cella, i due truffatori passavano gli ordini a distanza in Belgio e in Italia. Nel 2010, dopo l'abolizione dell'IVA sul carbonio in Francia, il mercato italiano era il posto migliore per vendere IVA inclusa. In assenza di prove, gli inquirenti non hanno aggiunto queste nuove frodi ai debiti dei truffatori, sebbene le intercettazioni fossero state inserite nel fascicolo.

Dopo un anno di convivenza, i detenuti sono stati separati. Sakoun ha avuto la fortuna di concepire un figlio all'interno del carcere[28]. È stato infine rilasciato dopo due mesi, prima dell'inizio del processo nel settembre 2011, a causa di uno strano errore procedurale: a quanto pare, una delle sue numerose richieste di rilascio non era stata esaminata a tempo debito. L'amministrazione penitenziaria non avrebbe rispettato il termine di dieci giorni richiesto per esaminare la sua richiesta, che è stata respinta tardivamente l'undicesimo giorno. Gli avvocati di Fabrice Sakoun avevano così ottenuto il suo rilascio. Va detto che, nel mondo carcerario, questo tipo di ritardo è estremamente raro.

Anche Gregory Zaoui era stato rilasciato. Durante la sua detenzione preventiva, nel dicembre 2009, aveva confessato tutto. In seguito, però, i suoi avvocati sono riusciti a far annullare le sue dichiarazioni perché all'epoca il sospettato non aveva un avvocato. Così, tutte le menzioni delle sue dichiarazioni di custodia cautelare sono state cancellate dal suo fascicolo. La cauzione inizialmente richiesta era di due milioni di euro, ma il tasso era stato ridotto ed egli era riuscito a uscire in cambio di 150.000 euro. 150 milioni di euro rubati alle casse pubbliche francesi (quattro volte più di Sakoun). Le indagini sul suo caso erano ancora in corso nell'estate del 2012, a causa di una serie di rogatorie internazionali di cui si attendevano le risposte dal giudice. Gregory Zaoui era in custodia giudiziaria, ma nel suo appartamento sugli Champs Elysées la sua vita era insopportabile. Con la sua nuova

---

[27]Aline Robert. *Carbone Connexion*, Max Milo, 2012, p. 158.
[28]Il quotidiano *Libération* si è guardato bene dal fare nomi. Va ricordato che questo quotidiano "di sinistra" è nelle mani dell'azionista di maggioranza Edouard de Rothschild dal 2005.

compagna, era solito privatizzare il negozio Christian Dior, in Avenue Montaigne, per poter fare acquisti più tranquilli.

Fabrice Sakoun, assente al momento del verdetto

La prima parte del caso è stata giudicata a Parigi nel settembre 2011. La magistratura francese aveva preferito dividere il caso in una dozzina di procedimenti penali separati, privandosi così di una visione d'insieme che avrebbe permesso di stabilire dei ponti tra le diverse reti. Si è così evitato un processo di massa con un centinaio di imputati, che sarebbe stato certamente chiamato "Sentier III"[29] , "*per evitare il rischio di stuzzicare l'appetito degli antisemiti, visto che la stragrande maggioranza dei protagonisti erano ebrei*", come ha scritto il giornalista di *Libération nel* numero del 26 gennaio 2012. "*E i casi sono molto diversi l'uno dall'altro*", ha dichiarato il sostituto procuratore di Parigi responsabile del dossier carbonio, Bruno Nataf[30].

Il caso Nathanael è stato il primo a essere giudicato in Francia, anche se una decina di indagini giudiziarie erano ancora in corso a Parigi e a Marsiglia. La parte del caso processata a Parigi "*consisteva in scene che sembravano uscite direttamente dal film La Vérité si je mens*[31] ", ha scritto il giornalista *di Libération*. Come la scena di un giovane che si precipita alla finestra durante una perquisizione: "*Se la polizia ti prende, butti tutti i documenti dalla finestra e neghi che siano tuoi*".

Dovevano comparire diciassette imputati; ma come nei precedenti casi Sentier, che abbiamo esaminato in dettaglio nel nostro libro del 2008 sulla *mafia ebraica*, molti dei protagonisti si erano rifugiati in Israele, dove godevano di un'impunità quasi totale. Davanti all'XI Tribunale penale di Parigi, il principale accusato, Fabrice Sakoun, aveva indossato il suo abito blu navy di Christian Dior. Era accusato di "tentata frode", "riciclaggio di denaro in una banda organizzata" e "complicità nell'estorsione di fondi"; la giustizia lo sospettava di aver sottratto 43 milioni di euro alle casse dello Stato.

---

[29] Il Sentier era il tradizionale quartiere ebraico parigino del commercio tessile con una lunga storia di scandali finanziari. Per saperne di più sui casi Sentier I e Sentier II, leggere Hervé Ryssen, *La mafia ebraica* (NdT).
[30] Aline Robert. *Carbone Connexion*, Max Milo, 2012, p. 145.
[31] *La Vérité si je mens* (La verità se *mento*) è un film della fine degli anni '90 sugli ebrei del quartiere Sentier. È stata una commedia molto popolare in Francia.

Si è poi saputo qualcosa di più sul modus operandi dei truffatori. I truffatori avevano subito fiutato il trucco. Uno dei complici di Sakoun, David Illouz, ha spiegato agli inquirenti di aver acquistato al mattino 200.000 euro di diritti di emissione di CO_2 (o obbligazioni) da una società nei Paesi Bassi, che ha rivenduto nel pomeriggio attraverso la società Voltalia, recuperando 220.000 euro. *"È come lasciare una Ferrari con le chiavi a La Courneuve: non durerebbe un'ora lì!*[32] *"*, ha detto metaforicamente David Illouz.

Tassisti, venditori di vestiti, segretarie che non avevano mai effettuato una transazione finanziaria si erano improvvisati broker di CO_2. Tutti avevano ottenuto un estratto Kbis dal tribunale commerciale[33] che riportava le caratteristiche delle loro aziende. Quasi tutti erano stati in grado di agire come broker nel mercato della CO_2.

Alla segretaria di Sakoun, "Nadine", alias "il Puffo", che continuava a fingere di non essere a conoscenza della frode, il pubblico ministero ha chiesto: *"Ma anche così, tra il 2008 e il 2009, lei ha firmato tredici assegni da 200.000 euro, tredici da 150.000 euro e una quarantina da 100.000 euro"*. Il suo avvocato, pagato da Sakoun, le ha consigliato di sostenere che non ne sapeva nulla.

Tuttavia, Sakoun non è stato l'ideatore di questa frode. *"Sakoun è intervenuto tardi, nel marzo 2009, pochi mesi prima che questo schema fiscale fosse abbandonato"*, ha ricordato il suo avvocato, Martine Malinbaum. Quanto all'ammontare della sua frode, 43 milioni, *"rappresenta solo il 2,5% della frode commessa a danno della Francia"*.

Gli avvocati della difesa avevano chiamato a testimoniare il Ministro del Bilancio all'epoca dei fatti, Eric Woerth. Non si è presentato[34], ma, a sorpresa, uno dei testimoni, Gregory Zaoui, ha fatto scalpore mettendo in discussione le modalità del procedimento in corso. Compagno di cella di Fabrice Sakoun durante la sua detenzione nel 2010, accusato di un altro caso di frode all'IVA e sospettato di aver frodato 150 milioni di euro, aveva messo in discussione la procedura giudiziaria paragonandola all'indagine in corso in Belgio.

---

[32]*Libération*, 26 gennaio 2012
[33]Il Kbis (o K bis) è un documento ufficiale che attesta l'esistenza legale di un'impresa commerciale o di una società in Francia. L'"estratto del KBIS" consiste in un estratto del registro delle imprese e delle società (tenuto dal registro del tribunale commerciale); è l'unico "documento d'identità" ufficiale dell'impresa. (NdT).
[34]Articolo di Aline Robert, in *La Tribune* del 28 settembre 2011.

La sentenza è stata emessa a metà gennaio 2012. Condanne da uno a cinque anni di reclusione senza condizionale e una multa di un milione di euro sono state emesse dal Tribunale penale di Parigi nei confronti di cinque imputati, che sono stati anche condannati a rimborsare in solido lo Stato francese per i 43 milioni di euro di IVA rubati allo Stato. Fabrice Sakoun è stato condannato alla pena più alta: cinque anni di carcere e una multa di un milione di euro. Il *verdetto recitava:* "Era *totalmente inconsapevole della gravità delle conseguenze del suo comportamento per l'ordine pubblico economico, poiché, lungi dall'assumersi realmente le proprie responsabilità, le imputava costantemente ad altri, che fossero lo Stato, la Caisse des Dépôts et Consignations (CDC), le società Bluenext e Voltalia"*. La sua Aston Martin e il suo yacht di lusso sono stati sequestrati, così come diversi beni immobili.

Ma Fabrice Sakoun era assente al momento del verdetto. Il truffatore, che sembrava libero, aveva fiutato la dura sentenza che i giudici avrebbero emesso nei suoi confronti, così tra la fine delle udienze e la lettura della deliberazione si era dileguato. Era fuggito nella casa sicura in Israele, dove poteva tranquillamente sorseggiare il suo succo di sangue palestinese sul bordo della sua piscina. Ma non si era nemmeno astenuto dall'appellarsi al verdetto, per quale motivo?

Dei 43 milioni di euro di IVA richiesti a Fabrice Sakoun e ai suoi complici, 23 milioni di euro sono stati rintracciati in Israele, in conti bancari appartenenti a parenti e amici stretti: quelli di sua moglie, dei suoi figli e di uno dei suoi soci. Una parte del denaro (sette milioni di euro) era già stata investita nell'acquisto di un hotel e di una proprietà sulla spiaggia di Tel Aviv. Rimanevano sedici milioni di euro, che il fisco aveva cercato di rimpatriare senza successo. Lo Stato ebraico, generalmente poco collaborativo nelle questioni giudiziarie, aveva accettato di bloccare i conti bancari con i suoi milioni... ma non di restituirli alla Francia. Nel suo libro *Carbone Connexion*, Aline Robert è stata costretta a riconoscerlo: "*Rifiutando di cooperare in un caso così chiaro, dato che i flussi di denaro sono stati facilmente identificati, il Paese sembra voler chiudere la porta a qualsiasi futura restituzione dei fondi* [35] ". I restanti venti milioni non sono stati rintracciati, probabilmente a Dubai.

---

[35] Aline Robert. *Carbone Connexion*, Max Milo, 2012, p. 212. È chiaro che gli ebrei si sentono spesso impuniti in Francia. Un amico doganiere ci assicura che all'aeroporto di Roissy le istruzioni tacite sono di non controllare troppo spesso gli israeliani. I libanesi, invece, devono essere controllati spesso.

Anche i quattro complici di Fabrice Sakoun sono stati condannati: Haroun Cohen a quattro anni di carcere e a una multa di un milione di euro. Ma anche lui era fuggito in Israele e questa condanna è stata l'occasione per stappare lo champagne. Sette dei suoi edifici nel 19° arrondissement e nella regione parigina dovevano ancora essere sequestrati, ma l'esecuzione era complessa perché gli edifici erano gestiti da società immobiliari civili di cui Haroun Cohen non era l'unico proprietario. Tutto era stato pianificato.

Elie Balouka è stato condannato a 30 mesi di reclusione (6 sospesi) e a una multa di 100.000 euro. David Illouz è stato condannato a tre anni di reclusione e a una multa di 100.000 euro e Sid Foudil a un anno di reclusione.

Le parti civili, il brokeraggio Voltalia, la borsa del carbonio Bluenext e la CDC, che era azionista di Bluenext, hanno ricevuto un euro per danni morali. L'avvocato di Sakoun, Martine Malinbaum, ha concluso in tutta serietà che la pena è stata *"particolarmente severa, in particolare le confische*[36] ".

La polizia di Lione è in buone mani

Alla fine di settembre 2011, Esteban Alzraa, 31 anni, di Lione, è stato arrestato nella sua lussuosa villa di Cannes. Era stato coinvolto in diversi traffici di droga, ma si sospettava che fosse coinvolto in una frode di CO_2 per un valore di 50 milioni di euro. Una delle sue società, situata in rue Créqui, nel centro di Lione, aveva un'attività a dir poco sorprendente: la produzione e il commercio all'ingrosso di energia elettrica. Evidentemente si trattava solo di frode all'IVA. La giustizia era finalmente riuscita a metterlo alle strette.

Nel 2009, Esteban Alzraa ha trasferito milioni di euro grazie alla carbon tax. Ha creato aziende e le ha chiuse dopo pochi mesi di attività. Improvvisamente, i suoi amici lo videro vivere alla grande. *"Nessuno sapeva davvero cosa stesse facendo. Ma guadagnava un sacco di soldi*

---

[36]Nel marzo 2014 abbiamo appreso (tramite il quotidiano gratuito *20 minuti* di giovedì 13 marzo 2014) che in Francia, soprattutto a Parigi e Lione, si stavano perseguendo circa venti casi di frode all'IVA nel mercato del carbonio. Si tratta di un numero doppio rispetto a due anni prima. In quel momento si stava aprendo il processo del caso Nathanael presso la corte d'appello di Parigi. Ci siamo andati di persona: non c'era nessuno, nessun giornalista, tranne un vero professionista: William Molinié, del giornale gratuito *20 minuti*!

e li ostentava", racconta uno dei suoi amici più stretti. In effetti, *era molto generoso e non esitava a fare dei bei regali ai suoi amici*". Nella *Presqu'île*[37], tutti lo conoscevano. Girava per la città con straordinarie auto di lusso: Bentley, Rolls Royce, Aston Martin. "*A Lione non ci sono cinquanta persone che possono permettersi quel tipo di auto. Abbiamo capito subito che era lui*", spiega un negoziante.

Esteban Alzraa si recava spesso in Israele, dove diversi truffatori contavano su di lui. Oltre a una società di noleggio di auto di lusso in Costa Azzurra per il riciclaggio di denaro, condivideva anche uno yacht di 23 metri con Fabrice Sakoun. L'imbarcazione era registrata a nome di una società con sede a Jersey che mascherava i nomi degli azionisti. Esteban Alzraa e Fabrice Sakoun si incontravano spesso in un ristorante kosher nel 17° arrondissement di Parigi, in Avenue Niel, che usavano come base secondaria per i loro traffici. I soldi della droga passavano da lì per essere riciclati. La proprietaria del ristorante era stata detenuta per alcuni mesi, ma aveva riaperto il locale - era riuscita a uscire senza pagare l'intera cauzione - proprio quando l'interdizione professionale è di solito la prima misura adottata dai giudici.

Esteban Azraa non ha fatto mistero del suo improvviso successo, come se fosse sicuro di sé e della sua impunità. "*Sapeva che alcuni truffatori ebrei che avevano approfittato della carbon tax si sarebbero rifugiati in Israele, dove gli accordi di estradizione sono inesistenti per questo tipo di reati, ma non capiva perché fosse rimasto in Francia. Oggi forse ha capito...*", ha dichiarato il corrispondente del quotidiano *Lyon Capitale*.

Questo interlocutore ha fatto riferimento ai contatti del truffatore con la polizia. In effetti, gli investigatori dell'IGS (Ispettorato Generale dei Servizi di Polizia) si erano chiesti come mai Esteban Alzraa non avesse precedenti penali nonostante fosse stato condannato a un anno di reclusione senza condizionale per frode e frode fiscale nel giugno dello stesso anno. Durante gli interrogatori, Esteban Azraa aveva infine confessato agli agenti di polizia che l'ex numero 2 della Polizia Giudiziaria (PJ) di Lione, il commissario Neyret, era un "amico". Alla fine è stato processato per corruzione e traffico di influenze e rinchiuso nella prigione di Fresnes.

Gilles Benichou, 41 anni e cugino di primo grado di Esteban Azraa, è stato a sua volta perseguito per corruzione e traffico di influenze su

---

[37] Il quartiere *della penisola*, il centro di Lione.

pubblici ufficiali. Michel Saragossa, 49 anni, ex rapinatore diventato commerciante d'auto, è stato a sua volta perseguito per traffico di droga, riciclaggio di denaro e associazione a delinquere. Descritti come "delinquenti d'alto bordo" da fonti di polizia, questi tre - Alzraa, Benichou e Saragozza - erano legati al "superpoliziotto" di Lione Michel Neyret, che è stato arrestato e processato contemporaneamente a loro.

A Lione, l'ispettore Neyret ed Esteban Alzraa erano stati visti più volte insieme nei bar e nei locali notturni della città. L'uomo, che affittava una villa da 12.000 euro al mese a Roquette-sur-Siagne, nell'entroterra della costa di Cannes, lo aveva invitato più volte a casa sua e gli aveva prestato auto sportive di lusso. Aveva anche pagato due viaggi in Marocco per lui e la moglie. Interrogato dagli agenti dell'IGS, il commissario ha ammesso di essere stato invitato in Costa Azzurra e di aver beneficiato di un viaggio a Marrakech. Secondo lui, non si trattava di corruzione, ma di "*un'amicizia aperta*" e di "*uno scambio di servizi*" per "*le sue esigenze* professionali". Il tutto in cambio di informazioni contenute nei dossier delle persone indagate.

Interrogato tredici volte durante la sua detenzione preventiva, tra il 29 settembre e il 3 ottobre 2011, il commissario Michel Neyret ha implicitamente riconosciuto la maggior parte dei fatti. Il commissario di divisione, cavaliere della Legion d'Onore, figura chiave del "*Who's Who* di Lione", era sospettato di corruzione passiva, traffico di influenze, associazione criminale e traffico di droga. È stato processato e incarcerato il 3 ottobre nella prigione della Santé a Parigi, proprio mentre era appena stato classificato al 22° posto nella "Top 100 degli uomini più influenti" della rivista *Lyon People*, con questo commento: "*È il poliziotto più mediatico, perché è onnipresente nella lotta contro il crimine e anche a tutte le feste*".

Gilles Benichou aveva "un *buon pedigree negli archivi della narcotici*" (parismatch.com). Era stato ufficialmente reclutato come informatore della polizia prima di essere rimosso dalle liste nel 2000, a causa della sua "inaffidabilità". Doveva infatti informare il numero 2 del PJ di Lione sull'"ambiente ebraico". I due individui si conoscevano già da tempo: "*Ho conosciuto Gilles attraverso suo fratello Albert, che è ancora una fonte del servizio*", ha spiegato il commissario Neyret. Gilles Benichou e Michel Neyret erano diventati rapidamente amici. Si vedevano due o tre volte alla settimana e si chiamavano quasi ogni giorno. "*A volte andiamo in vacanza insieme*", ha detto il commissario. L'ultima volta è stata alla fine di settembre, a Essaouira, in Marocco, una settimana prima del suo arresto. In quell'occasione, Michel Neyret aveva accompagnato Gilles Benichou "*in un pellegrinaggio ebraico*". Il poliziotto, che non faceva mistero delle sue doti di "informatore", non se ne preoccupò affatto. Infatti, Gilles Benichou aveva regalato alla moglie un orologio Cartier d'oro del valore di 24.000 euro. *"Glielo ha regalato per pura amicizia, è un vero amico"*, assicura Michel Neyret, *"Secondo me, era il bersaglio dei truffatori ebrei tunisini, sospira un suo ex collega di polizia... Con le truffe della carbon tax, hanno somme incredibili che hanno reinvestito nel traffico di droga tessendo una rete con i trafficanti in Marocco"*.

Gilles Benichou gli chiedeva sempre di più, tanto che il rapporto tra i due uomini aveva preso una piega inaspettata: non era più la canaglia a essere l'informatore del poliziotto, ma piuttosto il contrario. Alla fine del 2010, Gilles Benichou aveva presentato a Michel Neyret suo cugino Esteban Azraa. Da quel momento in poi, le richieste di informazioni dagli archivi nazionali o dall'Interpol sono diventate più frequenti. In almeno dieci occasioni, Michel Neyret ha fornito ai suoi amici informazioni su persone indagate vicine a Esteban Alzraa. Così, nel marzo 2011, il commissario ha rispolverato il fascicolo di Albert Benichou per sapere se era indagato e sotto quale identità. Qualche tempo dopo, ha consultato il fascicolo dei fratelli Chikli[38], noti criminali della regione di Lione.

Nel novembre 2011, il settimanale *Paris Match* ha riferito che Michel Neyret aveva negoziato in cambio di un risarcimento i sette file dell'Interpol che aveva estratto e consegnato a Gilles Benichou. In totale, Neyret aveva preso 108 file del PJ e 7 file dell'Interpol. In una conversazione telefonica con Michel Neyrat, Esteban Alzraa aveva chiesto a quest'ultimo di cercare di informarlo sul perché due dei suoi conti bancari esteri fossero stati bloccati. Aveva specificato a Neyret che si trattava di un conto in Portogallo con 7 milioni di euro depositati e di un secondo in Italia con una somma pari a 4 milioni di euro.

Michel Neyret non si era risparmiato, e in cambio i suoi amici non erano stati avari. In un'altra intercettazione telefonica, Esteban Azraa dice a un intermediario che presto avrebbe effettuato un bonifico da un fondo di investimento indonesiano a cinque conti bancari, di cui uno a suo nome. Gli altri erano intestati a Gilles Benichou, Daniel Kalfa (suo

---

[38] Nel 2005-2006 i fratelli Chikli sono stati coinvolti in una truffa ai danni della *Banque Postale*. Leggete di questa truffa in *Speranze planetarie*.

fratellastro), Rudy Sitbon - un altro imputato in un caso di traffico di cocaina a Neuilly - e... Nicole Neyret[39].

Esteban Alzraa ha prestato le sue auto di grossa cilindrata al commissario Neyret e ha pagato i suoi viaggi. Michel Neyret aveva anche ricevuto 40.000 euro di vestiti da Gilles Benichou. Niente era troppo buono per il "superpoliziotto" che aveva le tasche piene di soldi.

Il poliziotto e sua moglie Nicole erano stati invitati in aprile a trascorrere una settimana ai *Giardini Koutoubia*, un grande Riad di lusso nella medina di Marrakech. È lì, in un'atmosfera tranquilla ed elegante, che ha conosciuto Albert Benichou, fratello maggiore di Gilles[40]. Cinquantenne, nato nel 1961 a Orano, Albert Benichou era anche un importante trafficante di droga ed era stato condannato fino a quindici volte per truffa. Nel novembre 2008, la procura di Lione aveva chiesto una pena detentiva incondizionata da tre a quattro anni. L'uomo, la cui fedina penale potrebbe stare in otto pagine, aveva truffato la *Banque Postale, che* secondo le sue stime aveva perso più di 155.000 euro tra il 2001 e il 2002, e la *Caisse d'Epargne*, che da parte sua aveva subito una perdita di 130.000 euro[41].

In un video disponibile su Internet, il giornalista di *Complément d'enquête*, che si era recato a casa della moglie del commissario Neyret, nella regione di Lione, ha dichiarato che quest'ultima, preoccupata per le nuove relazioni del marito, aveva ripetuto la dichiarazione del commissario: "*Aspettate un attimo! Mi stanno facendo entrare. Dicono che è molto difficile entrare nella mafia ebraica*".

L'arresto e l'incarcerazione del commissario Neyret furono molto pubblicizzati. Ma tutto stava per tornare alla normalità. Alla fine di ottobre 2011, siamo stati informati che un nuovo commissario era stato nominato alla carica di direttore interregionale della polizia giudiziaria di Lione. "*La pagina è stata voltata. La PJ di Lione ha la nostra piena*

---

[39] *Paris Match*, 11 novembre 2011, articolo di Delphine Byrka.
[40] *Paris Match*, 12 ottobre 2011.
[41] Nel febbraio 2002, in un momento in cui le sue varie aziende erano in difficoltà, Jérôme Kuntz, 40 anni, incontrò Albert Benichou, che gli propose di convertirsi alla vendita di telefoni cellulari. Non disponendo dei fondi necessari, Kuntz aveva chiesto al fratello, consulente finanziario presso la *Banque Postale*, di emettere degli assegni, al che Albert Benichou regalò alla moglie una Mercedes Classe A e al fratello una Renault Scenic. Kuntz si è quindi trasferito in Marocco con la moglie Florence Kuntz, europarlamentare e nuova speranza della destra politica lionese (*Le Progrès de Lyon*, 15 novembre 2008; *Lyon Mag* del 6 gennaio 2009).

fiducia". Il prefetto del Rodano, il procuratore della Repubblica di Lione e il capo della PJ francese avevano garantito il loro pieno "sostegno" a... Francis Choukroun. La polizia di Lione era ancora una volta in buone mani[42].

Il *"Flacucho"*: il più grande di tutti!

Il più grande truffatore era un francese con sede a Tel-Aviv, un certo Alex Khann. Nel mondo dei truffatori dell'IVA, Alex Khann era diventato una leggenda, nonostante il suo soprannome poco lusinghiero: "il magro".

Alex Khann non era un novellino. In Francia, dove era ancora conosciuto come Cyril Astruc, era comparso nel giugno 2009 con il suo complice Michel Bensoussan davanti al tribunale correzionale di Tolosa per frode all'IVA sui telefoni cellulari. È stato condannato a tre anni di carcere... con la condizionale, nonostante questa frode sia costata all'erario francese una perdita di 15 milioni di euro. Chissà perché...

Aveva poi continuato le sue attività dal Belgio. Il "carosello dell'IVA" attribuitogli dai giudici belgi aveva funzionato a pieno regime tra il 16 settembre 2009 e il 28 novembre 2009, ossia poco meno di tre mesi. Non aveva superato il trimestre di attività per evitare il controllo amministrativo della mancata dichiarazione IVA trimestrale. Il nome che aveva dato alla sua società era "*Groupe Energie One*" (GEO), con a capo il suo uomo di paglia. In realtà, non era altro che una casella postale in Rue de la Presse a Bruxelles - un indirizzo che ospitava molte altre società, a due isolati dal Parlamento. GEO aveva acquistato 350 milioni di euro di obbligazioni CO_2 da Bluenext. Trattandosi di una transazione intracomunitaria, GEO non aveva dovuto pagare l'IVA del 21%. La società li aveva venduti, IVA inclusa, a una società, IRM, che a sua volta aveva cercato acquirenti a prezzi stracciati. Electrabel si era subito insospettita di questi prezzi bassi e aveva interrotto i rapporti con IRM. Alla Fortis Bank, invece, i campanelli d'allarme sono suonati solo dopo una decina di transazioni per un valore di circa 400 milioni di euro.

---

[42]Il commissario Neyret è stato rilasciato nel maggio 2012, dopo poco meno di otto mesi di detenzione provvisoria nel carcere della Santé a Parigi. È stato licenziato dalle forze di polizia nel settembre 2012 dal ministro dell'Interno socialista Manuel Valls. Nel 2014, il caso Neyret era ancora oggetto di indagine a Parigi. Nel giugno 2014, Esteban Azraa e suo cugino Gilles Benichou sono stati condannati dal tribunale di Lione rispettivamente a trenta mesi e a quattro mesi di reclusione senza condizionale.

Quando Fortis ha finalmente allertato i tribunali, era troppo tardi e 72 milioni di IVA dovuti al fisco erano spariti in meno di tre mesi[43].

"El Flacucho? Nel business del carbonio è il più grande di tutti", ha scherzato un esperto. Alex Khann, che si vantava di aver guadagnato più di un miliardo di euro con questa frode, aveva infatti organizzato una grande festa in Israele per celebrare il suo successo. Nel suo nightclub sulla spiaggia di Tel Aviv, lo champagne scorreva a fiumi e le prostitute ucraine si dimenavano a ogni angolo[44]. Aveva anche uno yacht a Marbella, in Spagna, un elicottero, jet privati e guardie del corpo armate fino ai denti. Era molto irascibile, a giudicare da questo piccolo alterco: mentre guidava la sua Ferrari in compagnia di una persona indesiderata, un passante ebbe la sfortuna di fotografare l'auto. Alex Khann era sceso dall'auto per dargli un copioso pestaggio, finendo poi in prigione e agli arresti domiciliari.

Il suo locale notturno alla moda fungeva anche da nascondiglio per alcuni mafiosi ebrei della comunità russa. Il locale era particolarmente frequentato dall'ex oligarca Michael Tchernoï, che si era fatto un nome nella guerra dell'alluminio in Russia dopo il crollo del sistema sovietico. Tchernoï era stato il mandante di molti omicidi, prima di dover fuggire quando il presidente russo Vladimir Putin iniziò la grande pulizia. Questo ricchissimo mafioso voleva radunare tutti gli oppositori di Putin. In Russia era un democratico, un sostenitore di una "Russia aperta", tollerante e multiculturale. Ma in Israele, in patria, era l'opposto: era vicino al ministro degli Esteri di "estrema destra" Avigdor Liberman. Questo mafioso era attivamente ricercato dalla magistratura russa, dall'FBI statunitense ed era oggetto di un mandato di arresto internazionale emesso dall'Interpol per un caso di riciclaggio di denaro in Spagna. Il giudice istruttore di Bruxelles, Michel Claise, aveva a sua volta emesso un mandato di arresto internazionale nei suoi confronti, ma lo Stato di Israele si era rifiutato di estradarlo[45].

Alex Khann è stato intervistato nel novembre 2008 da *Global Vision*, un supplemento pubblicitario della rivista *Forbes*. Ha affermato il suo

---

[43] *Lalibre.be*, 21 gennaio 2013.
[44] Migliaia di giovani donne russe, ucraine e moldave sono state letteralmente rapite negli anni '90, dopo il crollo dell'impero sovietico, dopo aver risposto a falsi annunci di lavoro che promettevano un impiego ben retribuito in Israele. Su questo delicato argomento, leggete il nostro lungo capitolo sulla "tratta delle schiave bianche" in *La mafia ebraica*.
[45] *Le Parisien*, 18 novembre 2011. Su Tchernoï, *La mafia ebraica*.

impegno contro il sistema capitalistico e gli hedge fund. Ha spiegato al giornalista africano di *aver "sempre donato denaro a enti di beneficenza per aiutare il terzo mondo"* e di aver *"sempre voluto fare qualcosa con le proprie mani"* per aiutare le persone svantaggiate[46].

In quell'intervista, condotta nella sua lussuosa villa di Tel-Aviv, ha espresso la sua ammirazione per Bob Marley, dopo aver scoperto la sua musica *"che riempiva l'aria di promesse"*. Ha anche spiegato il suo rispetto per Nelson Mandela, che vorrebbe incontrare per consegnare un assegno per la sua fondazione. *"Quando ero bambino, condividevo i miei giocattoli con gli altri bambini. In Francia, dove sono cresciuto, la società è molto eterogenea e, per qualche motivo, mi sono sempre sentito vicino ai bambini neri, soprattutto per la voglia di condividere i miei giocattoli con loro"*. Ha anche insistito sulla speranza dell'elezione di un presidente nero - Barack Obama - negli Stati Uniti. Infine, ha detto di essere tornato in Israele perché ebreo e perché voleva crescere i suoi figli nel suo ambiente e nella sua religione[47].

Il giornalista di *Libre Belgique* ha aggiunto maliziosamente: *"Non è chiaro, tuttavia, se quest'uomo di 39 anni, che ha utilizzato la "Legge del ritorno" per acquisire la nazionalità israeliana e cambiare il proprio cognome, sia sbarcato nella Terra Promessa solo per motivi religiosi. Potrebbero esserci dei motivi giudiziari.*

Il 10 gennaio 2014, Cyril Astruc, alias Alex Khann, quarantenne, è arrivato curiosamente all'aeroporto di Roissy. È stato immediatamente fermato, accusato e imprigionato. Questo arresto è avvenuto poco più di due mesi dopo il viaggio degli investigatori francesi in Israele. In quell'occasione, erano state condotte due operazioni (dal 9 settembre al 4 ottobre e dal 20 al 29 ottobre) da parte della dogana e della polizia israeliana, che avevano condotto una quarantina di interrogatori e una quindicina di perquisizioni, in particolare a Herzliya Pituach, il ricco quartiere diplomatico a nord di Tel-Aviv dove vivevano molti "franco-israeliani". Ma questo non spiega il motivo dell'arrivo di Cyril Astruc all'aeroporto di Roissy, poiché sapeva che sarebbe stato arrestato in caso di controllo. Bisognava capire che la situazione in Israele non era così tranquilla come aveva pensato. Il giorno prima, il 9 febbraio 2014, l'esplosione di un'autobomba a Tel Aviv aveva ucciso il suo autista. Era il decimo omicidio di questo tipo in Israele in poco più di tre mesi, e

---

[46]Aline Robert, Carbonne Connexion, Max Milo, 2012, p. 91
[47]*Lalibre.de*, 21 gennaio 2013.

ogni volta era stato stabilito un legame con una delle grandi famiglie mafiose del Paese, gli Alperon, i Domrani, gli Abergil, gli Abutbul e soprattutto Amir Mulner, la cui reputazione di numero uno della criminalità organizzata era ben consolidata. Tuttavia, questo Amir Mulner era strettamente legato a Cyril Astruc: "*Non è impossibile che Astruc abbia pensato che l'atmosfera fosse diventata malsana, e che sarebbe stato più al sicuro in una prigione francese che in Israele, ha detto un ufficiale di polizia francese per spiegare la sorprendente decisione dell'interessato di recarsi in Francia*[48]".

Piccoli punteggi tra amici

La "rapina del secolo" era il titolo della prima pagina del quotidiano *Libération* del 1° giugno 2013. La grande frode della carbon tax è tornata in primo piano sulla scena giudiziaria con il processo a Michel Keslassy, 49 anni, che si è aperto presso il tribunale correzionale di Parigi. L'uomo è stato accusato di "frode organizzata e riciclaggio di denaro". Con la sua società Ellease, aveva rubato non meno di 65 milioni di euro di IVA. Ma le sue truffe con Ellease erano solo un anello della catena. Altri aspetti del caso erano oggetto di indagine, tanto che, per le sue numerose ramificazioni, il caso riguardava in realtà 283 milioni di euro, o anche di più.

Michel Keslassy è stato arrestato in Belgio nell'aprile 2012. Sosteneva di essere stato ingannato da un uomo incontrato nel 2008 all'aeroporto Charles-De-Gaulle di Parigi (non è un gioco di parole), che presentava come uno dei principali istigatori della truffa. In breve, secondo lui, era solo un uomo di paglia che era stato ingannato. La mente era un certo Samy Souied, che non era sconosciuto, in quanto era già apparso in un'altra indagine della polizia sulla truffa della CO2, tra le altre. Samy Souied avrebbe promesso a Keslassy una piccola percentuale del proprio profitto in cambio di alcune agevolazioni concesse dalla società Ellease.

Michel Keslassy non era solo in tribunale. Al suo fianco c'era una giovane donna di 28 anni a cui aveva affidato la gestione della sua azienda, dato che in Francia gli era vietato gestire società. Le aveva offerto sostegno finanziario e azioni della società in cambio di servizi di segreteria. Quando la giovane donna è scoppiata in lacrime, Keslassy

---

[48]*Le Monde*, 11 febbraio 2014.

ha dichiarato con rabbia: "*Lei non ha nulla a che fare con tutto questo e non dovrebbe essere qui*". Tuttavia, la società era effettivamente registrata a suo nome. Inoltre, aveva accettato di recarsi due volte all'estero, a Cipro e a Hong Kong, per aprire conti bancari per Ellease.

Michel Keslassy è stato condannato a tre anni e mezzo di carcere e a pagare un risarcimento di 65,5 milioni di euro allo Stato. Il suo giovane complice è stato semplicemente rilasciato. Nel novembre 2013, a causa di problemi di salute, il truffatore è stato rilasciato con un braccialetto elettronico. Tuttavia, dopo pochi giorni, il dispositivo aveva "*smesso di funzionare*". La procura di Parigi aveva quindi emesso un mandato di arresto, ma dovunque si trovasse, non aveva molta importanza, poiché a metà febbraio 2014 il processo si è svolto in sua assenza. "*Secondo le fonti contattate da 20 Minutes, si trova attualmente in Israele*": un'informazione davvero sorprendente! "*Dice di sentirsi minacciato*", ha riferito una persona vicina al caso. Da Israele, aveva scritto ai giudici attraverso il consolato. "*Altri individui, con lo stesso grado di coinvolgimento, non sono mai stati arrestati o disturbati da questi procedimenti giudiziari. È molto spiacevole*", ha commentato il suo avvocato Philippe Ohayon[49].

Samy Souied incarnava bene questo ambiente ebraico: 45 anni, padre di quattro figli, era coinvolto in indagini giudiziarie da più di 20 anni: frode e frode aggravata, falsificazione di documenti, riciclaggio di denaro. Era già stato denunciato per una truffa pubblicitaria su larga scala. Con l'aiuto del presidente dell'associazione dei pensionati della polizia, nei primi anni 2000, aveva venduto spazi pubblicitari a grandi aziende come Peugeot, Renault e Casino in cambio di false promesse di impunità per le multe. Il danno economico era stato stimato in 50 milioni di euro in due anni. Evidentemente, nessuna pubblicità era stata pubblicata sulle riviste specializzate della polizia. Il denaro affluiva in Israele attraverso l'ufficio parigino della banca israeliana Hapoalim, altrimenti sospettata di essere coinvolta in una massiccia rete di riciclaggio di denaro. I truffatori avevano estorto denaro alla comunità cinese minacciandola di un'imminente ispezione igienica. Parte del denaro veniva riciclato attraverso le corse dei cavalli. Samy Souied è stato successivamente coinvolto in un caso di riciclaggio di denaro

---

[49] Articolo di William Molinié apparso sul giornale *20 Minutes* giovedì 13 marzo 2014.

legato al mondo delle corse dei cavalli[50]. Aveva a lungo flirtato con la meravigliosa truffa dell'IVA, prima nel settore della telefonia mobile, prima di scoprire il miracoloso mondo del mercato del carbonio.

Samy Souied è stato assassinato il 14 settembre 2010. La scena si è svolta a Porte Maillot a Parigi alle 20.30. Quella sera Souied aveva un appuntamento con un amico davanti al Palais de congrès, un luogo comune per gli appuntamenti. Due uomini lo hanno avvicinato a bordo di uno scooter bianco, uno dei quali brandiva una pistola con silenziatore. A terra sono stati trovati cinque bossoli calibro 7,65 mm. Colpito al petto e alla clavicola, Sammy Souied era riuscito a rifugiarsi tra due auto, mentre i motociclisti fuggivano in direzione della Defense. Gli assassini, che avevano rispettato il contratto, non avevano preso il denaro che la vittima portava con sé: circa 300.000 euro in contanti. Gli assassini erano senza dubbio ben informati, poiché Samy Souied era appena arrivato da Israele e sarebbe dovuto tornare la sera stessa. Michel Keslassy non ha corso molti rischi incolpando dei suoi crimini un uomo morto.

La truffa della CO_2 era così redditizia che la distribuzione dei profitti era finita in un bagno di sangue. L'ultimo ad aver parlato con Samy Souied è stato un ex genero di Claude Dray. Si trattava di un ricchissimo uomo d'affari di 76 anni che aveva fatto fortuna nel settore alberghiero e immobiliare. Il miliardario possedeva hotel di lusso a Saint-Tropez, Gerusalemme e Miami e accumulava opere d'arte nella sua villa di 1.000 metri quadrati nell'elegante quartiere di Neuilly-sur-Seine a Madrid. L'uomo aveva la reputazione di essere intrattabile negli affari, anche se non era mai stato notato dalla polizia.

Tuttavia, Claude Dray è stato trovato morto nella sua stanza. È stato ucciso nella notte tra il 24 e il 25 ottobre 2011, con tre proiettili da 7,65 mm nel collo. Apparentemente, nulla poteva collegare Claude Dray ai regolamenti di conti derivanti dalla truffa del carbone. Ma il suo omicidio ha sollevato molti interrogativi, poiché la cassaforte piena di gioielli non era stata scassinata, non era stato rubato nulla e non c'erano prove di effrazione.

---

[50]Su Samy Souied e gli ippodromi: *La mafia ebraica* (2008).

Le vittime non erano tutte di origine ebraica sefardita. Ci furono anche alcuni "morti periferici". Amar Azzoug, ad esempio, soprannominato "Amar occhi blu", era un criminale di origine magrebina. Era stato liquidato il 30 aprile 2010 a Saint-Mandé, un altro sobborgo signorile di Parigi dove la comunità ebraica era molto presente. L'agguato è avvenuto in Avenue Alphand. Dopo essere entrati nel bar-ristorante "*Au Bois doré*", due individui con passamontagna gli sono piombati addosso e hanno sparato a "Loving Blue Eyes". Prima di interessarsi ai milioni di CO2, Amar Azzoug era noto alla polizia come ex rapinatore e spacciatore di cocaina nei quartieri esclusivi della capitale, soprattutto intorno agli Champs Elysées. Viveva in un appartamento lussuoso, frequentava locali notturni alla moda e girava con una Porsche cabriolet. Prima di morire, aveva registrato nel registro della stazione di polizia di Vincennes diverse minacce di morte da parte di un certo... Samy Souied[51].

Sulle tracce della CO2

Yannick Dacheville non era ancora morto nel 2014. Ma era attivamente ricercato dalla polizia nel caso di 110 chili di cocaina colombiana sequestrati in un appartamento di Neuilly-Sur-Seine nel novembre 2010. "*Il profilo di un truffatore che ha investito i suoi soldi nel traffico di cocaina, ha sottolineato una fonte della polizia*". Intorno alle 22, una dozzina di poliziotti hanno fatto brutalmente irruzione al primo piano di una lussuosa residenza, l'appartamento vuoto di una principessa saudita, dove hanno trovato cocaina e centinaia di migliaia di euro in contanti. Sono state eseguite altre perquisizioni, ma i principali trafficanti sono riusciti a sfuggire alla polizia. E se ci sono riusciti, è stato perché avevano ricevuto una soffiata. L'Ispettorato generale dei servizi di polizia è entrato immediatamente in azione. Dopo aver indagato su Yannick Dacheville, soprannominato "il ciccione" per la rotondità del suo volto, la polizia parigina aveva rivelato i suoi legami con Gilles Benichou ed Esteban Alzraa. Inoltre, grazie alle intercettazioni telefoniche utilizzate in questo caso, la polizia era riuscita a stabilire i legami tra il commissario Neyret e la malavita sefardita[52].

---

[51] Articolo di William Molinié apparso sul giornale *20 Minutes* giovedì 13 marzo 2014.
[52] *Parid Match*, 11 novembre 2011; articolo di Delphine Byrka.

Nel 2011, gli agenti hanno appreso che Yannick Dacheville aveva incaricato uno dei suoi amici di recuperare 300.000 dollari da un giocatore di poker di Las Vegas. Il denaro era stato depositato in una banca di Los Angeles. Sua madre, Rosaria, e la sua amica, Alejandra, erano andate a ritirare il bottino, ma le due donne sono state arrestate dall'FBI e il denaro confiscato. Secondo le ultime informazioni, Yannick Dacheville trascorreva la sua vita tra Miami, Israele, Panama e gli Emirati Arabi, dove aveva investito nel settore immobiliare.

Nell'agosto 2012, una figura importante dell'"ambiente" sefardita è stata arrestata a Barcellona. Si trattava di un certo "Manu" Dahan, sospettato di "tentata estorsione di fondi e sequestro di persona". La polizia spagnola aveva agito su informazioni della polizia giudiziaria francese, che sapeva che Manu Dahan, rifugiato in Israele, sarebbe arrivato all'aeroporto di Barcellona. L'uomo era stato arrestato nell'ambito di un procedimento contro la criminalità organizzata che coinvolgeva un individuo di nome Karim Maloum, detenuto a Parigi da luglio. Secondo una fonte vicina al caso, Maloum e Dahan sono stati descritti come "*vecchi cavalli di razza nella loro vecchiaia*", in quanto entrambi sessantenni. Si erano fatti un nome negli anni '90 durante le rapine ai furgoni portavalori. All'epoca erano già fuggiti in Spagna, la loro base di ritiro, "*come numerosi banditi dello stesso tipo*[53]". Ma Manuel Dahan era anche l'obiettivo di diversi servizi di polizia, che vedevano la sua ombra incombere su molti casi di estorsione, riciclaggio di denaro e frode alla carbon tax. Dahan è stato estradato, ma non sono emerse altre informazioni su di lui.

Potremmo anche esaminare i casi di riciclaggio di denaro. Nel settembre 2008, siamo stati informati che la magistratura belga aveva scoperto un'importante rete di riciclaggio di denaro. Questa rete bancaria ombra, attiva da otto anni, era una sorta di banca clandestina per diverse organizzazioni criminali. Centinaia di "clienti" - truffatori, commercianti, evasori fiscali e mafiosi - la utilizzavano.

Un uomo che trasportava un'ingente somma di denaro contante era stato arrestato qualche mese prima all'aeroporto di Bruxelles. Le indagini avevano portato alla luce il modus operandi di un'organizzazione transnazionale guidata da un uomo d'affari "belga", tale Daniel Zalcberg, che divideva le sue attività tra Bruxelles, la

---

[53] *Le Monde*, 29 agosto 2012

Francia e Israele[54]. Daniel Zalcberg aveva aiutato centinaia di persone a riciclare il loro denaro eludendo i controlli delle banche, grazie a un traffico di fatture false e in cambio di una commissione del 3% su tutte le transazioni. L'organizzazione aveva esteso la sua attività fino alla Cina. Il giudice istruttore e i suoi investigatori si erano recati nella regione di Wenzhou, un importante centro tessile dove Daniel Zalcberg pagava i produttori locali con il denaro dei suoi clienti europei. In questa occasione, le autorità cinesi avevano collaborato per la prima volta con la giustizia belga, permettendo il sequestro di 80 milioni di euro.

Oltre a Daniel Zalcberg, la polizia belga ha arrestato Sissel Vielfreund, 61 anni, che vive a Tel Aviv, ma l'indagine ha preso di mira anche altri sei sospetti. Zalcberg e Vielfreund, che avevano confessato i crimini, erano stati comunque rilasciati con la "libertà condizionata"!

Un giornalista belga, Gilbert Dupont, aveva cercato di intervistare Zalcberg, che all'epoca viveva a Bruxelles, nel "Millionaires' boulevard", una strada privata di fronte alla foresta di La Cambre. Ma Daniel Zalcberg aveva lasciato Bruxelles per stabilirsi a Parigi, al 34 di Avenue des Champs-Elysées. Ecco cosa scrive il giornalista: *"Bruno è il custode del 34 Champs-Elysées: ci spiega che in realtà l'edificio è utilizzato esclusivamente per uffici e caselle postali per 800 o 900 clienti. Un edificio in cui non vive nessuno. Tuttavia, Bruno è il custode dell'edificio da vent'anni e il nome e il cognome di M. Zalcberg, nato il 31 luglio 1948, non gli evocano alcun ricordo[55]"*.

Da allora non si hanno più informazioni su di lui. Se Daniel Zalcber è fuggito dalla giustizia, dove pensa che si sia rifugiato?

A Marsiglia, il caso più importante portato davanti ai tribunali francesi riguardava un furto di 400 milioni di euro. Il quotidiano *La Provence*, il 4 gennaio 2012, ha pubblicato un articolo sull'argomento che non poteva essere battuto: *"Diverse famiglie marsigliesi, fratelli e sorelle che ora vivono in Israele, sono in prima linea nella truffa"*.

Queste famiglie si erano rifugiate nella "legge del ritorno", votata dalla Knesset nel 1950 (il parlamento israeliano), che garantiva a qualsiasi ebreo il diritto di emigrare in Israele e di essere al sicuro dall'estradizione. I truffatori si erano stabiliti a Herliya, un'illustre località balneare vicino a Tel Aviv, più precisamente nel quartiere di

---

[54]*Le Monde*, 16 settembre 2008
[55]*Dh.be*, 3 ottobre 2008

Pituach, considerato l'equivalente della parigina "Neuilly". Da allora hanno condotto una vita felice, tra yacht, giri in elicottero, ville da 20 milioni di sekels (5 milioni di dollari), viaggi in Florida con jet privati e così via. Un insider si è entusiasmato: "*Meglio di una rapina, è stato come rapinare una banca la cui cassaforte rimane aperta, visita dopo visita, per mesi*".

Ma i "marsigliesi" rifugiati in Israele hanno avuto qualche inconveniente con i mafiosi locali che bramavano il loro bottino, in particolare con la potente mafia "russa" del Paese che ha cercato di estorcere loro denaro[56]. A Herzliya, ex militari sono stati reclutati come guardie del corpo e hanno accompagnato i loro figli a scuola. Improvvisamente, la piccola comunità marsigliese è diventata più discreta; di fatto, è impossibile raccogliere ulteriori informazioni sui protagonisti di questo caso.

Nel settimanale di sinistra *Marianne* del 15 gennaio 2011, Frédéric Plotin scriveva: "Da *qualche mese, il gangsterismo ebraico sta vivendo di nuovo momenti turbolenti. Rapimenti, regolamenti di conti, minacce, valigie piene di banconote dirette in Israele... Sembra di essere tornati ai giorni splendidi dell'epopea dei fratelli Zemmour, quei piedi neri di Sétif che erano alla ribalta della malavita parigina negli anni Settanta*[57]".

Come mettere a tacere l'antisemitismo?

L'articolo apparso sul quotidiano marsigliese *La Provence* del 4 gennaio 2012 aveva fatto scalpore. La comunità ebraica, che da sola produce tutti i super-truffatori, si è sentita attaccata. Il titolo in prima pagina recitava: "*Questi marsigliesi, re della truffa dell'IVA. Centinaia di milioni di euro evasi sul mercato dei buoni per le emissioni. I sospetti si sono rifugiati in Israele*". Il che era pienamente giustificato in questo caso.

---

[56] L'articolo della *Tribune* era di "Fred Guilledoux", che probabilmente sapeva che non era gradito menzionare la "mafia ebraica". Nella rivista *L'Express* del 4 ottobre 2013, ogni riferimento allo Stato di Israele e all'ebraismo dei protagonisti era scomparso.
[57] Sui fratelli Zemmour si veda *La mafia ebraica*, 2008.

Dopo la pubblicazione di questo articolo, Michèle Teboul, presidente del CRIF [58] Marseille-Provence (Consiglio di rappresentanza delle istituzioni ebraiche in Francia), aveva scritto al giornale una lettera al direttore in cui si potevano leggere queste righe scritte con un tono piuttosto strano. Riportiamo integralmente il testo:

"Sia chiaro, se da un lato deploriamo e condanniamo con forza comportamenti criminali e imperdonabili, dall'altro non possiamo che rimanere feriti dai pregiudizi e dalle espressioni che emergono in tutto l'articolo, al limite del pacchiano e dell'eccessivo". La truffa dell'IVA a "specialità ebraica": a che tipo di ambiente ci si riferisce qui [sic]: si tratta di un ambiente nel senso di una mafia o nel senso di un gruppo etnico-religioso? L'ambiguità di questa frase attira la nostra attenzione per la stigmatizzazione che può comportare. L'autore di questo articolo torna ai tempi dei fratelli Zemmour, al caso Sentier! La delinquenza ebraica è così rara e scarsa che è necessario tirare in ballo i vecchi tempi della criminalità? Oppure si sta [sic] stabilendo una sorta di affiliazione o, peggio ancora, si sta indicando un'organizzazione che ha la sua controparte di ramificazioni, di cospirazioni? Un'evocazione sinistra, che riunisce [sic] i criminali e li presenta come una "piccola comunità". Le parole hanno un significato e possono avere effetti proiettivi che noi rifiutiamo. Certo, i fatti sono fatti, ma tutti gli ebrei di Marsiglia e della Francia non devono essere confusi con persone che saranno assicurate alla giustizia. Gli uomini e le donne che compongono la nostra comunità, come tutti gli altri, sono lavoratori, impiegati, pensionati, disoccupati e l'intera gamma del tessuto sociale francese, comprese le sue deviazioni! Umani, così umani!". I lettori del nostro libro *Lo specchio dell'ebraismo* sanno che qui si dovrebbe leggere: "Ebreo, così ebreo!".

Philippe Minard, direttore del giornale, ha scritto la seguente risposta: *"Ho letto con molta attenzione il vostro testo dopo il nostro articolo sulla truffa dell'IVA. Certo, le parole hanno un significato e non penseremmo mai di individuare questa o quella parte della comunità marsigliese per vendicarsi pubblicamente. La redazione del giornale è particolarmente attenta e sensibile alla vita di tutte le comunità in generale, e della vostra in particolare. Nel descrivere questo evento insolito, non abbiamo confuso tutta la vostra comunità con questi*

---

[58] Il CRIF è la potente lobby pro-Israele della comunità ebraica francese. È l'affiliato ufficiale francese del World Jewish Congress (WJC) - l'organizzazione globale delle comunità ebraiche - e dell'European Jewish Congress (EJC).

criminali professionisti. Abbiamo parlato del "milieu ebraico" come avremmo parlato del "milieu corso", del "milieu parigino", del "milieu russo". Il milieu, come lo definisce il dizionario, è un gruppo di persone al di fuori della legge, che si guadagnano da vivere con i traffici illeciti[59]. *In realtà, esistono milieu di questo tipo in tutte le comunità, anche se con alcune particolarità. Aggiungo che il giornalista che ha scritto questo articolo è sempre stato un fervente difensore dei diritti civili e della libertà, e il vostro Consiglio ha potuto verificarlo in molte occasioni. Il suo testo non può, a mio avviso, costituire una risposta, nel senso che il fatto denunciato non è stato provato. Potrebbe essere un chiarimento in seguito all'uso di una parola che noi abbiamo interpretato in modo diverso. Ma temo che questa precisazione attirerebbe un'attenzione sfavorevole su un problema non percepito dalla comunità nel suo complesso".*

Venerdì 6 gennaio 2012, il presidente del CRIF Richard Pasquier e Michèle Teboul hanno inviato la seguente e-mail a Philepppe Minard[60]. All'inizio gli ebrei sono indignati; l'articolo sembra averli sciocccati terribilmente. Poi sono passati all'accusa: "Lei incita all'omicidio", hanno detto in sostanza. Poi mettono in guardia il colpevole, dicendogli tra le righe che le sue parole, definite "antisemite", potrebbero essere oggetto di una denuncia e di un processo che potrebbe costargli caro. Infine, gli viene fatto capire che le scuse pubbliche, preferibilmente in ginocchio, potrebbero sistemare tutto. Ascoltate questo:

"La vostra risposta al testo inviatovi dal Presidente del CRIF-Provence ci ha lasciato perplessi. Non solo a Marsiglia l'articolo offensivo, per i termini utilizzati, le ambiguità e le insinuazioni che veicolava, ha profondamente scosso il "milieu" ebraico. La sua ricerca sul dizionario del significato di questa parola è stata molto parziale: dobbiamo forse supporre, quando leggiamo l'espressione "nell'ambiente medico"

---

[59] Questo significato della parola *"milieu"* in francese corrisponde più da vicino al significato di "hampa" in inglese. Ma la parola *"milieu"* in francese, pur connotando la mafia, ha un carattere più morbido ed eufemistico rispetto allo scrivere direttamente mafia o malavita. Usiamo la parola *milieu* per tradurre la parola *milieu*, e non *hampa*, che non si adatterebbe al senso della discussione dei protagonisti. Neanche la parola *milieu*, che sarebbe la traduzione letterale di *ambiente* ma non è rilevante come *ambiente*. La RAE fornisce questa definizione di *ambiente*: "Insieme di condizioni o circostanze fisiche, sociali, economiche, ecc. di un luogo, di una comunità o di un'epoca; gruppo o circolo sociale in cui qualcuno si sviluppa o vive". (NdT)

[60] Il CRIF organizza ogni anno una grande cena in Francia, alla quale tutti i ministri e le personalità politiche, sia di destra che di sinistra, sono tacitamente obbligati a partecipare.

[corporazione, ndt], *che ci riferiamo solo ai medici che "vivono al di fuori della legge"? E quando scrive in La Provence: "negli ambienti politici..."* [circoli, ndt], *dobbiamo concludere che si riferisce solo ai politici indagati?*

Ovviamente no. Ci si riferisce a elementi rappresentativi di un intero gruppo di individui. Ecco perché, quando si legge l'espressione "ambiente ebraico", è l'intera comunità ebraica che si sente puntata e stigmatizzata.

Ma non è tutto. Lei scrive che evocare l'ambiente ebraico è come evocare l'ambiente corso, l'ambiente parigino o l'ambiente russo. Può dirci quanti corsi, parigini o russi sono stati attaccati, perseguitati o addirittura uccisi in passato a causa di tali accuse?

Le accuse di comportamento criminale contro gli ebrei hanno ripetutamente portato a pogrom e omicidi. Non molto tempo fa, anche nel nostro Paese, i giornali erano impegnati a descrivere la "criminalità ebraica". Certamente non siamo più in quell'epoca, ma non è ancora arrivato il momento in cui le barzellette sugli ebrei hanno lo stesso fascino presumibilmente folcloristico delle barzellette sui corsi o sui belgi.

Se ci avesse pensato due volte prima di scrivere, ad esempio, che la violenza contro le donne è caratteristica dell'"ambiente musulmano", avrebbe avuto mille volte ragione ad astenersi dal farlo. Perché ogni stigmatizzazione di un gruppo basata sulle azioni criminali di alcuni dei suoi membri è un invito all'odio. Per quanto riguarda gli ebrei, questo si chiama antisemitismo.

Sartre scrisse che quando si viene derubati da un pellicciaio che si dà il caso sia ebreo e si protesta dicendo che tutti gli ebrei sono ladri, quando si sarebbe potuto benissimo dire che tutti i pellicciai sono ladri, si opta per l'antisemitismo. Il suo articolo, incriminando l'"ambiente ebraico", ha preso questa direzione. Forse lo ha fatto involontariamente, ma allora meriterebbe almeno delle scuse. Purtroppo non le abbiamo trovate nella sua risposta. Forse non è troppo tardi".

Il messaggio era molto chiaro: è severamente vietato denunciare le azioni della mafia ebraica. E questo messaggio è stato recepito perfettamente per molto tempo da tutti i "giornalisti" della stampa, della radio e della televisione. Così la più grande truffa finanziaria mai svelata in Europa è stata nascosta alla stragrande maggioranza della popolazione. Siamo molto lontani dai tempi in cui una truffa come quella di Stavisky faceva scendere in piazza a Parigi migliaia di patrioti[61].

Chi ha letto i nostri libri precedenti sa che se gli ebrei sono sempre innocenti è perché praticano l'inversione accusatoria quando si tratta di trattare un argomento "doloroso". Nel marzo 2013, ad esempio, il programma *Special Investigation* del canale Canal+ aveva programmato un documentario di Gad Charbit e Jean-Louis Perez intitolato *CO2, il colpo del secolo* (un tipico esempio di questa frode). Ascoltatene un estratto:

> "*Parigi. Abbiamo un appuntamento con un uomo che ha partecipato al colpo del secolo. Ci sono voluti mesi per convincerlo a testimoniare in forma anonima. Lo chiameremo 'Christopher'*". Avrebbero potuto benissimo dargli un nome ebraico, visto che l'*ebreo*[62] specificava che "*aveva debuttato qui, nel quartiere Sentier*". Ma nel nome "Cristoforo" c'è "Cristo", il che potrebbe far pensare che i truffatori fossero buoni cattolici: un'ovvia inversione accusatoria.

> Il documentario mostra come un giornalista danese "*si sia interessato ai truffatori di tutta Europa. Ha tracciato una mappa di tutte le società coinvolte nella truffa. Erano ovunque: essenzialmente in Germania, nel Benelux, ma soprattutto in Inghilterra. Erano principalmente nelle mani della mafia pakistana. Secondo una fonte giudiziaria di Londra, la truffa della CO2 avrebbe finanziato gruppi terroristici islamici*". Un'altra retromarcia accusatoria!

> Ecco perché gli ebrei sono sempre innocenti: "*Sono accusati ingiustamente dagli antisemiti, che attribuiscono i loro problemi a un capro espiatorio, che accusano di tutti i mali che sono stati e saranno*". Sappiamo cosa dicono!

---

[61] Si veda la sintesi del caso Stavinsky in *The Jewish Mafia* (2008).
[62] L'autore scrive il gioco di parole "*Jew-rnalist*" per "*Journalist*". (NdT)

2. Frode pubblicitaria

In questo tipo di truffa, i truffatori contattano piccoli e medi commercianti e artigiani per convincerli a firmare un contratto per la pubblicazione di annunci su presunte riviste regionali o annuari professionali. Le vittime pensano di avere a che fare con un'azienda seria e pagano gli importi richiesti. In seguito, i truffatori chiedono somme sempre più elevate.

Le 800 vittime dei falsi gendarmi

Nel febbraio 2014 abbiamo appreso che alcuni furfanti si erano spacciati per gendarmi per truffare 800 aziende della regione di Tours. Il caso era stato molto pubblicizzato nell'ottobre 2013, quando i fatti erano stati rivelati dal quotidiano *Le Parisien*: un finto gendarme aveva venduto falsi annunci a nome dell'Association Gendarmes et Citoyens (AG & C), che in realtà esiste davvero e che è presieduta dall'ex comandante di stanza a Vendômois, Christophe Contini.

Il 9 ottobre 2013, il truffatore 57enne è stato arrestato con due complici dalla polizia della Brigata per la Repressione dei Crimini Stupefacenti (BRDA). *"Risiedendo per la maggior parte del tempo in Israele, l'accusato si è finto un gendarme e ha sondato numerose aziende per vendere loro pubblicità sul mensile dell'associazione*[63] *"*. Lui e i suoi complici hanno dichiarato di lavorare per una "Agenzia centrale per le pubblicazioni amministrative e sociali", specializzata nella vendita di spazi pubblicitari. L'indagine ha permesso di stilare un elenco di 800 aziende truffate per un danno complessivo di 1,5 milioni di euro.

Un ristoratore di Tours, Xavier Aubrun, ha raccontato il suo caso: *"Nel 2012 ho staccato un assegno di 358,80 euro per una pubblicazione su un mensile a favore degli orfani della gendarmeria nazionale. Mi hanno preso in giro. Che ci posso fare... Non ho dato più importanza alla cosa..."*. Ma il ristoratore aveva deciso di raccontare altri dettagli della truffa, perché, secondo lui, altri furfanti avevano preso il sopravvento.

---

[63]*La Nouvelle République*, 20 febbraio 2014.

"Nelle ultime settimane ho ricevuto una dozzina di telefonate da sedicenti avvocati che mi chiedevano 3600 euro per una dozzina di annunci non pagati. Ma quando ho chiesto ulteriori spiegazioni, hanno riattaccato il telefono... Hanno chiamato con numeri nascosti. Hanno minacciato di mandare un ufficiale giudiziario a sequestrarmi. Immagino che chiamino le persone che non hanno sporto denuncia dopo la prima truffa. Sono sicuro che questo tipo di pressione funziona di tanto in tanto. Spero che la mia testimonianza possa essere utile ad altre vittime...".

Xavier Aubrun, da buon goy, aveva consultato il suo avvocato, Abed Bendjador, e stava pensando di sporgere denuncia. Il ristoratore aspettava con il fiato sospeso il presunto ufficiale giudiziario che doveva venire a eseguire il sequestro preventivo.

Le vittime "franco-israeliane

Nel novembre 2011, tre truffatori sono stati incriminati da un giudice istruttore del distretto finanziario di Parigi. Avevano organizzato una truffa simile tra l'estate del 2009 e la fine di ottobre 2011. I criminali, che si nascondevano dietro la società Info Service Multimedia (ISM), contattavano piccoli commercianti, artigiani e persino congregazioni religiose per offrire loro inserzioni in un elenco professionale per 400 euro. Poi inviavano via fax i documenti da spedire con il pagamento tramite assegno. In realtà, non è mai stato pubblicato alcun annuncio, né sul sito web né sull'annuario cartaceo, che non è mai esistito. Qualche tempo dopo, l'ufficio legale o contabile chiamava il cliente per spiegargli che aveva commesso un errore e che si era impegnato a pagare 20.000, 30.000 o 40.000 euro. Alla fine, un uomo che si presentava come il direttore commerciale dell'azienda chiamava e si mostrava comprensivo della situazione. Ha capito l'equivoco del cliente e ha chiesto solo circa 10.000 euro. In generale, la perdita per ogni vittima è stata di circa 500-1000 euro.

I tre imputati erano così riusciti a ingannare 500 piccoli commercianti, artigiani e congregazioni religiose in Francia e in Belgio. Il parroco di un villaggio aveva pagato di tasca propria 40 000 euro per pubblicare un annuncio pubblicitario volto a mobilitare i suoi parrocchiani per le opere di bene. In totale, il danno è stato stimato in circa 700.000 euro.

Il 27 ottobre 2011, la polizia ha fatto irruzione negli uffici della società ISM a Parigi XIX. Il quotidiano *Le Parisien*, in data 1° novembre 2011, ha riportato che *"le operazioni sono state condotte da un franco-israeliano di 44 anni"*.

I gendarmi si aspettavano che venisse in Francia per le vacanze e lo hanno arrestato dopo averlo seguito dall'aeroporto. Questo "franco-israeliano" - più ebreo che francese, nonostante tutto - lavorava con un tenente di 42 anni e un sessantenne che fungeva da uomo di paglia. Due terzi del bottino erano stati *"trasferiti su un conto in Israele"*. I due complici sono stati rilasciati in libertà vigilata, con una grossa cauzione; hanno avuto anche la fortuna di non vedere i loro nomi e cognomi pubblicati sulla stampa e su internet.

Le 544 vittime di Jonathan Zeitoun

Un'altra truffa dello stesso tipo ha avuto luogo tra luglio 2007 e marzo 2009. I truffatori erano ben organizzati: accanto a giovani broker attratti dal denaro facile, uomini fidati si occupavano dei compiti più delicati (incasso di assegni, riciclaggio di denaro). La maggior parte dei truffatori non conosceva l'identità dei propri accoliti, ognuno con il proprio pseudonimo - "Hugo", "Monk", "Meetic", ecc. L'indirizzo ufficiale della società fittizia si trovava sugli Champs Elysées e tutti i numeri di telefono venivano reindirizzati a un numero che iniziava con 01, una prova di serietà. Tutto era stato accuratamente pianificato per "pescare" macellai, proprietari di campeggi, direttori di scuole guida, giardinieri e altri artigiani di tutte le province.

La prima fase consisteva nel localizzare i manager appena insediati, quindi molto interessati a una pubblicità che li facesse conoscere rapidamente. I broker si occupavano dello *"spacchettamento"*, un argomento per convincere le vittime a firmare un "ordine di inserimento" in un annuario o in un elenco fittizio. Le vittime non sapevano bene a cosa si stavano impegnando, poiché il fax inviato loro in seguito conteneva i passaggi importanti in caratteri piccoli, graffiati e illeggibili.

Uno o due mesi dopo una vendita andata a buon fine, entrava in scena un team di "contabili" che annunciava il conto totale, spesso dieci, venti o addirittura trenta volte superiore ai 900 euro concordati all'inizio. Convinte che la loro firma li obbligasse, le vittime erano sollevate nel ricevere, dopo infinite molestie telefoniche, lo "sconto commerciale": pagare 12 000 euro invece dei 18 000 portava loro sollievo. I recalcitranti sono stati minacciati di essere perseguiti da un cosiddetto "servizio di recupero crediti", persino di essere convocati presso un tribunale inesistente. Anche questa volta, più di 500 commercianti e artigiani sono caduti nelle grinfie dei truffatori. Alcuni di loro sono falliti perché non potevano pagare i debiti.

In meno di due anni, questa frode ha generato un profitto netto di oltre 3,4 milioni di euro. Sono stati scoperti conti bancari in Svizzera. Gli investigatori della Brigata per la Repressione dei Crimini Stupefacenti (BRDA) avevano trovato un assegno di 600.000 euro durante una delle loro ricerche, portando il totale a 4 milioni di euro. Ma probabilmente c'era molto di più.

Delle 544 vittime derubate, 135 si erano costituite parte civile e ben 32 persone erano state portate davanti al tribunale di Parigi con l'accusa di truffa e "tentata truffa in banda organizzata". *Le Parisien* del 5 maggio 2010 ha riassunto il caso come segue: "*Dopo una vera e propria pulizia, le varie società create da Jonathan Zeitoun, la presunta mente dell'intera rete, hanno incassato quasi 4 milioni di euro*".

I fratelli Jonathan e Lior Zeitoun, detenuti nel carcere di Santé dalla fine del 2009, erano stati privati della libertà solo per pochi mesi. Erano stati rilasciati e posti sotto controllo giudiziario. Da allora, non sono più disponibili informazioni su di loro[64].

Jacques Benayoun ha truffato gli agricoltori

Nel dicembre 2008, il procuratore della Repubblica di Mont-de-Marsan ha dichiarato che, fino a quest'anno, sono state presentate centinaia di denunce per una truffa relativa agli annuari elettronici. I truffatori sollecitavano telefonicamente artigiani, commercianti e associazioni per inserire annunci in falsi elenchi online. Dopo un periodo di prova gratuito, le vittime, che avevano firmato un contratto

---

[64] Questo giovedì 10 aprile 2014 ho appreso di essere stato appena condannato dal 17° tribunale penale di Nanterre (presidente: Claire Lafoix) a un mese di prigione - INCONDIZIONATA - per aver posseduto (semplice possesso) una bomba lacrimogena mentre affiggevo di notte dei manifesti per un incontro pubblico (svoltosi a Parigi nel settembre 2013). Questa pena detentiva si aggiunge a una condanna a due mesi di carcere incondizionato (anch'essa incondizionata) per una semplice battuta sulle abitudini di Bertrand Delanoë, il sindaco di Parigi [noto omosessuale, ndt], che era stata maliziosamente interpretata come una "minaccia di morte". La differenza di trattamento tra un criminale cosmopolita e un patriota francese dimostra il grado di svilimento dei giudici della Repubblica. [Nota di Hervé Ryssen, ndt].

via fax di difficile lettura, ricevevano fatture esorbitanti. Per annullare il contratto, dovevano inviare un "assegno di garanzia" di importo variabile. *"Un assegno di garanzia di 2.000-3.000 euro è stato richiesto e infine incassato illegalmente"*, ha precisato il procuratore[65].

L'indagine era iniziata nel dicembre 2007 in seguito alle denunce di due agricoltori di Dax, nelle Landes. La gendarmeria di Pau aveva preso in carico il caso e per mesi una cellula investigativa composta da una decina di soldati aveva cercato di rintracciare le vittime. In totale, sono stati elencati circa 422 denuncianti, di cui solo 12 nelle Landes.

Tutte le vittime della truffa avevano lo stesso profilo: piccoli commercianti, piccoli lavoratori autonomi, artigiani, agricoltori e comunità religiose. I danni, per ciascuno di loro, ammontavano a una cifra compresa tra 5.000 e 47.000 euro. Erano stati truffati da diverse società, tra cui Net.com a Viry-Châtillon, Net.communication in Val d'Oise, Atout.com, Esperance Diffusion, ecc. I gendarmi erano risaliti alle tracce grazie ai numeri di telefono indicati nell'intestazione dei fax.

In calce ai contratti, in caratteri piccoli, a volte illeggibili, erano riportati gli onerosi pagamenti di compensazione. Le vittime ricevevano poi un'e-mail che richiedeva il pagamento di una somma compresa tra 5.000 e 9.000 euro per contratti di un anno. Seguivano telefonate, falsi avvocati e falsi ufficiali giudiziari per mettere ancora più pressione alle vittime. Alla fine i truffatori hanno proposto un pagamento fisso per la risoluzione del contratto. Centinaia di persone sono state truffate in questo modo in tutta la Francia, anche se solo 132 si sono costituite parte civile.

Nell'aprile 2008, cinque uomini sono stati arrestati a Parigi. Due di loro sono stati presentati al giudice istruttore di Dax e sottoposti a custodia cautelare fino ad agosto... prima di essere finalmente rilasciati (come al solito) e posti sotto controllo giudiziario[66].

Grazie a una sorta di tracciamento dei fax, gli investigatori hanno poi scoperto che il vertice della piramide dell'organizzazione non si trovava in Francia, ma in... Israele (sorprendentemente!). I numeri francesi delle telecopie erano infatti reindirizzati ad Ashdod, una località turistica israeliana vicino a Tel Aviv. Grazie a falsi documenti contabili

---

[65] Giornale *Sud-Ouest*, 12 dicembre 2008.
[66] Il controllo giudiziario obbliga il più delle volte chi vi è sottoposto a recarsi una volta alla settimana alla gendarmeria o alla stazione di polizia del proprio quartiere.

perfettamente credibili, i truffatori "franco-israeliani" sono riusciti a convincere le loro vittime di operare dal territorio francese.

I gendarmi del centro investigativo delle Landes hanno quindi contattato le autorità israeliane e l'8 dicembre 2008 sono state arrestate trenta persone ad Ashdod e Tel Aviv. Durante le perquisizioni sono stati sequestrati 700.000 euro in contanti, quattro veicoli di lusso e diversi gioielli. Nell'ambito della rogatoria internazionale, due gendarmi della sezione investigativa di Pau hanno potuto recarsi in Israele per diverse udienze e indagini. Per una volta, la collaborazione franco-israeliana ha funzionato bene e Jacques Benayoun, il capo della rete, che aveva la doppia nazionalità francese e israeliana, ha trascorso un anno nelle carceri israeliane prima di essere trasferito nel carcere di Fleury-Mérogis il 25 dicembre 2009.

Il 4 maggio 2010, davanti alla camera istruttoria della corte d'appello di Pau, "*è stato necessario un intero furgone per trasportare tutti i documenti del caso di Mont-de-Marsan - diecimila stime, seicento vittime, più di 130 denunce civili*[67]". Le vittime avevano iniziato a sporgere denuncia nel 2007 in diversi dipartimenti francesi: in Lorena, poi nell'Hérault e nelle Landes. Il caso è stato trasferito al tribunale civile di Mont-de-Marsan, mentre un'altra inchiesta giudiziaria è stata aperta a Évry, nella regione di Parigi.

Jacques Benayoun, 62 anni, aveva lavorato per 40 anni come rappresentante nell'industria tessile. Ha negato categoricamente tutto: "*È falso. Ho avuto a che fare solo con il sistema finanziario*", ha dichiarato in videoconferenza dal carcere di Fleury-Mérogis. "*L'azienda era gestita dai broker e dall'ufficio vendite*". Detenuto in custodia cautelare per diciassette mesi, ha chiesto il suo rilascio; invano. Un fatto insolito per la giustizia repubblicana.

Il processo si è svolto presso il tribunale correzionale di Évry nell'ottobre 2010. Ventidue imputati sono comparsi davanti a 132 parti civili per un risarcimento di 3,5 milioni di euro. In aula, solo Xavier, 61 anni, e sua moglie, agricoltori dell'Aisne, hanno avuto il coraggio di affrontare i truffatori. Nel marzo 2006 avevano ricevuto un fax in cui si chiedeva loro di "*aggiornare l'elenco professionale*" per essere registrati come allevatori. L'agricoltore aveva risposto all'"*offerta promozionale*". Ma pochi giorni dopo si è vista chiedere più di 8.000 euro. Le telefonate si sono moltiplicate. "*Ci hanno fatto molta*

---

[67] *La République des Pyrénées.fr*, 5 maggio 2010.

pressione", ha confessato l'agricoltore. Siamo riusciti a trovare un accordo per pagare un mese e rescindere il contratto. Poi siamo andati dal sindacato agricolo. È stato allora che abbiamo capito di essere stati truffati. Altri come noi erano stati contattati dalla stessa rete". Xavier e sua moglie speravano di recuperare quanto dovuto e anche un risarcimento per i danni morali. *"Mia moglie si sentiva in colpa",* ha detto Xavier. Era *"sull'orlo della depressione".*

Oltre a Jacques Benayoun, era comparso in tribunale anche il figlio Boris, 34 anni. Mikael Estanque, tornato da Israele, ha testimoniato, ma altri quattro imputati sono rimasti a piede libero. Alla fine, due imputati sono stati rilasciati. Agli altri sono state inflitte pene sospese di tre mesi di reclusione e 500 euro di multa, cinque anni di reclusione sospesa e 200.000 euro di multa: pene ridicole, quindi, rispetto al danno che hanno causato. Per Kaminski, l'avvocato del truffatore, "la *giustizia è stata equilibrata. Il mio cliente è stato condannato a sei anni di carcere, quattro senza condizionale. È stato condannato a un solo anno. Questo dimostra che l'accusa non era completa*[68] ". Con le sentenze ridotte, sarebbe stato libero tra pochi mesi, ammesso che sia andato effettivamente in prigione.

All'inizio di luglio 2014, il presidente del tribunale di Dax è stato meno esaustivo: Jacques Benayoun è stato condannato a 8 anni di carcere incondizionato e suo figlio Boris a 7 anni. Sono stati rinchiusi nella prigione di Mont-de-Marsan[69].

Il libro d'oro della polizia di Monte Carlo

Il 30 luglio 2008 è stata inflitta una pena detentiva incondizionata di tre anni a un dirigente d'azienda e a due agenti commerciali della società IMS. Questi uomini erano accusati di aver estorto fondi a diversi commercianti e aziende.

Qualche anno prima, nel 2002, la società IMS (International Media SA) aveva firmato un contratto con un'associazione di agenti di polizia denominata *"Circolo di mutuo soccorso e di previsione della sicurezza pubblica",* allo scopo di raccogliere fondi per la pubblicazione del libro d'oro del centenario della polizia monegasca.

---

[68]*Le Parisien,* 15 settembre 2010.
[69]La notizia è stata riportata dal quotidiano *Sud Ouest e dal* portale Internet, ma nessun altro media l'ha ripresa.

Gli agenti commerciali, Eric Souied ed Esteban Fitoussi, avevano usato tattiche di vendita aggressive, sottintendendo chiaramente che la polizia avrebbe ricordato "*chi dà*" e "*chi non dà*". Certamente, a 15.000 euro a pagina, alcuni commercianti erano stati riluttanti. Il procuratore Claire Dollman aveva denunciato i loro metodi di propaganda, che combinavano "*minacce e molestie*". Un commerciante ha evocato una "*forma di ricatto di questo tipo: "Con tutto quello che la polizia fa per voi..."*". In breve, per continuare a essere protetti, bisognava acquistare una pagina pubblicitaria. I criminali si vantavano anche di avere "*la benedizione del palazzo del principe*". La compagnia algerina Khalifa Airways, ad esempio, aveva inviato un assegno di oltre 300.000 euro. L'IMS, con sede a Ginevra, aveva così accumulato un bottino di 1,8 milioni di euro.

Un ispettore del lavoro del principato, che stava indagando su altri aspetti del caso, aveva presentato una denuncia per minacce di morte, a seguito di una telefonata anonima da parte di un uomo che sosteneva di parlare "*a nome della polizia*": "*Fareste bene a lasciar perdere tutto questo caso, perché fuori dal territorio monegasco non si sa mai cosa potrebbe succedervi*".

Nel 2003 sono state registrate 46 denunce, ma i due uomini sono fuggiti e per loro è stato emesso un mandato di cattura internazionale.

Il capo di IMS Monaco, Jean-Dominique Ktorza - un altro "franco-israeliano" - è rimasto sordo alle richieste di un'udienza giudiziaria: "*Ah, ma mi dispiace*", ha risposto da Ginevra, "*finora non sono stato convocato, e poiché siamo una società svizzera, dobbiamo affidarci alle regole della giustizia internazionale. Vi darò risposte così chiare che vi chiederete perché siete venuti fin qui. L'intera faccenda si sgonfierà come un palloncino*".

Jean-Dominique Ktorza ha affermato che gli agenti di polizia non hanno partecipato al canvassing commerciale, che è stato condotto dai suoi agenti in modo "*sano, senza alcuna pressione*", aggiungendo: "*Se due clienti si sono lamentati, su un totale di diverse centinaia, vorrei incontrarli e scoprire quali sono le loro lamentele e le loro rimostranze. Questa è pura calunnia*". Non sono trapelate ulteriori informazioni sul processo... Per quanto riguarda il capo del Circolo degli aiuti, Maurice

Albertin, istigatore del libro d'oro, aveva rivendicato il suo diritto a una pensione equa[70].

---

[70] Ogni volta che un caso di truffa appare sulla stampa e i nomi e cognomi dei criminali mancano o sono stati cambiati, si possono legittimamente nutrire forti sospetti sull'origine ebraico-talmudica della truffa.

3. Falsi ordini di trasferimento

Questo tipo di truffa è apparso per la prima volta nel 2005, ma le denunce si sono moltiplicate nel 2011 e i casi sono esplosi dal 2014[71]. Questa nuova forma di frode, nota anche come falsi ordini di trasferimento internazionale (Foti), è ancora una volta una specificità "francese".

"Il fenomeno è diventato dilagante: contiamo diverse decine di tentativi al giorno; i nostri servizi sono richiesti ovunque. Sembra che siano apparse nuove reti che utilizzano un modus operandi identico, che funziona molto bene e provoca danni significativi", ha spiegato Sophie Robert, commissario di polizia presso l'Ufficio centrale per la repressione della grande criminalità finanziaria.

I bersagli sono le filiali di grandi aziende: un truffatore chiama fingendosi il capo dell'azienda e fa in modo che un responsabile finanziario o contabile effettui un bonifico su un conto all'estero, fuori dall'Unione Europea.

"Il discorso è molto ben fatto e i truffatori sono molto abili. Sono molto persuasivi e non esitano a sfruttare l'ingenuità dei loro interlocutori. Sono anche in grado di adattarsi alla situazione e di cambiare il copione molto rapidamente[72] ", ha spiegato Sophie Robert.

Per avere successo, è ovviamente necessario conoscere molto bene l'azienda bersaglio. Prima di agire, i truffatori conducono ricerche approfondite sui social media e sul sito web dell'azienda. Acquistano tutte le informazioni "open source" disponibili sulle loro future vittime, facendo molta attenzione a rimanere anonimi. Possono pagare con carte prepagate, ricaricate in contanti e non collegate a un conto bancario, o con numeri di carte di pagamento violati. Possono poi accedere a siti web come *Infogreffe* o *Société.com* per ottenere dati come statuti societari, verbali di assemblee generali, organigrammi o bilanci annuali delle aziende prese di mira, ha spiegato il direttore dell'OCRGDF Jean-

---

[71] Secondo l'Ufficio centrale per la repressione della grande criminalità finanziaria (OCRGDF), tra il 2010 e il 2014 sono stati registrati 700 casi o tentativi.
[72] *Les Échos Business*, 16 marzo 2014. Articolo di Cécile Desjardins.

Marc Souvira. Possono anche introdursi nel sistema informatico dell'azienda per raccogliere altri dati, ad esempio inviando un'e-mail innocua con allegato un virus o un trojan. Una volta installato, il programma risucchia la documentazione dell'azienda e fornisce ai truffatori gli orari, i numeri diretti, le e-mail e tutte le firme dei dipendenti dell'azienda.

Si spingono fino a indagare sulla vita privata dei dirigenti d'azienda. *"Grazie ai social network, Facebook o Twitter, possono scoprire i nomi dei figli o il compleanno della segretaria"*, spiega Michèle Bruno, capo della squadra anticrimine della polizia[73].

Quindi acquisiscono numeri di telefono con il prefisso del Paese in cui ha sede l'azienda. I truffatori lanciano i loro attacchi dall'estero - soprattutto da Israele, dove operano gli specialisti delle truffe - ma danno l'impressione di trovarsi in Francia. *"Se l'azienda bersaglio è in Francia, i numeri di telefono e fax acquisiti inizieranno con il prefisso francese, per infondere fiducia nel chiamante che riceverà la chiamata*[74]*"*. L'esperienza dimostra che una chiamata ricevuta con il prefisso del Paese in cui si trova la sede centrale dell'azienda abbatte la prima barriera psicologica della vittima[75].

Questa perfetta conoscenza della struttura aziendale permette a qualsiasi responsabile finanziario o contabile di fidarsi potenzialmente del truffatore. Una volta in possesso di tutti questi elementi, i criminali chiedono di parlare con i direttori finanziari delle filiali di grandi gruppi francesi, in Francia o in Europa, chiamandoli per nome e fingendo di essere il presidente della società. Chiedono la massima discrezione e affermano di aver bisogno di trasferire urgentemente dei fondi per realizzare un'offerta pubblica di acquisto[76] o di evacuare parte del flusso di cassa per evitare una verifica fiscale.

"Ciao John, sono il presidente dell'azienda. Ho bisogno del tuo aiuto. Ho appena ricevuto un'e-mail dalle autorità fiscali che ci sollecitano a effettuare urgentemente un bonifico bancario per regolarizzare la nostra situazione, pena un'imminente rettifica fiscale. Vi allego il file.

---

[73]*Sfide*, 17 maggio 2012. Articolo di Thierry Fabre.
[74]*Sfide*, 17 maggio 2012. Articolo di Thierry Fabre.
[75]*Le Parisien*, 17 novembre 2013. Articolo di Esteban Sellami.
[76] Un'offerta pubblica di acquisto (OPA) su azioni o altri titoli è una transazione commerciale in cui una o più società (offerenti) fanno un'offerta per l'acquisto di azioni da tutti gli azionisti di una società quotata su un mercato ufficiale, al fine di acquisire una quota del capitale con diritto di voto della società. (NdT).

Conto, ovviamente, sulla vostra discrezione". I truffatori riescono persino a imitare la voce del presidente.

Se l'interlocutore è riluttante, si ricorre alle minacce o si crea una vicinanza personale con le vittime indicando che saprà come ringraziarle. L'obiettivo è sempre quello di cercare di isolare l'interlocutore.

I truffatori inviano poi fax con intestazioni aziendali recanti le firme falsificate del PDG (Presidente e Amministratore Delegato, ndt) e del suo numero 2, oppure e-mail con l'indirizzo falsificato del Presidente (è possibile farlo) per convalidare l'ordine di trasferimento. E questo è quanto.

Il quotidiano *Challenges* ha trascritto alcune registrazioni della polizia: "*Dovete eseguire questo trasferimento eccezionale oggi. Riceverà i documenti domani. Conto su di lei, è molto importante*", aveva chiesto un truffatore al contabile di una filiale di un grande gruppo. "*Ma signore, ho bisogno dei documenti per un tale importo*", aveva risposto il dipendente. Il truffatore aveva finto irritazione: "*Le ho appena detto che si tratta di un trasferimento eccezionale, ha capito o no? Può farlo*". Ma la contabile aveva avvertito i suoi superiori. "*Esercitano un'enorme pressione psicologica invocando l'urgenza della situazione e spesso minacciando di licenziare la persona*", ha spiegato il commissario Michèle Bruno[77].

Molte aziende hanno esitato a denunciare il fenomeno, preferendo tenerlo segreto per non infangare la propria reputazione con i clienti, ma le autorità hanno comunque identificato circa 360 vittime solo nel 2013. Le filiali di grandi gruppi come Total, Vinci, LVMH, Accor, Sanofi, Essilor, Vallourec, Coca-Cola, Eurocopter, Hilton, Groupe Zannier, Valrhona, Virgin e Saint-Gobain erano state ingannate.

Centinaia di milioni di euro sono stati "*trasferiti su conti privati aperti in banche in Cina prima di finire in Israele, base di retroguardia per la maggior parte di questa nuova classe di truffatori*", ha spiegato il giornalista Esteban Sellami su *Le Parisien*. Da settembre 2013, i truffatori hanno intensificato notevolmente le loro attività. *Abbiamo notato un aumento significativo del numero di denunce per questo tipo di frode*", ha confermato una fonte giudiziaria. Dall'inizio dell'anno,

---

[77] *Sfide*, 17 maggio 2012. Articolo di Thierry Fabre.

solo a Parigi, sono stati registrati quasi cento casi[78] ". La situazione era arrivata a un punto tale che la Direzione centrale dell'intelligence interna aveva incoraggiato le sue delegazioni locali a mettere in guardia le medie imprese, anch'esse prese di mira dai truffatori.

Il primo caso risale al 31 gennaio 2011. Un'impiegata di una società con sede a Le Havre e specializzata nel trasporto di merci all'estero aveva ricevuto una chiamata da una società chiamata Avi. L'uomo al telefono le aveva chiesto un certificato di proprietà bancaria dell'azienda per poter pagare una fattura importante. Pochi minuti dopo, un presunto cliente dell'azienda di Le Havre ha chiamato per chiedere alla dipendente il numero di telefono personale del suo capo, con il pretesto di un'emergenza. Il truffatore ha poi cancellato la linea, probabilmente con la complicità dell'operatore telefonico, per evitare che la banca chiamasse il Pdg per una verifica. Aveva poi ordinato due bonifici via e-mail (con allegato il suo numero di cellulare) per 200.000 euro verso un conto in Cina. Fortunatamente l'agenzia bancaria dell'azienda era riuscita a contattare il Pdg, che ha annullato la transazione. *"Una volta su dieci la truffa funziona e si scopre che il denaro transita su conti in Cina, soprattutto a Hong Kong, per poi tornare in Israele[79]* ", ha riferito un investigatore.

Ma i criminali avevano fatto una preda spettacolare. L'impianto di produzione Seretram, appartenente al gruppo *"Géant Vert"*, ad esempio, aveva perso quasi 17 milioni di euro in quattro giorni. La compagnia di navigazione Brittany Ferries aveva perso un milione di euro. Tra le vittime anche il gruppo BTP Vinci, che non ha voluto *"fare alcun commento"*, o Robertet, uno dei leader mondiali dei profumi con sede a Grasse, nelle Alpi Marittime, che ha perso circa 900.000 euro.

In quindici mesi, l'Ufficio centrale per la repressione della grande criminalità finanziaria (OCRGDF) ha registrato 180 attacchi simili. Le aziende Atreva, Scor, Quick e Nestlé sono riuscite a sventare questi attacchi, così come Michelin. Sono state attaccate anche grandi PMI (piccole e medie imprese), come Valrhona, specializzata in cioccolato, e il casinò di Trouville, nel Calvados, che a marzo è sfuggito per un soffio a una truffa da 400.000 euro.

Nell'aprile 2011, i truffatori avevano persino tentato di ingannare il dipartimento finanziario dell'Eliseo. Dopo aver ottenuto il numero di

---

[78] *Le Parisien*, 17 novembre 2013. Articolo di Esteban Sellami.
[79] *Le Parisien*, 21 aprile 2011.

conto corrente, uno dei truffatori aveva telefonato alla banca della Presidenza della Repubblica spacciandosi per il responsabile del dipartimento finanziario e aveva ordinato un trasferimento di due milioni di euro su un conto offshore, che si è rivelato essere in Cina. Incuriosito, il banchiere aveva fatto qualche telefonata di controllo, sventando così il tentativo di truffa. Secondo il settimanale *Le Point*, che citava un articolo dell'Agence France-Presse del 20 aprile 2011, *"non è il primo tentativo di questi truffatori francesi con sede all'estero"*. Il che significava, per dirla senza mezzi termini, che si trattava di *"truffatori ebrei con sede in Israele[80]"*.

La società Schneider Toshiba Inverter Europe SAS, con sede a Pacy-sur-Eure e specializzata nella progettazione di azionamenti industriali a velocità variabile, era stata oggetto della stessa truffa. I truffatori si erano spacciati per uno studio legale dell'Autorité des marchés financiers (AMF). Dopo aver convinto un'impiegata dell'ufficio contabilità che stavano operando nell'ambito di un'offerta pubblica di acquisto (OPA) altamente riservata, i criminali le avevano detto che avrebbe ricevuto un'e-mail di conferma dal Pdg di Schneider Toshiba. La vittima ha poi ricevuto i dettagli dei conti bancari in Cambogia, Cina, Cipro, Estonia e Ungheria per trasferire i fondi necessari a realizzare la presunta offerta pubblica di acquisto. La donna aveva effettuato una decina di trasferimenti di denaro tra gennaio e febbraio 2014 prima di rendersi conto della truffa. L'importo del danno ammonta a più di 7 milioni di euro.

Media Participations di Parigi, il gigante dei fumetti e dei libri a fumetti (Dargaud, Dupuis, ecc. - 20 milioni di titoli venduti ogni anno), ha rischiato di fare la stessa fine. Alla fine di gennaio 2012, la sede centrale e diverse filiali sono state attaccate dagli specialisti della "frode dei falsi trasferimenti", talvolta definita dalla polizia "truffa al presidente". Il direttore finanziario di Dargaud Svizzera aveva ricevuto una telefonata da Vincent Montagne, presidente del gruppo, che chiedeva un trasferimento urgente di 987.000 euro su un conto HSBC a Hong Kong, per finanziare un acquisto in Asia. Il falso Vincent Montagne le aveva

---

[80] Esisteva anche una variante: la truffa dell'affitto. Qualcuno si spaccia per il padrone di casa che affitta i locali all'azienda bersaglio, informandolo di un cambio di addebito diretto, a seguito di un presunto trasferimento. Il nuovo addebito diretto riguarda un conto situato all'estero sul quale devono essere versati i bonifici per l'affitto. Non si tratta di una truffa da poco, visto che molte aziende pagano somme ingenti ai loro locatori.

severamente vietato di informare il suo capo presso la filiale svizzera, ma la direttrice aveva contattato le sue controparti parigine, poiché l'importo del trasferimento superava il limite massimo autorizzato. La scoperta del furto d'identità aveva bloccato l'operazione in extremis.

Ma il caso non finì lì: il giorno dopo, Vincent Montagne (quello vero) aveva ricevuto una telefonata dal comandante Girard della brigata finanziaria: "*Sappiamo che siete stati attaccati. Faccia il bonifico, questo ci permetterà di coglierli sul fatto*".

Prudentemente, Vincent Montagne controllò con i suoi contatti in polizia... e risultò che il "comandante Girard" non esisteva! Poi fu la volta della Société Générale - la banca di Media Participations - a ricevere le telefonate del falso Vincent Montagne, che sosteneva di essere chiamato dalla brigata finanziaria e ordinava di eseguire il trasferimento per catturare i criminali. L'imbroglio è stato ancora una volta scoperto. In tre giorni, l'editore aveva ricevuto almeno 30 attacchi telefonici! "*I criminali avevano pianificato perfettamente la loro operazione e avevano acquisito una conoscenza molto dettagliata della nostra organizzazione*", ha riconosciuto Claude Saint Vincent, CEO di Media Participations. "*La loro capacità di imitare la voce del presidente e di esercitare una pressione psicologica sulle loro vittime è impressionante*[81] ".

I servizi segreti - la Direzione centrale dell'intelligence interna (DCRI) - avevano lanciato un avvertimento generale alle aziende in una circolare sulla "prevenzione delle truffe sui trasferimenti internazionali di denaro", descrivendo nel dettaglio le tecniche utilizzate dai truffatori. Così, il 6 marzo 2012, il commissario di divisione Jean-Marc Souvira, capo dell'OCRGDF, ha riunito con discrezione i direttori finanziari e della sicurezza di una quarantina di grandi gruppi aziendali nella sala conferenze del Medef (l'associazione dei datori di lavoro francesi) a Parigi. "Erano *molto interessati, poiché molti di loro erano stati vittime di attacchi*[82] ".

In una nota della Direzione centrale della polizia giudiziaria si legge che "*tre Paesi compaiono regolarmente nelle truffe: Israele, dove i gruppi criminali si sono specializzati, la Francia, come Paese in cui si*

---

[81]*Sfide*, 17 maggio 2012. Articolo di Thierry Fabre. Sulla plasticità dell'identità, leggete il nostro lungo capitolo in *Psicoanalisi dell'ebraismo*.
[82]*Sfide*, 17 maggio 2012. Articolo di Thierry Fabre

trovano le aziende target, e la Cina come prima destinazione dei trasferimenti, prima di raggiungere Israele".

Nel settembre 2011, tre *"franco-israeliani"* specializzati in falsi trasferimenti sono stati arrestati a Lione e Cannes, in un palazzo, durante una partita di poker.

"Nonostante *tutto, molti sono sfuggiti alla giustizia francese rifugiandosi in Israele, tra Tel Aviv e la località balneare di Netanya, molto frequentata dai francesi* [83] ", ha scritto Thierry Fabre sul quotidiano *Challenges.*

"*La frode organizzata tra bande è punibile con 10 anni di carcere e una multa di 1 milione di euro, ma è difficile estradare i responsabili*", ha dichiarato il commissario Sophie Robert, che ha dovuto affrontare l'evidenza: "*Attualmente esiste una forma di impunità con questo tipo di frode*[84]."

A quanto pare, il sistema giudiziario della Repubblica francese è generalmente, e di fatto, molto indulgente nei confronti di questi truffatori, in particolare di quelli che beneficiano della complicità dello Stato di Israele.

La mostruosa faccia tosta di Gilbert Chikli

Il precursore di questo tipo di frode è stato un certo Gilbert Chikli, che nel 2005 ha truffato una quarantina di banche francesi fingendosi un agente segreto. Rifugiato in Israele dopo essere stato incriminato nel 2008 dal giudice parigino Sylvie Gagnard, Gilbert Chikli aveva messo a segno uno dei suoi colpi più spettacolari con la Postal Bank[85]. Il quotidiano *Libération* del 7 ottobre ha riportato il caso:

Il 25 luglio, subito dopo gli attentati di Londra, il direttore di una filiale bancaria ha ricevuto una telefonata da un uomo che si spacciava per il presidente della banca, Jean-Paul Bailly: "*La DGSE ci ha chiesto di collaborare*", ha detto. I terroristi stanno preparando un attacco a

---

[83]*Sfide*, 17 maggio 2012. Articolo di Thierry Fabre
[84]*Les Echos Business*, 16 marzo 2014. Articolo di Cécile Desjardins.
[85]Riportiamo di seguito il nostro riassunto di *Psicoanalisi dell'ebraismo* (2006).

Parigi e stanno per prelevare denaro dalla vostra filiale. Un agente della DGSE vi chiamerà. Fate tutto ciò che vi chiede di fare.

Un'ora dopo, "*Jean-Paul dei servizi francesi*" telefona alla direttrice della filiale della banca, le dà un nome in codice, "*Martine*", le chiede riservatezza e invia la povera Martine alla sua prima missione: "*La sua linea telefonica non è sicura. Devi procurarti un telefono cellulare che sarà usato solo per le nostre comunicazioni. Questo è il numero che chiamerai per dare il tuo*". Martine corre a comprare un cellulare, poi lascia il suo numero nella segreteria telefonica di Jean-Paul. Lui la richiama: "*Qualunque cosa accada, devi tenere questo cellulare acceso giorno e notte*".

Secondo uno degli investigatori, Gilbert C[86]. bombarda Martine con continue telefonate, circa quaranta in due giorni. La inonda di informazioni sul lavoro della DGSE per sventare un attacco imminente. La chiama a tutte le ore, anche di notte, tanto che Martine non dorme più. "*Se lei non risponde abbastanza velocemente, lui la rimprovera. Se esita, la picchia. Le dice sempre: "Soprattutto, non parlarne con nessuno*". *La spinge al limite. Martine è distrutta.*

Una volta ben condizionata, Martine obbedirà a tutto, convinta di "*lavorare per la nazione*". Jean-Paul le ordina: "Accendi *il computer. Dimmi i nomi dei cinque maggiori clienti della tua filiale*". Martine si adegua. Secondo le indagini, il truffatore nomina uno dei cinque nomi a caso come finanziatore di un attacco imminente e avverte che quella sera qualcuno preleverà 500.000 euro dal conto. Ma il direttore della filiale annuncia che sul conto ci sono solo 350.000 euro. Jean-Paul è furioso: "*Non siete per niente operativi!*", grida Martine, che svuota tutti i cassetti e i cassettini e alla fine riesce a prelevare altri 8.000 euro. Jean-Paul finalmente cede e accetta i 358.000 euro: "*Ora vai a comprare una valigia. Ti richiamo io*". Dopo aver comprato la valigia, Martine riceve una telefonata da Jean-Paul: "*Prima di consegnare il denaro al cliente, dobbiamo magnetizzare le banconote per rintracciare l'intero circuito di finanziamento del terrorismo e interrompere l'intera rete. Prendi un taxi...*" Poi gli ordina di scendere in un caffè di Place de la Nation: "Vedi i *miei agenti? - No*". Martine non vede nulla. "*Ok, sono ben nascosti, lavorano bene. Siediti sulla terrazza.*

Pochi minuti dopo, richiama: "*Scendi in bagno e chiuditi dentro*". Martine scende in bagno. Lui la richiama: "*Un agente busserà tre volte

---

[86] Il quotidiano *Libération* non ha reso noto il cognome del truffatore.

alla porta del bagno, gli dia la valigia, torni in terrazza e aspetti dieci minuti che gliela restituiamo. Toc toc. *"Martine, consegnaci la valigia"*, dice Shirley, una complice di Gilbert C., che finisce per prendere il bottino.

Martine è tornata sulla terrazza del caffè e ha aspettato... Ha aspettato diverse ore prima di rendersi conto e ammettere i fatti così come erano. Esausta, si è presentata alla polizia giudiziaria il 28 luglio, dopo tre giorni di *"terribile manipolazione psicologica"*. Le prime indagini della polizia giudiziaria, che ha rintracciato il numero di telefono, hanno portato a *"un numero in Inghilterra reindirizzato in Israele"* e hanno permesso di bloccare una ventina di tentativi di truffa simili nell'agosto 2005, allertando per tempo i banchieri.

A settembre Gilbert C. ha poi inventato una variante che gli ha permesso di guadagnare molto di più, inducendo i banchieri a effettuare "trasferimenti internazionali" su conti presumibilmente utilizzati dai terroristi. *"Con la sua fenomenale parlantina, scrive il giornalista, e il suo modo di persuadere i banchieri che stavano servendo il loro Paese nella lotta contro Al-Qaeda, la "mente" Gilbert è riuscito a far trasferire milioni di dollari sui conti di società di comodo create a Hong Kong dai suoi prestanome. Il 28 settembre, una banca ha versato 2,5 milioni di dollari in Svizzera e 2,72 milioni di dollari a Hong Kong. Allertata da un banchiere sospetto, la polizia giudiziaria ha bloccato i fondi. Il 29 settembre, invece, due bonifici per un totale di 7,25 milioni di euro sono stati trasferiti su conti in Estonia e immediatamente versati dalla "banda Gilbert"*.

Gilbert C., 40 anni, e suo fratello Simon, 38 anni, entrambi nati a Parigi, vivono ora come rifugiati in Israele. Dal suo nascondiglio, Gilbert C. ha avuto la faccia tosta di schernire al telefono la polizia giudiziaria: *"Non torno indietro, non mi arrendo, sono protetto da Israele"*. Dopo aver letto il resoconto di questa truffa, tutti converranno che la parola comunemente usata "sfacciataggine" è ormai un po' blanda per descrivere queste azioni. A meno che, ovviamente, non si tratti di un'altra forma del famoso umorismo ebraico. Infatti, gli ebrei sono pienamente consapevoli di questa mostruosa impudenza, poiché essi stessi la definiscono con la parola *Chutzpah*[87].

Ma la vittima principale non l'ha presa bene. Dopo la scoperta della truffa, è stata licenziata dal suo lavoro ed è caduta in depressione.

---

[87] Si scrive anche *"H'utzpah"* e si pronuncia come la J spagnola, Jutzpah.

"*Questo criminale non ha alcun riguardo per il danno umano che le sue azioni hanno causato a[88]* ", si rammarica l'avvocato della sfortunata dipendente *de La Poste*. Per Gilbert Chikli, l'intera faccenda era una truffa e un gioco. "*Recito una scena che mi dà un certo piacere, una certa adrenalina*", ha dichiarato nel 2010 al canale televisivo pubblico France 2, che lo aveva contattato.

Nel gennaio 2008, la stampa, che aveva finalmente rivelato il suo nome, ci informava che - per la prima volta - lo Stato di Israele aveva accettato di estradare un suo cittadino. Ma sembra che il criminale non sia stato a lungo nelle carceri francesi. Nel programma di Canal +, *Special Investigation*, intitolato *CO_2, il colpo del secolo*[89] (marzo 2013), lo vediamo prendere il sole nella sua lussuosa residenza di Ashod accanto alla sua piscina. Gilbert Chikli ha confessato, tra le righe, di essere stato in contatto con i truffatori della CO_2 e di essersi sinceramente pentito di non aver potuto partecipare all'affare, visto che era in prigione. Da quanto tempo era in prigione? Risposta: meno di cinque anni, forse molto meno.

Ha anche affermato di essere sfuggito a un attentato nell'aprile 2012: "*Due ragazzi*" erano apparsi con "*una specie di mitragliatrice*" e avevano crivellato di proiettili la facciata della sua casa. Davanti a casa sua era esplosa anche una granata, quindi la sua abitazione era molto protetta. "*Non abbiamo paura della mafia, almeno non io personalmente*".

Chikli era dietro il tentativo di truffa all'Eliseo nell'aprile 2011. Dopo essere entrato in possesso del numero di conto corrente dell'Eliseo, aveva tentato di rubare due milioni di euro dal palazzo presidenziale insieme a due complici, spacciandosi per dipendenti del servizio finanziario. Il banchiere aveva giustamente avuto il riflesso di chiamare l'Eliseo per una verifica. Il tentativo era fallito, ma l'Agenzia nazionale per i buoni vacanza era caduta nella trappola un mese prima, perdendo un milione di euro con la stessa modalità operativa dei truffatori.

Tutti i truffatori non sono ebrei e tutti gli ebrei non sono truffatori. Ma come ha scritto Jacques Attali (2002): "*Ma tra loro, come sempre, le cose non si fanno a metà: poiché sono criminali, è meglio essere i*

---

[88]*Challenges.fr*, 17 maggio 2012.
[89]Programma Gad Charbit e Jean-Louis Perez. Il commissario Neyret (Caso CO_2) ha ritirato il dossier Gilbert Chikli per Gilles Bénichou (*Paris-Match* del 31 maggio 2012).

primi[90] ". E, in effetti, le truffe più grandi sono quasi sempre perpetrate esclusivamente da ebrei.

---

[90] Jacques Attali, *Los judíos, el mundo y el dinero*, Fondo de cultura económica, 2005, Buenos Aires, pag. 410.

4. Truffe varie e diversificate

Il caso Badache-Apollonia

Il caso Apollonia è stato una gigantesca truffa immobiliare che ha coinvolto oltre 1 miliardo di euro. La società madre della truffa era una società di consulenza finanziaria e immobiliare chiamata Apollonia, con sede a Aix-en-Provence. Si trattava di una struttura familiare gestita da Jean Badache e da sua moglie Viviane, il cui figlio Benjamin era ufficialmente il presidente.

Dal 2003, i venditori di Apollonia hanno cercato di attirare famiglie benestanti con un buon reddito proponendo loro investimenti che sembravano un premio della lotteria: diventare "affittuari professionali di appartamenti ammobiliati", acquistando stanze ammobiliate in case di vacanza, monolocali per studenti o anziani, che consentivano vantaggiose agevolazioni fiscali. Garantivano che gli affitti avrebbero coperto quasi completamente i prestiti e che qualche anno dopo, grazie all'inesorabile aumento dei prezzi degli immobili, i fortunati investitori avrebbero potuto rivendere parte dell'immobile e godersi una comoda pensione grazie ai restanti affitti percepiti. "*Il vostro interesse, dicono i responsabili di Apollonia, è quello di garantire una solida pensione e una ricchezza ai vostri figli.*

Il primo contatto avveniva per telefono. Al primo appuntamento, il venditore arrivava sempre a bordo di una berlina di lusso. Diceva alle ingenue vittime che le entrate derivanti dall'affitto degli appartamenti avrebbero coperto le rate del mutuo. "*Vi diamo i documenti per ottenere i mutui, voi firmate in bianco e noi facciamo tutto. Noi compileremo i moduli e voi acquisterete appartamenti molto ben posizionati e non vi costerà nulla. Incasserete affitti mensili che vi permetteranno di ripagare le rate mensili del mutuo, oltre alle spese di comproprietà e alle tasse immobiliari*[91] ".

---

[91]*Le Parisien*, 7 febbraio 2010.

Le future vittime erano spesso troppo impegnate con il proprio lavoro per controllare i documenti che avevano incautamente firmato. "Non si preoccupi, ci occupiamo noi di tutto". I venditori, che si definivano "consulenti finanziari", erano molto attenti a non lasciare ai clienti alcuna prova scritta, nemmeno un opuscolo o un modulo. I clienti firmavano una pila di documenti, contratti di vendita, mutui, locazioni, procure varie, spesso incompleti o senza data, "per risparmiare tempo", dicevano. Le segretarie di Apollonia completavano i dati mancanti, soprattutto le date, per far credere che i termini legali per la riflessione e il ritiro fossero rispettati.

Il giorno della firma presso lo studio notarile, di solito si svolgeva l'ultima azione pianificata: "*Gli Apollonia facevano sul serio, perché si permettevano persino di rimproverare il notaio quando era in ritardo. A posteriori, non si può fare a meno di pensare che fosse tutto pianificato*", ha detto una vittima.

Tutti gli investitori si sono rapidamente ritrovati sovraindebitati, con pagamenti mensili di gran lunga superiori al reddito da locazione. In realtà, gli appartamenti erano stati sopravvalutati del 30-50%. Con un indebitamento medio di 2 milioni di euro per cliente, sono stati strangolati dai loro mutui. Le banche hanno sequestrato le parcelle di un paio di medici che sono stati costretti a rivendere gli appartamenti. Alcuni hanno visto inghiottire il patrimonio che avevano pazientemente accumulato nel corso della loro carriera. Un dentista in pensione ha dovuto riaprire il suo studio per ripagare i debiti e chiedere un prestito ai figli per ricomprare le attrezzature necessarie. I borghesi avevano fatto troppo affidamento sul passaparola della formula magica di Apollonia, potevano ringraziare gli amici per i loro buoni consigli! Nel frattempo, i truffatori di Apollonia si rimpinzavano di commissioni su ogni vendita, acquisto e gestione di appartamenti, guadagnando ciascuno tra i 50 e i 100.000 euro al mese[92].

La denuncia è stata presentata nel settembre 2008 da Jacques Gobert, un avvocato che rappresenta 151 famiglie. "*Sono quasi 2.000 le vittime che hanno preso in prestito tra i 500.000 e i 5 milioni di euro ciascuna per acquistare residenze per turisti o studenti e sfruttarle nell'ambito dello status di locatore professionale di immobili ammobiliati, talvolta*

---

[92]*Nice matin*, 24 febbraio 2009.

sotto il regime Robien[93] *"*, ha spiegato Jacques Robert. In totale, 300 vittime si sono costituite parte civile in una truffa che ha coinvolto circa 1,5 miliardi di euro di transazioni immobiliari.

"Apollonia si è occupata di tutto, ci ha consigliato di non informare il nostro avvocato o il nostro commercialista perché presumibilmente non sapevano come stava andando. Non abbiamo avuto contatti diretti con le banche e non abbiamo dovuto pagare nulla: è questo che ci ha convinto", ha detto Isabel S., moglie di un medico che ha acquistato 11 appartamenti per 2,1 milioni di euro.

"Da parte mia, devo restituire 100.000 euro all'anno alle banche. Gli affitti mi fruttano solo 45.000 euro. Ora guadagno 60.000 euro all'anno. Mi restano solo 5.000 euro per vivere con i miei tre figli a carico", ha spiegato un medico d'urgenza di Marsiglia.

L'indagine ha rivelato che Apollonia ha falsificato le richieste di prestito per essere accettata. *"Inoltre, ci hanno venduto la proprietà al 40-50% in più del valore reale, con mutui superiori al 7%"*, ha spiegato Claude Michel, ex preside di un liceo che ha dovuto restituire 84.000 euro all'anno e presidente dell'associazione Asdevilm, che ha riunito tutte le vittime del caso.

Jean-Marc B., un medico di 52 anni residente in Franca Contea, era stato reclutato dalla rete nel 2006. Gli era stato assicurato che non avrebbe dovuto occuparsi di nulla, grazie alle persone di Apollonia. *"Venivano sempre a casa nostra e baciavano i bambini, per far vedere che tipo di rapporto avevano con noi. Dopo due o tre visite, ci dissero: 'Ecco, ora pensateci bene, ma non troppo. Non lasciatevi sfuggire questa opportunità"*. La coppia aveva deciso di fare il grande passo. *"Avevamo un appuntamento in un grande albergo con il direttore di Apollonia, Jean Badache. Capelli raccolti all'indietro, catena d'oro, aneddoti sulle residenze di lusso, il suo aereo... Questo era il signor*

---

[93]*Le Parisien,* 9 maggio 2009. [Il piano *Robien* è una misura fiscale francese a favore dell'affitto creata dalla legge del 2 luglio 2003 sull'urbanistica e l'edilizia abitativa. L'effetto del piano Robien (il cognome del ministro) è stato quello di aumentare le nuove costruzioni, in alcune città di medie dimensioni, ben oltre le possibilità di affitto del mercato. Questa legge ha introdotto un regime di agevolazioni fiscali per i proprietari di alloggi in affitto che soddisfano determinate condizioni. Questo regime è terminato nel 2008 ed è stato sostituito dalla legge Scellier (wikipedia)].

Jean Badache. *In breve, ci ha lasciato a bocca aperta. La discussione sul contratto è durata solo cinque minuti*[94] ".

Il medico aveva acquistato dieci appartamenti per 1,8 milioni di euro. L'assetto finanziario ha fatto sì che il rimborso non iniziasse prima di 24 mesi. Così il medico, che guadagnava tra i 3.000 e i 4.000 euro al mese, si è reso conto solo nel 2008 che le rate mensili ammontavano a circa 12.000 euro e gli affitti che avrebbero dovuto coprirle erano solo un terzo di quell'importo. Il fallimento era matematico. *"Fino a quel momento non sapevo esattamente a quanto ammontasse il prestito, né l'esatto ammontare del reddito da locazione. Sembro un'idiota, lo so. Ma mi avevano raccomandato gli amici, il passaparola, la fiducia... C'erano le banche, i notai, tutto sembrava quadrare... e non sono l'unico a essere stato truffato"*.

Claude Michel, presidente dell'associazione delle vittime di Apollonia, Anvi-Asdevilm, aveva investito 1,4 milioni di euro. Una coppia dell'Isère aveva perso 3,3 milioni. La perdita più alta per una vittima è stata di 8 milioni di euro. E per ogni transazione, Apollonia riceveva una commissione tra il 12 e il 15%. *Oggi siamo tutti sovraindebitati, registrati negli archivi della Banque de France"*, ha spiegato Claude Michel, ex direttore dell'istituto. *Gli ufficiali giudiziari vengono a casa nostra e sequestrano i nostri beni. Gli appartamenti che avevamo acquistato erano sopravvalutati da due a sei volte il loro valore reale. Venderli non avrebbe cancellato i nostri debiti*[95] ".

Anche gli istituti finanziari sono in parte responsabili di aver lavorato con Apollonia senza effettuare i necessari controlli. "*Le banche, come il Crédit Mutuel, sono responsabili di aver concesso prestiti senza nemmeno fare una telefonata al mutuatario*", ha detto Jacques Gobert, un avvocato. Una sola *telefonata da parte delle banche avrebbe rivelato la verità"*, ha detto Isabel, il cui marito aveva acquistato 12 case per 2,1 milioni di euro. *Apollonia mi ha fatto chiedere prestiti in sei banche diverse. Nessuna mi ha richiamato. Non ho nemmeno ricevuto le offerte di prestito*[96] ". Azioni che sono valse all'agenzia del *Crédit Mutuel* di Marignane una vera e propria perquisizione da parte della polizia in aprile. Alcune vittime erano "sull'*orlo del suicidio*". Un numero verde

---

[94]*Libération*, 25 luglio 2012.
[95]*Libération*, 25 luglio 2012.
[96]*Le Moniteur*, 27 febbraio 2009.

per il sostegno psicologico era stato messo a disposizione delle vittime appositamente per questo caso. (Allo, Dr. Sapirstein?)

Alcuni notai non erano stati molto attenti alla legalità delle loro azioni. Molti atti notarili erano stati redatti e firmati in un hotel parigino, altri all'aeroporto di Tolosa, o in un caffè di Tarbes o, peggio ancora, in una stanza d'ospedale a Briançon. Tuttavia, tutti gli atti notarili devono essere firmati in uno studio notarile durante l'orario di lavoro. Tre di loro sono stati perseguiti e incarcerati. Durante la detenzione, un notaio ha dovuto rispondere di un atto che avrebbe dovuto firmare nel suo ufficio di Aix-en-Provence. Tuttavia, il cliente, il medico, si trovava a Parigi quel giorno.

La divisione finanziaria del tribunale di Marsiglia aveva avviato un procedimento per "violazione della fiducia e frode organizzata" e lo aveva affidato al giudice... Catherine Lévy. Le indagini avevano portato all'incriminazione e all'incarcerazione di cinque persone nel febbraio 2009: Jean e Viviane Badache e tre venditori, François Mélis, Jean-Luc Puig e Rémy Suchan, che sono stati rinviati a giudizio nel carcere di Baumettes a Marsiglia. Jean Badache, il capo, è rimasto in carcere, mentre la moglie e i suoi collaboratori sono stati rilasciati dietro il pagamento di una cauzione di 1,5 milioni di euro.

Gli inquirenti hanno seguito la pista: dopo aver incriminato nel febbraio 2009 il capo di Apollonia, Jean Badache, sei dirigenti e venditori della società, i dipendenti e i segretari della società di gestione patrimoniale di Apollonia, nonché i notai, hanno infine cercato di perseguire coloro che avevano contribuito a finanziare le vittime.

Nel febbraio 2011 è arrivata la sedicesima incriminazione, nella persona di William Elbaze, responsabile di Cafpi-Defiscalisation per il Sud della Francia, che è stato sottoposto a sorveglianza giudiziaria[97]. In quanto mediatore di mutui immobiliari, avrebbe dovuto essere in contatto diretto con i clienti, come previsto dal codice monetario e finanziario, e non semplicemente in collusione con Apollonia.

Nel luglio 2012 siamo stati informati del rinvio a giudizio di cinque banche, tra cui due filiali del *Crédit mutuel mediterranéen*, per frode organizzata, complicità e occultamento.

---

[97]Come promemoria, in genere è necessario presentarsi alla gendarmeria o alla stazione di polizia più vicina solo una volta alla settimana.

Le vittime non avevano perso tutto, poiché la procura finanziaria di Marsiglia aveva ordinato il sequestro totale dei beni dei condannati per rimborsarli. I tribunali avevano bloccato i conti bancari della famiglia Badache in Svizzera. Ma quando il manager Jean Badache è stato sottoposto a un controllo da parte della brigata finanziaria, non è stato in grado di rendere conto di tutti i suoi beni, poiché ne aveva tanti sparsi in tutto il mondo. Il fatto è che la famiglia Badache aveva avuto successo: uno chalet nell'elegante località svizzera di Crans-Montana, stimato in 7 milioni di euro; un Riad a Marrakech, per non parlare della villa di famiglia a Cassis dove vivevano: una lussuosa villa di 1300 m² dotata di una stanza segreta simile a un bunker. Ma Jean e Viviane Badache erano innocenti, bisognava credere a loro. Il loro avvocato aveva avvertito con forza: "*Dimostreremo che non c'è stata alcuna truffa o violazione della fiducia. Il signor Badache è un bravo venditore che ha certamente saputo fare leva sull'avidità dei suoi clienti*[98] ". Anche in questo caso si tratta di una tipica "inversione accusatoria".

Denaro sottratto agli enti di beneficenza

I lettori del nostro libro sulla mafia (2008) conoscono già Jacques Crozemarie, l'ex presidente dell'Associazione per la Ricerca sul Cancro (ARC) che si è arricchito personalmente con il denaro dei donatori.

Nel 2009, il quotidiano *Le Parisien* del 14 ottobre ha riferito che 17 associazioni di beneficenza senza scopo di lucro sfruttavano la generosità e la credulità dei Goyim nello stesso modo. A marzo la procura di Parigi aveva avviato un procedimento contro X per "truffa aggravata e violazione aggravata della fiducia". Due magistrati inquirenti della divisione finanziaria del tribunale di Parigi erano stati incaricati di condurre le indagini e di cercare di far luce sulla reale destinazione dei milioni di euro raccolti da queste associazioni nel corso degli anni. I magistrati e gli agenti di polizia della BRDA (Brigade de repression de la criminalité astute) erano interessati ai fondatori e ai leader di queste associazioni, la maggior parte delle quali era domiciliata negli Stati Uniti. Molte di esse avevano solo un indirizzo in Francia che corrispondeva a un indirizzo aziendale. La maggior parte di esse si presentava come un duplicato di un unico modello. Negli statuti, solo l'oggetto sociale o la missione erano stati modificati.

---

[98]*Le Moniteur*, 27 febbraio 2009.

L'indagine aperta dalla Procura della Repubblica si è concentrata su queste associazioni: Associazione Madre Teresa per i bambini (Amte); Associazione per la ricerca contro il diabete (ARD); Associazione per la ricerca contro la degenerazione maculare senile (ARDMLA); Associazione internazionale per la ricerca contro il morbo di Alzheimer (Airma); Lega europea contro il morbo di Alzheimer (Lecma); World Aid Mission (MAM); Medical Mission International (MMI); Cancer and Resilience (CER); Breast Cancer Research and Support Fund (FRSCS); *Doctor with a Mission* (Dwam); Operation Lifesaving for Children (OSE); Action for the World's Children (AEM); Global Village for Children (VMPE); Bread and Water for Africa (PEA); *Hopegivers France*, rinominata Light of Hope; *World Assistance*.

I dipendenti erano probabilmente in buona fede. Come Jeanette, la responsabile francese dell'Associazione Madre Teresa per l'Infanzia (Amte), che ha spiegato di "*non aver gestito gli assegni*[99] " Dove sono finiti i milioni di euro rubati ai semplici goyim? Una moltitudine di società intermediarie, incaricate ad esempio di redigere gli invii ai donatori, anch'esse domiciliate negli Stati Uniti, costituivano la rete di questa truffa internazionale. Ma nell'aprile 2014, cinque anni dopo, i superpoliziotti non avevano apparentemente scoperto nulla. Forse si erano imbattuti in un nido di sefarditi, o in uno sciame di ashkenaziti, che era meglio lasciare in pace per evitare di essere punti. Chi lo sa?

I responsabili delle vere associazioni caritative potrebbero essere stati legittimamente disgustati da questa notizia, come espresso in questo passaggio di un articolo della rivista dell'associazione *Infancia-Sol*:

"*Quando si lavora 10 ore al giorno in una piccola associazione per aiutare i bambini che hanno fame, per costruire piccole scuole, per aiutare i contadini a vivere del loro lavoro, per portare un po' di giustizia in questo mondo tragicamente diseguale, e si legge sulla stampa che le grandi associazioni, che gestiscono milioni di euro, non sono altro che ladri che usano lo status di associazione per il loro vantaggio personale,* ci si *sente come colpiti in testa*".

C'erano altri motivi per essere disgustati. Si legga, ad esempio, quanto segue: L'8 luglio 2009, un articolo del *Canard Enchaîné* metteva in discussione *Aid and Action*, una ONG (organizzazione non governativa) presente in 24 Paesi, soprattutto in Africa e nei Caraibi, e specializzata nell'aiuto all'istruzione dei bambini. Sembra che l'associazione abbia

---

[99]*Le Parisien*, 14 ottobre 2009

semplicemente perso 600.000 euro in borsa, a causa di un investimento "*sfortunato*".

Ecco dove sono finiti i soldi dei donatori! E questa ONG aveva firmato una carta che vietava questo tipo di pratiche. *"Quando si sa che nei Paesi più poveri, come Haiti, è possibile trasformare un edificio abbandonato in una scuola per poche migliaia di euro (si veda il nostro sito www.enfants-soleil.org), si comprende la portata del disastro e lo sconforto delle persone integre.*

Cercando un po' più a fondo su Internet, abbiamo scoperto che il presidente di *Aide et Action* (*Aide et Action*) era un certo Frédéric Naquet, e che aveva alcune affinità con Jacques Crozemarie, Albert Bénichou e Francis Choukroun[100]. L'associazione fu trasferita in Svizzera, mentre l'80% delle donazioni proveniva dalla Francia. In cinque anni, i costi di gestione erano quadruplicati a 8,2 milioni. Il direttore generale, Claire Calosci, riceveva uno stipendio mensile di 12.000 euro. L'articolo sottolineava anche che i biglietti aerei pagati dall'associazione erano destinati ai viaggi della moglie di Frédéric Naquet a Dubai e Marrakech.

"Troppe associazioni e organizzazioni di raccolta fondi sono diventate degli incontrollabili arraffatori di denaro", si è indignata la direttrice della comunicazione di *Childhood-Sun*, lamentando la miseria nel mondo: *"Due anni fa, 850 milioni di persone soffrivano la fame nel mondo, oggi sono circa un miliardo, tra cui centinaia di milioni di bambini!"*. Dorine Bregman riteneva che fosse più utile aiutare le *"piccole associazioni"* come la sua... Inviate quindi le vostre donazioni alla signora Bregman!

Ricordiamo qui la testimonianza del cosmopolita Guy Sorman[101] : *"Il donatore medio, una vedova di Montargis, non sa che quando dona cento franchi per una buona causa, solo pochi franchi andranno al bambino mendicante che ha visto sul volantino nella cassetta delle lettere o sul manifesto destinato a farle venire la cattiva coscienza"*. Almeno la metà dei suoi soldi sarà andata a pagare la campagna pubblicitaria per biasimare i goyim, e l'altra metà a pagare le spese

---

[100] Naquet è un cognome che fa parte dell'onomastica sefardita. Cfr. Alfred Naquet, *Le speranze planetarie*.
[101] *Fanatismo ebraico* (2007).

dell'associazione e gli stipendi del personale, che sono "*nel complesso, paragonabili a quelli delle aziende private*[102] ".

Traffico di numeri di carte bancarie

Il 7 agosto 2010, un uomo di 27 anni è stato arrestato all'aeroporto di Nizza prima di imbarcarsi su un volo per Mosca. Era sospettato di essere il creatore di una rete di numeri di carte bancarie violate. Vladislav Anatolievitch Horohorine, alias "BadB", era oggetto di un mandato di arresto internazionale emesso dagli Stati Uniti dal novembre 2009. Il giovane, di nazionalità ucraina e israeliana, aveva organizzato l'hacking di centinaia di migliaia di dati bancari attraverso diversi siti web situati in Russia o in paradisi fiscali caraibici: *carderplanet.com*, aperto nel 2002 e chiuso dalle autorità statunitensi nel 2004, poi *badb.biz* e *carder.su*, tra gli altri. Questi siti, presentati ironicamente come forum per "*aiutare le imprese di e-commerce online... a comprendere le loro vulnerabilità*", erano in realtà dei veri e propri supermercati della criminalità informatica. Dopo aver mostrato le credenziali - *carder.su* rivendicava la sponsorizzazione di due membri - il "*carder*" (falsificatore di carte) raccoglieva tutto: numeri di carte bancarie (i cosiddetti "*dumps*"), dati personali (cognome, luogo di residenza, codice segreto) e con i quali fabbricare, falsificare e criptare nuovamente le carte bancarie. C'era anche la possibilità di contattare i "muli", cioè persone disposte a rischiare - a fronte del 30-50% del bottino - di utilizzare le carte bancarie false presso i bancomat. Infine, la rete permetteva di riciclare il denaro[103].

"*Negli ultimi 3-4 anni abbiamo assistito a una professionalizzazione in questo campo*", osserva Damien Bancal, giornalista specializzato in criminalità informatica. "*Ci sono una ventina di siti web come carder.su nel mondo, senza contare quelli invisibili. Alcuni hanno più di 10.000 membri che si scambiano partite di centinaia di migliaia di dati bancari rubati.*

Secondo il quotidiano *France Soir*, Vladislav Anatolievitch Horohorine era il più grande contrabbandiere di carte bancarie al mondo. Gli Stati Uniti lo avevano inserito tra i cinque criminali informatici più ricercati. Agenti americani sotto copertura erano riusciti a tendergli

---

[102] Guy Sorman, *Le Bonheur français*, Fayard, 1995, p. 88.
[103] Le più grandi reti di riciclaggio di denaro sono i commercianti di diamanti di New York, Anversa e Tel-Aviv. Leggi il nostro libro sulla mafia.

un'imboscata fingendosi potenziali acquirenti. È stato accusato di furto d'identità aggravato, frode e contraffazione di carte bancarie, accuse che negli Stati Uniti potrebbero comportare una pena detentiva di 12 anni e una multa di 500.000 dollari.

I truffatori del mercato

Esistono alcune tecniche commerciali che permettono di vendere prodotti costosi e di scarsa qualità a persone che non hanno soldi e non ne hanno bisogno. Oltre a essere illegali, questi metodi ingannevoli sono profondamente disonesti. I truffatori lo sanno bene, perché non rimangono mai a lungo nella stessa regione. I venditori ambulanti e gli altri commercianti ambulanti di solito scompaiono molto rapidamente, una volta che tutti i clienti locali sono stati truffati. Li vediamo nei mercati o nei magazzini delle aree commerciali di periferia, affittati per qualche mese con "contratti precari".

Su un sito web intitolato semplicemente "truffe di mercato", è possibile leggere le testimonianze di centinaia di vittime che lamentano di essere state derubate da truffatori senza scrupoli. Ascoltiamone alcune:

Il 27 settembre 2012, "Alain" ha inviato questo messaggio, scritto correttamente: "Buongiorno. *Vorrei raccontarvi quello che ci è successo al mercato di Dignes-les-Bains sabato 7 luglio 2012. Stavamo passeggiando tranquillamente per il mercato quando una donna ci ha avvicinato invitandoci alla sua bancarella per offrirci degli omaggi*". Alla bancarella, un uomo distribuiva piccoli doni di scarso valore, fino a riunire una decina di famiglie. In palio c'erano due magnifiche padelle in alluminio, dal prezzo di 650 euro ciascuna, e piani di cottura in ceramica dal prezzo di 990 euro. Potrebbe "valere la pena" di restare. Ma prima dell'estrazione, il truffatore ha chiesto l'attenzione del pubblico per cinque minuti per promuovere una pentola in alluminio, garantita a vita, del marchio "La Table des Chefs", realizzata da "*artigiani francesi*", del valore di 2990 euro (un po' caro per delle padelle). "*Convince le persone che questo è il prezzo giusto e ci chiede quale sarebbe lo sconto se ci fosse un'offerta commerciale. Tutti dicono la loro percentuale e alla fine l'uomo propone la batteria a 1495 euro, cioè con uno sconto del 50%, con la padella o il piatto in regalo. Tre famiglie sono state ingannate, tra cui noi... Abbiamo dato tre assegni, uno da incassare subito, gli altri due* tra *due mesi*". Tornato a casa, Alain ha dei dubbi e controlla il numero di partita IVA dell'azienda, che non esiste. Le pentole erano state evidentemente prodotte in Cina.

Alain non è certo il solo a lamentarsi. I messaggi sono spesso brevi, ma alcuni forniscono maggiori dettagli. Il 9 agosto 2009, al mercato delle pulci di Pau, la truffa era la stessa: "*Diversi regali, tanto inutili quanto senza valore.... E finalmente, dopo un'ora di smanettamento, appare la magnifica tovaglia ricamata che ha richiesto quattro anni di duro lavoro... per 4000 euro! Ma questo è un mercatino delle pulci, quindi la tovaglia viene venduta a soli 2.000 euro... che buon affare! Inoltre, il buon filantropo ha incluso tutto con bellissime padelle inossidabili, un set di posate da 72 pezzi per 1200 euro, un portacoltelli per 800 euro, una vaporiera per 450 euro, ecc... il tutto per 2000 euro! E il ciarlatano insisteva sulla fabbricazione "artigianale" dei prodotti. Non credeteci, quelle belle padelle lucide vengono ovviamente dalla Cina*".

Questa la testimonianza di Patricia, che l'11 luglio 2009 scrive: "*Tre giorni fa, al mercato di Chinaillon, nel Grand Bornand, siamo stati quasi truffati: una caraffa di vino, 6 bicchieri di cristallo, un set di stoviglie, un materasso rivoluzionario, il tutto per 1800 euro. Fortunatamente, prima di firmare la fattura, abbiamo avuto dei dubbi e ce ne siamo andati, ma altre tre coppie hanno firmato assegni a questi commercianti di cammelli. Come è possibile che personaggi del genere possano perpetrare liberamente le loro truffe nei mercati? È incomprensibile. Soprattutto per le persone anziane che non si accorgono di nulla. Queste persone approfittano della sofferenza delle persone facendo credere loro che il super materasso sia la soluzione miracolosa per i loro problemi di salute. È davvero spiacevole lasciare che questi ciarlatani agiscano*".

I commercianti di cammelli scelgono sempre con molta attenzione il loro pubblico: donne sole, coppie di una certa età... Soprattutto i giovani vengono evitati per evitare scandali. E chi non compra nulla e manifesta pubblicamente i propri dubbi viene invitato ad andarsene e trattato con disprezzo.

Il 22 luglio 2009, "JP Henry" ha scritto: "*Sono stato ingannato al mercato di Barcares nell'acquisto di un set di pentole per 1200 euro, pagabili in 6 rate, cioè 6 assegni da 200 euro. Ho cercato di annullare gli assegni, ma la mia banca mi ha confermato che era impossibile. Ho inviato una raccomandata all'indirizzo indicato ma dubito che sia reale. Avete qualche consiglio? Grazie*".

Senza dubbio oggi non sono solo gli ebrei a usare questi espedienti di vendita, ma da sempre questi metodi disonesti sono stati il marchio di fabbrica dei commercianti ebrei. E i commercianti cristiani si sono sempre lamentati di questa concorrenza sleale.

Nelle organizzazioni aziendali di un tempo, sotto l'Ancien Régime, era vietato dissuadere o allontanare i clienti del vicino. "La *"caccia ai clienti" era severamente vietata. Era un'azione "anticristiana" e immorale sottrarre clienti al proprio vicino*", scrive Werner Sombart nel suo libro *Gli ebrei e la vita economica*. Le ordinanze commerciali sassoni del 1672, 1682 e 1692 stabilivano (art. 18): "*Nessun commerciante deve dissuadere gli acquirenti dal negozio del suo vicino. È anche vietato impedire alle persone, con segni o gesti, di fare i loro acquisti dove ritengono più opportuno o di indirizzarle verso altri mercanti, in breve, di influenzarle in qualsiasi modo*[104]". Vediamo perfettamente cosa distingueva i mercanti ebrei da quelli cristiani.

Per secoli, ha scritto Werner Sombart, il commercio ebraico è stato "*essenzialmente un commercio di importazione*[105]". Qui li vediamo vendere rottami metallici di bassa qualità importati dalla Cina spacciandoli per prodotti fabbricati in Francia, incoraggiando il sentimento patriottico delle loro vittime. Vediamo questo esempio istruttivo:

La cittadina di Laguiole, nella regione del Rouergue, è, come tutti sanno, una delle capitali della coltelleria. Fin dall'inizio del XIX secolo, ha ospitato una dozzina di laboratori e produttori che ne hanno forgiato la reputazione in tutto il mondo. I coltelli "Laguiole" sono molto caratteristici, con un design molto particolare che non ha eguali. Tuttavia, nel 1993, un uomo d'affari scaltro e senza scrupoli ha registrato il marchio "Laguiole". Da allora ha commercializzato non solo i coltelli, ma anche un'intera gamma di prodotti derivati - dagli accendini all'abbigliamento - per lo più importati dall'Asia. In cambio di royalties, concedeva licenze ad aziende francesi e straniere, che potevano così commercializzare i prodotti importati con il nome Laguiole. Gilbert Szajner ha ammesso di aver intascato tra il 5 e il 10% del fatturato di 22 aziende. I suoi mercati preferiti erano Germania, Giappone e Stati Uniti. Nel 1997, il comune di Laguiole aveva dato ragione a Gilbert Szajner, condannandolo per contraffazione. Due anni dopo, però, la corte d'appello annullò la decisione, sostenendo che il nome Laguiole era un modo generico di designare una particolare forma di coltello. A Laguiole, questa "*inettitudine giuridica*" è stata percepita come un colpo all'economia locale. "*I cinesi possono usare il nome del nostro villaggio in tutta legalità quando siamo noi a vivere qui e a*

---

[104] Werner Sombart, *Les Juifs et la vie économique*, 1911, Payot, 1923, pag. 168.
[105] Werner Sombart, *Les Juifs et la vie économique*, 1911, Payot, 1923, p. 183.

sviluppare il nostro know-how da decenni", si è indignato un negoziante. *"Volevo lanciare un nuovo prodotto legato alle arti della tavola con il marchio Laguiole e non posso perché commetterei un'infrazione[106] "*, ha denunciato Thierry Moysset, proprietario della fucina Laguiole. *"Parassitismo"*: *"È assurdo che gli abitanti di Laguiole siano condannati a pagare un tizio per arricchirsi sulla notorietà dei nostri antenati. Gilbert Szajner ha generato posti di lavoro solo in Cina o in Pakistan[107] !"*. Nella cittadina di 1300 abitanti, Gilbert Szajner era soprannominato *"il vampiro di Laguiole"*.

In una rivista ebraica intitolata *L'Écho des Carrières* - che era il nome dato ai ghetti della regione della Contea di Venaissin (Avignone, Carpentras) - troviamo una testimonianza molto antica su questi mercanti ebrei. Si tratta di un estratto della testimonianza di Thomas Platter, intorno alla fine del XVI secolo[108]. Thomas Platter (junior) proveniva da una famiglia protestante di Basilea e aveva studiato a Montpellier. Durante il suo soggiorno nella contea di Venaissin, sotto l'autorità del papato di Roma, aveva osservato le usanze di quegli "ebrei del Papa". Erano obbligati a portare un cappello giallo. Le donne, da parte loro, dovevano adornarlo con un nastro di seta giallo. Siamo nel 1596, nella bella città di Avignone:

"Dopo aver pranzato a mezzogiorno, ci siamo recati nella strada degli ebrei: può essere chiusa, se necessario, alle due estremità. Gli ebrei risiedono tutti in quella zona e sono sempre circa cinquecento in qualsiasi stagione. Commerciano ogni tipo di abbigliamento e vestiario, gioielli, drapperia e tappezzeria, armature e armi, biancheria e lenzuola, ecc. Insomma, tutto ciò che riguarda il corpo umano e soprattutto il suo abbigliamento [...] Vendono il vecchio per il nuovo. E i loro negozi sono situati al piano terra delle case, quindi per quanto riguarda la luce naturale, ricevono piuttosto poco dal tetto. È talmente buio che non è possibile valutare bene la loro merce. Inoltre, quando si esce in strada con loro, si è ancora al buio perché le case sono alte, strette e vicine tra loro, per cui in totale è difficile passare tra le loro mani senza essere truffati o derubati. Capita però che di tanto in tanto

---

[106] *Le Figaro*, 19 settembre 2012
[107] Leggi l'articolo del settimanale *Le Point* del 23 aprile 2014.
[108] Testimonianza tradotta dal tedesco antico al francese moderno dallo storico Emmanuel Le Roy Ladurie nel suo libro *Le Voyage de Thomas Platter (1595-1599)*, in *L'Écho des Carrières*, le "Bulletin de l'Association culturelle des Juifs du Pape", numero 27, troisième trimestre 2001.

si possa fare un buon acquisto da loro, perché questi commercianti del quartiere ebraico spesso conservano oggetti trovati nei loro negozi e di cui non si conosce il proprietario, oppure oggetti dati in pegno in cambio di un prestito di poche banconote al depositante, in modo che il banco dei pegni possa poi vendervi questi oggetti a un buon prezzo.

"È difficile passare per le loro mani senza essere truffati o derubati". Probabilmente gli ebrei hanno la fama che meritano. Notiamo che i negozianti ebrei di oggi si sono adattati alla luce artificiale. Immaginate ad esempio di voler comprare una giacca di pelle e di commettere l'errore di andare al mercato del Tempio, vicino a Place de la Republique (Parigi). Entrate nel negozio e all'inizio vi spaventate quando vedete i prezzi sui cartellini (2000 euro, per esempio). *"Non preoccupatevi del prezzo"*, vi assicura il negoziante. Prima provatela, poi si vedrà. Poi provate la giacca senza troppo entusiasmo... La giacca vi calza a pennello! Poi, piacevolmente sorpreso, il commesso ti fa uno sconto del 40% che ti fa pensare di aver fatto un buon affare. Vi guardate di nuovo allo specchio e, dato che siete ancora un po' titubanti, il commesso vi fa un ulteriore sconto perché pensa che siate davvero molto carini. Non può resistere e voi uscite con una giacca da 2000 euro a soli 800 euro. È stata una giornata proficua! Solo che non sapete che il valore reale del capo, prodotto da non si sa dove, non supera i 200 euro e che è soprattutto il negoziante ad aver fatto un buon affare con la sua credulità di povero goy.

I buoni affari di Re Salomone

Molte aziende hanno pratiche altrettanto aggressive. Il settore dei mobili, ad esempio, è minato da questi parassiti. In generale, i furfanti installano i loro magazzini alla periferia delle città o in mezzo alla campagna, con "locazioni precarie" molto brevi. Questo permette ai loro manager di andarsene all'improvviso, così come sono arrivati. Nell'agosto 2007, l'Unione Federale dei Consumatori ("*UFC Que Choisir*") di Senlis ha avvertito: *"Il metodo è semplice. Vengono installati per un periodo di tempo molto breve (affitto precario di 2 o 3 mesi) in un'area commerciale. Alla fine del periodo, scompaiono, per poi riapparire altrove, dopo aver truffato un numero massimo di consumatori"*.

All'inizio, i sefarditi convincono il goy al telefono, invitandolo a partecipare a una lotteria e a ricevere regali per voi due - è importante che veniate in coppia. Una volta entrati nel negozio, ci si accorge che i prezzi sono astronomici: un divano da 10.000 euro, per esempio. Ma il commesso vi farà uno sconto del 60, 70, persino dell'80%, perché è voi. Il più delle volte interviene un terzo per offrirvi un nuovo sconto, con una proposta di consegna gratuita in giornata. Alla fine, il cliente ha l'impressione di concludere un affare d'oro. *"I loro prezzi pubblicati sono artificialmente gonfiati"*, afferma la Fnaem (Federazione nazionale dell'arredamento e delle attrezzature per la casa). Per 2.000 euro, quel divano vi sembra un ottimo affare. Naturalmente, potete riprenderlo entro sette giorni, anche se è già stato spedito. Infatti, le regole delle vendite porta a porta che tutelano il consumatore si applicano dal momento in cui c'è stato un invito a recarsi in negozio per ritirare un regalo o beneficiare di un vantaggio o di una promozione. Per evitare che dobbiate pensarci due volte, vi viene offerta la possibilità di una consegna immediata e di una richiesta di credito (che vi dà anche diritto a un periodo di recesso di sette giorni). Ma una volta che i mobili sono in casa vostra, sarà difficile tornare indietro e alla fine sarete voi a sentirvi in colpa...

Sul sito dell'associazione "*60 milioni di consumatori*" si poteva leggere la sintesi di un caso che aveva fatto notizia nel 2011: "*Adescano le coppie attirandole con regali prima di vendere loro tartine o divani a prezzi proibitivi attraverso un'insidiosa strategia commerciale*". Si trattava della società "Esprit Relax". La signora e il signor Leray, abitanti in Bretagna, erano stati invitati a una lotteria e avevano abboccato. Una volta entrati nel negozio, sono stati sommersi dalle parole di un commesso tanto abile da far loro credere di essere gli unici vincitori di un buono - da riscuotere il giorno stesso - per l'acquisto di un salone. Il caso ha voluto che si trattasse proprio del salone che avevano adocchiato pochi minuti prima. Alla fine, la coppia ha firmato per l'acquisto di un divano da 2.500 euro, con un credito usurario del 12%! Dopo qualche giorno di riflessione, i coniugi Leray hanno voluto ritrattare la loro decisione, ma "Esprit relax" avrebbe fatto delle "*minacce*". *Rilassati*, ma alla fine non molto *tranquilli*! Contattata da *60 milioni di consumatori*, l'azienda non si era degnata di rispondere.

Un sito web della regione di Besançon (*besac.com*) ha riportato un altro caso risalente al novembre 2004. L'insegna "*Pelle più pelle*" era apparsa settimane prima in cima a un capannone nel comune di Champagney. Ben presto le pratiche commerciali del negozio di pelletteria hanno fatto parlare di sé nella regione. "*Era come un formicaio, i venditori erano attivi da una parte all'altra. Alcuni parlavano al cellulare, altri passavano con le note degli ordini in mano, discussioni animate tra due venditori mentre un altro era impegnato in trattative con un paio di potenziali clienti. Davanti al negozio, un camion a noleggio è pronto a caricare un salone di pelletteria. Per essere un mercoledì pomeriggio, l'atmosfera è piuttosto vivace in questo negozio di mobili sperduto in mezzo alla campagna... Finora, niente di troppo anormale, a parte l'apparente impazienza e il nervosismo dei dipendenti".*

Non c'era pubblicità per questo negozio sui giornali locali. Tuttavia, i clienti affollavano il negozio ogni fine settimana. In realtà, "*Cuero más cuero*" prendeva contatti solo per telefono, con regali promozionali per attirare le anime del negozio: una macchina da caffè per la signora o un trapano per il signore. Una volta che la coppia era sul posto, veniva seguita da un primo venditore, poi da un secondo. I prezzi astronomici potevano essere un deterrente (più di 14.000 euro per un divano da salotto in pelle a 2 e 3 posti). Fortunatamente, i più fortunati avevano vinto la lotteria. "*In base al vostro numero di regalo, avete ancora diritto a uno sconto di x cento euro*". Potevano anche offrire l'acquisto della loro vecchia berlina per una somma considerevole. Alla fine, il goy aveva l'impressione di beneficiare di una riduzione vertiginosa, anche se stava per essere truffato pagando al suo salone circa 5000 euro. Era certamente il doppio del prezzo di partenza, ma almeno il doppio del valore reale della merce. L'etichettatura, la qualità delle pelli, tutto sembrava conforme quando si visitava il negozio. Ma questo tipo di pratica, al limite della legalità, è opera di persone disoneste.

L'Ufficio per la prevenzione delle frodi descrive queste procedure come "pubblicità ingannevole", perché il prezzo dichiarato non è mai quello pubblicizzato e perché gli sconti sono puramente fittizi. Nel 2010, l'amministrazione responsabile degli affari dei consumatori e della prevenzione delle frodi (DGCCRF) aveva riscontrato anomalie in 126 dei 261 negozi di mobili ispezionati e aveva aperto 52 procedimenti legali. Secondo un esperto, le tecniche utilizzate per cancellare le tracce erano identiche ovunque: "*bombardamento telefonico e postale, cambio di direttore e di codice fiscale della società...*". Anche l'associazione nazionale dei commercianti di mobili ha attaccato questi truffatori in tribunale, perché riteneva che la sua immagine di organizzazione di commercianti rispettabili venisse offuscata[109]. Ma i pubblici ministeri non hanno sempre perseguito i titolari, cosicché la maggior parte di loro

---

[109] In fondo, si comportava come le corporazioni di mestiere di un tempo, prima della rivoluzione francese, che non accettavano gli ebrei.

non è mai stata disturbata e ha potuto continuare a spostarsi da una provincia all'altra.

Ma almeno uno è stato catturato: "*Dopo la forte condanna di King Salon nel 2007, c'è stato un notevole calo del fenomeno*", ha spiegato il direttore della Federazione, Jean-Charles Vogley. "*Ma dal 2009 si è assistito a una recrudescenza di questi punti vendita, che raramente rimangono nello stesso luogo per più di due mesi*". Il fondatore di King Salon era un certo Daniel Cohen, proprietario di venti negozi. All'inizio del 2007 è stato condannato dal tribunale correzionale di Bordeaux a sei mesi di reclusione con la condizionale (contro gli otto mesi incondizionati richiesti dall'accusa). Una pena ridicola, visto il danno che aveva causato. I gestori dei negozi sono stati condannati a semplici ammende di 2.000 euro e di 20.000 euro per le società. Da un punto di vista *formale, c'è stata un'infrazione", ha commentato Pierre Sirgue, l'avvocato di due dei gestori. Ma pensavamo che ci sarebbe stata una certa tolleranza perché queste pratiche sono comuni a tutti i professionisti dell'arredamento*". Diciamo piuttosto che questa pratica è comune ad "alcuni" professionisti dell'arredamento; non a tutti! In ogni caso, per quanto riguarda "Re Salon", nessun antisemita si sarebbe fatto ingannare: era evidente che "Re Salon" nascondeva il mitico "Re Salomon". La giustizia francese era sotto l'incantesimo di questo grande re giusto!

Grazie a Internet, esistono anche tecniche di truffa molto più semplici, a patto di avere una buona base di partenza: ad esempio, un piccolo paese del Medio Oriente che non estrada mai i suoi criminali e truffatori. È sufficiente mettere in vendita dei mobili e non consegnarli, è così semplice. L'azienda *Usine Déco*, ad esempio, pare abbia voluto imporsi sul mercato online dell'arredamento e della decorazione: dai divani letto all'illuminazione, passando per la biancheria da letto. Fondata nel 2011, *Usinedeco.com* aveva concluso 25.000 vendite nel 2012, per un fatturato di 10 milioni di euro. Ma fin dall'inizio i clienti hanno iniziato a lamentarsi e il 18 luglio 2013 *Usine Déco è stata messa in* liquidazione giudiziaria. Su Internet, tuttavia, si sentono ancora le voci di protesta di centinaia di vittime:

"Ho ordinato una tartina il 3 aprile. Mi hanno fatto pagare il giorno dopo... Ho aspettato fino al 15 aprile per chiamarli. Dopo 20 tentativi, sono riuscita a parlare con loro e mi hanno informato che il corriere mi avrebbe chiamato entro una settimana per la consegna. Da allora

non ho più avuto notizie ed è impossibile contattarli, sia per telefono che per e-mail".

Ecco un'altra testimonianza: *"Ho ordinato un mobile da bagno per 641 euro nell'ottobre 2012. La consegna non è mai avvenuta, sempre rimandata. Ho annullato l'ordine. Mi è stato detto 'la rimborseremo in 30 giorni', e da allora niente, e siamo a giugno 2013".*

"Benvenuti nel club dei truffati! Il 21 aprile 2013 ho ordinato una tartina per un totale di 336,99 euro, comprese le spese di spedizione. L'addebito sulla mia carta di credito è stato immediato. La consegna doveva avvenire tra il 9 e il 16 maggio 2013, ma da allora niente. Ho telefonato ininterrottamente. Quando riesco a parlare con loro, mi dicono sempre la stessa cosa: "Non si preoccupi, ci occuperemo del suo ordine e le faremo sapere". E naturalmente nessuna notizia. Mando messaggi, nessuna risposta. Non ce la faccio più. Stamattina ho telefonato e, per mia fortuna, la risposta è stata: "Mi dispiace, ma abbiamo problemi con il computer". Per una volta sono riuscito a contattarli al telefono, sfortuna vuole che i computer si blocchino, ci prendono proprio per i fondelli!".

"Salve, come molti di voi sto avendo problemi con Usine Déco, in quanto non mi hanno ancora consegnato il divano che ho ordinato all'inizio di febbraio. Doveva essere consegnato tra il 15 e il 22 febbraio, ma non ho ancora ricevuto nulla, se non un numero incredibile di scuse, una più falsa dell'altra. Si è cominciato con "abbiamo avuto un problema con il computer e la data di consegna che le era stata comunicata non era corretta". Poi. "Abbiamo esaurito le scorte e il vostro divano non arriverà prima del 1° marzo". Poi: "Il suo ordine sarà nel nostro magazzino il 21 marzo". Poi: "Signora, il suo ordine è pronto e un corriere la contatterà". Nonostante una chiamata a settimana (in cui passo un'ora a litigare al telefono prima di contattarli), la situazione non è cambiata molto, se non per il fatto che è colpa del corriere che ha problemi logistici! Per loro sfortuna, un consulente mi ha dato per errore il nome del vettore, che ho chiamato... ed è risultato che il vettore non ha problemi logistici!".

Il truffatore in questione era Guy-David Gharbi, che abbiamo visto in un video promozionale mentre si vantava dei meriti dell'azienda con aria molto sicura di sé. Su Internet, questo individuo ha anche provocato alcune reazioni virili da parte dei suoi clienti. Il messaggio di questo Cirillo Liotta, ad esempio, era tutt'altro che ambiguo. Abbiamo mantenuto la sua schietta grafia: *"Ciao a tutti. Come tutti voi, sono ben incasinato. Sono andato a Parigi per scoparmi quella puttana di Guy-*

David Gharbi, il regista. E cosa trovo all'indirizzo di Usine déco: una cazzo di clinica! Un indirizzo falso! Se qualcuno sa dove posso trovare il couscous di Gharbi[110] me lo faccia sapere, devo mettere il bastardo nel culo. Se vado in prigione, conto su di voi, fratelli e sorelle". Il minimo che si possa dire è che Guy-David Gharbi non ha lasciato indifferenti i suoi clienti!

I contraffattori

Gli ebrei hanno sempre avuto un ruolo importante nella falsificazione dei documenti d'identità, il che è perfettamente logico, per quanto poco si conosca lo spirito ebraico e la plasticità dell'identità ebraica[111]. In Europa orientale, prima della Seconda guerra mondiale, vivevano separati dal resto della popolazione, relazionandosi solo tra loro, al di fuori dei confini che separavano Polonia, Russia, Austria-Ungheria e Romania.

Questa identità è stata resa evidente in un romanzo del famoso scrittore Stefan Zweig intitolato *Mendel il libraio*, pubblicato nel 1929. La scena si svolge durante la Prima guerra mondiale. Il suo personaggio, Buchmendel, si stava recando all'ufficio della censura militare dove veniva richiesta la sua carta d'identità: "*Non riuscivo a capire. Diavolo, e se avesse avuto i suoi documenti, i suoi documenti. E dove. Tutto ciò che aveva era una carta da venditore ambulante". Il comandante fece crescere sempre di più le rughe sulla fronte. Doveva chiarire una volta per tutte la questione della sua nazionalità. E quale era stato suo padre, austriaco o russo? Jakob Mendel rispose con calma che era, ovviamente, russo. E lui? Oh, aveva attraversato clandestinamente il confine russo trentatré anni fa per evitare il servizio militare. Da allora viveva a Vienna. Il comandante si spazientì sempre di più: quando aveva ottenuto la cittadinanza austriaca, chiese Mendel, e a quale scopo? Non si era mai preoccupato di queste cose, quindi era ancora un russo? E Mendel, che da tempo era annoiato a morte da queste domande, rispose con indifferenza: "In realtà, sì,[112] "*.

---

[110] Marchio di couscous commercializzato in Francia.
[111] Incoraggiamo vivamente i nostri lettori a leggere la nostra *Psicoanalisi dell'ebraismo*, in particolare il capitolo sulla plasticità dell'identità ebraica.
[112] *Europe* Magazine, giugno 1995, p. 48. In *The Mirror of Judaism*, 2009. Stefan Zweig, *Mendel, el de los libros*, Acantilado 33, 2009, p. 23.

Un altro importante scrittore ebreo dell'epoca, Joseph Roth, ha fornito una preziosa testimonianza (tra le tante) su questa identità ebraica che si fa beffe dei confini e dell'identità dei Goyim: "La *mancanza di pietà degli ebrei verso i loro nomi non è sorprendente. Con una leggerezza che sorprende, gli ebrei cambiano il loro nome, il nome dei loro genitori, il cui suono, per uno spirito europeo, ha sempre almeno un valore sentimentale. Per gli ebrei il nome non ha alcun valore, perché semplicemente non è il loro nome. Gli ebrei, gli ebrei orientali, non hanno un nome. Portano pseudonimi forzati[113]. Il loro vero nome è quello con cui vengono chiamati il sabato e le feste nella Torah: il loro nome proprio ebraico e quello del padre. I cognomi, invece, da Goldenberg a Hescheles, sono nomi imposti. I governi hanno ordinato agli ebrei di accettare dei nomi, ma sono forse i loro? Se qualcuno si chiama Nachman e trasforma il suo nome di battesimo nell'europeo Norbert, non è forse Norbert il travestimento, lo pseudonimo? È più di una mimica? Il camaleonte prova pietà per i colori in cui è continuamente costretto a cambiare? Negli Stati Uniti, l'ebreo scrive Greenboom invece di Grünbaum. Non gli importa delle vocali cambiate[114]*".

---

[113] Nel suo grande studio sugli ebrei degli shtetl - i villaggi dell'Europa orientale abitati da ebrei - Mark Zborowski ha fornito questa spiegazione: "*L'obbligo di portare un cognome patronimico apparve con l'editto di tolleranza promulgato da Giuseppe II nel 1787, nelle regioni di obbedienza asburgica, dopo la spartizione della Polonia. Nel corso del XIX secolo fu gradualmente imposto in tutte le altre regioni*". (Marc Zborowski, *Olam*, 1952, Plon, p. 422, in *Psicoanalisi dell'ebraismo*).

[114] Joseph Roth, *Judíos errantes*, Acantilado 164, Barcelona, 2008, p. 109. [Joseph Roth ha poi spiegato che gli ebrei che volevano attraversare le frontiere spesso fornivano informazioni false per ottenere i loro documenti d'identità, poiché tali informazioni avevano il vantaggio di essere più credibili per i doganieri e la polizia. Joseph Roth ha esposto la questione in modo un po' contorto e travisato: "*Questi nomi causano difficoltà alla polizia. La polizia non ama le difficoltà - e se si trattasse solo di nomi! Ma anche le date di nascita non tornano.... Come ha fatto ad attraversare il confine? Senza passaporto, con un passaporto falso? Inoltre, si scopre che non si chiama come si chiama e che, sebbene si presenti con tanti nomi, il che implica di per sé che siano falsi, probabilmente lo sono anche da un punto di vista oggettivo. L'uomo che appare sui documenti, sulla carta di circolazione, non ha la stessa identità dell'uomo che è appena arrivato. Cosa si può fare? Bisogna rinchiuderlo? In questo caso, colui che viene rinchiuso non è quello vero. Dovrebbe essere espulso? In questo caso, l'espulso è un impostore. Ma se viene rimandato al suo punto di origine per riportare nuovi documenti nel modo corretto, con nomi innegabili, colui che viene rimandato non è, in ogni caso, solo quello autentico, ma l'impostore viene alla fine trasformato in autentico. Viene così rispedito una, due, tre volte, finché l'ebreo non si rende conto che non gli resta altro da fare che fornire dati falsi per passare per quelli veri... La polizia ha fatto*

È quindi più facile capire perché gli ebrei di queste regioni, che poi si dispersero in tutta l'Europa occidentale e negli Stati Uniti, fossero soliti cambiare identità senza alcuna remora durante i loro pellegrinaggi[115]. La falsificazione dell'identità era quindi un'attività comune all'interno della comunità.

Adolfo Kaminsky, nato in Argentina nel 1925 da genitori ebrei russi, è stato uno dei grandi falsari, un re del falso. La sua famiglia si era stabilita a Parigi nel 1932. Nel 1944 si era arruolato nella Resistenza, specializzandosi nella produzione industriale di documenti d'identità falsi per i suoi compagni. Dopo la vittoria degli ebrei, fu assunto dai servizi segreti francesi, ma si dimise all'inizio della guerra d'Indocina, *"per essersi rifiutato di collaborare alla guerra coloniale"*. Era invece pienamente favorevole alla guerra coloniale condotta dai sionisti contro il popolo palestinese. Dal 1946 al 1948 mise le sue competenze al servizio dell'emigrazione ebraica in Palestina. Alla fine degli anni Cinquanta, si impegnò con il FLN algerino contro i francesi unendosi alla rete di Curiel (un ebreo egiziano). Dal 1963 ha aiutato i movimenti di liberazione in Sud America (Brasile, Argentina, Venezuela, Salvador, Nicaragua, Colombia, ecc.) e in Africa (Guinea-Bissau, Angola, Sudafrica). Lavorò anche per gli antifranchisti spagnoli e i marxisti greci nella loro lotta contro la "dittatura dei colonnelli". Nel 1968, accettò di fabbricare documenti d'identità falsi per Daniel Cohn Bendit, affinché potesse parlare a un incontro pubblico in Francia. Il governo del generale de Gaulle, che in una conferenza stampa del novembre 1967 aveva descritto gli ebrei israeliani come un *"popolo d'élite, sicuro di sé e dominatore"*, doveva essere abbattuto a tutti i costi: questo era imperdonabile[116].

---

sì che all'ebreo orientale venisse l'eccellente idea di nascondere la sua vera e reale - anche se confusa - situazione personale... Tutti si stupiscono della capacità degli ebrei di fornire dati falsi, ma nessuno si stupisce delle maldestre richieste della polizia". In Joseph Roth, *Judíos errantes*, Acantilado 164, Barcellona, 2008, p. 74, 75. Si noti il *pilpul* di ispirazione talmudica di questa argomentazione (cfr. nota 418 di *Psicoanalisi dell'ebraismo*, 2022). (NdT)].

[115]Naturalmente, questa è solo una spiegazione parziale: ci sono molti altri elementi per comprendere l'identità ebraica.

[116]Una dichiarazione molto famosa del generale de Gaulle. Su questa frase del generale si legga *Fanatismo ebraico* e *guerra escatologica*.

La produzione di banconote false è un'altra delle loro specialità[117]. Nel 2006 è uscito un film sull'argomento, intitolato *I falsari* (*Die Fälscher*). Il film è stato diretto da un regista austriaco, Stefan Ruzowitzky, che si è ispirato a un libro di un ebreo tedesco di nome Adolf Burger, intitolato commercialmente *L'officina del diavolo*. Il giovane Adolf Burger, tipografo di formazione, aveva iniziato la sua carriera di falsario nel 1939, in una tipografia clandestina del partito comunista. Per tre anni aveva stampato falsi certificati di battesimo per evitare la deportazione dei suoi connazionali slovacchi ("*Siamo buoni cattolici! Non abbiamo fatto nulla di male!*"). Arrestato nel 1942 a Bratislava, fu deportato in Germania.

Nel film, il protagonista, Salomon "Sally" Sorowitsch, arrestato dalla Gestapo, viene internato nel campo di Mauthausen. Grazie alle sue conoscenze, Sally viene trasferito nel campo di Sachsenhausen, una trentina di chilometri a nord di Berlino, dove viene accolto dal commissario Herzog, che sta conducendo un'operazione segreta. I nazisti vogliono che collabori all'"Operazione Bernhard", il cui scopo è destabilizzare l'economia alleata stampando milioni di sterline e dollari falsi. L'impresa è affidata a 140 specialisti ebrei della contraffazione. Con il supporto di esperti ebrei, il compito di Sorowitsch era quello di stampare valute estere su larga scala. *"È così che sono stato coinvolto nell'operazione nazista più segreta, il laboratorio di contraffazione delle SS nel Blockhaus 18 e 19. Eravamo circa 140, solo ebrei, che avrebbero dovuto essere tutti liquidati, ridotti in cenere, ma è andata diversamente.*

Per due anni, questi ebrei avrebbero fabbricato banconote, documenti falsi e francobolli. Prima le sterline (131 milioni), passaporti inglesi, americani, svizzeri, ecc. *"Contro i sovietici, fabbricavamo carte dell'NKVD e documenti di tutto il mondo per le spie naziste"*. L'operazione era così segreta che lo stesso capo del campo di Sachsenhausen pare non fosse a conoscenza dell'esistenza del laboratorio. Quando i tipografi uscivano per lavarsi, l'intero campo era chiuso a chiave, nessun prigioniero aveva il diritto di guardare fuori dalla finestra. Sicuramente un prigioniero troppo curioso sarebbe stato giustiziato immediatamente: le SS naziste con i loro distintivi a forma

---

[117]All'inizio di agosto 2014 abbiamo letto che negli Stati Uniti era stata smantellata una rete di falsari. Erano stati fabbricati 77 milioni di banconote da 100 dollari. Una dozzina di persone erano state arrestate, tra cui quattro israeliani.

di teschio avrebbero costretto gli altri prigionieri a ucciderlo, macellarlo e nutrirsi della sua carne.

In seguito, i malvagi nazisti vollero fabbricare dollari falsi. Ma per produrre dollari, la tecnica era diversa. "*L'unico atto di sabotaggio che riuscimmo a compiere fu quello di ritardare di diverse settimane la produzione della gelatina necessaria. Ma non potevamo ritardare a lungo perché eravamo minacciati di morte. Le prime circa duecento banconote che producemmo erano perfette... ma era troppo tardi per loro, i russi erano già a 150 km da Berlino*".

Tornata a Praga dopo il suo rilascio, Sally Sorowitsch raccontò alla polizia cecoslovacca i dettagli della più grande operazione di contraffazione di banconote della storia. "*Gli inglesi vietarono che se ne parlasse al processo di Norimberga. L'economia britannica sarebbe andata in bancarotta se questo caso fosse venuto alla luce dopo la guerra. Fino ad oggi non si sapeva che erano state contraffatte così tante sterline. Ora che il film esce nelle sale, la gente capirà che i nazisti non erano solo assassini, ma anche falsari. Il mio obiettivo era quello di rivelarlo e ci sono riuscito.* Quindi i "nazisti" erano dei falsari. Si può addirittura dire che ce l'avevano "nel sangue", da secoli, forse da millenni. Il titolo del libro, *L'officina del diavolo,* era comunque molto appropriato, visto che si trattava ancora una volta di una caratteristica inversione accusatoria.

Nel 1829, un filosofo socialista come Charles Fourier (per nulla cristiano) aveva già osservato: "*Gli ebrei che si arrogano il titolo di popolo di Dio sono stati il vero popolo dell'inferno, un'ignobile canaglia nei cui annali il crimine appare sempre di nuovo in tutta la sua crudezza e bruttezza[118]* ".

Fin dall'antichità, gli ebrei sono stati accusati di essere dei falsari di denaro, il che è perfettamente naturale dal loro punto di vista, dal momento che rimangono in tutti i Paesi del mondo senza essere o sentirsi cittadini di alcun Paese (tranne lo Stato di Israele dal 1948), e non sentono alcun obbligo o lealtà verso il Paese in cui vivono[119].

---

[118] Charles Fourier, *Égarement de la raison démontré par les ridicules des sciences incertaines,* 1806, cap. 1.
[119] Nei nostri libri precedenti abbiamo dimostrato, attraverso numerose testimonianze, che il loro "patriottismo" è sempre seguito nello stesso libro, a volte a poche pagine di distanza, da dichiarazioni cosmopolite e dalla loro fede nella missione di "popolo eletto". Quando queste citazioni vengono messe insieme, l'effetto è spesso comico.

Charles Fourier aveva notato che a Londra, in Inghilterra, gli ebrei, già numerosi e influenti, erano impegnati a sovvertire la società tradizionale e a compiere ogni tipo di saccheggio: Londra, scriveva, aveva allora "*3000 ebrei che distribuivano denaro falso, incitavano i servi a derubare i loro padroni, i figli a derubare i loro padri*[120]". E poco più avanti nel suo testo insisteva: "*La nazione ebraica ritiene lodevole qualsiasi tradimento, purché si tratti di ingannare coloro che non praticano la loro religione. Non si vanta dei suoi principi, ma li conosciamo abbastanza bene*[121]". Secondo lui, essi dovevano essere "*sparsi per i villaggi, mescolati ai cristiani, posti lontano dalle frontiere, dalle coste marine e dai luoghi di traffico e contrabbando, proibire loro le professioni usurarie, le funzioni di corsari, mediatori e altri lavori di rapina o di astuzia legale, ecc. Queste sono le condizioni che la sicurezza sociale richiederebbe per l'ammissione di una setta essenzialmente ostile alle altre nazioni e viziata da una lunga proscrizione... È forse necessario attirare altri camarlinghi, agiotisti, usurai, mediatori, contrabbandieri e distributori di moneta falsa che già abbondano ovunque? Significherebbe impaludare il Paese con parassiti e malfattori il cui numero è già troppo grande*[122]."

A metà del XVII secolo, William Prynne, un popolare pubblicista inglese, si era espresso con forza contro la riammissione degli ebrei nel paese da parte di Cromwell: "*Gli ebrei, noti in passato in Inghilterra, come lo sono ancora in altri Paesi, per aver limato, tagliato e contraffatto monete, per aver praticato l'usura e l'estorsione nel modo più miserabile, per essere i più grandi imbroglioni, truffatori e impostori del mondo per quanto riguarda i loro beni e tutti i loro prodotti senza eccezione, sono stati per tutto questo esclusi, e dovrebbero rimanere tali, e non essere mai riammessi tra noi secondo le disposizioni di tutta la nostra legislazione*[123]"."

Nel Medioevo gli ebrei erano accusati di adulterare la moneta. Qui diciamo "gli ebrei", non "alcuni ebrei", poiché questa attività era

---

[120] Charles Fourier, *Le nouveau Monde industriel et sociétaire*, 1829, prefazione, articolo 3.
[121] Charles Fourier, *Le nouveau Monde industriel et sociétaire*, 1829, sezione VI, capitolo XLVIII.
[122] Charles *Fourier, Éducation postérieure, Garanties à exiger*, Manoscritti pubblicati da *La Phalange*, rivista di scienze sociali.
[123] William Prynne, *A Short Demurrer*, in Daniel Tollet, *Textes judéophobes et judéophiles dans l'Europe chrétienne à l'époque moderne*, Presses Universitaires de France, 2000, pag. 170.

apparentemente un monopolio. Quando le monete furono coniate con le scanalature, adottarono la tecnica della riduzione acida. Utilizzarono anche altre tecniche per ingannare i Goyim. Questa è una testimonianza del Nord Africa del 1902: "*I gioiellieri israeliti dell'epoca usavano l'arsenico giallo per dare all'ottone il colore dell'oro e l'arsenico bianco per mascherare la lega di rame e argento. Questa frode era così frequente che nella sola città di Algeri venivano utilizzati più di 3.000 chilogrammi di questa sostanza ogni anno. Il governo di Luigi Filippo ne fu sconvolto e pensò di prescrivere misure per rendere impossibile questa industria disonesta*[124] ".

Nel 1847, nella sua *Lettera su Kiev*, il grande romanziere Honoré de Balzac raccontava ciò che aveva visto nell'Europa centrale e orientale: "(...) quando in una famiglia appare un ebreo che non ha spirito di rapina, che è incapace di lavare i ducati nell'acido, di tagliare i rubli, di imbrogliare i cristiani, e che vive in una vita di povertà.) *quando in una famiglia compare un ebreo privo di spirito di rapina, incapace di lavare i ducati nell'acido, di tagliare i rubli, di imbrogliare i cristiani e che vive nell'ozio, la famiglia lo nutre, gli dà soldi e lo considera un genio; è il contrario dei Paesi civilizzati, dove l'uomo di genio passa per imbecille agli occhi dei borghesi; ma allora il santo della famiglia ebraica deve leggere continuamente la Bibbia, digiunare e pregare, come un fachiro*[125]."

Frode della memoria

Non citeremo in questa sede le testimonianze dei grandi testimoni della Shoah, come Elie Wiesel, Simon Wiesenthal, Samuel Pisar, Marek Halter, ecc. [126]. Nel nostro *Mirror of Judaism* (2009), abbiamo ampiamente dimostrato la loro propensione alla fabulazione.

Gli ebrei - va detto e ripetuto - hanno rappresentato una minima parte delle vittime della Seconda guerra mondiale, che ha causato 50 milioni di morti - per la maggior parte europei. E tra gli ebrei che morirono, molti erano soldati o partigiani che morirono non in quanto ebrei ma in quanto combattenti. Sono morti anche numerosi civili ebrei: forse tanti, se non di più, del numero di bambini, anziani e donne bruciati vivi in

---

[124] Paul Eudel, *L'Orfèvrerie Algérienne et Tunisienne*, 1902
[125] Leggete il passaggio completo in *La mafia ebraica*.
[126] *Shoah* (calamità, distruzione) è il termine ebraico per indicare l'Olocausto. In Francia si usa spesso questa parola.

una sola notte nel bombardamento di Dresda del 1944. Inoltre, si potrebbe parlare a lungo di tutti quei commissari politici dell'Armata Rossa, per lo più ebrei, che incitavano i russi a morire per difendere l'Isr... - scusate - la grande e santa Russia. Vanno considerati come "ebrei sterminati dai nazisti" o come soldati uccisi in azione? Ci sono anche tutti coloro che sono stati considerati "sterminati" perché non si trovavano più in Polonia nel 1945, ma sono stati ritrovati vivi a Mosca o a New York negli anni '50, ecc. Sull'argomento sono stati scritti numerosi libri. Non ne daremo qui un macabro resoconto, poiché l'unica cosa che ci interessa nel presente lavoro è capire come alcuni ebrei siano riusciti ad arricchirsi con questo argomento.

Nella *mafia ebraica*, abbiamo visto che i criminali non hanno esitato a truffare il loro stesso popolo: Israel Perry, un avvocato israeliano, ha così recuperato il risarcimento per i sopravvissuti ai campi di concentramento concordato dallo Stato tedesco. Nel 1983, lo Stato ebraico e la Repubblica Federale di Germania avevano raggiunto un accordo in base al quale tutti gli ex deportati di nazionalità israeliana potevano ricevere un risarcimento fino a 100.000 marchi, oltre a una pensione tedesca e a prestazioni sociali. Israel Perry si era quindi specializzato nel rappresentare e mediare gli ex deportati per far valere i loro diritti nei confronti della Germania. Faceva firmare loro delle procure, che gli ex deportati non capivano bene. In 20 anni, l'intermediario ha trattato migliaia di casi in questo modo e ha sottratto circa 320 milioni di marchi (circa 150 milioni di euro). Quando i clienti si lamentavano del mancato avanzamento delle loro domande, Israel Perry invocava la "*cattiva volontà tedesca*" e la lentezza della diplomazia internazionale. La "truffa delle pensioni tedesche" aveva suscitato un enorme scandalo in Israele. Nel febbraio 2008, Israel Perry è finalmente comparso in tribunale. Il truffatore è stato condannato a 12 anni di carcere.

Abbiamo anche visto il caso del mafioso "ungherese" Semion Mogilevitch, che negli anni '80 si era arricchito offrendo i suoi servizi agli ebrei che volevano lasciare l'URSS per stabilirsi in Israele, vendendo le loro proprietà e inviando loro il denaro. C'era anche il caso di Ignaz Bubis, presidente della comunità ebraica in Germania, che aveva dirottato i fondi ricevuti dal governo tedesco per investirli nei Centri Eros. Mickey Cohen, che dopo la Seconda guerra mondiale organizzò a Los Angeles serate di gala di beneficenza per l'esercito israeliano e perse il denaro in partite di poker. Oppure Didier Meimoun, un ebreo tunisino di Parigi che negli anni '90 è arrivato da Bruxelles e ha investito il denaro dei suoi "clienti", garantendo loro tassi di rendimento dal 12 al 17,5%. All'inizio del 2001, coloro che si erano fidati di lui per anni hanno saputo della sua improvvisa scomparsa. Dovettero arrendersi all'evidenza: il truffatore si era eclissato con 50 milioni rubati a centinaia di membri della sua stessa comunità[127].

Tuttavia, i goyim rappresentano la grande maggioranza dei truffati. Abbiamo visto in *La mafia ebraica* come il Congresso ebraico mondiale, sotto la presidenza di Edgar Bronfman, avesse intrapreso una fruttuosa estorsione di fondi: il recupero dei beni ebraici "spogliati" durante la guerra. Un'indagine aveva infatti stabilito che esistevano ancora 775 conti bancari svizzeri dormienti per un totale di circa 32 milioni di dollari. Una campagna internazionale, portata avanti da quasi tutti i media occidentali, si trasformò letteralmente in calunnia e diffamazione: gli svizzeri nel loro complesso furono denunciati per aver tratto profitto dal "*denaro sporco*"; avevano commesso "*un furto senza precedenti*"; la disonestà era "*il fondamento della mentalità svizzera*"; la loro "*avidità*" era senza pari; avevano "*tratto profitto dal genocidio*"; erano colpevoli del "*più grande furto dell'intera storia dell'umanità*". La pressione internazionale fu tale che nel febbraio 1997 la Svizzera accettò di istituire un fondo speciale di 200 milioni di dollari per le vittime della Shoah. Questa somma non era in alcun modo un riconoscimento del debito, ma doveva essere vista come un gesto di pacificazione e di buona volontà da parte degli svizzeri. Tuttavia, il Congresso ebraico mondiale, lungi dal dichiararsi soddisfatto, aumentò la pressione. I finanzieri ebrei chiedono ora un blocco economico della Svizzera. Alcuni importanti Stati e comuni statunitensi ritirarono i loro fondi investiti in Svizzera. Nel giugno 1998, le banche svizzere alzarono l'offerta a 600 milioni di dollari, ma Abraham Foxman, presidente dell'ADL (Anti Defamation League, la principale lega "antirazzista"), dichiarò che si trattava di "*un insulto alla memoria delle vittime*". A metà agosto, la Svizzera ha finalmente ceduto e ha accettato di pagare 1250 milioni di dollari (1,25 miliardi di dollari). Tutte le associazioni ebraiche si sono fatte avanti per reclamare la loro parte di bottino.

Naturalmente, le somme estorte alla Svizzera erano un'inezia rispetto a quanto la Germania pagava annualmente da decenni allo Stato di Israele e soprattutto ai singoli ebrei. Nel 1976, Nahum Goldman, il fondatore del World Jewish Congress, scrisse nella sua biografia: "*In realtà, la Germania ha pagato finora sessanta miliardi di marchi e*

---

[127] Leggete *La mafia ebraica*, capitolo *Defraudare la vostra comunità*.

pagherà in totale ottanta miliardi di marchi. Si tratta di una cifra da dodici a quattordici volte superiore a quella che avevamo stimato all'epoca... Non si può rimproverare ai tedeschi di essere stati avari e di non aver mantenuto le loro promesse128 ". E dal 1976, il flusso di denaro tedesco non ha smesso di affluire nelle casse di Israele. La verità è che la Repubblica Federale Tedesca è stata una vera e propria mucca da mungere. Il 3 maggio 2007, un articolo sul sito web in lingua inglese del quotidiano tedesco *Spiegel Online International* riportava che - secondo il portavoce del Ministero delle Finanze tedesco - il governo tedesco aveva già versato circa 64 miliardi di euro ai sopravvissuti dell'Olocausto.

Poiché i sopravvissuti ai "campi di sterminio" ("*600.000 sopravvissuti*", secondo Nahum Goldman) erano stati ampiamente risarciti dai governi tedeschi che si sono succeduti, i loro figli hanno iniziato a reclamare la loro parte di torta. Così, nel 2007, alcune associazioni ebraiche hanno chiesto alla Germania di risarcire la seconda generazione di vittime, sostenendo che gli ebrei avevano subito un profondo trauma psicologico. L'idea di questi discendenti di sopravvissuti era che il terribile dramma vissuto dai loro genitori (le camere a gas, i forni crematori in funzione giorno e notte, i bambini gettati vivi nel fuoco, i barbecue giganti, i cani che mordevano i genitali, gli ebrei trasformati in sapone e paralumi, i "geyser di sangue", i "geyser di sangue", la "morte degli ebrei", la "morte degli ebrei", la "morte degli ebrei", la "morte degli ebrei", la "morte degli ebrei", la "morte degli ebrei", i "geyser di sangue" e altre atrocità innominate 129) aveva causato notevoli danni psicologici, e che quindi era giusto che la Germania pagasse il "*trattamento psicologico o addirittura psichiatrico*" necessario per 40.000 sopravvissuti di seconda generazione "*colpiti mentalmente e psicologicamente*". Ma la grassa e bonaria tedesca aveva capito che si stava approfittando di lei. A maggio, il governo tedesco ha fatto sapere che non aveva intenzione di pagare queste spese, che non rientravano "nei *principi dei trattati internazionali sui risarcimenti*", e ha tagliato i fondi al Fondo Fisher, promotore di questa brillante idea.

---

[128] Nahum Goldmann, *Le Paradoxe juif, Conversations en français avec Léon Abramowicz*, Paris, Stock, 1976, pagg. 146-164. Goldmann parla di 600 000 sopravvissuti ai "campi di sterminio": "Nel 1945, c'erano quasi seicentomila ebrei, sopravvissuti ai campi di concentramento tedeschi, che nessun Paese voleva accogliere". (*Le Paradoxe juif*, p. 237).
[129] Si veda *Lo specchio del giudaismo* (Hervé Ryssen, *Le Miroir du Judaïsme*, Baskerville, 2009, p. 173-218).

Nel luglio dello stesso anno, leggiamo sulla pagina inglese di *Ynetnews* che l'avvocato Gideon Fisher, il creatore del Fondo Fisher, aveva deciso di portare il caso davanti alla giustizia: "*La prova innegabile che l'imputato [la Germania] intendeva distruggere il popolo ebraico, era che aveva persino pianificato di danneggiare la seconda generazione di sopravvissuti del popolo ebraico sapendo che, se la soluzione finale non fosse stata pienamente riuscita, il danno emotivo causato alla seconda generazione sarebbe stato così grave e sostanziale da colpire irreparabilmente la stessa razza ebraica e distruggerla completamente. Queste azioni deliberate hanno causato e continuano a causare ai ricorrenti gravi danni psicologici ed emotivi, per i quali devono essere risarciti*".

Il problema è che questi disturbi psicologici sono riscontrabili negli ebrei molto prima della Seconda guerra mondiale, come abbiamo dimostrato nei nostri libri. Ed è proprio per questo che Sigmund Freud, che proveniva da una famiglia ebrea chassidica, sviluppò la psicoanalisi alla fine del XIX secolo: per trattare e curare i suoi connazionali ebrei, che ovviamente rappresentavano la quasi totalità della sua clientela. Non fu quindi la "Shoah" a turbare questi poveri ebrei. È perfettamente legittimo, invece, osservare fino a che punto questi malati dall'immaginazione straripante - il fenomeno isterico studiato da Freud - possano indulgere e crogiolarsi nella morbosità e abbellire mentalmente una shoah immaginaria sulla base di una storia già sufficientemente dolorosa[130].

In ogni caso, la richiesta del Fondo Fisher non è stata accolta e non se ne è saputo più nulla.

Ma le rivendicazioni delle associazioni della "memoria" ebraica sono aumentate nell'ambito della "Claims Conference", la "Conferenza per le rivendicazioni materiali degli ebrei contro la Germania", un'organizzazione creata nel 1951 e incaricata di studiare e difendere le richieste di risarcimento delle vittime del nazismo. Nel giugno 2008, abbiamo appreso che la Claims aveva ottenuto un successo supplemento di 320 milioni di dollari da "*distribuire ai sopravvissuti dell'Olocausto*".

Nel marzo 2009, i pagamenti mensili della Germania ai "*sopravvissuti bisognosi dell'Europa orientale*" sono aumentati del 35% nei Paesi non

---

[130] A questo proposito, è essenziale leggere la nostra *Psicoanalisi dell'ebraismo* (2006), e la sua estensione nelle terze parti del nostro *Fanatismo ebraico* (2007) e *Lo specchio dell'ebraismo* (2009).

appartenenti all'UE e dell'11% negli Stati membri dell'UE, ha annunciato la Claims Conference dopo i negoziati con il ministero delle Finanze tedesco. L'aumento ammonta a 60 milioni di euro in dieci anni.

Il 20 dicembre 2009, sul sito web del quotidiano israeliano *Haaretz*, abbiamo letto che lo Stato di Israele stava nuovamente chiedendo denaro alla Germania come risarcimento per l'"Olocausto". L'autore dell'articolo, Moti Bassok, ha riferito che il ministro delle Finanze Yuval Steiniz avrebbe chiesto alla Germania tra i 450 milioni e il miliardo di euro per risarcire i 30.000 israeliani sopravvissuti al lavoro forzato nei ghetti. Le autorità israeliane hanno stimato che - in base a una legge sui lavoratori dei ghetti votata nel 2002 dal Parlamento tedesco - ognuno dei 30.000 sopravvissuti al lavoro forzato ancora in vita aveva diritto a un pagamento retroattivo di 15.000 euro. Questa volta è toccato al jackpot: nel gennaio 2010, è stato deciso che la Germania avrebbe pagato 500 milioni di euro ai lavoratori forzati ebrei come pensione di vecchiaia.

Nel marzo 2010, la Claims Conference di Berlino ha negoziato altri 91 milioni di euro per garantire un aumento dei servizi di assistenza domiciliare e dei pagamenti delle pensioni per consentire ai sopravvissuti di vivere in modo dignitoso. Si tratta di un aumento di 25 milioni di euro rispetto al 2009. Inoltre, è stata ottenuta una nuova pensione aggiuntiva: 36 milioni per circa 1300 sopravvissuti in Europa occidentale.

Nel dicembre 2010, un'altra notizia proveniente dalla Germania ha confermato che gli aiuti ai sopravvissuti sarebbero raddoppiati nel 2011, raggiungendo i 110 milioni di euro. Il denaro sarebbe stato utilizzato per finanziare i servizi sociali essenziali per i sopravvissuti ebrei in tutto il mondo: assistenza domiciliare, cibo, medicinali e beni di prima necessità. Nel mondo c'erano ancora 520.000 "sopravvissuti alla Shoah", metà dei quali vivevano in Israele.

Sempre nel dicembre 2010, la compagnia ferroviaria tedesca ha annunciato una donazione di cinque milioni di euro alle vittime del nazismo per progetti nell'Europa orientale. Deutsche Bahn aveva già donato diversi milioni di euro alle vittime del nazismo da quando, nel 2000, è stata istituita la fondazione "Memoria, responsabilità e futuro".

Altri aggiornamenti: aprile 2011: la Claims Conference ha annunciato che il governo tedesco ha dato il via libera a un aumento del 15% dei finanziamenti per i sopravvissuti all'Olocausto, da 110 milioni di euro nel 2011 a 126,7 milioni di euro nel 2012. In totale, la Germania avrebbe stanziato 513 milioni di euro all'organizzazione tra il 2011 e il 2014 per aiutare i sopravvissuti all'Olocausto.

Novembre 2011: dopo ulteriori negoziati tra il governo tedesco e la Claims Conference, è stato concordato che gli ebrei che hanno lavorato nei ghetti riceveranno 2.000 euro in una volta sola, indipendentemente dal risarcimento mensile che già ricevevano. "*Vogliamo assicurarci che tutti i sopravvissuti che si qualificano per questa nuova misura possano beneficiarne come risarcimento per la sofferenza di aver lavorato sotto lo stivale nazista*", ha dichiarato il rabbino Julius Berman, presidente della Claims Conference. Fino a quel momento, solo gli ebrei che avevano lavorato nei ghetti dei territori annessi dal Terzo Reich avevano avuto diritto al risarcimento. Il governo tedesco avrebbe riesaminato 56.000 pratiche di richiesta di risarcimento che erano state respinte. Mentre sto vincendo, sto ancora giocando!

A settant'anni dai fatti, c'è ancora chi trova il modo di trarre profitto dall'intera vicenda. Nel febbraio 2014, la SNCF (società ferroviaria francese, ndt) è stata minacciata di un contratto negli Stati Uniti per il suo ruolo nella "Shoah". I treni francesi erano infatti stati utilizzati per deportare gli ebrei. Un avvocato specializzato in questo tipo di estorsione, Stuart Eizenstat, iniziò a negoziare "*un possibile risarcimento per le famiglie delle vittime americane dell'Olocausto trasportate dalla SNCF nel 1942*". Le trattative furono tenute segrete, per cui non si sapeva quante vittime fossero coinvolte. "*Il persistente rifiuto della SNCF di accettare la responsabilità per il suo ruolo nell'Olocausto continua a essere un insulto alle vittime*", ha dichiarato un senatore statunitense. Va notato che non si è mai parlato di risarcire i figli e le figlie dei 70.000 civili francesi (uomini, donne e bambini) uccisi dalle bombe anglo-americane tra il 1942 e il 1945.

L'11 novembre 2011 i membri della mafia della memoria sono stati riconosciuti colpevoli di una nuova truffa. Dopo undici mesi di indagini, a New York sono state arrestate diciassette persone accusate di aver truffato le vittime delle "*shoahnanas*"[131]. Delle diciassette persone arrestate, sei erano membri della Claims Conference. Queste sei persone, che avrebbero dovuto esaminare e approvare le domande delle presunte vittime, avevano in realtà convalidato più di 5500 domande

---

[131] "*Shoahnanás*": gioco di parole e titolo di una canzone satirica dell'umorista franco-camerunense Dieudonné (NdT).

fraudolente. Queste persone "*appartenevano per lo più alla comunità ebraica russa del quartiere Little Odessa di Brighton Beach*", un sobborgo di New York. In cambio, questi dipendenti trattenevano parte del denaro per sé e per i loro complici.

Il sistema era ben consolidato: annunci sui giornali della comunità ebraica russofona offrivano di aiutare i richiedenti a completare le loro domande in cambio di una commissione. Un complice preparava falsi certificati di matrimonio, di scolarizzazione o di nascita - russi o ucraini - per soddisfare i criteri di compensazione, tutti basati su una conoscenza approfondita della storia dell'"Olocausto". "*Nonostante le falsificazioni, talvolta grossolane, le domande venivano rapidamente convalidate. E, tra l'altro, gli impiegati corrotti intascavano una buona percentuale... Descrivevano l'inferno dei campi di lavoro e dei ghetti. Altri raccontavano come, da bambini, erano fuggiti dai nazisti sotto le bombe per nascondersi fino alla liberazione... Ma le loro storie, piene di dettagli realistici, erano false*[132] ". In realtà, molti di questi 5500 "sopravvissuti" non erano nemmeno nati nel 1945.

La truffa ammonta a circa 42,5 milioni di dollari. Tra il 2000 e il 2009, circa 4957 persone hanno ricevuto un pagamento unico di 3600 dollari, per un totale di 18 milioni di dollari, sostenendo di essere state costrette a lasciare la propria città natale dai nazisti. Un secondo fondo aveva beneficiato 658 persone, che avevano ricevuto pagamenti mensili di 411 dollari (per un totale di 24,5 milioni di dollari), dopo aver dichiarato di aver vissuto nei ghetti per almeno 18 mesi o nei campi di lavoro per almeno sei mesi. Al vertice del sistema c'era un certo Semen Domnitser, che dal 1999 gestiva questi due fondi e convalidava i file trasmessi al governo tedesco, che pagava i tedeschi di tasca propria. 900.000 tonnellate di bombe sganciate sulle loro teste durante la guerra avevano fatto sì che i tedeschi collaborassero senza lamentarsi!

Questo caso non era il primo. Già allora, nell'immediato dopoguerra, piccoli truffatori cercavano di trarre il massimo profitto dal Paese sconfitto. Prendiamo ad esempio Philipp Auerbach. Nato ad Amburgo, si era stabilito in Belgio nel 1934 con moglie e figli. Era diventato un importante operatore dell'industria chimica e aveva sostenuto i comunisti durante la guerra civile spagnola fornendo loro benzina e prodotti chimici. Arrestato nel 1940 dai tedeschi, rimase in diversi campi di concentramento, a Buchenwald e Auschwitz, senza essere

---

[132] *France Soir*, 11 novembre 2010.

minimamente "sterminato". Secondo il sito web della *Jewish Virtual Library*, dopo la guerra testimoniò che ad Auschwitz era stato costretto a produrre sapone con resti umani. Ma dalla fine degli anni '80 nessuno osa più parlare di questa ridicola favola.

Auerbach era comunque un sopravvissuto di Auschwitz", come molti altri. Il 15 settembre 1946 fu nominato "Commissario dello Stato bavarese *per le* persecuzioni razziali, religiose e politiche" *(Staatskommissar für rassich, religiös und politish Verfolgte)* a Monaco di Baviera, la cui area di responsabilità era il risarcimento delle vittime del regime nazista. Si occupava di consulenza legale, alloggio, reintegrazione nell'economia e... risarcimento finanziario. Philipp Auerbach creò dal nulla gli ebrei deportati per ricevere il denaro del risarcimento. È stato accusato di corruzione, tentata estorsione, violazione della fiducia, frode, falsa dichiarazione sotto giuramento, usurpazione di titolo accademico, violazione della legge monetaria. Condannato a due anni e mezzo di carcere e a una multa di 2700 marchi, finì per suicidarsi nella sua cella[133].

La vendetta di Oscar Friedman

Oscar Friedmann era un ebreo di origine polacca, il cui padre, nato in Galizia, nel sud della Polonia, era emigrato ad Anversa. Oscar nacque ad Anversa nel 1908. Nel 1975 pubblicò il suo libro autobiografico, *Un secondo di felicità*, nelle edizioni Calmann-Lévy. In esso Oscar Friedmann presentava la visione del mondo che suo padre gli aveva inculcato durante l'infanzia:

"Per me c'erano da una parte gli ebrei come mio padre, i suoi amici, i vergognosi, i chiddelech, gli einiklech, gli schlichim; dall'altra parte, i non ebrei come le cameriere, le tate, gli spazzini, lo spazzacamino, il goy dello Shabbat - colui che viene a casa per accendere o spegnere il fuoco durante lo Shabbat, poiché a noi è proibito in quel giorno - i poliziotti, gli ubriachi che vagano per le strade e che noi chiamiamo shaiget (teppisti).... e in generale tutti i non ebrei sono persone inferiori. Sono figlio di Schmuel Friedmann, sono figlio del re[134] ".

---

[133] Gli ebrei rappresentano di gran lunga la popolazione con il maggior numero di suicidi al mondo.
[134] Oscar Friedmann, *Une Seconde de bonheur*, Calmann-Lévy, 1975, pag. 30.

"Quando avevo quattordici anni, come al solito, mio padre mi portò da un rabbino. Oltre al Talmud e ai poskim (leggi), ci insegnano soprattutto un odio fanatico verso tutto ciò che non appartiene al nostro mondo chiuso. Dobbiamo odiare gli ebrei non religiosi, i sionisti (anche se sono religiosi, come i Mizrachiti, perché non si deve "salire" in Eretz-Israel prima della venuta del Messia), odiare persino i chassidim che non sono del nostro clan[135]".

Quando nel 1914 scoppiò la guerra, la sua famiglia non era minimamente preoccupata: *"A dire il vero, questa guerra non ci interessa. Non ci sentiamo né tedeschi, né austriaci, né polacchi. Almeno 'noi', i membri più anziani della famiglia. Io e i miei fratelli minori, invece, siamo tedeschi super-pratici - non siamo stati educati in una scuola tedesca[136] ?".*

Eppure, due pagine più avanti, vediamo ancora una volta che l'ebreo, come al solito, è pronto a dire qualsiasi cosa per ingannare il lettore: *"Il 2 novembre 1917, gli ebrei scoppiano in una gioia favolosa. Tutti ballano, tutti diventano antitedeschi, tutti passano dalla parte degli Alleati, anche i più accaniti antisionisti. Non capisco molto, se non che gli inglesi hanno regalato un Paese agli ebrei: è la Dichiarazione Balfour... la preistoria dello Stato di Israele[137] ".*

Oscar Friedmann iniziò quindi la sua carriera di truffatore:

"Costretto a tornare al lavoro, ho trovato subito un nuovo impiego: vendere profumi orientali a peso. Il sistema è molto semplice e redditizio. Mi avvicino a una donna per strada:

- Signora, posso? Il suo fazzoletto... lo profumerò gratuitamente.

Finché lo tengo in mano, so che non se ne andrà.

---

[135] Oscar Friedmann, *Une Seconde de bonheur*, Calmann-Lévy, 1975, p. 40.
[136] Oscar Friedmann, *Une Seconde de bonheur*, Calmann-Lévy, 1975, p. 33.
[137] Spiegazione: Gli ebrei ragionano solo in termini di nemico prioritario. E il nemico prioritario degli ebrei, nel 1914, era la Russia zarista, dove non avevano diritto di cittadinanza e non esercitavano un dominio assoluto sul potere, nonostante la loro potenza finanziaria. Dopo la caduta dello zar nel marzo 1917, il decreto di Kerensky del 2 aprile aveva concesso loro pari diritti. Gli ebrei di tutto il mondo non avevano più nulla da aspettarsi dalla Germania e i finanzieri cosmopoliti cambiarono cappotto. Due giorni dopo, come per caso, il Senato degli Stati Uniti votò finalmente l'entrata in guerra contro la Germania e l'Austria-Ungheria. I tedeschi chiamarono l'inversione di rotta degli ebrei "pugnalata alle spalle". Nel mese di novembre (secondo il calendario gregoriano), la rivoluzione bolscevica insediò gli ebrei marxisti al potere in Russia.

- Quale preferisce: Eliotropio, Gelsomino, Cipro, Rosa, Garofano?

Mentre le faccio annusare tutti i profumi pubblicizzati uno per uno, ne approfitto per circondarla il più possibile: non solo per piacere, ma per finirla.

- Saranno tre franchi al grammo. Il barattolo è gratis, gli dico mentre lo riempio:

-Ecco dieci grammi.

La vittima, che non sa più da che parte stare, pensa che una bottiglia piena costi tre franchi e che sia davvero economica: quando apre il borsellino, mi servo subito:

- Dieci grammi, trenta franchi. Grazie mille, signora. Stupita, la donna di solito non osa dire nulla. Se per caso protesta, la rassicuro immediatamente:

- Forse è troppo? Non si preoccupi, le darò solo cinque grammi.

E se ne va senza protestare, felice di aver risparmiato quindici franchi[138] ".

Negli anni Trenta fu coinvolto nell'organizzazione di incontri di wrestling truccati (*catch*): "*Dopo dieci minuti di lotta feroce sul ring, Max Krauser getta Zbitsko oltre le corde e i due continuano la lotta nella sala. Alcuni compari sparsi qua e là intervengono e vengono messi al tappeto. La folla esplode, convinta di essere un vero spettatore, e la polizia deve intervenire per riportare i lottatori sul ring. La sala è già in delirio quando avviene la furia suprema, un'acrobazia ispirata all'ultimo film di Braccio di Ferro: Zbitsko solleva Max Krauser e lo getta a terra, che crolla: due tavole erano state segate in precedenza, e per tutto l'incontro i lottatori avevano evitato di calpestare quell'angolo del ring. Lottatori e arbitri sono scomparsi nella fossa. L'annunciatore annuncia un pareggio, che permette di organizzare una rivincita... il cui successo è assicurato. Il pareggio non è ovviamente un esempio di wrestling sportivo, ma mi diverte molto per il suo lato circense e per le reazioni del pubblico, che ancora non sa che ci sono troppi soldi in gioco perché lo spettacolo non sia accuratamente truccato*[139] ".

---

[138] Oscar Friedmann, *Une Seconde de bonheur*, Calmann-Lévy, 1975, p. 65.
[139] Oscar Friedmann, *Une Seconde de bonheur*, Calmann-Lévy, 1975, p. 80.

Nel 1940, Oscar Friedmann fu imprigionato in un campo in Austria. Improvvisamente, l'uomo divenne estremamente patriottico: "*Gli ebrei affermano di essere al cento per cento francesi[140]*".

Nel 1945, apparentemente in piena forma, un colonnello britannico gli affidò l'importante missione di occupare un villaggio vicino: "*Mi metto alla testa di una pattuglia di corsi e russi. Ci siamo installati nel municipio senza difficoltà... Tutte le armi devono essere consegnate immediatamente. Tutti coloro che le tengono saranno fucilati sul posto*". E dopo aver scoperto un deposito di armi, Friedmann decise di passare alle maniere forti: "*Cinque minuti dopo, la gente era lì che piangeva e mi implorava. Allora mi rivolgo alle donne e ai bambini intorno a me: "Avete davanti a voi un Jude della pappa (un orribile ebreo) secondo il vostro medico Goebbels. Non temete, l'ebreo è qui per proteggervi". D'altra parte, questi uomini hanno armi nascoste; li abbiamo avvertiti, abbiamo dato loro una possibilità. Loro l'hanno ostinatamente negata. Lasciamoli morire ora come uomini, senza piangere...*". Il sindaco, il falegname, il lattaio, l'insegnante, ecc... tutti furono messi a ferro e fuoco. "*Allora giustizia è fatta*".

Più tardi, tornato ad Anversa, Oscar Friedmann dà libero sfogo alla sua giustizia personale, parallelamente ai suoi traffici: "*Vendetta, arresto dei collaboratori, smascheramento dei kapò, traffici... Colpisco come un selvaggio, usando tutti i colpi bassi che ho imparato quando combattevo*".

Divenne poi un commerciante di diamanti e accumulò molto denaro: "*Come nouveau riche, spendevo un sacco di soldi*". Grazie a Dio, questa storia finì finalmente bene: "*Poiché non volevo avere figli, comprai nove cani, uno più bello dell'altro[141]*". Per una volta nella sua vita, aveva agito in modo umano.

Diamo la parola al socialista francese Charles Fourier, che all'inizio del XIX secolo, dopo l'ammissione degli ebrei nella comunità nazionale in seguito alla Rivoluzione francese, scrisse queste righe: "*Si correggeranno, dicono i filosofi. Niente affatto: pervertiranno le vostre abitudini senza cambiare le proprie. A proposito, quando si correggeranno? Tra un secolo? Nel frattempo, li subiremo; di questo siamo già stanchi. Si correggeranno in dieci anni? Allora lasciamo che*

---

[140] Oscar Friedmann, *Une Seconde de bonheur*, Calmann-Lévy, 1975, p. 107.
[141] Oscar Friedmann, *Une Seconde de bonheur*, Calmann-Lévy, 1975, pagg. 199, 201, 202.

trascorrano dieci anni nei Paesi in cui vivono! Se vi venisse affidato un lebbroso o un appestato in casa vostra e vi venisse detto che sarebbe guarito in dieci giorni, rispondereste: "Lasciatelo passare i dieci giorni in casa sua; poi lo visiteremo e lo controlleremo prima di ammetterlo". Ora, i Giudei con i loro costumi mercantili non sono forse la lebbra e la perdizione del corpo sociale? Aspettate allora di vedere che siano guariti prima di accoglierli, altrimenti smettete di parlare di buone maniere. Se il tempo li correggesse, non lo avrebbero già fatto a Londra, dove sono stati ammessi da tempo, e dove scorrazzano per le strade, incoraggiando i figli delle famiglie a rubare, ecc..... Lasciate gli ebrei in Francia per un secolo, organizzeranno la loro setta in ogni città, trattando solo con i loro simili; diventeranno in Francia ciò che sono in Polonia, e finiranno per sottrarre l'industria commerciale ai cittadini che finora l'hanno esercitata molto bene senza gli ebrei. Lo stesso accade in Germania, dove i commercianti onesti vengono cacciati dagli affari perché non possono competere con gli ebrei. Ovunque essi brillino, è solo a spese dei cittadini. Guardate Genova e Livorno, porti la cui situazione è ugualmente favorevole e il cui commercio è simile. Se gli ebrei non fossero ammessi a Livorno, questo porto sarebbe pieno di mercanti toscani invece di essere popolato da ebrei... In breve, gli ebrei, in politica, sono una setta parassitaria che tende a invadere il commercio degli Stati a spese dei cittadini, senza identificarsi con il destino della patria. Lungi dal correggersi in Francia, è più che probabile che propaghino la loro infame moralità, perché sono già aspramente lamentati in Lorena e in Franca Contea, dove sono stati introdotti in gran numero dopo la Rivoluzione. Nei villaggi praticano mille trucchi e furberie che erano sconosciuti a questi popoli ancora franchi[142] ".

Il Talmud e la mentalità ebraica

Il Talmud è il libro più sacro degli ebrei. Questo libro, che contiene gli insegnamenti dei rabbini dei primi secoli della nostra era, è più autorevole per gli ebrei della stessa Torah (la Bibbia, l'Antico Testamento dei cristiani). Trascrive o riassume le tempestose discussioni che si svolgevano nelle varie accademie della Palestina e della Babilonia. Un maestro esponeva un problema, il suo discepolo

---

[142] Charles Fourier, *Publications des manuscrits de Charles Fourier*, 1835-1856, *Du commerce et des commeçants*, Librairie Phalanstérienne.

proponeva una soluzione, a cui rispondeva a sua volta il discepolo del discepolo, e la generazione successiva lo risolveva in questo modo. Diverse generazioni di maestri e allievi continuavano sempre lo stesso dibattito, che il Talmud riporta in un breve passaggio o in un singolo paragrafo[143].

Le cose più semplici erano oggetto di discussioni e cavilli. I rabbini cercavano misteri nelle frasi più semplici o insignificanti della Torah, lasciandosi andare alle congetture più stravaganti. Arrivavano a sostenere che ogni passaggio della Bibbia aveva potenzialmente sessanta o addirittura seicentomila spiegazioni.

Un filosofo ebreo illuminista del XVIII secolo, Salomone Maimon, vissuto in Polonia, si prendeva gioco in modo divertente di alcune elucubrazioni talmudiche: *"Per esempio, quanti peli bianchi può avere una mucca dai capelli rossi prima di essere considerata ancora rossa?"* o *"È lecito uccidere un pidocchio o una pulce durante il sabato?"* Ma è vero che Salomone Maimon era in qualche modo in contrasto con la sua stessa comunità.

Bernard Lazare, socialista anarchico e sostenitore di Dreyfus[144], ha lasciato un libro piuttosto illuminante sull'argomento. Bernard Lazare pubblicò nel 1894 un libro che voleva essere una risposta a *La Francia ebraica* di Edouard Drumont, che aveva avuto un successo strepitoso. Il seguente passaggio dà un'idea di cosa possa essere questa "Legge" ebraica e del suo carattere universale nel giudaismo: *"Ma l'ebreo aveva qualcosa di meglio del suo dio: aveva la sua Thora - la sua legge - ed è questa legge che ha osservato. Questa legge, non solo non l'ha persa quando ha perso il suo territorio ancestrale, ma al contrario ha rafforzato la sua autorità: l'ha sviluppata e ha aumentato il suo potere e anche la sua virtù. Quando Gerusalemme fu distrutta, fu la legge a diventare il vincolo di Israele: viveva per la sua legge e in base alla sua legge. Ora, questa legge era meticolosa e formalistica; era la manifestazione più perfetta della religione rituale in cui si era trasformata la religione ebraica sotto l'influenza dei dottori, un'influenza che si può opporre allo spiritualismo dei profeti di cui*

---

[143] Elie Wiesel, *Célébrations talmudiques*, Seuil, 1991, p. 275.
[144] Il caso Dreyfus ha avuto origine da una sentenza giudiziaria presumibilmente antisemita, in un contesto di spionaggio e antisemitismo, in cui l'accusato era il capitano Alfred Dreyfus, di origine ebraica alsaziana, e che per dodici anni, dal 1894 al 1906, ha sconvolto la società francese dell'epoca, segnando una pietra miliare nella storia dell'antisemitismo (NdT).

Gesù continuava la tradizione. Questi riti che prevedevano ogni atto della vita e che i talmudisti complicarono all'infinito, questi riti plasmarono il cervello dell'ebreo, e ovunque - in ogni Paese - lo plasmarono allo stesso modo. Gli ebrei, sebbene dispersi, pensavano allo stesso modo a Siviglia e a New York, ad Ancona e a Ratisbona, a Troia e a Praga. Avevano gli stessi sentimenti e le stesse idee sugli esseri e sulle cose. Guardavano attraverso le stesse lenti. Giudicavano secondo principi simili dai quali non potevano discostarsi, perché non c'erano obblighi gravi e minori nella legge: avevano tutti lo stesso valore perché provenivano da Dio. Tutti coloro che gli ebrei attiravano a sé erano imprigionati in questo terribile ingranaggio che schiacciava le menti e le plasmava in modo uniforme[145]."

Così scriveva anche Mark Zborowski nel suo grande studio antropologico sull'ebraismo dell'Europa orientale: "*Una pagina di Talmud ha lo stesso aspetto di cento anni fa, e ha lo stesso aspetto a Vilna come a Shanghai. In tutto il mondo, gli alunni meditano sulla stessa Torah, sullo stesso Talmud, sullo stesso commento di Rachi. I bambini cantano lo stesso testo che apre la Michnah con la loro voce flautata... Ovunque lo portino i suoi passi, e finché si trova in una comunità tradizionale, lo studioso dello shtetl troverà gli stessi studi, gli stessi dibattiti condotti con ardore e zelo*".

Se gli ebrei reagiscono con tanta forza quando uno dei loro viene denunciato come truffatore, è perché sanno che l'immagine dell'intera comunità viene offuscata. Ritroviamo questa stessa uniformità e atavismo negli scritti degli intellettuali ebrei di oggi come di un tempo. "*Negli insegnamenti dell'ebraismo tradizionale, le barriere del tempo sono sfumate e confuse*", ha scritto Zborowski. *L'abitudine di riferirsi a testi antichi per governare il presente e a testi moderni per chiarire il passato ha forgiato tra passato e presente una catena indistruttibile a cui ogni studioso aggiunge un anello... Questo tranquillo disprezzo per le divisioni occidentali di tempo e spazio afferma che l'unità della tradizione è più solida delle rotture della continuità fisica e temporale[146]* ". Questo è precisamente ciò che alcuni chiamavano "l'eterno ebreo" *(Der ewige Jude).*

---

[145] Bernard Lazare, L'*antisemitismo, la sua storia e le sue cause, (1894)*. Edizioni La Bastille, edizione digitale, 2011 p. 120, 121.
[146] Mark Zborowski, *Olam*, 1952, Plon, 1992, p. 107, 108.

Il Talmud contiene tutto e il suo contrario[147]. Alcuni rabbini predicano la tolleranza, mentre altri la condannano; alcuni approvano l'usura, ma altri la rifiutano, e così via. Ma la verità è che l'intera opera contiene molti passaggi molto offensivi e ingiuriosi nei confronti dei non ebrei, e soprattutto dei cristiani. Nella prima metà del XIII secolo, Nicolas Donin era stato il primo a denunciare gli orrori contenuti nel Talmud. E lo sapeva bene, essendo lui stesso un ex ebreo che aveva abbandonato la setta. Più tardi, nel XVI secolo, studiosi cristiani di ebraismo avevano continuato a studiare il Talmud e avevano confermato ciò che tutti sospettavano. Ecco alcuni precetti tratti da questo "libro sacro":

I cristiani sono idolatri, non associatevi a loro (Hilkhoth Maakhaloth); i cristiani sono impuri perché mangiano cibo impuro (Shabbath, 145b); le donne ebree sono contaminate dal solo incontro con i cristiani (Yore Dea, 198); gli ebrei sono umani, i cristiani no, sono bestie (Keritot, 6b); i cristiani sono stati creati per servire gli ebrei (Midrash Talpiyot, 225); I cristiani non sono da compatire più dei maiali quando sono malati di stomaco (Orach Chayim, 57, 6a); il seme dei goyim è come quello delle bestie (Yevamot, 98a); gli schiavi cristiani morti devono essere rimpiazzati come il bestiame (Yore Dea, 377); Gli ebrei devono essere chiamati uomini, non cristiani (Yevamot, 61a); colpire un ebreo è come schiaffeggiare Dio (Sanhedrin, 58b); un ebreo è sempre considerato buono, nonostante i peccati che può commettere. È sempre la conchiglia a essere sporca, mai il fondo (Chagigah, 15b); il vino deve essere gettato via se è stato toccato da un cristiano (Avodah Zarah, 72a, b); il recipiente comprato da un cristiano deve essere gettato via o purificato (Iore Dea. 120, 1); ecc.

Per quanto riguarda il commercio con i cristiani, i saggi del Talmud affermano quanto segue: la proprietà di un cristiano o di un gentile è vana, appartiene al primo ebreo che la reclama (Baba Batra, 54b); se un cristiano restituisce per errore troppo denaro, questo deve essere conservato (Choschen Ham, 183); gli ebrei possono conservare gli oggetti di un cristiano senza preoccuparsene (Choschen Ham, 226); è permesso spergiurare e imbrogliare i cristiani in tribunale (Baba Kamma, 113a, b); gli ebrei che imbrogliano un cristiano devono

---

[147] La Gemara è la parte del Talmud che raccoglie le infinite discussioni e i commenti dei rabbini. I rabbini praticano il *Midrash* (commento, spiegazione, interpolazione). Si veda la lunga nota sul *Midrash* in *Psicoanalisi dell'ebraismo*.

dividere il beneficio in parti uguali (Choschen Ham, 183); l'usura è permessa con i cristiani e gli apostati (Iore Dea, 159); ecc.

Inoltre, possono mentire, se è nell'interesse di uno di loro e della comunità. Gli ebrei possono giurare falsamente usando frasi a doppio senso o con qualsiasi sotterfugio (Schabbouth Hag., 6d e Kol Nidré).

È permesso uccidere indirettamente un cristiano, ad esempio, se qualcuno che non crede nella Torah cade in un pozzo, la scala deve essere rimossa (Choschen Ham, 425). E molte altre citazioni che potrebbero non sembrare credibili ai neofiti, perché sono davvero insultanti per i goyim.

Nicolas Donin aveva raccolto diversi brani del Talmud, seguiti da trentacinque capi di imputazione come base dell'accusa.

Come risultato del suo lavoro, il 9 giugno 1239, Papa Gregorio IX inviò una lettera a tutti i vescovi di Francia, Inghilterra, Castiglia, Aragona e Portogallo, ordinando loro di confiscare tutte le copie del Talmud e di consegnarle ai monaci domenicani e francescani. I sovrani di questi Paesi dovevano assistere i vescovi, mentre i priori dei domenicani e dei francescani erano incaricati di aprire un procedimento contro il Talmud e di bruciarne tutte le copie.

I nostri antenati europei avevano capito che la natura profonda dell'ebraismo si nutriva dei precetti contenuti in quel libro. Il re Saint-Louis, preoccupato per questo, aveva ordinato un processo, che ebbe luogo il 12 giugno 1240 al Palazzo di Giustizia di Parigi, sotto la presidenza della madre Bianca di Castiglia. Dopo un lungo dibattito, si decise di distruggere il libro e il 6 giugno 1242 ventiquattro carri contenenti 1200 copie del Talmud furono bruciati in Place de Grève. In seguito, in tutta Europa, numerosi Papi continuarono a mettere in guardia i cristiani dagli orrori scritti nelle pagine del Talmud[148].

---

[148] Per maggiori dettagli, si veda Hervé Ryssen, *Storia dell'antisemitismo*, Baskerville, 2010.

PARTE SECONDA
GLI SQUALI DELLA FINANZA

I grandi stregoni e maniaci della finanza internazionale non sono tutti ebrei, tutt'altro. Ma i membri di questa comunità hanno sempre esercitato una grande influenza in questa attività. Quando nuove frodi vengono alla luce, si può essere quasi certi che qualche figlio del "popolo eletto" finirà ancora una volta sulle prime pagine dei media[149].

1. Lo schema piramidale

Lo schema piramidale è il grande classico intramontabile della frode finanziaria, comunemente chiamato "schema Ponzi", dal nome del truffatore che fece scempio a Boston nel 1921. I giornalisti ripetono spesso questa espressione per evitare di parlare della "piramide Goldstein" o dello "schema Cohen". Ma dal dicembre 2008 questo tipo di frode sarà associato, e per molto tempo, al nome di Bernard Madoff, che ha distrutto tutti i record del settore. Questa frode consiste in un ambizioso finanziere che raccoglie denaro dai suoi clienti promettendo loro tassi di interesse più alti del normale. Quando un cliente chiede indietro il suo denaro al tasso di interesse concordato, in tutto o in parte, l'investitore gli dà il denaro depositato da altri clienti entrati più di recente.

---

[149] Alla fine del 2022, Sam Bankman-Fried, l'ultimo genio finanziario della comunità ebraica coinvolto nella frode multimiliardaria della piattaforma di scambio di criptovalute FTX, è balzato agli onori della cronaca. I suoi legami con il finanziamento del partito democratico statunitense e con il governo ucraino in difficoltà danno un'idea della portata dello scandalo. In contrasto con la gravità della questione, la presentazione della truffa e la figura cartoonesca e ridicola dello stravagante personaggio e dei suoi collaboratori sembrano quasi una parodia umoristica antisemita. (NdT)

Immaginiamo che A riesca a convincere il privato o l'azienda B a dargli 100 euro, promettendo di restituirne 150 dopo un anno. L'anno successivo, A restituisce a B i 100 euro più gli interessi sottratti ai contributi dei nuovi investitori, C e D. Poiché B è soddisfatto di questo investimento, decide di investire nuovamente una somma molto più grande e, naturalmente, attraverso il passaparola, convince tutti i suoi amici a entrare in questo buon affare. Questo schema si riproduce finché nuovi investitori depositano il loro denaro e le persone che entrano nel sistema sono più numerose di quelle che ne escono.

All'inizio, i clienti accorrono alla truffa, attratti dalle promesse finanziarie, soprattutto quando i primi investitori sono soddisfatti e fanno molta pubblicità all'investimento. Ma prima o poi il truffatore non riesce ad attirare abbastanza nuovi investitori per ripagare quelli vecchi. Gli iniziatori e i primi arrivati hanno più che recuperato l'investimento iniziale, mentre i ritardatari perdono tutto.

Bernard Madoff, il campione assoluto

Bernard Madoff era un noto finanziere di Wall Street. Dal nulla, si era affermato come una delle figure più importanti del mondo degli affari. All'inizio degli anni '90 era riuscito a diventare presidente del Nasdaq, il mercato azionario dei titoli high-tech di New York. Ma la sua fama è arrivata soprattutto grazie al suo fondo di investimento, Bernard Madoff Investment Securities (BMIS). Egli garantiva ai suoi clienti un rendimento ragionevole del 6-7% annuo, quando il mercato offriva solo il 5%. Dava l'impressione di essere molto abile, in quanto non riduceva mai i rendimenti distribuiti ai suoi clienti, indipendentemente dalle fluttuazioni del mercato azionario. Considerato un investitore prudente, tutti si fidavano di lui. I suoi investimenti erano considerati sicuri come i titoli del Tesoro americano.

Bernard Madoff era anche fortemente coinvolto in numerose organizzazioni caritatevoli e culturali ed era venerato dalla comunità ebraica e persino soprannominato dai broker di Wall Street il "Buono del Tesoro ebraico". Con l'aiuto del passaparola, gli investitori si affrettarono a consegnare il loro denaro nelle mani del prodigioso uomo d'affari.

Il suo impero era davvero un'impresa familiare. Gestiva la casa insieme al fratello Peter, il numero 2 della società. Dopo aver terminato gli studi, i suoi due figli, Mark e Andrew, non hanno esitato un attimo e sono entrati direttamente nell'azienda di famiglia. Ma Bernard Madoff amava lavorare da solo. La sua società di brokeraggio occupava l'intero 17° piano del Lipstick Building, l'edificio a forma di rossetto sulla Third Avenue di New York. Era il suo santuario; nessuno vi penetrava per monitorare le sue attività. A chi si chiedeva come fosse possibile generare un tale interesse per così tanto tempo, con tale regolarità, e si chiedeva quale potesse essere il segreto del finanziere, Madoff rispondeva con un sorriso: *"Don't ask, don't tell"*. A un gestore di fondi che voleva controllare l'azienda è stato detto: *"Solo il cognato di Madoff è autorizzato a controllare i conti, per mantenere segreta la strategia di Madoff e impedire che venga copiata"*.

"Bernie" Madoff aveva un aspetto riservato. Non faceva alcun tentativo di impressionare chi lo circondava o di mettersi in mostra in modo ostentato. Era un uomo discreto. Il più delle volte si rifiutava di incontrare potenziali investitori. Madoff non sollecitava i potenziali investitori; al contrario, erano gli investitori a dover insistere per entrare in questo club apparentemente molto chiuso e depositare il proprio denaro. Egli esercitava una sorta di attrazione magnetica, come se investire nei suoi fondi fosse un privilegio inestimabile. Il solo fatto di ottenere un appuntamento con l'uomo d'affari poteva richiedere diversi mesi, persino anni, cosicché quando l'investitore finalmente ci riusciva, si presentava all'appuntamento con un solo chiaro obiettivo: essere accettato come cliente, senza riserve. All'inizio, Madoff insisteva affinché i nuovi investitori depositassero poco denaro, in modo da non destare sospetti. In questo modo, riusciva a infondere fiducia e a far sì che in seguito investissero somme molto più consistenti.

Questi nuovi investitori erano assolutamente necessari per il buon funzionamento della sua attività. Infatti, il loro denaro serviva a remunerare gli ex clienti che volevano recuperare il capitale più gli interessi, e non i lucrosi investimenti che Madoff avrebbe dovuto fare. Attirare nuovi investitori era quindi essenziale, anche se doveva essere fatto in modo banale. La moglie Ruth ricorda tutte le cene, le partite di golf, le serate di gala, tutte queste relazioni che dovevano essere mantenute costantemente. Nel frattempo, "Bernie" seguiva le sue squadre di *Macher* (parola yiddish per indicare un personaggio che ha contatti) - i suoi cercatori d'oro - che raccontavano negli ambienti influenti come i loro soldi fossero stati investiti così bene con Madoff. Quando la persona ingannata chiedeva, il *Macher* rispondeva invariabilmente: *"Non puoi avvicinarlo direttamente senza essere presentato. Ma forse può fare qualcosa per te"*.

Dopo aver preso di mira i più ricchi a New York, Madoff ha fatto lo stesso in Florida a partire dal 1996. Trascorreva la maggior parte del tempo a Palm Beach, il paradiso dei milionari che ospita i proprietari di grandi aziende, scrittori di best-seller, personaggi sportivi famosi e ricchi filantropi. Era un frequentatore abituale del selezionatissimo Palm Beach Country Club, uno dei suoi 300 membri esclusivi, tutti appartenenti alla comunità ebraica. Tutti si fidavano ciecamente di questo grande filantropo che faceva incetta di beneficenza ebraica. Madoff era uno di loro.

Ma con il crollo dei mercati finanziari alla fine del 2008, in seguito al fallimento di Lehman Brothers a settembre, molti clienti preferirono ritirare i propri fondi per paura di perdere il proprio denaro, tanto che a dicembre Madoff dovette affrontare rimborsi per 7 miliardi di dollari. L'intera piramide è crollata. Il 10 dicembre Madoff riunì i suoi figli, che a quanto pare (ma nessuno deve credere alla versione del truffatore) erano all'oscuro della frode, per annunciare loro la catastrofe. Hanno avvertito le autorità. Il 12 dicembre 2008, Bernard Madoff, 70 anni, viene arrestato dalla polizia federale nella sua casa di Manhattan.

Dei ventuno miliardi di dollari che le erano stati dati in vent'anni, non era rimasto nulla. Contando gli interessi maturati e non pagati, gli investitori avevano perso non meno di 65 miliardi di dollari (49,1 miliardi di euro). Si trattava del più grande schema piramidale della storia dell'umanità. E questa gigantesca frode, durata vent'anni, era stata perpetrata da un uomo venerato come una celebrità di Wall Street.

Una shoah finanziaria

Le conseguenze della truffa hanno avuto un impatto su migliaia di investitori e risparmiatori in tutto il mondo. Alcuni risparmiatori avevano consegnato il loro denaro direttamente alla società di Bernard Madoff, mentre altri lo avevano collocato indirettamente attraverso fondi di investimento che collaboravano con il finanziere.

Le banche francesi sono rimaste relativamente inalterate. Natixis ha perso quasi 450 milioni di dollari e BNP Paribas altri 300 milioni. La banca britannica HSBC, la terza banca al mondo in termini di capitalizzazione, ha riconosciuto perdite per quasi 1 miliardo di dollari, mentre la banca svizzera UCB ha riportato perdite per 850 milioni di dollari. La banca spagnola Santander è stata colpita duramente con una perdita di 2330 milioni di euro, in particolare i clienti del suo fondo Optimal[150].

Mentre la maggior parte degli investitori truffati era passata attraverso intermediari bancari, gli investitori di Palm Beach, invece, erano spesso persone molto vicine a Madoff. I membri del Palm Beach Country Club erano in stato di shock, sentendosi traditi da un amico. "La *comunità è in stato di shock. Nessuno immaginava che uno come lui potesse fare una cosa del genere ai suoi amici*", ha spiegato Carlos Carraca, un residente dell'isola. "*Molte famiglie sono state rovinate, alcune hanno perso tutto, milioni di euro*".

Anche alcune celebrità hanno subito perdite nella truffa. Una fondazione del regista Steven Spielberg aveva messo una parte significativa delle sue risorse nelle mani dell'ex presidente del Nasdaq. Anche il magnate statunitense dei media e del settore immobiliare Mort Zuckerman - proprietario del *New York Daily* e di *US News & World Report* - non è stato risparmiato. La Fondazione Elie Wiesel per l'Umanità, che a settembre ha consegnato il suo premio annuale al Presidente Nicolas Sarkozy, ha rilasciato la seguente dichiarazione: "*È con profondo dolore e tristezza che vi informiamo che siamo stati, insieme a molti altri, vittime di una delle più grandi frodi finanziarie della storia. La Fondazione deteneva circa 15,2 milioni di dollari gestiti dal fondo d'investimento di Bernard Madoff, cioè quasi tutto il suo patrimonio*".

Anche gli enti di beneficenza ebraici sono stati duramente colpiti. Secondo Gary Tobin, presidente del Community Research Institute di San Francisco, le donazioni fatte a vari enti di beneficenza ebraici americani ammontavano a 5 miliardi di dollari all'anno (di cui il 20% andava a organizzazioni israeliane). Il quotidiano *Le Monde* del 28 dicembre 2008, che ha ripreso queste informazioni, ha osservato che, in relazione a questa enorme quantità di denaro, "la *parte gestita da Madoff non è nota, ma deve essere stata considerevole*". "*È un evento catastrofico per la comunità ebraica*[151] ", ha commentato Rob Eshman, caporedattore del *Jewish Journal* di Los Angeles. A Boston, la Fondazione Lappin, che finanziava viaggi per giovani ebrei in Israele, ha dovuto licenziare tutto il personale e annunciare la chiusura. Anche

---

[150] https://www.elmundo.es/mundodinero/2008/12/14/economia/1229282291.html (15/12/2008). (NdT).

[151] *Le Monde*, 28 dicembre 2008.

la Chais Family Foundation, che donava ogni anno circa 12,5 milioni di dollari a opere di bene ebraiche, ha chiuso i battenti e ha licenziato il personale. *"L'intero fondo è stato investito attraverso l'intermediario di Bernard Madoff e quindi il fondo è andato completamente perso"*, ha dichiarato il suo presidente Avraham Infeld. Il presidente Vladimir Putin, a cui i leader della comunità eletta attribuiscono il *"più grande saccheggio degli interessi ebraici dagli anni '30[152]"*, aveva appena trovato un serio concorrente.

Tra negligenza e complicità

Alcune vittime avevano formato un'associazione. *"Dov'è il mio denaro? È tutto quello che voglio sapere oggi!"*, gridava Phillys Moltchatsky, una donna di 62 anni che tremava di rabbia. *"È il morbo di Parkinson"*, ha confessato con vergogna. *È peggiorato a causa di Madoff, ho perso 1,7 milioni[153]"*. La sessantenne faceva parte di un gruppo di trecento vittime che hanno attaccato la SEC (Securities and Exchange Commission), il gendarme della borsa di New York, per negligenza. Nel giugno 2009, la denuncia congiunta era stata respinta in prima istanza. In effetti, nessuno aveva mai vinto una causa contro la SEC.

Helen Chaitman, 67 anni, è dovuta tornare al lavoro dopo aver perso tutto a causa di Madoff. *"Fortunatamente"*, era un avvocato specializzato in frodi bancarie. Ha dedicato tutte le sue energie, insieme alle altre vittime, a dimostrare la negligenza della SEC. *"La SEC ha condotto sette indagini su Madoff in undici anni, coinvolgendo ventisette persone. Non solo gli ha permesso di gestire il suo schema Ponzi per vent'anni, ma lo ha approvato ufficialmente[154]"*, ha detto con una voce lenta che mal dissimulava la sua rabbia.

In realtà, lo schema piramidale messo in piedi dal finanziere statunitense potrebbe essere stato scoperto nel 1992, sedici anni prima, come rivela un rapporto di 400 pagine del settembre 2009 di David Kotz, ispettore generale della SEC[155]. Secondo David Kotz, la SEC non aveva colto numerosi segnali di allarme. Tra il giugno 1992 e il dicembre 2002, la SEC aveva ricevuto non meno di sei reclami da parte di individui o responsabili finanziari, ma le indagini erano state superficiali.

---

[152] Leggete la prima parte de *La mafia ebraica*.
[153] *Le Figaro,* 29 giugno 2009.
[154] *Le Figaro,* 29 giugno 2009.
[155] *Le Figaro,* 3 settembre 2009.

"*Nonostante tre esami e due ispezioni, non è mai stata condotta un'ispezione approfondita e competente*", ha riconosciuto. L'ispettore generale ha dato la colpa alla "*relativa inesperienza*" e alla mancanza di formazione del personale incaricato di esaminare queste transazioni.

Di fronte a questo imbarazzante racconto, la presidente della SEC Mary Schapiro ha dovuto fare il suo *mea culpa*. "*È un fallimento che continuiamo a rimpiangere*", ha detto, riconoscendo tutte le occasioni mancate per smascherare Bernard Madoff. Ha anche aggiunto che da allora l'agenzia che supervisiona i mercati azionari ha apportato numerosi cambiamenti per individuare meglio gli illeciti finanziari.

I goyim, tuttavia, potrebbero vedere le cose in modo diverso. Il senatore repubblicano Charles Grassley, ad esempio, ha visto le disfunzionalità esposte dal rapporto Kotz come "*un'ulteriore prova della cultura di deferenza in uso presso la SEC nei confronti delle élite di Wall Street*". Si potrebbero legittimamente porre domande sul vicedirettore della SEC all'epoca in cui Madoff era all'apice della sua gloria, Eric Swanson, sposato con Shana Madoff, nipote di Bernard Madoff. Ma per David Kotz, l'ispettore generale, nulla poteva provare la minima collusione con il truffatore. E noi dovevamo credergli.

La magistratura statunitense ha nominato un liquidatore, Irving Picard[156], a cui è stato affidato il compito di recuperare il denaro delle vittime. Irving Picard perseguì senza sosta tutti i complici e i presunti beneficiari della truffa. In primo luogo, accusò alcune banche che, a suo dire, avevano incoraggiato o almeno omesso di dissuadere i loro clienti dal collocare i loro soldi nei fondi Madoff, conoscendone i rischi e incassando le loro commissioni nel processo. Secondo gli investigatori, gli intermediari non potevano essere all'oscuro della frode, poiché i rendimenti erano irrealistici. Soprattutto, i loro prelievi erano troppo consistenti per essere onesti: 12 miliardi di dollari erano stati ritirati dal fondo Madoff nel 2008, 6 miliardi tre mesi prima della debacle[157].

Nel dicembre 2010, Irving Picard ha rivendicato non meno di 9 miliardi di dollari dalla banca britannica HSBC, che inizialmente si pensava fosse stata vittima della truffa. Ma secondo il funzionario, HSBC aveva

---

[156] Irving H. Picard (1941) è socio dello studio legale BakerHostetler. È noto soprattutto per aver recuperato i fondi dello scandalo degli investimenti Madoff. Irving Picard è ebreo.
[157] *Le Figaro*, 29 giugno 2009.

"*creato, promosso e alimentato una rete internazionale di una decina di fondi feeder domiciliati in Europa, Caraibi e America Centrale*". La banca ha negato con forza questa circostanza.

Irving Picard ha accusato di complicità anche la banca statunitense JP Morgan, la principale banca del fondo Bernard Madoff Investissement Securities (BMIS), chiedendo 6,4 miliardi di dollari. La banca aveva deliberatamente ignorato diverse bandiere rosse che indicavano che il denaro proveniva da operazioni fraudolente. "*JP Morgan ha consapevolmente chiuso un occhio sulla frode, anche dopo essere stata messa in guardia più volte da Madoff*. La banca aveva risposto che questa accusa era "*irresponsabile ed esagerata*".

Irving Picard ha anche reclamato 555 milioni di dollari dalla banca svizzera UBS, accusata di aver recuperato le somme rubate da Madoff agli investitori di due dei suoi fondi. UBS si è difesa da queste accuse, sostenendo di non essere "*responsabile nei confronti di questi investitori per le sfortunate conseguenze dello scandalo Madoff*". Un ricorso era stato presentato contro le banche Natixis e Citigroup, alle quali il liquidatore chiedeva rispettivamente 400 e 425 milioni di dollari. Le altre banche prese di mira erano la belga Fortis (gruppo BNP Paribas), l'olandese ABN Amro, la spagnola Banco Bilbao Vizcaya Argentaria, la giapponese Nomura e l'americana Merrill Lynch.

Irving Picard aveva anche avviato un procedimento contro i membri della famiglia di Madoff, a partire dal fratello Peter e dai figli Mark e Andrew, recuperando circa 80 milioni. Egli accusava i tre uomini di non aver individuato la truffa e di non aver sospettato l'origine del denaro che finanziava il loro stile di vita. La denuncia accusava in particolare il figlio maggiore, Mark Madoff, di aver speso in modo improprio 66 milioni di dollari (49,8 milioni di euro) per acquistare un patrimonio immobiliare composto da prestigiose proprietà a New York, nel Connecticut e a Nantucket. Nel dicembre 2010, Mark Madoff, 46 anni, è stato trovato morto nella sua casa di New York. Si era impiccato nel suo appartamento nel quartiere Soho di Manhattan.

Bernard Madoff è stato processato rapidamente, pochi mesi dopo lo scandalo. Il 12 marzo 2009 ha deciso di dichiararsi colpevole, il che gli ha permesso di evitare un processo davanti a una giuria ma anche un'indagine che avrebbe sollevato il velo su diversi misteri. Il 29 giugno 2009, l'ex gloria di Wall Street è stato condannato a 150 anni di carcere, la pena massima prevista dalla legge. Il giudice aveva così assicurato che avrebbe concluso la sua vita dietro le sbarre. Madoff non ha presentato appello contro la sentenza.

Dal fondo della sua cella di Butner, in North Carolina, Bernard Madoff si è tuttavia rifiutato di essere il capro espiatorio. In un'intervista rilasciata al *Financial Times* alla fine di marzo 2011 e pubblicata il 9 aprile, Madoff ha indicato la JP Morgan: "*Non sono un banchiere, ma so che miliardi di dollari che entrano ed escono da un conto bancario dovrebbero far scattare un campanello d'allarme... Ci sono persone all'interno della banca che sapevano*". Queste accuse hanno provocato un'ampia indignazione. La JP Morgan ha risposto in modo secco che le dichiarazioni di Madoff erano "*false*".

Nella sua precedente intervista del febbraio 2011, aveva già lanciato accuse simili. Ha anche accusato le autorità di regolamentazione, in primo luogo la SEC (Securities and Exchange Commission), di incompetenza: "*In 50 anni, ho avuto probabilmente 50 esami della SEC, e la mia azienda è sempre stata considerata un modello*".

Le presunte vittime erano in realtà suoi complici.

Con il tempo, e con il progredire delle indagini, è diventato sempre più chiaro che i grandi titolari di conti Madoff che si erano presentati come vittime erano stati in precedenza grandi beneficiari della truffa. Alcuni investitori che avevano tenuto i fondi nei conti di Madoff, sperando in un'ultima vincita, erano effettivamente "vittime" nel dicembre 2008. Ma questo senza tenere conto dei guadagni ottenuti negli anni precedenti. Questo è stato denunciato da un editorialista *del New York Times*, Joe Nocera, che ha intitolato il suo articolo: "*Naturalmente Bernie aveva dei complici: le sue vittime*[158] !".

In un'intervista rilasciata all'agenzia di stampa *Politico* e pubblicata dal quotidiano israeliano *The Times of Israel* il 21 marzo 2014, Bernard Madoff aveva confessato che gli enti di beneficenza ebraici avevano guadagnato più soldi di quanti ne avessero persi, anzi probabilmente molti di più: "*La religione non c'entra nulla*", aveva detto Madoff, aggiungendo: "*Non credo di aver tradito gli ebrei, ho tradito le persone. Ho tradito persone che si fidavano di me, alcune appartenenti alla*

---

[158] *Le Monde*, 21 dicembre 2010.

comunità ebraica. Ho fatto più soldi per gli ebrei e per le associazioni di beneficenza ebraiche di quanti ne abbia persi".

Irving Picard calcolò il numero di persone o aziende che avevano guadagnato soldi ritirando in tempo le loro scommesse grazie a Madoff nel 2000; circa un migliaio furono accusati di aver approfittato ingiustamente del sistema o di aver partecipato come complici del truffatore. *"Chi ha guadagnato lo ha fatto a spese di chi ha perso tutto*[159]*"*, aveva dichiarato. Ed era determinato a farli cedere. Per farlo, aveva minacciato di invocare il *"claw back"*, una procedura legale che consente di recuperare il capitale indebitamente prelevato. Irving Picard e il procuratore generale dello Stato di New York Preet Bharara ritenevano che coloro che sostenevano di essere stati truffati - investitori molto ricchi, banchieri, grandi fondazioni, ecc. che in precedenza avevano goduto di rendimenti indecenti - dovessero restituire quanto ricevuto.

Il curatore fallimentare li aveva seriamente ammoniti: o restituite i vostri profitti fino all'ultimo centesimo, oppure presenteremo una denuncia e sarà un tribunale a decidere. Aveva assunto questo atteggiamento soprattutto con tutti coloro che avevano avuto un naso abbastanza buono o un orecchio abbastanza informato da ritirare il denaro poco prima del crollo. È bene ripeterlo: 12 miliardi di dollari sono stati ritirati dal BMIS nei dieci mesi precedenti il crollo, metà dei quali negli ultimi tre mesi. Irving Picard aveva semplicemente negato lo status di vittima a coloro che avevano ritirato più denaro di quello che avevano depositato nel fondo Madoff. Solo i veri perdenti sarebbero stati risarciti.

Nell'intervista rilasciata al *Financial Times* alla fine di marzo 2011, Madoff ha accusato in modo confuso i suoi quattro principali "clienti": Jeffry Picower, Stanley Chais, Norman Levy e Carl Shapiro. *"Sapevano che qualcosa non andava. Erano complici"*, ha affermato. Dei suoi quattro ex clienti principali che lo avevano aiutato a rifornire il fondo di denaro fresco - tutti membri della comunità ebraica - tre erano morti. Ma i loro eredi, e soprattutto i loro avvocati, si erano fatti avanti per smascherare le bugie dell'ex "star" di Wall Street. Il vecchio Carl Shapiro, l'ultimo ancora in vita, ha affermato che Madoff era un

---

[159] *Les Échos*, 28 luglio 2010.

bugiardo. "Le *sue ultime dichiarazioni non sono più credibili di tutte le altre bugie pronunciate nel corso dei decenni[160]* ".

Nel suo libro del 2011 sull'ascesa e la caduta di Bernard Madoff, la famosa giornalista americana Diane Henriques, che ha lavorato al *New York Times* fino al 2011, ha sottolineato il ruolo chiave svolto dai quattro "*ricchi uomini d'affari ebrei*" nella carriera di Madoff, che scommisero su di lui alla fine degli anni Settanta[161]. Altri nomi sono circolati: Robert Jaffe (nipote di Carl Shapiro), Noel Levine, Ezra Merkin di New York, tutti finanzieri ebrei di alto livello. Ma tutti si dichiararono innocenti, dicendo di aver perso molti soldi. Senza dubbio avevano perso molto nel dicembre 2008, ma quanto avevano guadagnato negli anni precedenti? Gli investigatori stavano cercando di stabilire il loro livello di responsabilità, svelando il loro colpevole offuscamento e la loro attiva complicità.

Da parte sua, la SEC, che aveva lasciato passare inosservata la gigantesca truffa, aveva presentato la prima azione nel giugno 2009 contro il fondo Cohmad (Cohn-Madoff), che aveva affittato uffici al truffatore, proprio di fronte ai suoi. Cohmad Securities è stata fondata nel 1985 da Bernard Madoff e Maurice Cohn, amico di Madoff ed ex vicino di casa. La sua attività principale consisteva nell'indirizzare gli investitori verso i fondi di Madoff in cambio di commissioni sulle somme investite. Il vicepresidente di Cohmad era Robert Jaffre, sposato con Ellen Shapiro, figlia di Carl Shapiro. Robert Jaffe, che lavorava a Palm Beach, aveva portato 150 conti per un totale di 1 miliardo di dollari nel fondo di investimento di Madoff.

L'anziano Carl Shapiro aveva costruito la sua fortuna nel settore tessile ed era molto vicino a Madoff, che considerava come un figlio. Ma nel dicembre 2008, quando la casa di Madoff è crollata, avrebbe perso una cifra stimata in 545 milioni di dollari, una perdita che potrebbe raffreddare qualsiasi amicizia. Due anni dopo, tuttavia, in seguito alle indagini di Irving Picard, abbiamo appreso che Carl Shapiro aveva effettivamente fatto una fortuna. Aveva investito centinaia di milioni con Madoff e aveva regolarmente raccolto i frutti dei suoi investimenti negli anni precedenti, probabilmente con la complicità del suo vecchio amico. Ma all'età avanzata di 97 anni, sosteneva di non sapere nulla

---

[160] *Le Point*, 11 aprile 2011.
[161] Leggi l'articolo *Le radici ebraiche del crimine di Madoff*, sul sito web del quotidiano ebraico *The Jewish Daily Forwards*, 10 maggio 2011.

della truffa. Nel dicembre 2010, Carl Shapiro ha comunque accettato di restituire 625 milioni di dollari, proprio mentre la magistratura statunitense stava per sequestrare il suo conto JP Morgan. Abbiamo poi appreso che la Fondazione Shapiro, "*The Carl and Ruth Shapiro Family Foundation*", era solita fare generose donazioni al "*Beth Israel Deaconess Medical Center*", ma che a causa dello scandalo, ha dichiarato, non poteva più essere così generosa. Le associazioni ebraiche sarebbero sprofondate nella più orribile miseria, non c'è dubbio!

Anche Norman Levy, un magnate del settore immobiliare, era un vecchio amico di Madoff. Sosteneva inoltre di essere il "*figlio adottivo*" di Madoff. Fu lui a presentare il truffatore ai maggiori investitori. I suoi uffici si trovavano proprio sotto quelli della società di Madoff, al piano inferiore. Gli inquirenti di New York sostengono che miliardi di assegni sono passati tra lui e Madoff. Aveva anche una fondazione, la *Betty and Norman F. Levy Foundation*, che a quanto pare aveva perso molto denaro nel dicembre 2008. Ma Norman Levy non ha dovuto piangere molto queste perdite, poiché è deceduto nel 2005, all'età di 93 anni. Prima di morire, Levy aveva nominato Madoff esecutore testamentario e aveva trasferito 250 milioni di dollari al suo fondo di investimento.

Stanley Chais, uomo d'affari di successo e rispettato filantropo, fungeva da gancio hollywoodiano di Madoff. Ha anche convinto gli incauti a investire. Nel maggio 2009, Irving Picard aveva intrapreso un'azione legale contro di lui, accusandolo di essere un complice in quanto i suoi investimenti con Madoff rendevano in media il 40%, a volte anche il 300%, ossia un profitto equivalente a più di 1 miliardo di dollari dal 1995. Quando l'impero di Madoff è crollato nel 2008, i conti certificati di Chais hanno mostrato che i suoi clienti avevano investito più di 900 milioni di dollari nel fondo del truffatore. A giugno, la SEC ha presentato una denuncia contro il controverso uomo d'affari, che alla fine è morto nel 2010 all'età di 84 anni per una malattia del sangue. La sua fondazione, la "*Chais Family Foundation*", che aveva donato molti soldi a decine di associazioni ebraiche e israeliane e all'Università Ebraica di Gerusalemme, aveva chiuso nel dicembre 2008, lasciando migliaia di bambini ebrei nell'indigenza.

Uno dei maggiori beneficiari della truffa è stato Jeffry Picower, un altro "filantropo", specialista della "defiscalizzazione" e investitore professionista che opera a Palm Beach, in Florida, tra gli ambienti più distinti. Jeffry Picower era in stretto contatto con "Bernie" da trent'anni e possedeva una ventina di conti presso la BMIS. Avvocato e commercialista di formazione, aveva fatto fortuna con il settore immobiliare e con investimenti succulenti. Insieme a Madoff, aveva realizzato profitti così stravaganti che nel 2008 era entrato nella Top 400 di Forbes degli uomini più ricchi degli Stati Uniti, al 371° posto. Il liquidatore Irving Picard aveva scoperto che i rendimenti di alcuni dei suoi conti con Madoff raggiungevano talvolta il 100-500% all'anno - addirittura il 1000% su uno di essi! - Ad esempio, il 18 aprile 2006, Jeffry Picower aveva depositato 125 milioni in un conto. Otto mesi dopo, gli interessi gli avevano fruttato 81 milioni. Poco prima del crollo della piramide di Madoff, aveva ritirato non meno di 500 milioni di dollari, quindi era ovvio che fosse a conoscenza della truffa. Jeffry Picower aveva accumulato miliardi. Il 25 ottobre 2009, undici mesi dopo il crollo del fondo Madoff, la moglie lo trovò morto nella sua piscina di Palm Beach, in Florida. L'autopsia ha concluso che si trattava di un'insufficienza cardiaca. Aveva 67 anni. Dopo la sua morte, la televisione ABC ha lasciato intendere che Picower fosse la mente della truffa: "*Molti investitori credevano che fosse lui la mente dell'enorme truffa di Madoff*". In effetti, durante i tre decenni della truffa, Picower aveva accumulato più profitti dello stesso Bernie.

Irving Picard ha chiesto esattamente 7,2 miliardi di dollari alla vedova di Picower, anche se ci sono voluti anni per raggiungere un accordo. Nel dicembre 2010, la donna ha finalmente accettato di restituire questa enorme somma di denaro in cambio della promessa del liquidatore e del procuratore generale dello Stato di New York Preet Bharara di rinunciare a qualsiasi procedimento legale e di ammettere che il marito non era volontariamente coinvolto nello schema piramidale[162]. Si trattava della somma più ingente mai versata da un privato in seguito a una causa legale, ma l'onore era salvo. In seguito, Barbara Picower aveva dichiarato di essere "*assolutamente convinta che suo marito non fosse complice di Madoff*". Il suo avvocato ha fornito la seguente spiegazione: "*Non è per senso di colpa. La mia cliente crede nel principio che chiunque tragga profitto da una frode debba restituire la somma ai legittimi proprietari. È un principio morale.* E, come tutti sanno, nell'ebraismo non si scherza con i principi morali!

Le associazioni di beneficenza ebraiche non avevano perso tutto, come avevano inizialmente cercato di far credere. Diverse associazioni dichiarate in perdita all'inizio dello scandalo erano in realtà tra i clienti beneficiari presi di mira da Irving Picard: "*The America Israel Cultural*

---

[162] *Le Monde*, 21 dicembre 2010

Foundation" aveva un debito di circa 5,32 milioni di dollari; "*The American Committee for Shaare Zedek Medical Center*" aveva un debito di 7 milioni di dollari; "*The United Congregations Mesorah*", un'associazione religiosa, aveva un debito di circa 16 milioni di dollari; "*Hadassah*", l'organizzazione sionista femminile, aveva annunciato nel dicembre 2010 di essere pronta a rimborsare 45 milioni di dollari, ecc. Tutte queste associazioni avevano beneficiato delle donazioni di "filantropi" o avevano investito consapevolmente nel fondo Madoff.

"*Infine*, la banchiera Sonja Kohn è stata una delle maggiori beneficiarie della truffa. Era la presidente fondatrice e l'azionista principale della piccola banca austriaca Medici (che impiegava solo 16 persone). Sonja Kohn possedeva il 75%; il resto apparteneva a Bank Austria, una filiale di UniCredit, la più grande banca italiana, che dava a Medici una certa credibilità. Nel dicembre 2008, Sonja Kohn, 60 anni, aveva dichiarato di essere una delle principali vittime di Madoff, perdendo 2,1 miliardi di dollari. Nel gennaio 2009, aveva inviato un'e-mail alla redazione di Bloomberg presentandosi come "*una vittima*" di questa storia e negando di essere stata "*un'amica di Bernard Madoff*".

In aprile, interrogata per sei ore da un procuratore di Vienna, controllata da due agenti della SEC e da investigatori austriaci, aveva nuovamente difeso la sua innocenza: "*Non sono colpevole. Sono madre di cinque figli e 24 nipoti*[163] ".

Ma nel dicembre 2010, il rapporto di 160 pagine di Irving Picard ha messo seriamente in discussione la sua versione dei fatti. Era accusata di aver investito nel fondo Madoff 9,1 miliardi di dollari in 23 anni, cioè quasi la metà dei 19,6 miliardi di dollari (14,8 miliardi di euro) scomparsi. Si sapeva anche che nel novembre 2008, poco prima dello scoppio dello scandalo, Sonja Kohn aveva recuperato 536 milioni di dollari dal fondo.

In realtà, raccoglieva denaro dai suoi clienti per conto di Madoff, e in cambio incassava segretamente. "*Madoff ha trovato in Sonja Kohn un'anima gemella criminale, la cui avidità e inventiva disonesta corrispondeva alla sua,*[164] ", aveva detto Irving Picard. Anche sei

---

[163]*Newsweek*, 20 febbraio 2011. "*Sintesi dell'incontro ottenuta da Newsweek e tradotta dal tedesco*".
[164]*Le Figaro*, 11 dicembre 2010. A parte questo piccolo articolo del *Figaro* e un altro di *France24.com*, nella stampa francese non è apparso alcun articolo su questo banchiere ebreo, il che è abbastanza sintomatico del controllo dei nostri media.

membri della famiglia di Sonja Kohn sono stati presi di mira. *"Nessuno schema Ponzi può durare senza un flusso costante di capitali freschi, e la società della signora Kohn ha fornito quel flusso costante di denaro a Madoff"*, ha spiegato Irving Picard.

Prima della confessione di Bernard Madoff nel dicembre 2008, Medici Bank aveva iniziato a diversificare le sue fonti di reddito per allontanarsi dal suo partner principale, che allora rappresentava il 90% delle sue attività finanziarie. Ma senza successo; ciò non era bastato e la banca era intervenuta e posta sotto controllo giudiziario nel gennaio 2009, per poi essere radiata nel maggio dello stesso anno.

Sonja Kohn, nata a Blau, era cresciuta nella piccola comunità ebraica della capitale austriaca prima di sposare un banchiere, Erwin Kohn. Nel 1984 ha fondato la Medici Bank a Vienna. Un anno dopo si era stabilita a circa quaranta chilometri a nord di New York, nella comunità ebraica ortodossa di Monsey. Portava una parrucca sopra la testa rasata, come richiesto dalla sua tradizione religiosa. Nel 1985, Sonja Kohn fu presentata a Bernard Madoff da un manager della Cohmad Securities, per poi tornare a Vienna nel 1990 per trovare ricchi investitori europei. Era quindi diventata il braccio destro di Madoff in Europa. Aveva anche una villa nel quartiere Nahlaot di Gerusalemme, dove si recava più volte all'anno per vedere suo figlio, il rabbino Avraham Zeev Kahana, direttore della scuola talmudica *The Gates of Halacha*. Ha finanziato la scuola. In più di 20 anni, questa banca austriaca ha consegnato al suo complice statunitense 9,1 miliardi di dollari, senza mai informare i suoi clienti sulla destinazione finale dei fondi.

Il rapporto di Irving Picard menziona che lei e suo marito avevano pianificato di trasferirsi in Svizzera nei mesi precedenti il crollo della piramide di Madoff. Da diversi anni Sonja Kohn vi trascorreva molto tempo, soprattutto nelle vicinanze di una riserva di caccia per miliardari[165]. È in Svizzera che ha iniziato a frequentare alcuni dei famosi oligarchi "russi" che avevano saccheggiato la Russia negli anni '90 dopo la caduta dell'impero sovietico. La banchiera aveva messo parte dei suoi risparmi nel fondo Madoff, tanto che alcuni di loro pare volessero toglierle la pelle. In ogni caso, questo è quanto aveva dichiarato per sparire con il marito all'inizio del 2009[166]. Nel dicembre

---

[165] A Davos c'è una grande comunità ebraica chassidica, con i loro caftani e schtreimel, i caratteristici cappelli di pelliccia. [Sull'ebraismo chassidico (esoterico e cabalistico), leggere *Psicoanalisi dell'ebraismo*].
[166] Da allora non è stata resa disponibile alcuna informazione.

2010, Sonja Kohn era ancora una rifugiata di cui non si conosceva la sorte. Un giornale ebraico, *The Jewish Daily Forward*, titolava: "*Ma dove si nasconde Sonja Kohn?*". L'autrice dell'articolo, Debra Nussbaum Cohen, si chiedeva legittimamente se non si stesse nascondendo nella comunità ebraica ortodossa di Gerusalemme, a Bnei Brak[167].

Risarcimento delle vittime

Nel dicembre 2010, una buona notizia è finalmente giunta alle orecchie delle vittime: la banca ginevrina UBP ha deciso di rimborsare quasi 500 milioni di dollari al *Trustee*, l'autorità statunitense che ha amministrato la bancarotta dei fondi controllati da Bernard Madoff[168]. Si trattava del primo accordo internazionale di tale portata. Inseguita per oltre 2 miliardi di dollari, la banca, fondata da Edgar de Picciotto, era ancora gestita dalla sua famiglia di origine, proveniente dalla piccola comunità ebraica libanese.

Ad oggi, Irving Picard aveva recuperato 9,6 miliardi di dollari da banche, fondazioni private e numerose associazioni "caritatevoli" sui venti miliardi di dollari persi, cosicché molte vere vittime di Bernard Madoff hanno ricevuto i primi risarcimenti all'inizio del 2011. Il liquidatore aveva preso in considerazione solo le somme investite senza interessi. Nel settembre 2012, Irving Picard aveva annunciato l'invio di assegni di risarcimento a 1230 vittime, per un importo totale di 2,5 miliardi di dollari. L'importo degli assegni variava da 1784 dollari a 526,8 milioni di dollari, con un pagamento medio di 2 milioni di dollari.

Nel dicembre 2013 è stata annunciata la creazione di un fondo di compensazione per le vittime della frode Madoff (*Madoff Victim Fund*) di circa 2,35 miliardi di dollari, riservato alle vittime che non erano state rimborsate del loro investimento iniziale, con una certa priorità per gli investitori indiretti rispetto a quelli diretti. Questa iniziativa era destinata a risarcire parzialmente le migliaia di vittime registrate. Al 14 maggio 2014, il fondo (MVF) istituito dal Dipartimento di Giustizia per registrare le richieste di risarcimento aveva ricevuto 51.700 denunce da

---

[167] *The Jewish Daily Forward*, 16 dicembre 2010.
[168] Trustee (o amministratore fiduciario) è un termine legale che può riferirsi, nella sua accezione più ampia, a qualsiasi persona che abbia la proprietà, l'autorità o una posizione di fiducia o responsabilità per i beni di un'altra persona. Un fiduciario può essere una persona a cui viene permesso di svolgere compiti senza trarne profitto.

119 Paesi. Si tratta di un numero tre volte superiore a quello delle denunce registrate durante il procedimento giudiziario. Circa il 58% dei reclami proveniva dagli Stati Uniti. All'inizio del 2014, la banca statunitense JP Morgan Chase, da cui il conto di Bernard Madoff era stato gestito per due decenni, ha infine accettato di pagare 2,6 miliardi di dollari al fondo. Questo accordo ha permesso alla prima banca statunitense di sfuggire a un'azione penale. Le accuse rivolte a JP Morgan non erano di aver commesso una frode, ma di aver chiuso un occhio sulla truffa. Tuttavia, era abbastanza chiaro che i dirigenti della banca erano a conoscenza della truffa. Nel 2011, in un'intervista dal carcere, lo stesso Madoff ha dichiarato: "*Ci sono persone nella banca che sapevano cosa stavo facendo*". Jamie Dimon, il presidente di JP Morgan [169], aveva preferito non avvertire le autorità di regolamentazione statunitensi e continuare il suo lucroso rapporto con il truffatore. Ma mentre Madoff è stato condannato a 150 anni di carcere, Jamie Dimon era libero.

La morte del goy

In Francia, molti sono stati ingannati: uomini d'affari in pensione, ricchi dirigenti, star dello spettacolo, eredi di vecchie dinastie industriali, ecc. Quando è scoppiato lo scandalo Madoff, i loro nomi sono circolati negli eleganti studi di rinomati avvocati parigini. Un grande nome della famiglia Cognac avrebbe perso 280 milioni di euro nella truffa. Si parlava anche dei Racamiers (eredi della fortuna di Vuitton), della famiglia Guerrand-Hermès, degli eredi di una parte della famiglia Bouygues, del marito di una ex star del cinema e così via. Nessuno voleva confermare le voci. Migliaia di risparmiatori anonimi erano finiti nella trappola dopo aver investito a occhi chiusi in sicav e fondi di investimento, che a loro volta avevano investito in fondi legati a Madoff. Alcuni avevano investito decine di migliaia di euro, altri centinaia di milioni. Quarantacinque istituti finanziari parigini (BNP Paribas, Natixis, Meeschaert, Aforge, La Compagnie Financière Edmond de Rothschild, ecc.) avevano indirizzato i loro investitori, direttamente o indirettamente, verso i prodotti di Madoff, a volte anche inconsapevolmente.

Il sistema Madoff si basava soprattutto su rapporti di fiducia e amicizia. Bernard de la Villehuchet, fratello dell'investitore Thierry de la

---

[169] Jamie Dimon era il discendente di un banchiere "greco".

Villehuchet, ha spiegato: "Il *passaparola ha funzionato a meraviglia. Tutti volevano entrare in Madoff, che offriva rendimenti del 6-7% quando il mercato azionario stava crollando*". Il successo era diventato così grande, soprattutto dopo la crisi finanziaria del settembre 2008 (la crisi *dei subprime*), che tutto il jet set e gli uomini d'affari sognavano di investire in questo fondo miracoloso, il cui accesso era presentato come un privilegio. Entrare in Madoff era come entrare in un club "iper-selezionato": bisognava essere cooptati e la tessera costava diversi milioni di euro. Un avvocato parigino ha raccontato il seguente aneddoto: "A *un mio cliente è stato detto: "Non posso farla entrare in Madoff. Con 5 milioni di euro non saresti accettato. Hai bisogno di più*[170]".

L'uomo che aveva sondato gli investitori francesi proveniva da un'antica famiglia aristocratica. Si trattava di Thierry Magon de La Villehuchet (René-Thierry Magon de La Villehuchet). Era un bretone di Saint-Malo, con una reputazione di integrità. Si era stabilito a New York, dove, curiosamente, era diventato amico di Madoff nel corso degli anni, diventando uno dei suoi più importanti intermediari. Come presidente di una società di investimenti, attirava le teste coronate e le grandi fortune europee per il re di Wall Street. Con il suo socio Patrick Littaye, aveva svolto un ruolo chiave nel sedurre la crema del raccolto europeo. Dei 3 miliardi di dollari che la sua società aveva investito per i suoi clienti, 2,25 miliardi erano andati al fondo Madoff. Quando lo scandalo è scoppiato, nel dicembre 2008, l'uomo non era stato informato di nulla, non avendo avuto il tempo di ritirare il denaro dei suoi clienti. Il 23 dicembre, vigilia di Natale, Thierry de La Villehuchet si è suicidato all'età di 65 anni tagliandosi le vene nel suo ufficio di Madison Avenue.

"*Era l'uomo più onesto del mondo, un vero gentiluomo medievale*", ha ricordato Marie-Monique Steckel, direttrice dell'Alliance française di New York e amica di una vita[171]. Era piuttosto un goy in tutto il suo splendore. Ognuno può trarre le proprie conclusioni. Se fosse stato un buon cattolico, non avrebbe frequentato questi ambienti fenici.

Sette secoli fa, il grande teologo italiano San Tommaso d'Aquino (1225-1274) ci aveva espressamente avvertito nella sua *Summa Theologica*: "*Non frequentarli se non in caso di necessità e se, appunto,*

---

[170] *Le Figaro*, 20 febbraio 2009.
[171] *Le Figaro*, 30 giugno 2009.

sei saldo nella fede. Evita di avere rapporti familiari con loro se la tua fede vacilla e nulla ti obbliga a vederli[172] ".

I piccoli Madoff

Bernard Madoff è di gran lunga il più grande truffatore piramidale. Ma in realtà le truffe "piramidali alla Madoff" sono piuttosto frequenti, a giudicare dal numero di scandali scoppiati negli ultimi anni, e notiamo che gli ebrei non sono gli unici nella mischia. Un certo Allen Stanford, ad esempio, arrestato nel 2009 negli Stati Uniti, aveva raccolto denaro da migliaia di investitori, circa 7 miliardi di dollari: per lui una condanna a 110 anni di carcere nel marzo 2012. Nell'aprile 2010, Thomas Petters è stato condannato a 50 anni di carcere per uno schema piramidale da 3,6 miliardi di dollari. Gli altri erano pesci piccoli[173].

Nel 2007, Sergei Mavrodi, soprannominato il "Madoff russo" (probabilmente ebreo), è stato condannato a Mosca per una piccola truffa di 4,3 milioni di dollari. In Francia, ad esempio, c'è stato il caso di Sylviane Hamon, una 49enne ex dipendente di una banca della regione di Tours. Dopo il suo licenziamento, la donna ha affermato di lavorare per conto di una società di credito e ha promesso rendimenti straordinari (fino al 30%) grazie ai suoi contatti nel mondo bancario. Offriva i suoi servizi ad amici, vicini e persino a membri dei suoceri. In questo modo aveva rubato quasi tre milioni di euro a decine di vittime. È stata arrestata nel dicembre 2011.

Nel gennaio 2014 abbiamo avuto anche un "Madoff de l'Indre". La truffa di Roland Bernard - un assicuratore - ammontava a sette milioni di euro. Aveva truffato circa sessanta persone. Questi piccoli Madoff potevano essere persone con buone intenzioni all'inizio, ma sono rimasti presto intrappolati in una trappola da cui non sapevano come uscire, piuttosto che in una corsa a perdifiato.

---

[172] San Tommaso d'Aquino, *Summa Theologica*, II-IIa, c. 10, art. 10: "*Se sono davvero cristiani saldi nella fede, al punto che ci si può aspettare che la loro comunicazione con gli infedeli porti alla loro conversione piuttosto che al loro allontanamento dalla fede, non si deve proibire loro di comunicare con gli infedeli che non hanno mai ricevuto la fede, cioè con i pagani e gli ebrei, soprattutto quando la necessità è urgente. Se invece sono semplici e deboli nella fede, la cui perversione è da temere come probabile, si deve proibire loro di trattare con gli infedeli; soprattutto si deve proibire loro di avere una familiarità eccessiva e una comunicazione non necessaria con loro*". (NdT)
[173] Si veda il sito web statunitense *ponzitracker.com* (Ponzi Hunter!).

Scott Rothstein e il suo miliardario

Nel novembre 2009, una nota dell'FBI ha riferito che il celebre avvocato d'affari e vera star della Florida, Scott Rothstein, era stato arrestato. Il 47enne aveva messo in piedi una piramide di Madoff. Certo, rispetto alla gigantesca truffa di Madoff, la sua era molto piccola. Ma comunque, secondo il *Wall Street Journal*, ammontava a un miliardo di dollari, che lo colloca nella *hit parade* dei più grandi truffatori della storia. Era cinque volte superiore, ad esempio, all'enorme scandalo Sentier che aveva fatto notizia in Francia alla fine degli anni '90[174].

Rothstein, che gestiva uno studio di 70 avvocati e 150 dipendenti (Rothstein Rosenfeld & Adler), aveva iniziato a investire in investimenti finanziari nel 2005, offrendo rendimenti a due cifre. Era anche piuttosto originale in quanto offriva anche di vendere ai suoi "clienti" quote di azioni legali intentate contro società statunitensi presumibilmente accusate di molestie sessuali o frodi fiscali, per esempio.

Il caso è scoppiato nell'ottobre 2009, quando gli investitori hanno lamentato di non essere stati pagati. Un singolo fondo, Banyon Investments, con sede in Florida, ha dichiarato di aver investito 775 milioni in perdita. Banyon ha dovuto addirittura dichiarare bancarotta, perdendo nel frattempo le fortune dei suoi stessi clienti.

Nel giugno 2010, Rothstein è stato condannato a 50 anni di carcere dal tribunale di Fort Lauderdale, a North Miami. Questo pio ebreo avrebbe avuto tutto il tempo necessario per pregare Yaweh, il dio dei truffatori[175]. *"Ho una fede profonda nell'ebraismo, da cui traggo la mia forza"*, ha dichiarato. *"Indossare i tefillin è per me un modo per connettermi con Dio[176]"*.

Rothstein era stato uno dei principali benefattori della sinagoga di Las Olas Boulevard, affiliata al movimento chabad-lubavitch chassidico.

---

[174] Sul caso Sentier, leggere *La mafia ebraica*.

[175] Secondo il Talmud, il libro sacro dell'ebraismo, frodare i goyim è permesso e addirittura considerato una mitzvah (comandamento), una "benedizione", quando è a beneficio della comunità. Vedi la nostra *Storia dell'antisemitismo*, 2010.

[176] Gli è stato dedicato un libro: *The Scott Rothstein story*, 2013. I tifilim sono filatteri, piccoli involucri di pelle o scatole che contengono o conservano passi delle Scritture, che i pii ebrei avvolgono intorno al braccio sinistro e alla fronte per pregare.

Gli ebrei locali avevano persino apposto una targa con il suo nome sulla facciata dell'edificio.

Tutti i suoi beni sono stati confiscati: le sue diciotto proprietà negli Stati Uniti (in Florida e a Manhattan), il suo jet privato, il suo yacht da 5 milioni di dollari, il suo garage di auto sportive, tra cui la Lamborghini bianca e la Ferrari Spider, oltre a centinaia di gioielli di valore. Il totale ammontava a circa 100 milioni di dollari[177].

Con tutti quei soldi, questo ebreo osservante ha fatto quello che fanno tutti i miliardari ebrei: ha sostenuto finanziariamente il partito repubblicano. Ma avrebbe anche potuto finanziare il partito democratico. Infatti alcuni finanziano entrambi.

Bruce Friedman, un Madoff californiano

Il 13 settembre 2010 le autorità francesi, su richiesta dell'FBI, hanno arrestato Bruce Fred Friedman davanti al suo albergo a Cannes. L'uomo, 60 anni, residente nel sud della California, era fuggito dagli Stati Uniti nel bel mezzo di un procedimento a suo carico per una frode stimata in centinaia di milioni di dollari. Tra il 2004 e il 2009, Friedman aveva organizzato uno schema "alla Madoff", proponendo ai suoi clienti di investire il loro denaro in proprietà in affitto. Ma ha intascato i milioni e ha fatto la bella vita, accumulando proprietà e auto di lusso. Alla fine di dicembre 2011, Friedman era ancora in prigione a Cannes senza essere estradato. Le sue centinaia di vittime continuavano a chiedere i 228 milioni scomparsi.

Voglio vederlo nella peggiore prigione del mondo, per il resto dei suoi giorni", ha detto Patricia Hank, che ha investito 300.000 dollari della sua pensione. Vorrei *che fosse processato qui a Los Angeles, per guardarlo negli occhi e dirgli cosa penso di lui*". Ma nel marzo 2012 abbiamo saputo che il truffatore, in attesa di estradizione, era morto.

Eliyahu Weinstein ha truffato la sua comunità

Nell'agosto 2010, un notiziario ha riportato che la comunità ebraica ortodossa del New Jersey, vicino a New York, era stata vittima di una truffa da 200 milioni di dollari. Eliyahu Weinstein, 35 anni, aveva

---

[177] *La Tribune de Genève*, 8 gennaio 2010.

sfruttato i suoi contatti all'interno della comunità ebraica di Lakewood per ottenere la fiducia di potenziali investitori. Weinstein prometteva alle potenziali vittime succulenti guadagni investendo con lui nell'acquisto e nella vendita di residenze.

"È sempre scioccante vedere qualcuno che ruba agli altri per finanziare il suo sfarzoso stile di vita, ma è particolarmente esasperante vedere questa persona sfruttare la sua stessa comunità", ha dichiarato Paul Fishman, procuratore generale del New Jersey. L'imputato aveva accumulato un'impressionante collezione di gioielli e orologi di lusso del valore di oltre 200 milioni di dollari.

Tzvi Erez, il piccolo Madoff canadese

Dello stesso genere è il caso di Tzvi Erez. Nel gennaio 2010 si era parlato di un "Madoff canadese". Ma si trattava ancora una volta - ed è orribile dirlo - di un membro del "popolo eletto". Tzvi Erez, 42 anni, era un membro di spicco della comunità ebraica di Toronto e gestiva una piccola tipografia. Nel 2007 aveva iniziato un'attività più redditizia che consisteva nel prosciugare i risparmi dei membri della sua comunità. Ha dichiarato di aver negoziato grandi contratti per clienti di alto livello, chiedendo anticipi in contanti. In cambio, garantiva un interesse annuo del 30%. Così, tra gennaio 2007 e febbraio 2009, Erez ha raccolto 27 milioni di dollari.

Nevin Shapiro si rilassa a Miami

Nell'aprile 2010, un uomo d'affari americano, Nevin K. Shapiro, è stato perseguito dalla SEC, l'autorità di vigilanza della borsa di New York, per uno schema piramidale da 900 milioni di dollari[178]. Nevin Shapiro, fondatore di Capitol Investments, è stato accusato di aver venduto agli investitori, a partire dal 2005, titoli finanziari che, a suo dire, erano privi di rischi e consentivano un tasso di rendimento annuo del 26%. La SEC ha inoltre accusato l'uomo d'affari di aver sottratto agli investitori 38 milioni di dollari a suo vantaggio personale, in particolare acquistando una casa a Miami da 5 milioni di dollari, uno yacht da 1 milione di dollari e diverse auto di lusso. Molto ricco e grande tifoso degli Hurricanes dell'Università di Miami, offriva

---

[178] *Le Monde*, 21 aprile 2010.

regolarmente ai giocatori della squadra servizi di prostituzione, viaggi, serate e cene in ristoranti e locali notturni alla moda.

Philip Barry e il business del porno

Nel settembre 2009, la SEC ha annunciato di aver denunciato un gestore di fondi di New York per uno schema Ponzi da 40 milioni di dollari. Philip Barry aveva promesso a 800 investitori rendimenti elevati su investimenti sicuri. Si vantava di avere una strategia che consentiva "*rendimenti di almeno il 21% all'anno*". Solo che questi investimenti sicuri non erano stati fatti nei mercati finanziari, ma erano stati investiti in immobili e nella sua attività di vendita per corrispondenza di materiale pornografico: la Barry Publications.

Barry Tannenbaum: un Madoff sudafricano

Un uomo di nome Howard L., di professione contabile, aveva dato 90.000 euro a un suo amico, Barry Tannenbaum, che gli aveva garantito di far fruttare i suoi soldi. "*Non nego che il profitto che mi aveva garantito era molto alto, ma non avevo motivo di preoccuparmi, era un buon amico, un bravo ragazzo con una buona reputazione*". In seguito ha confessato di essere "*molto deluso*". Quando la sua banca lo chiamò il 29 maggio 2009, capì tutto. "Non potevano *incassare l'assegno inviato dal suo amico*.

Howard L. è stato una delle vittime dell'uomo d'affari sudafricano Barry Tannenbaum, "*autore della più grande truffa nella storia del Paese*[179]". Secondo quanto riportato dalla stampa locale, la truffa ammontava a un valore compreso tra 10 e 15 miliardi di rand (900 e 1,3 miliardi di euro). Circa 400 persone erano cadute nella rete in Sudafrica, ma anche negli Stati Uniti, in Australia e in Europa.

Barry Tannenbaum, figlio fondatore di una grande azienda farmaceutica nazionale, importava composti farmaceutici dall'estero per rivenderli ai produttori locali di farmaci generici, soprattutto antiretrovirali per i malati di AIDS. Invece di chiedere prestiti alle banche, il 43enne si è rivolto a investitori privati, promettendo pagamenti di interessi del 15-20% dopo tre mesi. Alla scadenza, il prestatore poteva scegliere se recuperare il suo profitto o reinvestirlo.

---

[179] *Le Monde,* 19 giugno 2009.

Si trattava in realtà di uno schema Ponzi (che ora dovrebbe essere ribattezzato "Madoff"), il cui principio è quello di spogliare un santo per vestirne un altro. La società di Tannenbaum era vera, ma lui aveva falsificato gli ordini delle aziende farmaceutiche per gonfiarli. In questo modo, rassicurava gli investitori sulla fattibilità del progetto quando si verificavano ritardi nei pagamenti. La bolla era infine scoppiata quando la maggior parte dei finanziatori, colpiti dalla crisi, aveva preferito ritirare i propri investimenti.

Ezri Namvar, il Madoff della costa occidentale

Nel dicembre 2008, una notizia ci informava che la comunità ebraica iraniana di Los Angeles aveva al suo interno un truffatore di alto livello. Secondo un rapporto del tribunale, più di mezzo miliardo di dollari era scomparso senza lasciare traccia. Al centro dello scandalo c'era Ezri Namvar, un immigrato ebreo iraniano, banchiere e agente immobiliare, che aveva sottratto i risparmi di centinaia di famiglie con uno schema "alla Madoff". La sua società "*Namco Financial Exchange*" aveva lo scopo di facilitare le operazioni di evasione fiscale per i venditori di immobili. Descritto dai suoi detrattori come "il Bernie Madoff della West Coast", Ezri Namvar, 60 anni, è stato condannato nell'ottobre 2011 a sette anni di carcere[180]. Molti degli investitori ingannati erano (apparentemente) ebrei della comunità iraniana che vive a Beverly Hills e dintorni.

Due Madoff si suicidano

Nel gennaio 2009, Arthur Nadel, un 75enne residente a Sarasota in Florida, è scomparso con circa 350 milioni di dollari di cui era responsabile. La sua scomparsa era stata denunciata alla polizia dalla moglie, secondo quanto riportato dal quotidiano *Sarasota Herald Tribune*. "*Mi sento imbrogliato, abbattuto, non so più di chi fidarmi*", ha detto uno dei suoi clienti, che ha stimato la sua perdita in 730.000 dollari. Prima di scomparire, il signor Nadel aveva lasciato una lettera in cui spiegava che si sarebbe suicidato, anche se forse la sua intenzione era quella di far credere a un finto suicidio[181].

---

[180] *Los Angeles Business Journal*, 11 ottobre 2011.
[181] *LePoint.fr*, 18 gennaio 2009.

Sulla stessa linea di eventi, c'era Samuel Israel, che aveva tentato di far credere al suo suicidio nel 2008. Aveva abbandonato la sua auto sul ponte del fiume Hudson, a circa quaranta chilometri da New York. Aveva lasciato un biglietto, ma la polizia non gli ha dato molto credito, visto che non ha mai trovato il suo corpo. Samuel Israel era stato condannato a vent'anni di carcere dal tribunale federale nel caso di una truffa da 450 milioni di dollari sottratti ai risparmiatori di un fondo di investimento.

Seymour Jacobson: uno svizzero che amava il Belgio

Nel settembre 2008, in Svizzera è stata presentata una prima denuncia alla Procura di Basilea contro la *Compagnie d'Escompte financier* (CFE). Belgi, svizzeri e francesi - ma soprattutto belgi - si sono pentiti di aver investito quasi 2 miliardi di euro in dieci anni. Si trattava di "una *delle più grandi truffe finanziarie internazionali degli ultimi dieci anni*[182] ". CFE era la società di Seymour Jacobson, un finanziere di 71 anni, la cui figlia, Delphine Jacobson, aveva sposato nel 1993 lo scrittore Paul-Loup Sulitzer. Nel 2008, Seymour Jacobson e i suoi figli, membri del consiglio di amministrazione, avevano deciso, senza la necessaria maggioranza, di trasferire la sede della società svizzera in Belize, un paradiso fiscale britannico in America centrale, a sud del Messico. I fondi furono trasferiti a una società chiamata *Argentom Trust*, che fu poi liquidata. I risparmiatori hanno perso tutto.

Claire Arfi, un "Madoff in gonnella".

Claire Arfi, vestita di Dior e Gucci, era l'amministratore delegato di una società di gestione patrimoniale, *Etna Finance*. La vita le sorrideva. Girava in auto di lusso, viveva con il marito e i figli in un magnifico appartamento parigino, aveva tre persone al suo servizio e frequentava l'élite dei circoli finanziari di Parigi.

Suo marito, Ricaldo Zavala, era stato coinvolto e poi rilasciato nel caso Pechiney, uno scandalo di insider trading di alto profilo commesso durante l'acquisto della società Triangle da parte del gruppo francese nel 1988. Condannato in quello scandalo di Stato, l'uomo d'affari Samir Traboulsi continuava a cenare regolarmente a casa sua. Ricaldo Zavala

---

[182] *RTL info,* 4 settembre 2008.

era un ostinato spendaccione. Lo si poteva vedere al volante della sua Bentley blu, con sedili interni in pelle bianca, o della sua Mercedes 4×4. *"Parlava sette lingue, dall'ebraico al rumeno, dal tedesco all'italiano e al francese[183]"*. Con la moglie, aveva un appartamento di 350 metri quadrati nel Trocadero, decorato con sculture di Botero e Niki de Saint-Phalle. Direttore di una società di intermediazione, con un ricco carnet di contatti, Ricaldo Zavala si definiva un facilitatore di affari, intascando naturalmente le commissioni. Ogni estate affittava due suite al Beach Hotel di Monaco, con un negozio privato sulla spiaggia. Di nazionalità americana, nato in Svizzera, Zavala aveva il gusto di viaggiare: Monaco, Israele, le Antille...

All'interno del gruppo Etna Finance, Claire Arfi, assunta nel 1999, si è occupata dei portafogli dei suoi clienti in completa autonomia, fornendo loro relazioni periodiche sull'andamento dei lavori. I primi errori li ha commessi nel 2000. Dopo gli attentati dell'11 settembre 2001, che sconvolsero gli Stati Uniti e fecero crollare il mercato azionario, tutti gli investimenti dell'intrepida portfolio manager erano pericolosamente in bilico. Ma Claire Arfi nascose accuratamente la situazione e continuò a promettere ai suoi investitori rendimenti fantastici. Era una fuga in avanti da manuale.

Ai clienti preoccupati per il loro patrimonio, rispondeva essenzialmente: "*A differenza di coloro che hanno perso tutto l'11 settembre, io ho scommesso sul contrario, quindi abbiamo guadagnato soldi!* Alcuni clienti, entusiasti della sua gestione particolarmente geniale, le affidarono altri risparmi da investire. Ma non sapevano che Claire Arfi prelevava denaro da alcuni conti per versarlo in altri.

Claire Arfi aveva iniziato a speculare sui mercati ad alto rischio, comprando e vendendo nello stesso giorno. *"Ci fidavamo di lei, eravamo amici o conoscenti; diceva di aver creato un modello matematico specifico. Ma era solo una facciata. In realtà giocava d'azzardo come in un casinò"*, ha raccontato una delle vittime, dirigente d'azienda.

Alcuni clienti hanno smesso di ricevere gli estratti conto. Nel 2002, un cliente rimase sbalordito nell'apprendere che la sua banca aveva ricevuto una lettera firmata da lui "*in cui chiedeva che gli estratti conto*

---

[183] *Le Point*, 14 marzo 2003.

non venissero più inviati al suo indirizzo di casa ma direttamente a Etna". Non ho firmato quella lettera, quindi chi ha firmato per me?

Allo stesso tempo, il *broker del marito* è stato catturato dalla giustizia. Accusato il 17 gennaio 2002, gli fu chiesta una cauzione di 1,2 milioni di euro (poi ridotta a 300.000 euro). Gli è stato chiesto di spiegare le sue pratiche di borsa: con il suo piccolo gruppo di *broker*, truccavano i prezzi delle obbligazioni con gli intermediari: compravano i titoli più costosi per i loro clienti, e venivano pagati a palate. Zavala è stato accusato di "frode organizzata e violazione aggravata della fiducia". Secondo le indagini condotte dalla Brigata Finanziaria, 281 transazioni concluse dalla banda di *broker* tra il 1993 e il 1997 erano altamente sospette e hanno comportato una perdita di 35 milioni di euro.

Mentre Zavala aveva problemi legali, Claire Arfi aveva continuato per tutto il 2002 a gestire il portafoglio dei suoi clienti. Fino a quando, a settembre, due clienti hanno reclamato i loro beni (circa 4 milioni di euro), scoprendo con stupore che i loro conti erano vuoti. Poi un altro investitore si è fatto avanti, lamentando di non ricevere gli estratti conto del suo conto. Questo è stato il campanello d'allarme generale. Il direttore di Etna Finance, Eric Parent, ordinò un'indagine interna. Nel gennaio 2013, il giudice istruttore Françoise Desset cerca di far luce su un buco tra i 15 e i 23 milioni di euro. Claire Arfi, il direttore generale, è scomparsa per diverse settimane. Era fuggita, completamente terrorizzata.

Diverse decine di clienti facoltosi, tutti amici di Claire Arfi, erano stati rovinati. Il presidente di una società di consulenza ad alta tecnologia aveva perso cinque milioni. Importanti presidenti di società, imprenditori della distribuzione e uno dei proprietari del gruppo Carat avevano perso l'intero patrimonio.

Claire Arfi era tornata a Parigi a novembre, ma aveva disdetto il suo telefono fisso. Ha usato un telefono cellulare straniero e ha consultato degli avvocati per cercare di negoziare. Nel frattempo, Etna Finance aveva dichiarato il sinistro al suo assicuratore e aveva sporto denuncia per "violazione della fiducia, falsificazione e uso di documenti falsi", oltre che per appropriazione indebita di assegni. Nel febbraio 2003, Etna Finance, condannata a restituire le somme perse, fallisce.

Claire Arfi, dal canto suo, è stata processata solo nell'aprile 2010. All'età di 49 anni, è stata condannata a quattro anni di carcere, di cui due senza condizionale. Ma aveva fatto ricorso in appello. Arrabbiata con i suoi ex amici, si era trasferita in un altro appartamento acquistato da Ricaldo Zavala in Avenue Victor Hugo. In totale, la doppia "indelicatezza" dei Bonnie e Clyde della finanza ammontava a 50-60 milioni di euro. Nel marzo 2012, siamo stati informati che Michèle Elmaleh, alias "Claire Arfi", era stata condannata in appello a tre anni di carcere, una pena incondizionata che probabilmente non avrebbe nemmeno scontato. Il pubblico ministero l'aveva presentata come "*una manipolatrice seducente, calcolatrice e senza scrupoli*". La giustizia francese è decisamente molto clemente con i truffatori.

Contanti veloci, facili ed efficaci

In Colombia si è verificata un'enorme frode, un caso da manuale! Ascoltate la storia: creata nel settembre 2007 a Pasto, nel sud della Colombia, la società DRFE aveva attirato i suoi primi clienti offrendo investimenti in un fondo con rendimenti molto elevati. L'afflusso di nuovi clienti ha permesso alla società di pagare gli interessi maturati dai primi clienti. Tutti contenti, si erano affrettati a raccontare la loro esperienza ad amici e parenti, molti dei quali avevano depositato tutti i loro risparmi. Il flusso costante di nuovi risparmiatori aveva alimentato notevolmente la base della piramide. Nel giro di un anno, DRFE aveva così attirato più di due milioni di clienti, per lo più poveri. Nel novembre 2008, la società ha annunciato in un breve comunicato di essere stata costretta a ridurre i tassi di interesse al 70%, invece del 100-150% offerto inizialmente, a causa della "*crisi economica globale*". Ma la voce della fuga all'estero del direttore della DRFE aveva scatenato un'ondata di panico tra i risparmiatori che si erano precipitati nelle agenzie. Davanti agli uffici, i più istruiti potevano leggere un cartello insolito - anche se chi non sapeva leggere riusciva a decifrare rapidamente il messaggio, che recitava: "*Visto che siete stupidi e credete nella magia, dovrete lavorare sodo per riavere i vostri soldi*[184]". I proprietari dell'azienda si burlarono apertamente dei babbei che avevano ingannato. Vale la pena ricordare che il nome della società, DRFE, significava semplicemente in spagnolo: "Dinero, Rápido, Fácil y Efectivo" (denaro, veloce, facile ed efficace).

Due milioni di colombiani, per lo più appartenenti alle classi popolari, avevano perso tutti i loro risparmi. Alcuni avevano impegnato le loro case, le loro auto, nella speranza di un rapido guadagno. I più audaci avevano contratto debiti con altre banche. Di fronte all'entità della

---

[184] *Le Figaro*, 21 novembre 2008. *[Crisi della piramide in Colombia*, fonte: wikipedia.

catastrofe, il presidente Alvaro Uribe ha decretato lo stato di emergenza, che gli consente di legiferare per decreto per 30 giorni, con possibilità di proroga. Il capo dello Stato si è scusato con la popolazione per aver tardato a reagire, ha annunciato pene più severe per i responsabili della frode e ha promesso di restituire il denaro ai risparmiatori derubati. Carlos Suárez, il giovane imprenditore proprietario di DRFE, è da allora ricercato dall'Interpol. Nel febbraio 2009 si è consegnato all'ambasciata colombiana di San Paolo, in Brasile[185].

---

[185] La crisi della piramide colombiana è stato un altro caso particolarmente esemplare, anche se l'origine comunitaria del colpevole non è né certa né confermata. Tuttavia, i lettori de *La mafia ebraica* (capitolo sulla schiavitù e l'industria dello zucchero) sanno che molti ebrei fuggirono dall'Inquisizione spagnola e portoghese nel XVII secolo e si rifugiarono nei Caraibi e in Sud America. Spesso cambiavano il loro cognome e si dichiaravano buoni cattolici e andavano a messa la domenica.

2. Le grandi frodi in borsa

Nell'agosto 2013, sei americani sono stati arrestati e incriminati per il loro coinvolgimento in un giro di frodi azionarie internazionali stimato in 140 milioni di dollari. Sono stati accusati di aver gonfiato i prezzi di miliardi di azioni che valevano solo pochi centesimi e di averle distribuite agli investitori in più di 35 Paesi, in Nord America, Europa e Asia. Questo tipo di frode è stato riportato in numerosi casi di alto profilo.

Purtroppo Abraham Hochman è deceduto

Il 21 gennaio 2009, sei uomini di età compresa tra i 56 e i 76 anni sono stati arrestati a Madrid e Barcellona in relazione a una frode in borsa a Londra, ma successivamente rilasciati su cauzione. Cinque spagnoli e un argentino sono stati accusati di aver fornito false informazioni alla borsa britannica. Uno di loro, Mariusz Rybak, aveva creato una società di investimento in Spagna, *Langbar International*, domiciliata alle Bermuda e gestita da Monte Carlo. Il prezzo delle azioni di Langbar alla Borsa di Londra è stato artificialmente gonfiato dalla pubblicazione di documenti falsi e di annunci falsi sulla stampa specializzata. La società si sarebbe aggiudicata contratti per oltre 600 milioni di dollari in Argentina per la gestione dei rifiuti edili. Inoltre, Langbar aveva annunciato che avrebbe investito in una miniera d'oro che sarebbe stata senza dubbio "*una delle più importanti al mondo*". Langbar sosteneva di avere riserve di liquidità per 633 milioni di dollari, depositate presso il Banco do Brasil. Questo aveva convinto aziende prestigiose come Gartmore e Merrill Lynch a investire nell'impresa.

Falsi contratti e certificati di deposito sono stati scambiati tra Langbar e il suo principale azionista, *Lambert Investment Financial*. Questa società finanziaria, anch'essa domiciliata alle Bermuda, era stata creata da un individuo di nome Abraham Arad Hochman, 53 anni, ex agente del Mossad - i servizi segreti israeliani - che da Barcellona gestiva il denaro di circa 2.000 ricchi ebrei dell'America Latina e di Israele.

La magistratura britannica aveva aperto un procedimento nel novembre 2005 dopo che la società Langbar aveva pubblicato una dichiarazione in cui annunciava di non poter "*stabilire o confermare l'esistenza*" di circa 370 milioni di sterline (circa 632,7 milioni di dollari) nei suoi conti bancari olandesi e brasiliani. *Il Guardian ha* riferito che Abraham Hochman è morto per arresto cardiaco il 24 giugno 2011 e che il caso è stato chiuso dalla magistratura britannica.

Ma era davvero morto? Il giornalista ha aggiunto che molti, alla notizia, avrebbero "*stappato lo champagne quel fine settimana da qualche parte in Europa*". A meno che non fosse in Israele...

Michael Milken e le "obbligazioni spazzatura".

Il caso di Michael Milken non è di per sé una frode in borsa, ma offre uno spaccato della follia finanziaria degli anni '80 - l'era dei "*golden boys*" - che ha visto la nascita di criminali incalliti come Jordan Belfort, portato sugli schermi cinematografici nel film di Martin Scorsese *The Wolf of Wall Street*.

Negli anni '80, Michael Milken era diventato il re indiscusso della finanza globale. Era oggetto di vera e propria devozione, osannato dalla stampa e da tutti i media perché era riuscito a convincere gli investitori a investire denaro in aziende di medie dimensioni con un nuovo strumento finanziario: i *junk bond* ("obbligazioni ad alto rendimento" o "obbligazioni spazzatura"). Grazie ai *junk bond* e al talento persuasivo di Michael Milken, alias *re dei junk bond*, queste aziende hanno potuto accedere ai finanziamenti direttamente dal mercato dei capitali e non più attraverso le banche, visto che in precedenza solo le grandi aziende solvibili avevano potuto raccogliere capitali sul mercato. L'investimento comportava una certa dose di rischio, per cui i tassi di interesse per gli investitori erano molto più alti della media[186].

Nel 1977, Michael Milken lavorava come responsabile degli investimenti presso la Drexel Burnham Lambert Bank, un'azienda di secondo livello all'epoca guidata da Dennis Levine. Grazie ai suoi

---

[186] In finanza, un'obbligazione ad alto rendimento o spazzatura è un titolo a reddito fisso che presenta un elevato rischio di insolvenza e in cambio deve pagare un tasso di interesse più elevato. Di solito è emesso da un'entità poco conosciuta o poco raccomandabile. Si tratta di obbligazioni di grado speculativo, obbligazioni con un basso rating creditizio, classificate al di sotto del cosiddetto investment grade. Queste obbligazioni presentano un elevato rischio di insolvenza o di altri eventi creditizi avversi, ma spesso pagano una cedola più vantaggiosa rispetto alle obbligazioni di migliore qualità per renderle interessanti agli occhi degli investitori. (wikipedia. NdT).

stretti legami con l'industria, la banca di Milken aveva spesso accesso a informazioni interne, per cui quando negoziava *obbligazioni spazzatura*, aveva informazioni di prima mano sulle società. Mentre è illegale negoziare azioni sulla base di informazioni interne (questo si chiama "insider trading" o "insider trading", come vedremo in seguito), non esiste una legge simile per i junk bond [187]. Milken stava essenzialmente dicendo ai suoi finanziatori: "*Create un enorme portafoglio di obbligazioni spazzatura e non importa se qualcuna va male: il reddito più elevato dei vincitori compensa ampiamente le perdite dei perdenti". Milken spiegò agli investitori istituzionali che Drexel era pronta a giocare con le società. Unitevi a noi. Investite nel futuro dell'America, nelle piccole imprese che ci renderanno grandi*[188]".

Il mercato dei *junk bond* è stato un successo clamoroso: "*Da un livello praticamente nullo nel 1970, le nuove emissioni di junk bond sono cresciute da 839 milioni di dollari nel 1981 a 8,5 miliardi di dollari nel 1985 e a 12 miliardi di dollari nel 1987. A quel punto i junk bond costituivano il 25% del mercato delle obbligazioni societarie [industriali]. Tra il 1980 e il 1987,... 53 miliardi di dollari di obbligazioni spazzatura sono entrati nel mercato*[189]". Molte società, in tutti i settori, avevano emesso *obbligazioni spazzatura*. Ora erano disponibili nuove liquidità, che inondavano le aziende di denaro fresco. Se la società mutuataria generava profitti sufficienti per il rimborso, le obbligazioni salivano, mentre quando perdeva denaro, le obbligazioni scendevano in previsione di un default.

Nel 1985, dopo aver attirato decine di milioni di dollari nel suo nuovo mercato speculativo, Michael Milken aveva così tanti soldi che non sapeva dove investirli. Non riusciva a trovare abbastanza società interessanti, nonostante la loro debole crescita, per assorbire tutta questa liquidità. Con i suoi colleghi della Drexel Bank, trovò una soluzione: avrebbero usato i *junk bond* per finanziare offerte di acquisto di società sottovalutate, offrendo i loro asset come garanzia agli acquirenti di

---

[187] Un'obbligazione è un titolo trasferibile che costituisce un titolo di credito che rappresenta un prestito. L'obbligazione è trasferibile e può quindi essere quotata in borsa.
[188] Michael Lewis, *El Póquer del mentiroso*, (1989), Booket (Grupo Planeta), Barcellona, 2019, pagg. 332-333.
[189] Michael Lewis, *El Póquer del mentiroso*, (1989), Booket (Grupo Planeta), Barcellona, 2019, pag. 336.

obbligazioni. Si trattava di un'operazione simile a un'ipoteca sulle società.

Grazie al suo fiuto per gli affari, ai suoi buoni contatti e alla fiducia di cui godeva presso gli investitori, Milken fu in grado di raccogliere somme di denaro fenomenali. Grazie a lui, le società di investimento predatorie iniziarono a lanciare offerte pubbliche di acquisto ostili per le aziende non competitive. L'acquisto di un'azienda con fondi presi a prestito divenne quindi una pratica comune. Questo meccanismo divenne noto come LBO: leveraged *buy-out*190. Gli LBO finanziati da Milken e Drexel Bank erano estremamente aggressivi, veloci e redditizi. Gli investitori ("*raider*[191]") si accapararono la maggior parte delle azioni e, una volta sbarazzatisi dei manager scomodi, tagliarono i salari e i benefit dei dipendenti, distribuirono bonus colossali e saccheggiarono ciò che rimaneva smantellando l'azienda e rivendendola a pezzi[192].

Attraverso le *obbligazioni spazzatura*, i proprietari delle società, anche con l'appoggio del consiglio di amministrazione, si sono visti su un sedile di espulsione. Perché possedere il debito di una società in difficoltà significa assumerne il controllo. Infatti, se la società non paga gli interessi dovuti, l'obbligazionista può chiederne il sequestro e la liquidazione. *"Com'è possibile, se possiedo il quaranta per cento delle azioni? Abbiamo cento milioni di dollari di obbligazioni, e se non si riesce a pagare una volta, siamo bloccati con la società*[193]*"*, ha spiegato Milken.

La Drexel Bank ha fatto un'immensa fortuna durante il periodo d'oro del mercato azionario. Era l'epoca di *ragazzi d'oro* come Ronald Perelman (dodicesimo-sesto uomo più ricco d'America nel 2012), Carl Icahn (fortuna stimata in 20 miliardi) - due miliardari ebrei. *"Milken ha realizzato i sogni di tutti i famosi squali aziendali: Ronald Perelman,*

---

[190] Un *leveraged buyout* è l'acquisizione di una società in cui i fondi utilizzati per finanziare la transazione sono per lo più strumenti di debito. Le operazioni di leveraged buyout sono solitamente effettuate da fondi di private equity.
[191] Dall'inglese, invasore, ladro, rapinatore, saccheggiatore, pirata.
[192] *Il film Wall Street* (1987) di Oliver Stone, basato in parte sulla biografia di Michael Milken, è altamente raccomandato. Michael Douglas interpreta il personaggio principale (Gordon Gekko), anche se nulla viene rivelato sull'ebraicità dello squalo della finanza - o dell'attore stesso! L'ebreo non esiste, è un'invenzione degli antisemiti, come direbbe Jean-Paul Sartre.
[193] Michael Lewis, *Il poker del bugiardo*, (1989), Booket (Grupo Planeta), Barcellona, 2019, p. 332.

Boone Pickens, Carl Icahn, Marvin Davis, Irwin Jacobs, Sir James Goldsmith, Nelson Peltz, Samuel Heyman, Saul Steinberg e Asher Edelman[194] ". C'erano anche Carl Lindner, Victor Posner, Meshuam Riklis, Laurence Tisch, ecc. Tutti questi individui fanno parte del culto. Avevano tutti chiesto prestiti a Milken per acquistare e smantellare aziende[195].

Ma i *raider si* accorsero ben presto che non era nemmeno necessario acquistare una società per smembrarla e rivenderla: bastava semplicemente minacciarla affinché i dirigenti, desiderosi di liberarsi dei *raider*, ricomprassero le azioni dei *raider a peso* d'oro. Nasce così il "ricatto dell'OPA".

Queste pratiche hanno portato a un'epidemia di "insider crime" o "insider trading". Ivan Boesky, un agente di borsa della Drexel Burnham, aveva costruito una rete di insider che corrompeva profumatamente. Quando aveva accesso a interessanti informazioni interne su un'azienda, Boesky raccoglieva immediatamente fondi attraverso Milken, acquistava azioni e le rivendeva ai *raider* una volta avviato l'acquisto. In questo modo si arricchiva in modo indecente.

Questo periodo di prosperità è durato fino alla crisi del 1987 - la crisi delle casse di risparmio statunitensi. All'inizio del decennio, le 3000 Saving and Loan Associations avevano un patrimonio di circa 1,3 miliardi di dollari, pari al 30% del totale delle attività detenute dalle istituzioni finanziarie di deposito. Tradizionalmente, queste associazioni contraevano e concedevano prestiti a lungo termine a un tasso d'interesse moderato alle classi medie e basse che volevano investire in immobili per acquistare una casa. Il governo federale assegnava fondi alle Cajas a tassi di interesse preferenziali e garantiva i depositi di denaro dei risparmiatori, ma i loro investimenti erano soggetti a restrizioni. La situazione cambiò radicalmente negli anni '80, quando l'aumento del costo del denaro destabilizzò il sistema di "risparmio e prestito". Come remunerare i depositi al 15% e ricevere

---

[194] Michael Lewis, *Il poker del bugiardo*, (1989), Booket (Grupo Planeta), Barcellona, 2019, p. 337.

[195] *"Milken è ebreo e la Drexel, quando vi entrò, era, a suo avviso, una banca d'investimento di vecchio stampo gestita da giovani uomini bianchi e protestanti con una vena antisemita".* Michael Lewis, *Il poker dei bugiardi*, (1989), Booket (Grupo Planeta), Barcellona, 2019, pag. 326.

solo il 10% per i prestiti a lungo termine già concessi? Per uscire da questa situazione, l'amministrazione Reagan (liberale di destra) intraprese un programma di deregolamentazione del settore. Così, nel 1981, il Congresso degli Stati Uniti decise di autorizzare le casse di risparmio a speculare. D'ora in poi, un solo azionista poteva controllare una cassa di risparmio, con il diritto di creare un numero illimitato di filiali in diversi settori di attività. Questo aveva stuzzicato l'appetito dei predatori.

Milken aveva reclutato imprenditori come Charles Keating (un cattolico), David Paul e Ivan Boesky, per acquisire le casse di risparmio controllate dallo Stato: acquistavano grandi quantità di obbligazioni da Drexel e servivano come "società captive" per Milken, con cui la banca avrebbe "battuto" i conti (effettuando transazioni rapide e ripetute). Queste due tecniche massimizzavano le entrate di Drexel derivanti dalle commissioni. Michael Milken e i suoi amici avevano così finanziato l'acquisto della Lincoln Savings da parte di Charles Keating, che non aveva dovuto sborsare un solo centesimo di tasca propria. Persino Drexel lo aveva sovrafinanziato: l'operazione richiedeva 51 milioni di dollari, ma Drexel aveva emesso più di 125 milioni di dollari in obbligazioni spazzatura di American Continental Corp (ACC), la holding utilizzata da Keating per effettuare l'acquisto. Gli investitori avevano risposto all'appello.

Milken è riuscito a far acquistare alle sue società captive tutte le obbligazioni spazzatura che il mercato si rifiutava di comprare. Le *obbligazioni spazzatura* erano quindi sopravvalutate. Poco importava che questo rendesse Lincoln Saving o Cen Trust ancora più solvibili, perché il loro fallimento era certo. In caso di fallimento, l'assicurazione federale assorbiva le perdite perché i depositi erano garantiti dallo Stato. È così che Michael Milken ha venduto indirettamente i suoi *titoli spazzatura* al contribuente americano. Sappiamo da Ivan Boesky e Charles Keating come Milken aveva lanciato l'idea. Si vantava che una cassa di risparmio deregolamentata, sotto l'ombrello istituzionale dello Stato, li avrebbe resi "*principi mercantili*[196]".

La Lincoln Saving era stata a sua volta denunciata per "racket delle acquisizioni". La Cassa di Risparmio aveva acquistato un gran numero

---

[196] William Black, *Une Fraude presque parfaite, Le pillage des caisses d'épargne américaines par leurs dirigeants*, Éditions Charles Léopold Mayer, 2012, p. 128. (*Il modo migliore per rapinare una banca è possederne una: come i dirigenti aziendali e i politici hanno saccheggiato il settore delle S&L).*

di azioni Gulf Broadcasting al di sopra del prezzo di mercato. Si trattava di un investimento imprudente e azzardato per una Cassa di Risparmio che disponeva di un capitale molto ridotto, poiché questa operazione avrebbe potuto rendere Lincoln Saving insolvente se il prezzo delle azioni fosse sceso, anche solo di poco. Gulf Broadcasting aveva infine riacquistato le azioni Lincoln al prezzo dell'oro.

Le casse di risparmio si indebitarono fino alle sopracciglia alla ricerca di investimenti speculativi e di fondi di borsa per finanziarli. La Columbia Savings and Loan di Tom Spiegel era diventata il più grande cliente di Drexel, aumentando il suo patrimonio da 370 milioni di dollari a 10 miliardi, in parte investiti in *titoli spazzatura*. Un certo Charles Knapp aveva gonfiato il patrimonio di una cassa di risparmio californiana da 1,7 miliardi di dollari a decine di miliardi di dollari.

Benjamin Stein, autore del libro *Licenza di rubare*, ha scritto: "*La macchina Drexel ha succhiato il sangue dalle casse di risparmio vincolate come un vampiro, prosciugando i fondi dei risparmiatori*[197]".

La liquidità dei mercati finanziari rappresentava allora l'80% dei nuovi depositi delle casse di risparmio. I manager avevano finanziato progetti immobiliari colossali, incoraggiati da un regime fiscale favorevole. Ne seguì un vortice frenetico di investimenti puramente speculativi. Le casse di risparmio si sono lanciate in prestiti dubbi per alberghi, centri commerciali e ristoranti. Nelle grandi città spuntano come funghi enormi torri di uffici non occupate.

Quando il regime fiscale favorevole agli investimenti immobiliari è venuto meno con la legge di riforma fiscale del 1986, la bolla si è sgonfiata. All'inizio del 1985, 515 casse di risparmio erano insolventi, un sesto delle attività del settore; ma la debacle sarebbe stata peggiore se il governo avesse agito più a lungo. Nel complesso, si trattò di uno dei più grandi scandali finanziari della storia degli Stati Uniti.

In Texas e in California i fallimenti furono i più clamorosi e costosi. In effetti, la deregolamentazione in questi due Stati era stata la più permissiva, in quanto chiunque poteva acquistare una cassa di risparmio e investire in quasi tutto[198].

---

[197] Jean-François Gayraud, *La grande Fraude*, Odile Jacob, 2011, p. 173.
[198] Secondo William Black, "*c'erano più di 300 casse di risparmio controllate da truffatori*" (p. 121). (p. 121). "*Insieme, la California e il Texas rappresentavano più

Le obbligazioni spazzatura non sono state la causa principale: le perdite delle casse di risparmio dovute alle *obbligazioni spazzatura* sono state stimate in 10 miliardi di dollari, ma le perdite dovute al mercato immobiliare sono state stimate in 300 miliardi di dollari. Le casse di risparmio non avevano in bilancio più del 10% di junk bond, in generale molto meno, dato che il 90% di questo volume era in realtà detenuto da una dozzina di casse di risparmio che erano fallite[199]. Il settore delle casse di risparmio non era uno dei principali acquirenti di titoli spazzatura, ma era il gruppo più importante delle casse di risparmio "prigioniere" di Milken che aveva svolto un ruolo cruciale nella sopravvalutazione dei *titoli spazzatura*.

Nel 1989, Michael Milken è stato incriminato per 98 capi d'accusa, tra cui insider trading, racket, estorsione e frode fiscale. Milken si dichiarò colpevole di sei accuse e fu condannato a dieci anni di carcere. La durezza della sentenza era dovuta al legame stabilito con il saccheggio delle casse di risparmio[200].

Nel marzo 1992, in seguito a un accordo con le autorità, Milken e la sua famiglia avevano accettato di pagare altri 500 milioni di dollari oltre ai 400 milioni che aveva già versato alla SEC (Securities and Exchange Commission). Nel frattempo, la Drexel Bank era fallita... e Milken era già stato rilasciato dal carcere, dove aveva trascorso solo 22 mesi, meno di due anni.

Questo scandalo ha segnato la fine della prima grande crisi finanziaria della grande era della deregolamentazione. La frenesia dei titoli spazzatura, dei leveraged buyout e del racket delle acquisizioni che caratterizzò gli anni Ottanta segnò "*uno spartiacque nella metamorfosi*

---

della metà delle casse di risparmio fraudolente e accumulavano più della metà delle perdite totali" (p. 121).

[199] William Black, *Une Fraude presque parfaite, Le pillage des caisses d'épargne américaines par leurs dirigeants*, Éditions Charles Léopold Mayer, 2012, p. 128.

[200] La debacle delle *Savings and Loan Associations si è conclusa con le* condanne incondizionate al carcere di oltre 800 dirigenti di casse di risparmio (direttori e alti dirigenti). Il più longevo è stato Woody Lemons, presidente della Vernon Saving and Loan Association, condannato a 30 anni di carcere. Charles Keating, presidente della Lincoln Savings, è stato condannato per frode, racket ed estorsione. Condannato a 10 anni di carcere, fu rilasciato dopo 4,5 anni a causa di un vizio procedurale. Quando si tenne il nuovo processo, decise di dichiararsi colpevole, il che gli permise di essere condannato a 4 anni di prigione, pena che aveva già scontato. William Black, *Une Fraude presque parfaite*, p. 443.

di Wall Street da club esclusivo e legato alla tradizione a casinò illegale, ubriaco di denaro e di cocaina[201] ".

Jordan Belfort: un Leonardo DiCaprio con la kippah

Jordan Ross Belfort è cresciuto nel quartiere newyorkese del Queens. Come molti suoi coetanei, era guidato dall'avidità e dall'irrefrenabile desiderio di "fare soldi", così spesso presenti nella sua comunità. All'inizio di maggio del 1987, all'età di 23 anni, Belfort era entrato nella prestigiosa banca L.F. Rothschild al gradino più basso della scala (come "broker" entry-level, cioè semplice esecutore degli ordini dei clienti) e aveva scoperto il frenetico mondo di Wall Street. Ma cinque mesi dopo, il 19 ottobre, giorno in cui iniziò il suo primo giorno da broker confermato, il mercato azionario crollò. Quel giorno passò alla storia come il famoso "lunedì nero". L'indice Dow Jones della Borsa di New York era crollato del 22%, portando L.F. Rothschild al fallimento[202].

Il giovane Jordan Belfort accettò quindi un lavoro alla periferia della città e scoprì un piccolo mercato dove i broker senza computer guadagnavano qualche dollaro vendendo azioni di piccole società al di fuori del mercato azionario ufficiale. Stupisce subito i suoi nuovi colleghi con la sua disinvoltura al telefono. Con una commissione del 50% anziché dell'1%, Belfort accumulò 7000 dollari nel primo mese. Qualche tempo dopo, la sua Jaguar gialla attirò l'attenzione del suo vicino di casa, Danny Porush, che si dimise dal suo lavoro per seguirlo nei suoi nuovi progetti.

Jordan Belfort ha poi fondato la sua società in un garage con alcuni amici di Danny Porush. Nel 1989 la chiamò Stratton Oakmont, che nel giro di pochi anni divenne uno dei più grandi broker della East Coast. Grazie alla sua determinazione e insolenza, Belfort aveva attirato centinaia di giovani broker da tutto il Paese. Belfort era diventato il "Lupo di Wall Street[203] ". Al suo apice, la società Stratton Oakmont

---

[201] Charles Ferguson, *Inside Job, la crisi finanziaria*... Ediciones Deusto, Barcellona, 2012, p. 58.
[202] Contrariamente a Martin Scorsese, il regista del film *The Wolf of Wall Street* tratto dal libro di Belfort, non si è obbligati a credere a tutte le coincidenze e alle storie straordinarie raccontate dal truffatore. Quando si leggono le testimonianze di Elie Wiesel o di Simon Wiesenthal, si impara a decifrare le affermazioni di questi fabulatori.
[203] In realtà, nessuno lo ha mai chiamato così. È il soprannome che si è dato nel suo libro.

impiegava circa un migliaio di giovani broker, e i trentenni si contavano sulle dita di una mano. Tutti loro ripetevano in loop l'argomentazione che lo stesso Belfort aveva inventato per vendere agli investitori azioni ultra-speculative a 1 o 2 dollari. Al telefono urlava come un pazzo, con l'unico obiettivo di non essere mai riagganciato finché non avesse convinto il cliente.

La Stratton Oakmont acquistava azioni a basso prezzo di società non quotate sul mercato OTC e poi le rivendeva nella propria trading room[204]. Si dovevano, scrive Belfort nel suo libro, "*individuare nuove società con potenziale di crescita e così disperatamente bisognose di denaro da essere disposte a vendermi una parte sostanziale delle loro azioni in cambio di un mio finanziamento... il processo di acquisto di partecipazioni in società private e di successiva vendita di una parte del mio investimento originale (e di recupero dei miei soldi) era ciò che rendeva Stratton simile a una macchina per la stampa di azioni. E man mano che utilizzavo il potere del trading floor per portare sul mercato le mie società, il mio reddito netto aumentava sempre di più. A Wall Street questo processo è noto come ingegneria finanziaria[205] "*. Faceva salire artificialmente il prezzo delle azioni delle società che quotava in borsa, acquistando personalmente grandi quantità di azioni, ma anche attraverso società di comodo o procure domiciliate in paradisi fiscali. In questo modo eludeva la legge che obbligava un investitore che acquistava più del 5% delle azioni di una società a rivelare le proprie

---

[204] Un mercato *over-the-counter* (OTC) è un mercato parallelo non organizzato in cui vengono scambiate azioni, obbligazioni e altri strumenti finanziari come i derivati di credito. Negli Stati Uniti, le negoziazioni OTC sono condotte attraverso intermediari che utilizzano servizi come *OTC Bulletin Board* (OTCBB) e *Pink Sheets*. Il mercato OTC è monitorato dalla NASD (National Association of Securities Dealers). Poiché non è negoziato in una borsa valori importante e le ricerche sono scarse, queste operazioni sono considerate rischiose. Poiché le negoziazioni in questo mercato sono molto rare, la differenza tra i prezzi di domanda e di offerta è molto elevata. Stratton Oakmont, Inc. era un broker-dealer *over-the-counter* (OTC) con sede a Long Island. Stratton Oakmont organizzava schemi di *pump-and-dump* in quel mercato azionario parallelo, una forma di frode azionaria a piccola capitalizzazione che consiste nel gonfiare artificialmente il prezzo delle proprie azioni attraverso dichiarazioni positive false e fuorvianti per "*pomparle*" agli investitori al fine di vendere quelle azioni, acquistate a un prezzo basso, a un prezzo più alto. Una volta che gli operatori dello schema *scaricano* le loro azioni sovraprezzate, il prezzo scende e gli investitori perdono i loro soldi. Stratton Oakmont ha anche cercato di mantenere il prezzo di un'azione rifiutandosi di accettare o elaborare ordini di vendita sull'azione.
[205] Jordan Belfort, *Il lupo di Wall Street* (2007), Booket (Grupo Planeta), Barcellona, 2015, p. 88, 77-78

intenzioni. Una volta introdotta la società in borsa, e dopo che il titolo era salito notevolmente, rivendeva le proprie azioni, facendo crollare il prezzo del titolo e rovinando gli altri investitori.

Nel suo libro del 2007 *The Wolf of Wall Street,* Jordan Belfort ha scritto: "*Una tipica emissione di Stratton consisteva in due milioni di unità offerte a quattro dollari l'una, il che, di per sé, non era troppo spettacolare. Ma con un campo di calcio pieno di giovani Strattoniti che sorridevano, telefonavano e cavavano gli occhi alla gente, la domanda divenne presto spettacolarmente più grande dell'offerta... per ogni unità data al prezzo dell'offerta pubblica iniziale, si dovette acquistare dieci volte la quantità ricevuta quando l'emissione iniziò a essere scambiata sul mercato secondario*[206]".

Belfort ha anche fornito alcune spiegazioni su quelle che chiamava le sue "trappole per topi", ovvero le sue società di comodo: "*Dei due milioni che venivano immessi sul mercato, la metà finiva sui miei conti delle trappole per topi. Li acquistavo da loro a circa cinque o sei dollari per azione e li depositavo sul conto della mia società. Poi avrei usato il potere della trading room, gli immensi acquisti che sarebbero stati generati da quell'incontro per far salire il prezzo a venti dollari l'unità, il che ci avrebbe assicurato un profitto di quattordici-quindici milioni sulle carte*[207]".

In questo modo, Belfort è riuscito ad accumulare una fortuna considerevole in un breve periodo di tempo. All'inizio del 1993 era all'apice della sua gloria. Aveva appena battuto il suo record di profitto portando in borsa il produttore di scarpe Steve Madden, di cui aveva acquisito l'80% delle azioni. L'operazione gli aveva fruttato 12,5 milioni di dollari in tre minuti. "*Quindi, per controllare Steve, dovevo essere in grado di gestire il prezzo delle sue azioni una volta che fossero state quotate in borsa. Poiché Stratton sarebbe stato il suo principale trader, praticamente tutti gli acquisti e le vendite sarebbero avvenuti tra le quattro mura della nostra sala trading, dandomi l'opportunità di far salire e scendere il prezzo delle azioni a mio piacimento. Così, se Steve non si fosse comportato come avrebbe dovuto, avrei potuto far scendere il prezzo delle sue azioni fino a pochi centesimi. In effetti, questa era la spada di Damocle che pendeva sui clienti dell'investment banking di*

---

[206] Jordan Belfort, *The Wolf of Wall Street* (2007), Booket (Grupo Planeta), Barcellona, 2015, p. 116.
[207] Jordan Belfort, *The Wolf of Wall Street* (2007), Booket (Grupo Planeta), Barcellona, 2015, p. 121.

Stratton Oakmont. E io la usavo per assicurarmi che rimanessero fedeli alla causa Stratton, il che significava che mi emettevano azioni a un valore inferiore a quello di mercato, in modo che io, sfruttando il potere della mia sala di negoziazione, potessi venderle e trarne un enorme profitto[208] ".

La sua trappola principale era un certo Elliot Lavigne, presidente di Perry Ellis, uno dei maggiori produttori di abbigliamento d'America: "Oltre a *essere un giocatore d'azzardo e un tossicodipendente di prima categoria, Elliot era anche un adultero ossessionato dal sesso e compulsivo. Rubava milioni di dollari all'anno a Perry Ellis. Aveva accordi segreti con le sue fabbriche all'estero, che facevano pagare all'azienda uno o due dollari in più per ogni capo realizzato. Elliot riceveva una percentuale di questa sovrafatturazione. Si trattava di milioni. Quando io gli procuravo un profitto con le mie emissioni di titoli, lui mi dava la mia parte usando il denaro che riceveva dalle sue fabbriche d'oltremare. Era uno scambio perfetto che non lasciava traccia... Mi aveva pagato più di cinque milioni di dollari in contanti, che erano al sicuro in cassette di sicurezza in varie banche degli Stati Uniti. Non ero ancora sicuro di come avrei trasferito tutto quel denaro in Svizzera, ma avevo qualche idea*[209] ".

Inebriato da questa rapida ascesa che lo ha reso immensamente ricco, Belfort si concede ogni sorta di follia: una casa di ventiquattro stanze, giri in elicottero - che pilotava lui stesso - auto di lusso (Lamborghini bianche, Aston Martin, limousine con autista), viaggi sul suo yacht *Nadine* lungo 37 metri; ma anche prostitute di lusso e droghe, tante droghe, di tutti i tipi: Mandrax, Xanax, Valium, Qualuuds (Methaqualone), MDMA, Marijuana, Cocaina, ecc.

Il film *The Wolf of Wall Street*, uscito nel novembre 2013 negli Stati Uniti e diretto dal celebre Martin Scorsese, è un adattamento abbastanza fedele della biografia di Belfort. La maggior parte delle voci di Leonardo DiCaprio (nel ruolo di Belfort) provengono dal libro, così come la maggior parte delle avventure a volte difficili da credere: l'elicottero che atterra sulla sua proprietà mentre è completamente fatto; il bizzarro naufragio del suo yacht in una tempesta al largo delle coste italiane, ecc. Ma il film di Scorsese è soprattutto un volgare susseguirsi

---

[208] Jordan Belfort, *Il lupo di Wall Street* (2007), Booket (Grupo Planeta), Barcellona, 2015, p. 94.
[209] Jordan Belfort, *Il lupo di Wall Street* (2007), Booket (Grupo Planeta), Barcellona, 2015, p.179-180

di scene di pacchiana dissolutezza. La cocaina viene sniffata sulle natiche di una prostituta, ad esempio. Per quasi tre ore, scene di sesso e tossicodipendenza si alternano all'ostentazione della ricchezza dell'"eroe". La volgarità appare in ogni angolo; la parola "*fuck*" viene pronunciata 569 volte[210].

Certamente, siamo stati avvertiti fin dall'inizio. Infatti, all'inizio del film, vediamo il giovane Jordan ascoltare i saggi consigli di un broker capo dei Rothschild. Mark Hanna (interpretato dall'eccellente Matthew McConaughey) gli rivela la regola d'oro di Wall Street: "*Metti in tasca i soldi dei clienti. Noi non creiamo nulla, non costruiamo nulla; non sappiamo se il mercato azionario salirà o meno. Dovete sempre reinvestire i profitti dei vostri clienti.... E diventiamo ricchi mentre lo facciamo!*[211] " Mark Hanna incoraggiò anche il giovane Jordan ad assumere cocaina per migliorare le sue prestazioni: "*Wall Street è fatta così. Ma ti dico che la cocaina ti aiuta a superare questo lavoro! Questo lavoro in borsa è una follia. Voglio dire, non fraintendetemi, i soldi e tutto il resto sono fantastici, ma non stai creando nulla, non stai costruendo nulla. Quindi, dopo un po' diventa monotono... La verità è che siamo solo venditori disonesti*[212] ".

L'unico aspetto che non compare - né nel libro né nel film - sono le migliaia di vittime del truffatore e dei suoi scagnozzi. Un altro elemento che spicca per la sua assenza è l'ebraicità dei protagonisti, che il regista Martin Scorses si è astenuto dal mostrare agli spettatori. Infatti, l'attore principale, Leonardo DiCaprio, è un goy dal volto nordico. Certo, lo stesso Belfort non ha caratteristiche specificamente ebraiche e assomiglia a qualsiasi individuo europeo, anche se la sua morale è molto lontana da quella di un cristiano cattolico o di un musulmano, e le sue pratiche finanziarie e il suo osceno materialismo non fanno parte dei costumi tradizionali delle popolazioni europee. Ancora una volta, quindi, il goy deve sopportare tutte le nefandezze dell'ebreo, soprattutto la sua passione per il profitto, la sua insaziabile sete di beni materiali, così caratteristica dello spirito ebraico e che Jordan Belfort mette in evidenza in molti passaggi della sua biografia. Veniamo a sapere che, all'apice della sua gloria, guadagnava un milione di dollari a settimana.

---

[210] Anche Martin Scorsese si è ispirato al film *Boiler Room* (USA, 2000) di Ben Younger.
[211] Jordan Belfort, *Le Loup de Wall Street*, Le Livre de Poche, 2017, p. 23 [passaggio incluso a causa di discrepanze di traduzione con la versione Booket].
[212] Jordan Belfort, *Il lupo di Wall Street* (2007), Booket (Grupo Planeta), Barcellona, 2015, pagg. 22-23.

Egli mostra più volte al lettore la sua ricchezza: i suoi "*spettacolari stivali neri da cowboy con la pelle di coccodrillo....erano costati duemilaquattrocento dollari e lui li adorava*" e come "*sfoggiava un sottile e sobrio orologio d'oro Bulgari da diciottomila dollari*" (pag. 52); la sua "*limousine, un bordello su ruote da novantaseimila dollari*" (pag. 63), l'acquisto di "*un'Aston Martin Virage verde per duecentocinquantamila dollari*" (pag. 297) e "*la nuovissima Ferrari Testarossa bianco perla con dodici cilindri e quattrocentocinquanta cavalli*" (pag. 450). Oppure le bottiglie di vino da tremila dollari, i conti del ristorante da diecimila dollari: "*Abbiamo fatto tintinnare i bicchieri e bevuto cinquecento dollari di vino in meno di un secondo*" (pag. 255), il suo "*copriletto di seta bianca da dodicimila dollari*" (pag. 342), le "*borse della spesa contenenti centocinquantamila dollari di abbigliamento femminile*" e l'orologio della moglie, un "*Cartier nuovo di zecca da quarantamila dollari tempestato di diamanti*" (pag. 452). Quando suo figlio nacque al "*Long Island Jewish Hospital, a meno di due chilometri da Stratton Oakmont*", Belfort racconta di aver girato "*per il reparto maternità distribuendo orologi d'oro*" (pag. 440).

In un discorso ai suoi agenti di cambio (che vediamo alla fine del film), cita pubblicamente gli esordi di una delle prime collaboratrici di Stratton, "Carrie": "*Quando pensiamo a Carrie, la immaginiamo come è oggi: una bella donna che guida una Mercedes nuova di zecca, che vive nel miglior quartiere di Long Island, che indossa abiti Chanel da tremila dollari e vestiti Dolce & Gabana da seimila, che trascorre le vacanze invernali alle Bahamas e quelle estive negli Hamptons.... e sapete tutti che Carrie è una delle dirigenti più pagate di Long Island, che quest'anno guadagnerà più di un milione e mezzo!*" (pagina 334). Tutti i corridoi applaudono freneticamente questo discorso. In un'altra scena, vediamo Belfort che esorta i suoi uomini a prendere i soldi dai clienti. I giovani broker reagiscono in modo furioso, trionfale, stringendo i pugni e gridando istericamente.

Siamo qui lontani anni luce dall'anima dell'uomo latino, celtico, germanico o slavo, anche se bisogna riconoscere che lo spirito ebraico[213], per contagio, è riuscito a permeare profondamente lo spirito di molti europei, soprattutto tra i protestanti anglosassoni. Nel suo libro, Belfort menziona il reclutamento dei suoi broker: "*La maggior parte dei miei primi cento Strattoniti proveniva dal seno di quei ghetti*

---

[213] Pensiamo che si possa riassumere in "comprare basso e vendere alto". (NdT).

dell'alta borghesia ebraica... gli ebrei più selvaggi di Long Island che vivevano nei quartieri di Jericho e Syosset[214]."

Ecco come Belfort descrive nel suo libro il suo amico e principale collaboratore Danny Porush, interpretato nel film dal personaggio chiamato "Donnie Azoff": "*Danny Porush era un ebreo della varietà ultra-selvaggia. Era di media altezza e corporatura, circa un metro e ottanta e settantacinque chili, e non aveva alcun tratto identificativo che lo facesse riconoscere come membro della Tribù. Nemmeno i suoi occhi blu acciaio, che generavano un calore pari a quello di un iceberg, avevano qualcosa di giudaico[215]*".

Tutti gli altri complici di Belfort erano ebrei, soprattutto gli amici di Danny Porush che erano presenti alla creazione della partnership Stratton Oakmont. C'era "Brad", un trafficante criminale di prodotti per il doping sportivo, Nicky Koskoff, Kenny Greene, Chester e Robbie Feinberg. Andy Greene, un amico d'infanzia di Belfort, era l'avvocato della società. È molto riconoscibile nel film per via della sua parrucca. "*Choza e io ci conoscevamo fin dalle scuole elementari. All'epoca aveva i capelli biondi più spettacolari che si possano immaginare, morbidi come treccine. Ma quando arrivò il suo diciassettesimo compleanno, quella meravigliosa chioma era un lontano ricordo[216]*". Belfort lo descrive come "*un comune ebreo sulla cinquantina, con qualche criniera e una pancia prodigiosa*", osservando inoltre "*il suo cranio ebraico a forma di uovo[217]*".

Todd Garret era un'altra vecchia conoscenza, un ragazzo del quartiere in cui era cresciuto Jordan Belfort. Todd era entrato presto nel giro della droga. "Aveva *poco più di vent'anni e guadagnava centinaia di migliaia di dollari all'anno. Trascorreva le estati nel sud della Francia e sulla Riviera italiana, e gli inverni sulle gloriose spiagge di Rio de Janeiro[218]*". Era "*il più grande spacciatore di qualità degli Stati Uniti*". Nel film

---

[214] Jordan Belfort, *The Wolf of Wall Street* (2007), Booket (Grupo Planeta), Barcellona, 2015, p. 138.
[215] Jordan Belfort, *The Wolf of Wall Street* (2007), Booket (Grupo Planeta), Barcellona, 2015, p. 80. "*Mi spiegò anche che aveva sposato la sua prima cugina, Nancy*", p. 81. Sulla consanguineità all'interno della comunità ebraica, si legga *Psicoanalisi dell'ebraismo*.
[216] Si nota qui la tendenza di Belfort a esagerare.
[217] Jordan Belfort, *The Wolf of Wall Street* (2007), Booket (Grupo Planeta), Barcellona, 2015, p. 86-87.
[218] Jordan Belfort, *The Wolf of Wall Street* (2007), Booket (Grupo Planeta), Barcellona, 2015, p. 243.

lo vediamo con una lettera ebraica sulla sua lunga collana, con la moglie di origine slovena, cittadina svizzera, che arrivano all'aeroporto di Ginevra con centinaia di migliaia di dollari attaccati al corpo.

L'unico non ebreo della banda era di origine cinese: "*Victor Chang era cinese di nascita ed ebreo adottivo, essendo cresciuto tra gli ebrei più selvaggi di Long Island*[219] ". Nel suo libro, Belfort esprime molto disprezzo e ostilità nei suoi confronti. Ma in realtà tutti questi ebrei nutrivano un profondo disprezzo per tutti i goyim in generale. Belfort dà sfogo ai suoi sentimenti di odio verso i WASP (White Anglo-Saxon Protestants) nel corso della sua biografia: "*WASP dal sangue blu e cavalli troppo costosi*"; "*Personalmente li detesto entrambi*" (pagine 31-32); "*Sir Max, un raffinato gentiluomo dai modi impeccabili e dall'accento che puzzava di aristocrazia britannica*" (pagina 109); "*i loro figli e figlie idioti*" (pagina 223); "*i WASP figli di puttana*" (pagina 252); Thurston Howell III "*era uno stupido WASP. Nel tipico stile WASP, aveva sposato una femmina della sua specie... un'atroce bionda stupida quanto lui*" (pag. 337); "*un vecchio WASP figlio di puttana con un quoziente intellettivo di sessantacinque anni e un problema di incontinenza*" (pag. 338). Ora immaginate un romanziere che scrive un libro per il grande pubblico con queste espressioni: "*Era un ebreo bastardo che puzzava di truffa e di alta finanza internazionale*".

Sembrava che gli ebrei stessero finalmente per avere la loro rivincita: "*Il Brookville Country Club non era l'unico a limitare l'ingresso agli ebrei. No, no e no! Tutti i club della zona erano off-limits per gli ebrei e per chiunque non fosse un figlio di puttana WASP dal sangue blu... Tuttavia, alla fine mi resi conto che il tempo dei WASP era passato, che erano una razza in via di estinzione, come il dodo o il gufo maculato. E se era vero che avevano ancora i loro piccoli club di golf e le loro riserve di caccia come ultimi baluardi di resistenza alle orde degli shtetl, non erano altro che le Piccole Grandi Corna del XX secolo, in procinto di cadere sotto i colpi degli ebrei selvaggi che, come me, avevano fatto fortuna a Wall Street*[220] ".

---

[219] Jordan Belfort, *The Wolf of Wall Street* (2007), Booket (Grupo Planeta), Barcellona, 2015, p. 138.
[220] Jordan Belfort, *The Wolf of Wall Street* (2007), Booket (Grupo Planeta), Barcellona, 2015, p. 64. Gli shtetl erano le piccole città abitate dagli ebrei nell'Europa orientale prima della seconda guerra mondiale. Jordan Belfort aveva davvero grandi aspirazioni e modelli da emulare: "Il *mio ufficio si trovava all'estremità della business lounge e,*

Ma Jordan Belfort non sarebbe un vero ebreo se non cercasse in un modo o nell'altro di colpevolizzare i suoi lettori goyim. Ascoltatelo mentre si lamenta dell'antisemitismo e delle sofferenze patite dai poveri ebrei quando "*Hitler aveva devastato l'Europa e sterminato sei milioni di ebrei nelle camere a gas*[221]": ricordate che "*quei bastardi svizzeri*" si erano tenuti i soldi che gli ebrei sterminati avevano nei loro conti bancari. "*A tutt'oggi, miliardi e miliardi di dollari rimangono non reclamati... Tutto quel denaro ebraico è andato perduto per sempre, assorbito dal sistema bancario svizzero... Ho guardato fuori dalla finestra, vedendo solo i fantasmi di alcuni milioni di ebrei assassinati. Stavano ancora cercando i loro soldi*[222]".

In breve, la sua motivazione principale, dal punto di vista professionale, potrebbe essere riassunta in questa semplice domanda: "Come ottenere il massimo dei soldi dalle tasche di quegli stupidi WASP? In effetti, egli stesso ha rivelato la sua mentalità, prendendo il suo caso come un caso generale: "Dopo tutto, *tutti fregano tutti è la natura del capitalismo del 20° secolo, e colui che ha fregato il maggior numero di persone è stato alla fine colui che ha vinto il gioco. In questo senso, ero il campione del mondo imbattuto*[223]".

Con una morale come la sua, Jordan Belfort avrebbe potuto almeno comprendere una delle tante cause dell'antisemitismo. Ma è vero che questo criminale non menziona mai nel suo libro le sue innumerevoli vittime che non sembrano avere la minima importanza per lui.

Per stimolare la sua combattività e la sua voglia di vincere, Belfort aveva bisogno di droghe, molte e molte droghe. Assumeva in media circa diciotto pillole di qualuuds (methaqualone), la sua "*droga d'elezione*[224]", ogni giorno, oltre a copiose dosi di cocaina.

---

mentre mi facevo strada attraverso il mare umano, mi sentivo come Mosè con gli stivali da cowboy. I corridoi si aprivano per me man mano che procedevo". p. 69-70.

[221] Jordan Belfort, *The Wolf of Wall Street* (2007), Booket (Grupo Planeta), Barcellona, 2015, p. 177.

[222] Jordan Belfort, *The Wolf of Wall Street* (2007), Booket (Grupo Planeta), Barcellona, 2015, p. 177-178.

[223] Jordan Belfort, *The Wolf of Wall Street* (2007), Booket (Grupo Planeta), Barcellona, 2015, p. 49.

[224] Tanto che Belfort era entusiasta di una marca particolarmente stimolante: "*I geni della Lemmon Pharmacochemicals commercializzavano i loro qualuuds con il marchio Lemmon 714... Erano leggendari, non solo per la loro potenza ma anche per la loro capacità di trasformare le vergini della scuola cattolica in regine della fellatio. Da qui*

Tuttavia, non è stato a causa del suo uso di droghe che Jordan Belfort è stato inizialmente perseguitato. Nel 1992, la SEC (il gendarme di Wall Street) aveva presentato una prima denuncia contro Stratton Oakmont, "*accusandolo di manipolazione delle azioni e dell'uso di tattiche di vendita ad alta pressione*[225] ".

L'FBI cominciò a interessarsi direttamente a lui. Sentendosi spiato, afflitto dalla paranoia, Belfort si diede al consumo di qualsiasi prodotto che potesse portargli una qualche forma di serenità: morfina "*contro il dolore*", pillole di Soma "*per rilassare i muscoli*", Xanax "*per l'ansia*", Prozac "per la *depressione*", Paxil "per gli *attacchi di panico*", Zofran "per la *nausea*", Valium "*per rilassare i nervi*"... e "*mezzo litro di scotch Macallan single malt, per farmi passare tutto il resto*[226]."

Ma senza successo. Nel 1994 fu costretto a lasciare la presidenza di Stratton, dopodiché fu arrestato e costretto a pagare una cauzione di dieci milioni di dollari. Riuscì a uscirne solo vendendo i suoi beni e accettando di collaborare con l'FBI. Nel 1996, la Stratton fu messa in amministrazione controllata e chiusa dalle autorità di regolamentazione per "*manipolazione delle azioni e violazione delle pratiche commerciali*".

Belfort è stato condannato solo nel 2003: quattro anni di carcere per frode azionaria e riciclaggio di denaro. Secondo il giudice John Gleeson della Corte distrettuale federale di Brooklyn, Belfort doveva restituire 110 milioni di dollari ai 3.000 investitori truffati e derubati. Una volta uscito di prigione, avrebbe dovuto versare il 50% del suo reddito

---

il loro soprannome "aprigambe". - Li voglio tutti! - Ho abbaiato". The Wolf of Wall Street, pagg. 341-342. (NdT).

[225] Jordan Belfort, *El Lobo de Wall Street* (2007), Booket (Grupo Planeta), Barcellona, 2015, p. 274. [Come abbiamo già visto, la tattica principale della truffa di Belfort era il "pump *and dump*". Una forma di frode azionaria che coinvolge il possessore di un'azione, sapendo che ha scarso potenziale futuro. Il broker utilizza campagne di disinformazione per sopravvalutare l'attività o la sua influenza sui media per attirare nuovi investitori e far salire artificialmente il prezzo. La trading room di Belfort, con i suoi broker, ha creato la domanda artificiale per far salire il prezzo delle azioni. Una volta che il leader dello schema "*pump and dump*" riesce a gonfiare il prezzo delle sue azioni molto al di sopra del loro valore razionale, vende in massa le sue azioni, il prezzo scende, riadattandosi al prezzo reale o addirittura scendendo al di sotto di esso quando gli investitori perdono i loro soldi. I titoli che cadono vittime di questo schema sono noti come *chop stock*. Questa tattica è ben esposta nel film *Boiler Room* (USA, 2000) di Ben Younger, ispirato al caso Stratton Oakmont].

[226] Jordan Belfort, *The Wolf of Wall Street* (2007), Booket (Grupo Planeta), Barcellona, 2015, p. 465.

mensile in un fondo di compensazione per tutte le sue vittime. Il truffatore ha scontato solo due anni di carcere (22 mesi) ed è stato rilasciato nell'aprile 2006. Belfort ha avuto l'idea di scrivere la sua biografia in carcere, consigliato dal suo agente letterario Joel Gotler e da Irwyn Appelbaum, il direttore della casa editrice, che ha visto una buona opportunità per fare più soldi a spese dei goyim. Il libro è stato pubblicato nel 2007.

Il truffatore ora teneva conferenze sulle strategie di vendita per la modica cifra di 30.000 dollari a spettacolo. Viveva in una casa nel quartiere residenziale di Manhattan Beach, dichiarando di essere pentito, ma continuando a raccontare le sue imprese passate con allegria. L'uscita del film, nel dicembre 2013, è stata per lui fonte di soddisfazione, anche se ha rimborsato solo 11,6 milioni di dollari dei 110 milioni dovuti alle vittime.

Jordan Belfort sosteneva di *aver "truffato solo i ricchi"*. Un articolo di Susan Antilla, pubblicato sul *New York Times* il 19 dicembre 2013, ha dimostrato al contrario che le sue numerose vittime erano della classe media. Peter Springsteel, architetto di Mystic, nel Connecticut, ha raccontato che aveva appena avviato il suo studio quando, all'inizio degli anni '90, fu contattato da un broker di Stratton che gli fece perdere metà dei suoi risparmi. *"Mio padre ha perso quasi un quarto di milione di dollari"*, ha dichiarato Louis Dequine, veterinario di Oak Creek, Colorado. Diane Nygaard, un avvocato che ha difeso alcune delle vittime, ha sottolineato che *"Jordan Belfort ha rovinato molti cittadini della classe media, pensionati e piccole imprese"*. Secondo l'avvocato, Belfort non è stato sincero nel suo pentimento o quando ha finto di essere cambiato e di aver *"trovato Dio sul suo cammino"*. In effetti, nessuna delle sue migliaia di vittime è stata menzionata nel suo libro. Scorsese aveva anche compiuto l'impresa di nascondere l'ebraicità dell'"eroe" e della sua banda.

In un articolo apparso sulla stampa ebraica americana, intitolato *The Wolf and the Jewish problem*, lo scrittore ebreo Ron Eshman si è detto tuttavia un po' deluso dal fatto che Scorsese abbia cancellato l'ebraicità dei protagonisti: "Lo *capisco: fare diversamente potrebbe dare l'immagine di un film antisemita. Scorsese è molto più a suo agio nel ritrarre l'italianità dei gangster violenti che l'ebraicità dei truffatori ebrei"*.

Ha anche messo in dubbio il fatto che i grandi truffatori fossero sempre ebrei: *"La domanda che mi pongo e che mi perseguita è se c'è qualcosa di sbagliato nella vasta area grigia che li porta a oltrepassare questa*

linea. I Belfort e i Madoff sono mutazioni innaturali, o sono l'inevitabile conseguenza di atteggiamenti radicati nella nostra comunità [227] ?"
Bella domanda.

La truffa della bolla dotcom

Le tattiche della truffa di Jordan Belfort sono state replicate nella grande truffa della bolla internet del 1999: società che erano solo idee sono state lanciate in borsa e, grazie al clamore mediatico, sono state vendute al pubblico per miliardi. Gli analisti della banca Goldman Sachs gonfiarono artificialmente le azioni, sostenendo che il titolo *pedazodegoy.com* valeva 100 dollari.

In un articolo pubblicato sul numero di luglio 2009 della rivista *Rolling Stone*, il giornalista Matt Taibbi ha usato questa originale metafora per descrivere la situazione: "*Era come se le banche, compresa Goldman Sachs, avessero avvolto dei cocomeri in una bella carta da regalo e li stessero lanciando dal cinquantesimo piano mentre facevano una telefonata per metterli in vendita. In questo gioco, si poteva vincere solo se si recuperavano i soldi prima che i cocomeri esplodessero sul marciapiede*".

Matt Taibbi ha fornito alcune spiegazioni: Fin dalla Grande Depressione del 1929, c'erano regole severe che Wall Street doveva seguire durante un'IPO. La società doveva esistere da almeno cinque anni e doveva generare profitti per almeno tre anni consecutivi. Ma queste regole sono state gradualmente abolite. In seguito, era sufficiente un solo anno di profitto, o anche un solo trimestre. All'epoca della bolla di Internet, le banche non chiedevano nemmeno una previsione di redditività.

Nel 1996, dopo aver quotato l'allora poco conosciuta Yahoo, Goldman Sachs era diventata una specialista in questo tipo di operazioni. Ma delle ventiquattro società quotate dalla banca nel 1997, un terzo erano in perdita. Nel 1999, all'apice della bolla, la banca aveva quotato 47 società, tra cui aziende zombie come *Webcam* ed *eToys*. Quell'anno, le azioni di queste società sono aumentate del 281% rispetto al loro valore di ingresso, rispetto a una media del 181% per tutti gli indici di Wall

---

[227] *Jewish Journal*, 31 dicembre 2013. La risposta a questa angosciosa domanda si trova nella nostra *Psicoanalisi dell'ebraismo*, 2006.

Street. Nei primi quattro mesi dell'anno successivo, Goldman ha quotato altre 18 società, 14 delle quali all'epoca in perdita.

Per manipolare i prezzi delle azioni, Goldman utilizzava una tattica chiamata *laddering*: una società chiedeva a Goldman di essere introdotta in borsa. La banca concordava con la società *pedazodegoy.com* il numero di azioni da offrire al pubblico, le commissioni (ad esempio il 6 o 7% del capitale raccolto) e gli accordi con i potenziali grandi investitori. Goldman offriva quindi ai suoi migliori clienti il diritto di acquistare grandi blocchi di azioni al prezzo di lancio, in cambio dell'impegno ad acquistare ulteriori azioni in un secondo momento sul mercato. Questi accordi garantivano l'aumento del prezzo, poiché i grandi investitori che avevano acquistato azioni al prezzo iniziale di 15 dollari, ad esempio, avrebbero dovuto comprarne altre a 20 o 25 dollari in una data successiva concordata, garantendo così che il prezzo sarebbe salito a più di 25 dollari. In questo modo, Goldman ha potuto gonfiare artificialmente il prezzo delle azioni e ricevere una commissione del 6% su centinaia di milioni di dollari.

Goldman Sachs è stata più volte perseguita dagli azionisti per questa pratica, il *laddering*. Queste manovre fraudolente avevano attirato l'attenzione di Nicholas Maier, gestore di Cramer & Co, un hedge fund gestito all'epoca da Jim Cramer, anch'egli ex dipendente di Goldman Sachs e poi diventato un famoso presentatore televisivo. Maier aveva testimoniato alla SEC che mentre lavorava per Cramer, tra il 1996 e il 1998, era stato costretto più volte a partecipare a operazioni *di laddering* per le introduzioni in borsa di Goldman. Nel 2005, Goldman ha accettato di pagare 40 milioni di dollari per la sua frode - una multa ridicola rispetto ai giganteschi profitti che la banca aveva intascato.

Anche Goldman Sachs si è impegnata nello *spinning* durante la bolla delle dotcom. Ha offerto ai dirigenti della società quotata in borsa azioni privilegiate in cambio di futuri clienti. Il prezzo di lancio iniziale è stato volontariamente sottovalutato, con l'accordo del management della società. Invece di fissare l'azione di *pedazodegoy.com* a 20 dollari, la fissò a 18 dollari e acquistò un milione di azioni per conto del presidente della società, non della società stessa. Goldman aveva quindi offerto diversi milioni di dollari all'amministratore delegato di eBay Meg Whitman in cambio della futura base di clienti di eBay. Whitman è poi entrata a far parte del consiglio di amministrazione di Goldman.

Tali pratiche hanno contribuito a rendere la bolla di Internet una vera e propria truffa. Quando gli investitori persero la fiducia e si scatenò il panico, 5 miliardi di dollari sparirono dal solo indice Nasdaq. Ma il denaro non è andato perso per tutti. Tra il 1999 e il 2002, Goldman Sachs aveva distribuito 28,5 miliardi di dollari ai suoi broker, una media di 350.000 dollari all'anno per ogni broker. Nel 2002, dopo il crollo della bolla delle dotcom, un rapporto della Camera dei Rappresentanti accusò Goldman Sachs di aver fatto queste offerte preferenziali ai manager di 21 società che aveva lanciato in borsa. Goldman denunciò con veemenza il rapporto, prima di pagare 110 milioni di dollari per porre fine all'indagine avviata dallo Stato di New York. Per una banca che pagava 7 miliardi di dollari in stipendi, una multa di 110 milioni di dollari da pagare in 5 anni non sembrava molto dissuasiva. Jon Corzine, che ha diretto Goldman dal 1994 al 1999, ha negato qualsiasi frode da parte dei dirigenti della banca. Alla domanda di un giornalista durante un'intervista, ha risposto: "*Non ho mai sentito il termine laddering prima di oggi!*

Abuso di informazioni privilegiate

Si tratta di un reato che consiste nell'utilizzare o trasmettere informazioni privilegiate non note al pubblico quando queste avrebbero avuto un impatto positivo o negativo sul valore dei titoli quotati in borsa. L'insider, ad esempio, può acquistare un titolo poco prima di un'offerta pubblica di acquisto che sa essere imminente e poi rivenderlo con un notevole guadagno. Vediamo un esempio:

Nel 2001, David Zilkha lavorava in Microsoft ma stava per lasciare l'azienda per entrare a far parte dell'hedge *fund* Pequot Capital. Due settimane prima della scadenza del suo contratto in Microsoft, Arthur Samberg, presidente di Pequot Capital, gli aveva inviato un'e-mail preoccupato per l'andamento di Microsoft, società di cui il fondo possedeva azioni. Dopo aver chiesto ai suoi colleghi via posta interna, David Zilkha ha rassicurato il suo futuro capo che i dati che sarebbero stati pubblicati a breve dal gigante informatico non sarebbero stati deludenti. Ha quindi acquistato azioni Microsoft il cui prezzo è aumentato di un euro il giorno successivo, quando sono stati pubblicati i risultati della società. La plusvalenza generata da questa informazione è stata di 14,8 milioni di dollari. La Securities and Exchange Commission (SEC) non aveva prove sufficienti per condannare David Zilkha per "insider trading". Nel 2009, però, la sua ex moglie ha trovato le sue e-mail compromettenti e le ha consegnate alla SEC, intascando il 10% della multa, ovvero 1 milione di dollari.

Ivan Boesky: il punto di riferimento in questo campo

Ivan Boesky ha fondato la sua società d'affari a New York nel 1975. Nel 1986 aveva accumulato una fortuna di oltre 200 milioni di dollari. Boesky aveva guadagnato 65 milioni di dollari nel 1984, quando Chevron acquistò Golfe e Texaco acquistò Getty. Aveva anche guadagnato quasi 50 milioni di dollari nel 1985, quando Philip Morris acquistò General Foods. Ivan Boesky stava in realtà acquistando migliaia di azioni della società da comprare per rivenderle a un prezzo molto alto pochi giorni prima che una società annunciasse un'offerta pubblica di acquisto.

Si trattava chiaramente di insider trading. Boesky era complice di Dennis Levine, direttore della Drexel Burnham Bank. Dennis Levine, anch'egli imputato, aveva denunciato Boesky e i due furono arrestati nel 1986 per questo reato. A settembre, Boesky decise finalmente di collaborare con la SEC per salvarsi la pelle e fornì agli investigatori federali molte informazioni preziose sulle frodi azionarie. Fu lui a denunciare Michael Milken. Grazie a intercettazioni e registrazioni, gli investigatori riuscirono a perseguire quattordici persone, facendo guadagnare a Boesky l'onore di apparire sulla prima pagina del *Times* il 1° dicembre 1986. Dennis Levine, in qualità di presidente della Drexel Bank, fu condannato dalla SEC a pagare una multa di 1,1 miliardi di dollari, ma la banca andò in bancarotta. Boesky dovette pagare una multa di 100 milioni di dollari. Nel dicembre 1987, all'età di 50 anni, fu condannato a tre anni di carcere. Fu rilasciato due anni dopo, con il divieto di accedere ai mercati azionari.

Ivan Boesky è stato uno dei principali donatori dell'associazione di beneficenza ebraica mondiale CJA. La sua scheda "wikipedia" conteneva una buona dose di umorismo. Ascoltate: "*Boesky divenne in seguito un ebreo praticante e frequentò i corsi del Seminario Teologico Ebraico d'America, di cui era stato uno dei principali donatori*". Dobbiamo capire che non era ebreo quando era delinquente, ma che scoprendo le sue radici ebraiche si è redento ed è diventato un uomo onesto e un filantropo. È inutile cercare di scoprire chi ha scritto questo disco. In ogni caso, una parte del famoso discorso di Ivan Boesky del 1986 a Berkeley, Università della California, è rimasta ai posteri: "*Credo che l'avidità sia salutare. Si può essere avidi e sentirsi comunque bene con se stessi*".

Steven Cohen: "Si mangia ciò che si uccide".

Nel gennaio 2014, un altro caso del genere è stato giudicato negli Stati Uniti. Un broker di un fondo di investimento chiamato SAC Capital era sospettato di aver beneficiato di informazioni riservate. Nel 2008 sarebbe stato informato da un medico che un farmaco contro il morbo di Alzheimer sviluppato da due società controllate dal laboratorio statunitense Pfizer[228] - le società Elan e Wyeth - non avrebbe ricevuto l'autorizzazione dalla FDA (la Food and Drug Administration statunitense). Il giorno seguente, il fondo d'investimento SAC Capital ha venduto tutte le sue partecipazioni nelle due società, evitando così perdite significative, vendendo allo scoperto quasi 1 miliardo di dollari in azioni Elan e Wyeth prima della pubblicazione ufficiale del rapporto dell'agenzia, generando un profitto di 276 milioni di dollari[229]. Si è trattata della "*più lucrosa operazione di insider trading della storia*", secondo il procuratore degli Stati Uniti di Manhattan Preet Bharara, che ha aggiunto che la portata del crimine è "*storicamente senza precedenti*".

Il procuratore Preet Bharara aveva una lista di successi impressionante, avendo già perseguito 78 casi di insider trading senza perderne nemmeno uno. Dal 2009 aveva arrestato nove dipendenti della SAC Capital. Un mese prima aveva ottenuto l'incriminazione di Michael Steinberg per insider trading, che rischiava una condanna a 80 anni di carcere. Sei di loro erano stati condannati dopo essersi dichiarati colpevoli e quattro avevano accettato di collaborare con le autorità.

Il presidente di SAC Capital era un miliardario, una figura leggendaria e controversa di Wall Street: Steven Cohen. Per un decennio la magistratura statunitense ha cercato di metterlo alle strette. Secondo gli inquirenti, l'uso illegale di informazioni sensibili e non pubbliche

---

[228] Tra il 1995 e il 2009, 40 casi sono stati portati in tribunale per negligenza e frode. Pfizer ha pagato un totale di 6171 milioni di dollari in multe.

[229] Articolo tratto da *France24.com*, del 7 gennaio 2014. Si può scommettere sul rialzo di un'azione, di un'obbligazione o di una merce acquistandola. Ma si può anche scommettere sul ribasso vendendo ciò che non si possiede (l'attività in questione può essere acquistata per la vendita attraverso un prestito titoli), con la promessa di acquistarla in seguito. Si tratta di una vendita allo scoperto, o posizione corta. La persona che effettua la transazione si aspetta di ottenere un profitto economico nella misura in cui il valore del titolo è sceso perché lo vende a un prezzo più alto (momento iniziale) rispetto a quando lo acquista (momento successivo). Se invece il titolo dovesse salire, subirebbe una perdita.

ottenute attraverso una vasta rete di amici - soprattutto medici - era la sua principale fonte di affari.

Nel marzo 2013, due società controllate da SAC Capital hanno accettato di pagare 600 milioni di dollari per porre fine al procedimento penale. Si trattava della somma più alta mai pagata in casi del genere negli Stati Uniti. A prima vista, Steven Cohen sembrava essere fuori pericolo, ma la multa non ha messo fine alle indagini delle autorità federali. Steven Cohen, 56 anni, il 35° uomo più ricco degli Stati Uniti, i cui fondi gestiscono circa 14 miliardi di dollari, non era ancora stato incriminato personalmente.

Nel novembre 2013, tuttavia, dopo mesi di indagini, Steven Cohen è stato finalmente accusato di insider trading e ha accettato di pagare 1,2 miliardi di dollari per risolvere il procedimento penale, oltre ai 616 milioni di dollari pagati a marzo nell'ambito del procedimento civile. Con rendimenti annuali superiori al 25% per 20 anni, SAC Capital è stata costretta a rinunciare allo status di *hedge fund* e a diventare un semplice *family office*: Steven Cohen dovrà limitarsi a gestire i 9 miliardi di dollari che appartengono a lui e ai suoi stretti collaboratori.

Potrà continuare a occupare la sua villa di 3251 m² nel Connecticut, dove ha costruito un'impressionante collezione di arte contemporanea. Un articolo del settimanale *Le Point* del 9 febbraio 2006 intitolato "Steven Cohen, il boss di Wall Street" lo descriveva così: "*Il vero boss di Wall Street non vive a Manhattan, ma è confinato in una casa a Greenwich (Connecticut) chiusa da un muro alto quattro metri. Steven Cohen, 49 anni, si fa vedere raramente... Nel 2005 ha intascato 500 milioni di dollari. Qual è il suo segreto? Sa tutto prima di chiunque altro. Con gli occhi incollati agli schermi di controllo, analizza migliaia di dati e si infuria quando gli analisti di Wall Street non gli danno lo scoop su un'informazione. Gli investitori che gli affidano i loro soldi (4 miliardi di dollari) lo pagano a caro prezzo per i suoi servizi: Cohen riceve il 3% delle somme come commissioni di gestione (contro l'1,44% medio) e il 35% dei profitti (contro il 19,2% medio)*". Cohen "*professa il capitalismo totale:*" *Mangi quello che uccidi*", *dice ai suoi broker, che vengono remunerati in base alle loro capacità e alle loro performance*[230] ".

---

[230] In *Psicoanalisi dell'ebraismo (2006)* e *Fanatismo ebraico (2007)*.

3. La rapina alla Federal Reserve

All'inizio di ottobre 2008, il governo statunitense aveva ricevuto da senatori e rappresentanti l'autorizzazione a salvare le banche in difficoltà. Non meno di 700 miliardi di dollari sono stati prelevati dalle tasche dei contribuenti statunitensi.

Tutto è iniziato con una crisi immobiliare: la famosa crisi *dei subprime*[231]. I "prestiti predatori" che hanno sostenuto la base della piramide sono stati concessi dagli istituti di credito a milioni di famiglie a cui era stato promesso un futuro brillante. Per anni i banchieri hanno tratto immensi profitti, ma quando si è trattato di pagare il conto della festa, il governo statunitense ha trovato solo il contribuente da cercare e svuotare le tasche.

All'epoca, gli economisti avevano privilegiato le spiegazioni basate sui cicli economici e solo alcuni anni dopo gli analisti più coscienziosi hanno dimostrato che la crisi aveva un'origine criminale. Nel suo libro *La grande frode* (2011), Jean-François Gayraud ha denunciato la tesi secondo cui la crisi sarebbe stata una fatalità dei cicli economici. La spiegazione dominante dei cicli economici era infatti *"molto comoda per gli attori finanziari"*, dal momento che *"tutti e nessuno sono realmente responsabili*[232]*"*. Essendo il sistema fallibile, le persone erano vittime di fenomeni al di fuori del loro controllo. L'approccio dell'inevitabilità dei cicli è molto comodo perché ci permette di evitare le assillanti domande sulle reali cause delle crisi finanziarie. *In realtà"*,

---

[231] *The Big Short* (2015) è un film interessante su questa crisi. È basato sull'omonimo libro di Michael Lewis, che racconta la crisi finanziaria dal 2007 al 2010 dovuta all'accumulo di case e alla bolla economica. Il libro evidenzia la natura eccentrica del tipo di persona che scommette contro il mercato o va controcorrente. Questo si riflette nell'adattamento cinematografico, anche se, grazie a Dio (YHWH), la voce della coscienza morale universale si leva nel deserto attraverso il personaggio interpretato da un gestore di hedge fund ebreo per condannare la follia degli uomini e del mercato. (NdT).

[232] Jean-François Gayraud, *La grande Fraude*, Odile Jacob, 2011, p. 15.

ha scritto Jean-François Gayraud, "*le crisi finanziarie sono tragedie umane, non catastrofi naturali[233].*"

Jean-François Gayraud ha insistito sulla dimensione criminale della crisi, proprio come il giornalista William Black aveva fatto per la crisi delle Casse di Risparmio negli anni Ottanta. William Black - uno specialista di crimini finanziari che ha denunciato i "*truffatori manageriali*" - ha fatto l'apologia degli autori George Akerlof e Paul Romer che avevano scritto insieme un articolo che andava al cuore della questione: "*Solo una piccola percentuale degli studi universitari e dei libri di economia sulla crisi attuale menzionano questo testo fondamentale, o considerano la frode come una forza trainante della crisi*", ha scritto William Black.

George Akerlof aveva ricevuto il Premio Nobel nel 2001, soprattutto per il suo lavoro su un'altra forma di frode aziendale, e anche Paul Romer era un economista molto rispettato. "*La corporazione degli economisti si rifiuta ancora di analizzare le frodi aziendali o di interessarsi agli studi criminologici sulle truffe che sono alla base delle nostre ricorrenti e sempre più gravi crisi finanziarie: questo non fa onore alla disciplina. Del resto, ignorare un premio Nobel in una delle sue principali aree di competenza dimostra uno sconsiderato disprezzo per la verità[234].*"

La dimensione criminale della crisi *dei subprime* è ormai assolutamente chiara. I premi Nobel Paul Krugman e Joseph Stiglitz hanno denunciato gli abusi generati dalla deregolamentazione. Nel 2010, nel suo libro *La grande scommessa*, Michael Lewis ha preso di mira direttamente i "*manager truffaldini*". Ma ancora di più il giornalista Charles Ferguson, che ha portato alla luce l'intero fenomeno. Charles Ferguson ha vinto l'Oscar per il miglior documentario nel 2011 per il suo *Inside Job*, che ha denunciato la crisi finanziaria del 2008. Nel 2012, nel suo libro omonimo, *Inside Job*, Ferguson ha approfondito le sue ricerche. All'inizio del libro, era sorpreso che nessun protagonista fosse ancora dietro le sbarre. "*All'inizio del 2012, non era stata ancora

---

[233] Jean-François Gayraud, *La grande Fraude*, Odile Jacob, 2011, p. 16.
[234] "*Uno dei controlli più pertinenti che un lettore può fare prima di acquistare (o meno) un libro di economia sulla crisi è verificare se l'autore cita l'articolo del 1993 di George A. Akerlof e Paul M. Romer: "Looting: the Economic Underworld of Bankruptcy for Profit*" (William Black, *Une Fraude presque parfaite, Le pillage des caisses d'épargne américaines par leurs dirigeants*, Éditions Charles Léopold Mayer, 2012, p. 440).

formulata alcuna accusa penale nei confronti di alti dirigenti finanziari in relazione alla crisi finanziaria". Ha denunciato una *"condotta criminale diffusa e impunita nel settore finanziario"* che risale ai tempi della deregolamentazione criminogena degli anni '80: *"Abbiamo prove inconfutabili che negli ultimi trent'anni il settore finanziario statunitense è diventato un'industria canaglia^{235} ".*

Charles Fergusson ha confessato - un po' ingenuamente, in verità - la sua delusione per l'inazione dell'amministrazione Obama. Cosa pensava? Bastava guardare l'entourage del primo presidente nero, Barack Obama, per vedere che era composto dalle stesse persone della stessa setta di quelli che li avevano preceduti. In effetti, né Charles Ferguson, né Michael Lewis, né William Black, né i premi Nobel hanno sottolineato il ruolo particolarmente nefasto svolto dai membri di questa setta onnipresente nel mondo degli affari. Jean-François Gayraud si è spinto oltre, denunciando grottescamente il controllo della mafia siciliana ogni volta che compariva un nome italiano. Nessuno di questi ricercatori ha quindi visto ciò che doveva vedere: cioè che la crisi *dei subprime* ha avuto origine da una mentalità molto particolare che si è diffusa per contagio in tutto l'Occidente e nel mondo. Da questo momento in poi, tutte le misure normative che si potevano prevedere non sarebbero state altro che dighe più o meno solide ed effimere, sempre aggirate dalla malizia dei finanzieri.

Prestiti predatori e crisi dei subprime

La crisi finanziaria globale del 2008 era iniziata l'anno precedente con la contrazione del mercato immobiliare statunitense. Fino a quel momento il mercato aveva vissuto un boom straordinario, con due milioni di case costruite ogni anno per un decennio. Questa crescita era stata incoraggiata da tassi di interesse storicamente bassi. Dopo lo scoppio della bolla internet nel 2000 e gli attentati dell'11 settembre 2001, la Federal Reserve statunitense (la Fed: la banca centrale) aveva

---

[235] Charles Ferguson, *Inside Job, la crisi finanziaria...* Ediciones Deusto, Barcellona, 2012, pagg. 15-16. [*Con ogni nuovo passo nel processo di deregolamentazione e concentrazione, il settore finanziario statunitense è diventato un'industria quasi criminale, il cui comportamento ha finito per produrre un gigantesco schema Ponzi su scala globale: la bolla finanziaria che ha innescato la crisi del 2008 è stata letteralmente il crimine del secolo, uno dei cui effetti collaterali continuerà a pesare sul mondo per molti anni a venire sotto forma di stagnazione economica negli Stati Uniti e crisi del debito in Europa. Inside Job, p. 33.*

optato per questa politica al fine di rafforzare gli investimenti ed evitare una recessione. Così, il presidente della Fed Alan Greenspan ha abbassato il tasso di interesse per undici volte di seguito, portandolo dal 6,5% alla fine del 2000 all'1% nel luglio 2003, il livello più basso dal 1954[236]. Tenendo conto dell'inflazione, i tassi di interesse reali erano quindi negativi.

I prestiti immobiliari sono stati agevolati dai governi che si sono succeduti, con l'obiettivo di consentire agli americani più bisognosi di diventare proprietari di case. Una legge del 1977 (il Community Reinvestment Act) - rafforzata nel 1995 sotto il presidente Bill Clinton e nel 2002 dai repubblicani - incoraggiava le banche a concedere prestiti alle famiglie dei quartieri svantaggiati. Il presidente Bill Clinton aveva insistito molto sull'accesso alla proprietà per i poveri e per le minoranze ispaniche e nere, anche sotto la minaccia di azioni penali. Roberta Achtenberg, un alto funzionario dell'urbanistica e attivista omosessuale, aveva svolto un ruolo importante: "*Roberta Achtenberg mise a disposizione squadre di investigatori e procuratori con risorse significative per sradicare le pratiche discriminatorie delle società di mutui. Promise di perseguirle al primo segno di comportamento scorretto. Queste società, naturalmente inclini ad essere indulgenti sugli standard di prestito, sono state incoraggiate da Washington a chiudere un occhio sull'affidabilità creditizia dei richiedenti. Come le banche di deposito, sono state persino valutate in base al volume di prestiti concessi a persone a basso reddito. Un buon rating permetteva loro di aprire nuove filiali o di effettuare fusioni[237]*". Il repubblicano George Bush, succeduto a Bill Clinton, aveva praticato la stessa politica nella speranza di conquistare i voti degli elettori neri e ispanici. Il Community Reinvestment Act, nonostante quanto descritto, è generalmente considerato dai "repubblicani" (i liberali di "destra") come una delle principali spiegazioni della crisi finanziaria.

---

[236] "*Il presidente della Federal Reserve Alan Greenspan, l'uomo che avrebbe dovuto proteggere il paese da un'eccessiva assunzione di rischi, in realtà l'ha incoraggiata... In genere, i mercati prevedono che i tassi di interesse rimarranno più o meno allo stesso livello, tranne in periodi eccezionali. Ma nel 2003 Greenspan aveva fatto una cosa senza precedenti: aveva abbassato i tassi di interesse all'1%... Questo significava che chiunque avesse un mutuo a tasso variabile era quasi certo di veder aumentare in futuro i propri interessi, e forse di molto. E così è stato, visto che il tasso di interesse a breve termine è passato dall'1% del 2003 al 5,25% del 2006*". Joseph Stiglitz, Caduta libera, il libero mercato e il crollo dell'economia mondiale, Taurus, Madrid, 2010, p. 124.

[237] Jean-François Gayraud, La grande Fraude, Odile Jacob, 2011, p. 26.

Ma i prestiti ipotecari sono stati incoraggiati soprattutto dalle banche e dagli istituti di credito grazie ad assetti e meccanismi che li hanno protetti dal rischio di mancato rimborso: con la proprietà ipotecata e il rapido e continuo aumento dei prezzi del mercato immobiliare, un pignoramento (sfratto) permetteva loro di recuperare il denaro prestato in caso di mancato pagamento. Infatti, dal 1999 al 2005, i prezzi delle case sono aumentati del 42%[238].

I mutuatari sono stati valutati in base alle loro caratteristiche socio-professionali (occupazione, disoccupazione, matrimonio, casi di insolvenza, scoperti bancari, ecc.) utilizzando i "*punteggi FICO*", inventati negli anni Cinquanta. Il livello di affidabilità creditizia veniva valutato sulla base di un punteggio che andava da 300 a 850 punti. I mutuatari con il punteggio più alto erano chiamati "*prime*" (sopra i 700), mentre la categoria "*subprime*" corrispondeva ai mutuatari il cui *punteggio era* inferiore a 620. Tuttavia, la valutazione dei mutuatari non era sempre molto affidabile. Un immigrato che non aveva mai mancato di rimborsare un prestito, per il semplice motivo che non gli era mai stato concesso, spesso aveva un *punteggio* sorprendentemente alto.

Nella maggior parte dei casi, le famiglie povere potevano ottenere un mutuo con un tasso d'interesse fisso e molto basso per i primi due anni; poi il tasso diventava variabile in base al valore della proprietà; più la casa aveva valore, più il tasso era basso; viceversa, quando la casa perdeva valore, il tasso d'interesse aumentava. Gli istituti di credito accettarono di prestare fino al 110% del valore della proprietà ipotecata. Nella peggiore delle ipotesi, avrebbero beneficiato dei primi due anni di rimborsi su un immobile che avrebbero finito per pignorare e vendere a un prezzo più alto grazie al continuo boom dei prezzi del mercato immobiliare, che non era mai sceso dagli anni Trenta. Il mutuatario, dal canto suo, sapeva che se si fosse trovato nei guai, avrebbe potuto rivendere la casa e persino realizzare una plusvalenza. Il grande tesoriere del Tempio Alan Greenspan incoraggiò direttamente tutte le famiglie a sottoscrivere mutui a tasso variabile[239] : la prova che non c'erano rischi.

---

[238] Joseph Stiglitz, *Caída libre, el libre mercado y el hundimiento de la economía mundial*, Taurus, Madrid, 2010, p. 123. "*Tra il 1999 e il 2005, i prezzi delle case sono aumentati del 42%*", ma secondo Paul Krugman, nel 2006, il mercato era sopravvalutato del 50% (Jean-François Gayraud, *La grande Fraude*, Odile Jacob, 2011, p. 27).
[239] Joseph Stiglitz, *Caduta libera, il libero mercato e il crollo dell'economia mondiale*, Taurus, Madrid, 2010, pagg. 124, 153.

Gli istituti di credito ipotecario, attratti dall'alta redditività di questi prestiti, hanno così concesso milioni di mutui a famiglie povere, poco informate dei rischi del sovraindebitamento, alle quali è stato promesso che avrebbero guadagnato molto denaro rivendendo la casa due o tre anni dopo con un notevole profitto. Questi prestatori erano negligenti riguardo all'affidabilità creditizia dei mutuatari, poiché la maggior parte di loro rivendeva i prestiti alle grandi banche d'investimento di Wall Street, che si occupavano del pignoramento. Il rischio non era più loro.

L'attività era così fiorente che decine di migliaia di mediatori di prestiti indipendenti, che lavoravano con varie banche di credito, setacciavano le città e le campagne alla ricerca di qualcuno da truffare[240]. Il broker poteva aprire un negozio in una vetrina prefabbricata vicino alle case di un complesso residenziale in vendita o fare una campagna su Internet. Negli Stati Uniti, chiunque può essere un mediatore creditizio. A differenza delle banche, i mediatori immobiliari e gli istituti di credito non erano controllati dalle normative bancarie federali, quindi la professione attirava molti truffatori e gli abusi si moltiplicavano[241]. Per attirare i clienti, tutti i mezzi erano buoni: prestiti concessi senza anticipo in contanti, senza documentazione, tassi scontati o "a saldo" (all'inizio del periodo di prestito). Non c'erano limiti all'immaginazione dei broker, che non si assumevano il rischio e sapevano che la banca locale avrebbe convalidato la richiesta. Era persino nell'interesse dei broker nascondere agli istituti di credito le informazioni che potevano impedire la firma del contratto, al fine di incassare le commissioni. Molte domande sono state quindi compilate con dichiarazioni false, o addirittura senza alcuna dichiarazione. Mentre nel 2001 l'80% dei mutui *subprime* veniva elaborato con una "documentazione completa", nel 2006 questa percentuale era scesa al 50%[242]. Ad esempio, quando un mutuatario non aveva un reddito sufficiente a rimborsare il prestito richiesto, era sufficiente attribuire un reddito straordinario "dichiarato sull'onore".

Il più grande prestatore immobiliare, Countrywide Financial, che aveva disseminato il Paese di filiali e finanziava un prestito immobiliare

---

[240] Le società di mediazione creditizia sono passate da 37.000 nel 2001 a 53.000 nel 2006, rappresentando il 68% delle operazioni di credito (Jean-François Gayraud, *La grande Fraude*, Odile Jacob, 2011, p. 64).

[241] In Florida, dal 2000 al 2007, più di 10.000 broker avevano precedenti penali (Jean-François Gayraud, *La grande Fraude*, p. 76).

[242] Jean-François Gayraud, *La grande Fraude*, Odile Jacob, 2011, p. 66.

su sei in tutto il Paese, si era guadagnato una pessima reputazione nel 2008[243]. Gli istituti di credito più dubbi, come Long Beach Savings in California, concedevano mutui senza informare sul reddito e senza alcun contributo da parte del mutuatario. I blog immobiliari della California sono ancora pieni di storie di truffe a tasso variabile. Gli ex dipendenti di un importante istituto di credito, la Washington Mutual, hanno testimoniato in tribunale "*che ogni cedente doveva firmare per cinque prestiti al giorno, e che a quel numero i premi iniziavano a maturare; che i criteri di prestito cambiavano quasi ogni giorno[244]* ". Il presidente della Washington Mutual non era ebreo, ma un goy: Kerry Killinger. New Century, il secondo operatore del mercato, utilizzava metodi simili. La loro remunerazione dipendeva dal volume dei prestiti concessi, non dalla loro qualità. Era quindi nel loro interesse concedere prestiti molto costosi al più alto tasso di interesse possibile.

Le transazioni più fraudolente riguardavano buste paga e documenti d'identità falsi. I prezzi degli immobili sono stati fraudolentemente sopravvalutati da esperti e periti, con il consenso di mutuatari e broker. "*Nel 2007, il 90% degli oltre 1.200 periti interpellati ha ammesso di aver subito pressioni per modificare la propria valutazione degli immobili, pressioni che provenivano da broker, finanziatori e agenti immobiliari*", ha scritto Jean-François Gayraud. Nel suo libro *Confessioni di un prestatore di mutui subprime,* Richard Bitner, che dirigeva un'agenzia di credito, ha anche dato una valutazione schietta di questi professionisti dell'intermediazione e della valutazione: "*Il numero di valutazioni dubbie raggiungeva l'80%*". Più del 70% dei prestiti ipotecari che aveva trattato erano "*ingannevoli*"; secondo lui, non più di un terzo dei broker era onesto[245].

---

[243] *Countrywide Financial è stata* creata nel 1970 da Angelo Mozilo e David Loeb (Olivier Pastré, Jean-Marc Sylvestre, *Le Roman vrai de la crise financière*, Perrin 2008, coll. Tempus, pag. 107). Dal 2004 al 2007, *Countrywide Financial* ha gestito 150 miliardi di crediti inesigibili (Jean-François Gayraud, *La grande Fraude*, p. 71).

[244] Charles Ferguson, *Inside Job, la crisi finanziaria...* Ediciones Deusto, Barcellona, 2012, pag. 92.

[245] Jean-François Gayraud, *La grande Fraude*, Odile Jacob, 2011, pagg. 68, 69. ["*Un perito di alto livello ha testimoniato che i prestiti da lei rifiutati sono ricomparsi molte volte approvati dai dirigenti. Decine di ex dipendenti si sono fatti avanti con testimonianze simili. Anche il procuratore generale dello Stato di New York ha sporto denuncia contro la Washington Mutual per aver esercitato pressioni finanziarie per indurre i periti a gonfiare i valori delle proprietà*". Charles Ferguson, *Inside Job, The Financial Crisis...* p. 92. Si veda anche la nota 21, pagina 368, in Joseph Stiglitz, *Free*

Bastava passare davanti a una banca e un venditore ti avrebbe concesso un prestito di centinaia di migliaia di dollari. Nella piccola città di Bakersfield, in California, un raccoglitore di fragole messicano, che guadagnava 14.000 dollari all'anno e non parlava una parola di inglese, aveva chiesto un prestito di 724.000 dollari per comprare una casa. Una tata di origine giamaicana era diventata proprietaria di sei case nel Queens, un quartiere di New York. Ne aveva comprata una; poi, dato che il suo valore era aumentato, le era stato offerto un altro prestito di 250.000 dollari per comprarne una seconda, e così via[246]. Un web designer squattrinato era riuscito a comprare sette case prendendo in prestito due milioni di dollari senza uno stipendio fisso. Una donna delle pulizie cilena che non parlava inglese e si trovava in una situazione di illegalità ha ricevuto un prestito di 400.000 dollari nel 2003 per acquistare un appartamento a New York. Non riuscendo a ripagarlo, è stata rifinanziata due volte di seguito. In generale, l'obiettivo era quello di garantire che, alla fine del periodo a tasso fisso, i mutuatari potessero rifinanziare i loro prestiti.

Alcuni broker avevano setacciato i quartieri più pericolosi di Los Angeles, dove davano 400 dollari a persone completamente al verde per apporre una firma su un contratto di mutuo. Joseph Stiglitz, premio Nobel per l'economia, ha trascritto questa testimonianza: *"Chiamavano e dicevano: "Ehi, hai bisogno di soldi in banca? E io rispondevo: "Sì, ho bisogno di soldi in banca*[247] *""* Solo dopo due anni di bassi tassi di interesse, potevano arrivare al 15%. Questi prestiti abusivi erano niente meno che usurai, la stessa usura praticata dagli ebrei fin dall'antichità e di cui si lamentavano i contadini portati alla rovina[248].

Il mercato dei *subprime* si è sviluppato rapidamente, passando da 200 miliardi di dollari nel 2002 a 640 miliardi di dollari nel 2006, rappresentando allora il 23% del totale dei prestiti immobiliari del Paese. Tra il 2004 e il 2008 sono stati erogati 1.800 miliardi di dollari di *subprime*, ma anche i prestiti "Alt A", superiori a 680 FICO, erano

---

Fall, The Free Market and the Collapse of the World Economy, Taurus, Madrid, 2010 (NdT)].
[246] Michael Lewis. *La gran apuesta*, Debate Penguin Random House, Barcellona, 2013, p. 123, 124.
[247] Joseph Stiglitz, *Caída libre, el libre mercado y el hundimiento de la economía mundial*, Taurus, Madrid, 2010, p. 114.
[248] A questo proposito, si veda la testimonianza di Guy de Maupassant in *Il fanatismo ebraico* (2007) e *Storia dell'antisemitismo* (2010).

dubbi in quanto scarsamente documentati, con i mutuatari privi di solide prove di reddito.

Quando all'inizio del 2005 il grande tesoriere Alan Greenspan ha ritoccato il tasso di interesse per sgonfiare la bolla immobiliare e contenere l'inflazione, l'edificio ha vacillato prima di crollare. Il tasso di interesse della Fed è aumentato diciassette volte, prima sotto Alan Greenspan, poi sotto il suo successore e congenere Ben Bernanke, fino a raggiungere il 5,25% a metà del 2006. I prestiti sono diventati meno attraenti e i prezzi del settore hanno iniziato a scendere in diverse regioni degli Stati Uniti. Il mercato ha perso circa il 20% nei 18 mesi precedenti la crisi, con fluttuazioni diverse da Stato a Stato, da città a città e da quartiere a quartiere.

Così, nell'estate del 2006, decine di migliaia di famiglie statunitensi hanno iniziato a non pagare i mutui e gli sfratti si sono moltiplicati. All'inizio sono stati colpiti solo i mutui *subprime*; poi i pignoramenti hanno riguardato i proprietari di case con un mutuo convenzionale ma che avevano perso il lavoro (in un momento in cui le aziende stavano delocalizzando nei Paesi emergenti con manodopera a basso costo). Nel giugno 2007, più di un milione di persone che avevano sottoscritto un mutuo erano insolventi (15% dei mutui *subprime*) e tre milioni di famiglie erano a rischio di insolvenza. Nel luglio 2009, "*più di 15,2 milioni di mutui statunitensi, quasi un terzo di tutte le proprietà ipotecate, erano "sott'acqua"*"[249].

Gli istituti di credito avrebbero dovuto recuperare il capitale vendendo le case pignorate, ma il numero di case messe in vendita ha aggravato lo squilibrio del mercato e i prezzi degli immobili sono crollati. Le case avevano perso più di un terzo del loro valore, tanto che per undici milioni di famiglie il prestito ipotecario superava il valore della casa. Chi poteva ancora permettersi di pagare le rate non aveva motivo di continuare a farlo. Ma con gli altri debitori le banche sono state inflessibili, dopo essere state falsamente generose: "*La casa di Doris Canales è stata minacciata di pignoramento dopo che ha rifinanziato*

---

[249] Joseph Stiglitz, *Caduta libera, il libero mercato e il crollo dell'economia mondiale*, Taurus, Madrid, 2010, nota 33, pagina 370.

la sua casa tredici volte in sei anni con mutui no-doc, che richiedevano poca o nessuna documentazione di reddito o patrimonio".

In realtà, questi prestiti erano più simili a "prestiti a neutroni", come venivano chiamati all'epoca: distruggevano le famiglie, lasciando le case vuote e intatte. I mutui *subprime* erano anche soprannominati *"mutui bugiardi"*, le cui vittime erano di solito le persone più vulnerabili: i poveri, gli anziani e le minoranze etniche, in particolare gli ispanici, immigrati appena arrivati che non conoscevano l'inglese e non erano in grado di capire i contratti.

Il sito web di Moody's Economy *"prevedeva che nel 2009 un totale di 3,4 milioni di proprietari di case non avrebbero rispettato i loro mutui e che 2,1 milioni avrebbero perso la loro casa. Si prevede che molti altri milioni saranno pignorati da qui al 2012*[250] *"*. In media, un mutuo su otto è risultato inadempiente. Più della metà dei pignoramenti (sfratti) è avvenuta in quattro Stati: California, Florida, Arizona e Illinois. Anche gli Stati di Michigan, Ohio, Texas e Georgia sono stati ampiamente colpiti.

Altre statistiche erano ancora più allarmanti. Nel gennaio 2010, la società californiana RealtyTrac, specializzata in statistiche sul mercato immobiliare, ha contato un numero record di 3,9 milioni di case sfrattate nel 2009. Il 26 marzo 2010, il Presidente Barack Obama ha presentato un nuovo piano per frenare i pignoramenti: 14 miliardi di dollari in più per consentire ai mutuatari in difficoltà di rifinanziare i loro mutui ed evitare l'insolvenza. Ma il calo dei pignoramenti ha iniziato a essere significativo solo nel dicembre 2013, riducendo nel frattempo il tasso di divorzi e suicidi. Nel frattempo, centinaia di migliaia di persone sono tornate a vivere a casa dei genitori, direttamente in rifugi di fortuna o nei loro veicoli. In totale, si stima che quindici milioni di case siano state sfrattate tra l'inizio della crisi nel 2006 e il previsto ritorno alla normalità nel 2015.

La responsabilità di Alan Greenspan era tanto più grande in quanto già nel 2002 il consiglio della Fed lo aveva avvertito dei pericoli del mercato *dei subprime*. La Fed avrebbe potuto, ad esempio, *"ridurre il più possibile il rapporto prestito/valore invece di permetterne l'aumento. Avrebbe potuto limitare i mutui a tasso variabile. Invece Greenspan li ha incoraggiati. Avrebbe potuto limitare i prestiti con*

---

[250] Joseph Stiglitz, *Caduta libera, il libero mercato e il crollo dell'economia mondiale*, Taurus, Madrid, 2010, p. 114, 115.

ammortamento negativo e documentazione insufficiente (credito bugiardo). Aveva molti strumenti a disposizione[251]."

Le cause della crisi sono strutturali: se le banche hanno potuto concedere prestiti così facilmente a persone che chiaramente non avevano la capacità di ripagarli, è perché hanno rivenduto i prestiti alle banche d'investimento.

La truffa dei CDO

Il fatto che il mutuo fosse tossico, cioè rischioso o fraudolento, non era più un problema per il prestatore, poiché veniva immediatamente rivenduto a Wall Street. E le grandi banche di Wall Street erano entusiaste di acquistare e gestire questi prestiti nella misura in cui potevano essere "cartolarizzati", cioè trasformati in titoli negoziati in borsa per essere acquistati e venduti dagli investitori: banche (negli Stati Uniti o all'estero), assicurazioni, fondi pensione, comuni o *hedge fund*. Un contratto commerciale a lungo termine e illiquido (mutuo, prestito immobiliare) è stato trasformato in un prodotto di mercato, liquido e vendibile in qualsiasi momento.

La cartolarizzazione dei debiti consisteva nel raggrupparli in pacchetti (fino a diverse migliaia), al fine di diversificare il rischio. Un certo numero di mutuatari poteva risultare inadempiente, ma se si metteva insieme un gran numero di mutuatari, diversificandone l'origine, era possibile ridurre il rischio complessivo. I prestiti sono stati quindi trasformati in obbligazioni ipotecarie chiamate "MBS" (*mortage-backed securities* [252]). La cartolarizzazione ha creato un flusso ininterrotto di commissioni che ha generato profitti senza precedenti, tanto più che gli ingegneri finanziari sono riusciti a creare nuovi prodotti sempre più sofisticati. Nel 2005, c'erano "*625 miliardi di dollari di prestiti ipotecari spazzatura, di cui 507 miliardi finiti in obbligazioni ipotecarie. Mezzo trilione di dollari di obbligazioni*

---

[251] Joseph Stiglitz, *Caduta libera, liberi mercati e crollo dell'economia mondiale*, Taurus, Madrid, 2010, pag. 315. "In *effetti, Alan Greenspan ha bloccato una proposta per aumentare la sorveglianza sui prestatori di subprime nell'ambito dell'ampia autorità della Federal Reserve*". Greg Ip, "Did Greenspan Add to Subprime Woes?", *Wall Street Journal*, 9 giugno 2007, pag. B1, nota 10 pag. 367.

[252] Altri tipi di credito possono essere utilizzati come garanzia: prestiti auto, prestiti agli studenti, prestiti al consumo, pagamenti di carte di credito in sospeso. Questi titoli sono noti come *asset-backed securities* (ABS).

*garantite da mutui subprime in un solo anno*²⁵³ ". Nel 2006, il 75% dei 665 miliardi di dollari di prestiti *subprime* era stato cartolarizzato²⁵⁴.

Nel 2000, cinque banche d'investimento dominavano il mercato: Goldman Sachs, Merrill Lynch, Morgan Stanley, Lehman Brothers e Bear Stearns. C'erano anche le filiali dei tre conglomerati finanziari Citigroup, JP Morgan Chase e Bank of America. Il resto è costituito da alcune banche europee: Deutsche Bank, UBS e Credit Suisse.

I titoli più popolari per i grandi investitori erano i CDO ("*collateralised debt obligation*" o obbligazioni di debito collateralizzate ²⁵⁵) che raggruppavano MBS e venivano scambiati per centinaia di milioni di dollari. Nel 1983, Larry Fink e il suo team della First Boston avevano inventato le obbligazioni di debito collateralizzate ²⁵⁶. Fink aveva

---

²⁵³Michael Lewis, *La gran apuesta*, Debate Penguin Random House, Barcelona, 2013, p. 44.

²⁵⁴ Jean-François Gayraud, *La grande Fraude*, Odile Jacob, 2011, p. 30. La cartolarizzazione è stata inventata nel 1977 da Salomon Brothers. Negli anni '80, le casse di risparmio erano riuscite a vendere i loro prestiti ipotecari in perdita trasformandoli in MBS (*mortgage-backed security*). Il meccanismo perverso che scollegava rischio e profitto era già presente.

²⁵⁵ Una *Collateralised Debt Obligation* (CDO) è un tipo di prodotto finanziario strutturato garantito da asset-backed security (ABS). Originariamente sviluppati per i mercati del debito societario, i CDO sono stati poi estesi ai mutui e ai titoli garantiti da ipoteca (MBS).

²⁵⁶Laurence Douglas Fink, noto come Larry Fink, è un imprenditore ebreo-americano e presidente e amministratore delegato di BlackRock, la più grande società di gestione di asset e investimenti al mondo, con quasi 9.500 miliardi di dollari in gestione a metà giugno 2021 (di cui circa due terzi a livello globale erano legati al risparmio previdenziale alla fine del 2018). Alla fine degli anni '80, BlackRock ha lanciato il suo rivoluzionario programma Aladdin. Aladdin (*Asset, Liability, Debt and Derivative Investment Network*) è un sistema elettronico di BlackRock Solutions. Nel 2013 gestiva circa 14.000 miliardi di dollari di attività (compresi gli oltre 6.000 miliardi di BlackRock), pari a circa il 7% delle attività finanziarie globali, e monitorava circa 30.000 portafogli di investimento. Entro il 2019, l'intelligenza artificiale (AI) gestirà 18 trilioni di dollari di asset. Il documentario *HyperNormalisation* di Adam Curtis del 2016 cita il sistema Aladdin come esempio di come i moderni tecnocrati cercano di gestire le complicazioni del mondo reale. Il documentario di Art del 2019 *These Financiers Who Run the* World- *BlackRock* sostiene che questa intelligenza artificiale sta guidando una standardizzazione degli investimenti globali che potrebbe amplificare l'effetto a catena della prossima crisi finanziaria. In un articolo che critica il ruolo di BlackRock nell'espansione del modello pensionistico a capitalizzazione, *Le Monde diplomatique* sottolinea il ruolo di primo piano di Aladdin nella concentrazione del capitale e nella finanziarizzazione dell'economia. Nel 2022, il canale YouTube *Science4All ha* classificato Aladdin come l'intelligenza artificiale più "terrificante". [wikipedia (NdT).

innovato tagliando le obbligazioni in diverse tranche. Tutti i pagamenti effettuati dai mutuatari andavano prima alla tranche più sicura, ma con l'interesse più basso per l'investitore. Quando la prima tranche riceveva l'intero importo dovuto, i pagamenti passavano alla seconda tranche, poi alla terza e così via. L'ultima tranche era la più rischiosa, ma l'interesse per gli investitori era anche molto più alto.

Ogni CDO conteneva diverse tranche di un centinaio di obbligazioni ipotecarie diverse, a loro volta composte da migliaia di prestiti diversi. Gli investitori che li acquistavano erano remunerati dai flussi finanziari generati dalle attività contenute nel CDO. Il calo di alcuni titoli è stato compensato dall'aumento di altri.

Ma esistevano anche diverse modalità. Gli investitori potevano avere delle preferenze, come, ad esempio, acquistare la parte dei crediti la cui durata non superava i 5 anni, o acquistare solo crediti i cui mutuatari erano dipendenti pubblici, o crediti che servivano solo a finanziare case situate in una specifica area geografica. La banca raccoglieva i crediti in base alla scadenza, alla durata o tenendo conto di tutti i criteri, ed emetteva i titoli.

Le banche hanno creato sempre più CDO. Alla Goldman Sachs, come alla Morgan Stanley, centinaia di dipendenti hanno acquistato prestiti *subprime,* li *hanno* assemblati in obbligazioni e li hanno rivenduti. Un altro gruppo ha trasformato le tranche più ripugnanti e invendibili di queste obbligazioni in CDO. Anche la banca di origine poteva creare titoli. In questo caso, il prestatore doveva verificare le richieste di credito due volte: come prestatore e come cartolarizzatore, per poter essere valutato, poiché questa seconda verifica consisteva nel controllare i bilanci e i criteri di assunzione del prestatore.

In realtà, l'obiettivo dei CDO era quello di nascondere le mele marce in un cesto con della frutta sana. Tuttavia, la complessità dei prodotti era tale che gli investitori non capirono nulla.

"Cercare i cattivi titoli all'interno di un CDO era come pescare la merda in una latrina: la questione non era se ne avresti preso uno o meno, ma quanto presto l'avresti lasciato scappare disgustato. I nomi stessi dei CDO erano falsi e non ti dicevano nulla sul loro contenuto,

sui loro creatori o sui loro gestori: Carina, Piedra Preciosa, Octanos III, Glaciar Financiación...²⁵⁷ "

Data la complessità di questi prodotti finanziari, era quasi impossibile scoprire di quali tranche e prestiti fossero composti, e persino le agenzie di rating, che si suppone siano la migliore fonte di informazioni sul mercato, non ne avevano idea²⁵⁸. *"Tutto è stato fatto in modo che l'acquirente del CDO non sapesse, o sapesse troppo tardi, che questi prodotti contenevano "titoli tossici"²⁵⁹."*

Questi nuovi prodotti hanno scatenato una corsa alla cartolarizzazione. Dalla fine del 2005 alla metà del 2007, le banche di Wall Street hanno creato centinaia di miliardi di dollari in CDO garantiti da *subprime*. Nessuno conosceva l'importo esatto. Tra il 2004 e il 2006, Bear Stearns (14.000 dipendenti) ha cartolarizzato quasi un milione di mutui ipotecari per un valore di 192 miliardi di dollari. Delle quattro persone responsabili della cartolarizzazione dei mutui ipotecari di Bear Stearns, due erano a capo del braccio finanziario (Mary Haggerty e Baron Silverstein), la cui responsabilità era quella di garantire che i mutui soddisfacessero i requisiti della banca; e due erano a capo del braccio commerciale (Jefrrey Verschleiser e Michael Nierenberg), che negoziavano con gli investitori²⁶⁰ i mutui trasformati in titoli.

I CDO integravano sempre più obbligazioni di mutui *subprime*, spesso fino all'80%. Ma il 20% di asset sani era sempre sufficiente perché le agenzie di rating come Moody's, Standard and Poor's e Ficht assegnassero la famosa "Tripla A", il rating migliore, che rappresentava la migliore garanzia per tutti gli investitori. "*È un titolo sicuro!*" Il CDO è stato quindi un meccanismo che è riuscito a trasformare il piombo in oro.

---

[257] Michael Lewis, *La grande scommessa*, Debate Penguin Random House, Barcellona, 2013, p. 161.
[258] Michael Lewis, *La grande scommessa*, Debate Penguin Random House, Barcellona, 2013, p. 160.
[259] Philippe Quême, *Monnaie bien public ou "banque-casino"?*, Édition L'Harmattan, 2011.
[260] Vediamo che non c'erano solo ebrei nel sistema, anche se possono aver svolto un ruolo trainante, come sempre in questo tipo di affari. Il presidente di Bear Stearns, James Cayne, non era (forse) ebreo, ma lo era sua moglie, e la banca era co-gestita da Warren Spector; James Cayne è stato sostituito da Alan Schwartz nel 2008. Prima di James Cayne, la banca era stata gestita da Alan Greenberg.

I CDO sono stati rivenduti ai grandi investitori di tutto il mondo. In questo modo il rischio dei prestiti *subprime* statunitensi è stato trasmesso a tutte le economie sviluppate. I tedeschi erano particolarmente ghiotti di questa spazzatura preparata a New York. Infatti, all'inizio, *"un gran numero di investitori in subprime sembrava vivere in Germania, in particolare a Düsseldorf*[261]*"*.

Le agenzie di rating hanno dato il via libera in ogni fase del processo, benedicendo alla fine molti prestiti spazzatura. Il fatto è che ricevevano laute commissioni per ogni titolo valutato, il che sembrava essere sufficiente per loro[262]. Alla vigilia del suo crollo, un mese prima del fallimento, Bear Stearns aveva ancora un rating elevato (A2), così come Lehman Brothers alla vigilia del suo fallimento.

In un sistema ben concepito e ordinato, il broker più competente ed esperto dovrebbe concludere la sua carriera in un'agenzia di rating a pieni voti. Come analista finanziario, non dovrebbe esistere professione più gratificante. Ma era vero il contrario: un analista di Moody's, cioè l'aristocrazia del settore, era in realtà molto mal pagato. Le agenzie di rating si trovavano in fondo alla scala; e i loro dipendenti lavoravano come broker, pagati in base alla loro produttività: *"Durante la prima settimana di luglio 2007, Standard and Poor's ha valutato 1.500 nuovi titoli garantiti da ipoteca, un ritmo di 300 per giorno lavorativo. Era una linea di produzione*[263]*"*.

CDS: armi di distruzione di massa

Secondo Michael Lewis, nel suo libro *La grande scommessa* (2010), pochissimi attori si erano resi conto che la torre stava per crollare: al massimo una dozzina di persone. Tra queste c'era un piccolo investitore Goy della West Coast, un certo Michael Burry. Da solo nel suo ufficio di San Jose, in California, Michael Burry si era preso la briga di leggere gli opuscoli di 130 pagine che accompagnavano ogni obbligazione ipotecaria. *Già nel 2004, se si osservano le cifre, si può notare chiaramente il deterioramento degli standard di credito"*. Secondo

---

[261] Michael Lewis, *La grande scommessa*, Debate Penguin Random House, Barcellona, 2013, p. 91.
[262] Nel 2006, Moody's ha realizzato il 44% del suo fatturato con i rating dei *subprime* (Jean-François Gayraud, *La grande Fraude*, Odile Jacob, 2011, p. 49).
[263] Charles Ferguson, *Inside Job, la crisi finanziaria...* Ediciones Deusto, Barcellona, 2012, pag. 144.

Burry, tali standard non erano solo diminuiti, ma avevano toccato il fondo[264] ". Era convinto che i prestiti *subprime* concessi all'inizio del 2005 sarebbero andati fuori controllo. Michael Burry cercò quindi un modo per scommettere su un crollo, acquistando una sorta di assicurazione per coprire il rischio di un'attività che non si possiede. Questo prodotto finanziario esisteva e si chiamava *credit default swap* (CDS)[265].

Una moglie può acquistare un'assicurazione in caso di morte del marito; un'azienda può acquistare un'assicurazione sulla vita di un membro importante della sua forza lavoro. Ma se John stipula una polizza assicurativa su Paul, con il quale non ha alcun rapporto, questa polizza crea un incentivo perverso: John ha interesse a provocare la morte di Paul. Analogamente, se un istituto finanziario stipulasse una polizza assicurativa contro la morte di Lehman Brothers, avrebbe automaticamente interesse a veder fallire Lehman.

Il primo grande CDS fu sviluppato da un banchiere di nome Blythe Master di JP Morgan dopo l'affondamento della petroliera Exxon Valdez al largo delle coste dell'Alaska nel 1989 e la conseguente

---

[264] Michael Lewis, *La grande scommessa*, Debate Penguin Random House, Barcellona, 2013, p. 48. Si veda anche il film *The Big Short* (2015), Christian Bale interpreta Michael Burry.

[265] Uno *swap* è un contratto con il quale due parti concordano di scambiarsi una serie di somme di denaro a date future. Normalmente gli scambi futuri di denaro sono riferiti ai tassi d'interesse e vengono chiamati IRS (*Interest Rate Swap* o Swap su tassi d'interesse), anche se più genericamente uno swap può essere considerato come qualsiasi scambio futuro di beni o servizi (incluso il denaro) riferito a qualsiasi variabile osservabile. Un credit default swap (noto anche come CDS) è un qualsiasi scambio futuro di beni o servizi (incluso il denaro) riferito a una variabile osservabile: Il *Credit Default Swap* (CDS) è un prodotto finanziario che consiste in un'operazione di copertura del rischio finanziario, inclusa nella categoria dei prodotti derivati di credito, che si concretizza in un contratto *di swap* su un determinato strumento di credito (di solito un'obbligazione o un prestito) in cui l'acquirente dello swap effettua una serie di pagamenti periodici (chiamati *spread*) al venditore e, in cambio, riceve da quest'ultimo una somma di denaro nel caso in cui il titolo che funge da attività sottostante al contratto sia inadempiente alla scadenza o l'ente emittente incorra in una sospensione dei pagamenti. Sebbene un CDS sia simile a una polizza assicurativa, se ne differenzia in modo significativo in quanto l'acquirente dello swap non è tenuto a possedere il titolo (e quindi a sostenere il rischio effettivo dell'acquisto del debito). In altre parole, l'assicurazione viene stipulata su qualcosa che è di proprietà dell'assicurato, mentre il CDS viene stipulato su un'attività che non è di proprietà della controparte dello swap. Questo tipo di CDS è chiamato "*nudo*" ed è di fatto equivalente a una scommessa. Il Parlamento europeo ha vietato i CDS nudi sul debito pubblico a partire dal 1° dicembre 2011. (wikipedia, NdT).

fuoriuscita di petrolio. Nel 1993, la Exxon, che rischiava di dover pagare una multa di 5 miliardi di dollari, aveva contratto un prestito di 4,8 miliardi di dollari con JP Morgan. Il problema era che la banca doveva mantenere in bilancio un capitale proporzionale all'entità del prestito, in caso di grave contrattempo, e che questo capitale vincolato era inutilizzabile. Bisognava trovare un modo per eliminare il rischio derivante dalla transazione Exxon, ma senza vendere il prestito ad alto tasso di interesse. Nell'autunno del 1994, Blythe Master propose alla BERS (la Banca europea per la ricostruzione e lo sviluppo) una commissione annuale in cambio dell'assicurazione di JP Morgan contro il rischio di insolvenza sul prestito Exxon. In caso di inadempienza della Exxon, la BERS sarebbe stata obbligata a indennizzare JP Morgan per la perdita. In caso contrario, la BERS avrebbe ottenuto un buon profitto dalle commissioni trimestrali pagate da JP Morgan. In questo modo, JP Morgan si è protetta dal rischio di non essere pagata trasferendolo ("*swap*") a un'altra banca. Si tratta di un "CDS".

Nel 1998, JP Morgan decise di incrementare le sue operazioni di "credit derivatives". JP ha suddiviso il portafoglio di prestiti concessi ai suoi 306 clienti in diverse tranche, con diversi livelli di rischio, in modo che gli investitori potessero scegliere il rischio che erano disposti ad assumere, sapendo che più alto è il rischio, più alte sono le commissioni. La banca iniziò così a commercializzare "derivati di credito" su tutti i tipi di portafogli, propri o altrui.

Tuttavia, i *credit default swap* non erano esattamente delle polizze assicurative, che avrebbero obbligato le banche a rispettare una regolamentazione rigorosa e ad effettuare accantonamenti proporzionali ai rischi assunti. Si trattava di una sorta di contratto assicurativo sottobanco, non regolamentato[266]. I derivati sul credito sono stati un'innovazione finanziaria molto importante, in quanto hanno permesso alle banche di evitare l'obbligo di detenere fondi propri coerenti. La quantità di capitale che le banche dovevano detenere si ridusse notevolmente e le banche furono in grado di concedere sempre più prestiti senza rischi. I CDS incoraggiarono le banche a concedere

---

[266] I credit default swap erano negoziati over-the-counter (OTC), cioè non erano negoziati su un mercato formale organizzato. Si trattava di contratti su misura tra le due parti contraenti. L'associazione internazionale degli operatori del mercato dei derivati ISDA (International Swaps and Derivatives Association) fornisce modelli di tali contratti. Mentre il mercato azionario era sotto sorveglianza, il mercato obbligazionario, composto principalmente da grandi investitori istituzionali, non ha subito alcun tipo di pressione politica e ha messo sempre più in ombra il mercato azionario. (NdT).

prestiti oltre ogni limite, ignorando tutte le regole prudenziali. Era l'alba di una nuova era bancaria[267].

Per Michael Burry, i CDS erano un prodotto puramente speculativo e in nessun modo assicurativo, poiché non possedeva i CDO che stava "assicurando". *"Chiunque gli avesse venduto un CDS su un'obbligazione ipotecaria spazzatura, un giorno gli avrebbe dovuto un sacco di soldi. Sospettava che gli operatori potessero cercare di evitare di pagarlo. Un contratto avrebbe reso più difficile per loro farlo e più facile per lui vendere a un trader ciò che aveva comprato da un altro, ottenendo così un prezzo migliore... C'era un fatto, chiamato default, che o si verificava o non si verificava. Se la società era inadempiente su un pagamento, sarebbe stata inadempiente o no. Se la compagnia non rispettava il pagamento degli interessi, si doveva pagare. L'acquirente dell'assicurazione potrebbe non ottenere 100 centesimi di dollaro, così come l'obbligazionista potrebbe non perdere 100 centesimi di dollaro, dato che le attività della società avevano un certo valore - ma un giudice indipendente potrebbe decidere, in modo ampiamente equo e soddisfacente, quanto recuperare. Se gli obbligazionisti ricevevano 30 centesimi di dollaro - subendo quindi una perdita di 70 centesimi - chi aveva acquistato il credit default swap guadagnava 70 centesimi[268]"*. Quando Burry volle "scommettere" sul ribasso, i CDS sui mutui *subprime* non esistevano ancora. Ma riuscì a convincere alcune banche a vendergli questo prodotto e tre anni dopo i CDS erano un mercato multimiliardario.

Dopo aver letto centinaia di opuscoli, Michael Burry si era impegnato a fondo per trovare esattamente le obbligazioni su cui voleva puntare. Quello che cercava non erano i prestiti migliori, ma al contrario i

---

[267] La cartolarizzazione ha anche permesso di alleggerire i bilanci delle banche, in quanto i prodotti cartolarizzati sono stati collocati in SIV (Structured Investment Vehicles). Il SIV è un tipo di società operativa finanziaria creata per ottenere uno spread tra attività e passività come una banca tradizionale. La strategia dei SIV consisteva nel prendere in prestito denaro emettendo titoli a breve termine, come carta commerciale, titoli a medio termine e titoli di Stato, a tassi d'interesse bassi, per poi prestare il denaro acquistando attività a più lungo termine a tassi d'interesse più elevati, con la differenza dei tassi che veniva attribuita all'investitore come profitto. Le attività a lungo termine possono includere cartolarizzazioni di mutui ipotecari, prestiti auto, prestiti agli studenti, cartolarizzazioni di carte di credito e obbligazioni bancarie e societarie. Come conseguenza di questa struttura, i SIV sono stati considerati parte del sistema bancario ombra. Nell'ottobre 2008, a seguito della crisi *dei subprime*, tutti i SIV sono scomparsi.
[268] Michael Lewis, *La gran apuesta*, Debate Penguin Random House, Barcellona, 2013, p.71, 72

peggiori, quelli che riteneva non potessero mai essere rimborsati. Nel maggio 2005, acquistò (con i soldi dei suoi fidati investitori) un modesto CDS da 60 milioni dalla Deutsche Bank su sei diverse obbligazioni. Burry fu sorpreso di scoprire che la banca era totalmente indifferente alla sua scelta di scommesse.

"Il prezzo dell'assicurazione non è stato determinato da un'analisi indipendente, ma dai rating assegnati alle obbligazioni dalle agenzie di rating, Moody's e Standard & Poor's. Se si voleva acquistare un'assicurazione sulla tranche a tripla A, presumibilmente priva di rischio, si potevano pagare 20 punti base (0,0 per cento); sulle tranche AA, più rischiose, si potevano pagare 50 punti base. Se si voleva acquistare un'assicurazione sulla tranche con rating tripla A, presumibilmente priva di rischio, si potevano pagare 20 punti base (0,20 per cento); sulle tranche con rating AA, più rischiose, si potevano pagare 50 punti base (0,50 per cento); e sulle tranche con rating tripla B, ancora meno sicure, 200 punti base, ovvero il 2 per cento (un punto base è un centesimo di punto percentuale). Le tranche tripla B - quelle il cui valore sarebbe stato pari a zero se il pool di mutui sottostanti avesse subito una perdita di appena il 7% - erano quelle che cercava... Chiunque avesse anche solo dato un'occhiata ai prospetti informativi avrebbe potuto notare che c'erano molte differenze critiche tra un'obbligazione tripla B e l'altra....Intendeva selezionare con cura i peggiori in assoluto, ed era un po' preoccupato che le banche d'investimento scoprissero la sua conoscenza di particolari obbligazioni ipotecarie e ne aggiustassero i prezzi di conseguenza... Goldman Sachs gli inviò per e-mail un lunghissimo elenco di pessime obbligazioni ipotecarie tra cui scegliere: "Era davvero scioccante per me. Erano tutti prezzati in base al rating più basso di una delle tre grandi agenzie di rating". Poteva scegliere dall'elenco senza far notare la profondità delle sue conoscenze. Era come se si potesse acquistare un'assicurazione contro le inondazioni per una casa nella valle allo stesso prezzo di un'assicurazione contro le inondazioni per una casa in alta montagna. Il mercato non aveva senso, ma ciò non impedì ad altre società di Wall Street di aderirvi[269]."

Michael Burry ha tormentato la Bank of America finché questa non ha accettato di vendergli 5 milioni di CDS. Ha continuato a farlo con una mezza dozzina di altre banche, per pacchetti di 5 milioni di dollari. Alla

---

[269] Michael Lewis, *La gran apuesta*, Debate Penguin Random House, Barcellona, 2013, pagg. 73-75.

fine di giugno 2005, Goldman Sachs gli offrì operazioni per 100 milioni di dollari, cosicché alla fine di giugno possedeva CDS su 750 milioni di dollari di obbligazioni di mutui *subprime*, con la quasi certezza che il castello di carte sarebbe crollato tra due anni, quando i tassi fissi sui mutui sarebbero passati a devastanti tassi variabili. E continuava a chiedersi che razza di pazzo potesse vendergli un'assicurazione su così tante obbligazioni spazzatura. Ma Burry si scontrava con i suoi investitori scettici, che lo perseguitavano senza sosta per riavere i loro soldi! Se i mutuatari fossero riusciti a pagare i loro mutui, Michael Burry avrebbe dovuto pagare premi equivalenti al 2% annuo. Con i CDS su 100 milioni di dollari di obbligazioni ipotecarie *subprime*, Burry avrebbe dovuto pagare un premio di 12 milioni di dollari in sei anni. Ma se tutto fosse andato secondo i piani, avrebbe guadagnato quasi 100 milioni di dollari.

Alla fine del 2005, i mutui ipotecari iniziarono a deteriorarsi, tanto che a novembre le banche chiamarono Michael Burry per riacquistare i CDS che gli avevano venduto. Il 5 novembre 2005, un articolo del *Wall Street Journal* spiegava che una parte dei mutuatari a tasso variabile non era in grado di pagare le rate. La voce si era sparsa, pensò Michael Burry. D'ora in poi nessun broker sano di mente avrebbe più venduto CDS su obbligazioni *subprime al* prezzo a cui li aveva acquistati.

Nel 2006, un centinaio di investitori era entrato timidamente nel mercato dei CDS sulle obbligazioni ipotecarie *subprime*; la maggior parte di loro acquistava questa assicurazione non per scommettere direttamente sul ribasso, ma per proteggere i propri portafogli obbligazionari (obbligazioni *subprime*). Solo un piccolo gruppo operava sul mercato per fare scommesse. Scommettevano, ad esempio, che le obbligazioni costituite da un gran numero di mutui erogati in California avrebbero avuto un andamento peggiore rispetto a quelle del resto del Paese, oppure *"che le obbligazioni emesse da Lehman Brothers o Goldman Sachs (entrambe famose per aver confezionato i peggiori mutui per la casa negli Stati Uniti) avrebbero avuto un andamento peggiore rispetto a quelle confezionate da JP Morgan o Wells Fargo (che in realtà sembravano preoccuparsi un po' di quali mutui confezionavano in obbligazioni)"*.

"Un numero minore di investitori - più di dieci e meno di venti - ha scommesso direttamente contro l'integrità del mercato multimiliardario dei mutui subprime e, per estensione, del sistema finanziario globale. Di per sé, questo è un fatto notevole: la catastrofe era prevedibile, ma solo pochi investitori l'hanno avvertita. Tra questi

c'erano un hedge fund di Minneapolis chiamato Whitebox, un hedge fund di Boston chiamato The Baupost Group, un hedge fund di San Francisco chiamato Passport Capital, un hedge fund di Westchester (New York) chiamato Elm Ridge e alcuni hedge fund di New York City....La maggior parte di questi investitori aveva in comune il fatto di aver sentito, direttamente o indirettamente, le argomentazioni di Greg Lippman [un gestore di fondi ebreo della Deutche Bank di New York, ndt]... *Un ricco investitore immobiliare statunitense di nome Jeff Greene ha acquistato credit default swap multimiliardari su obbligazioni ipotecarie spazzatura dopo averne sentito parlare da un gestore di hedge fund di New York, John Paulson. Paulson aveva anche ascoltato il discorso di Greg Lippman"*. John Paulson ha venduto allo scoperto [270] obbligazioni ipotecarie *subprime* (scommettendo sul ribasso) piazzando 25 miliardi di dollari in CDS. Nel mercato azionario, il prezzo sarebbe crollato, ma il mercato dei mutui era molto opaco. John Paulson aveva di gran lunga il maggior numero di soldi con cui giocare, per cui risultò essere l'esempio più evidente di questo fenomeno, ma *"se si dovesse tracciare un grafico della diffusione dell'idea come si farebbe con un virus, la maggior parte delle linee punterebbe a Lippmann: era il 'paziente zero'. Solo uno dei portatori della malattia potrebbe plausibilmente affermare di averlo infettato per primo. Ma Mike Burry si tenne nascosto nel suo ufficio di San Jose, in California, e non parlò con nessuno[271]"*.

In tre anni - dall'inizio del 2003 all'inizio del 2006 - i prezzi degli immobili sono cresciuti più velocemente che negli ultimi trent'anni. Nel febbraio 2006 non erano ancora crollati, ma avevano smesso di crescere; e la percentuale di crediti deteriorati nel primo anno ammontava al 4%[272].

---

[270] Si può scommettere sul rialzo di un'azione, di un'obbligazione o di una merce acquistandola. Ma si può anche scommettere sul ribasso vendendo ciò che non si possiede (l'attività in questione può essere acquistata per la vendita attraverso un prestito titoli), con la promessa di acquistarla in seguito. Si tratta di una vendita allo scoperto, o posizione corta. La persona che effettua la transazione si aspetta di ottenere un profitto economico nella misura in cui il valore del titolo è sceso perché lo vende a un prezzo più alto (momento iniziale) rispetto a quando lo acquista (momento successivo). Se invece il titolo dovesse salire, subirebbe una perdita. Con i CDS si può anche scommettere sul ribasso.
[271] Michael Lewis, *La grande scommessa*, Debate Penguin Random House, Barcellona, 2013, pag. 132, 133.
[272] Un'insolvenza di appena il 7% farebbe crollare qualsiasi CDO composto da obbligazioni tripla B.

Goldman Sachs ha poi scommesso contro i CDO che aveva venduto ai suoi clienti assicurandoli con il principale assicuratore statunitense, AIG (American International Group). A febbraio 2007, Goldman Sachs aveva sottoscritto 20 miliardi di dollari in CDS *subprime* con AIG. I CDS richiesti da Goldman Sachs ad AIG non erano più *subprime* al 2%, ma al 95%! Tuttavia, Martin Sulivan, il presidente di AIG, e il suo amministratore delegato Joe Cassano, assicurarono tutto ciò che entrava dalla loro porta. Nel giro di pochi mesi, avevano assicurato 50 miliardi di dollari contro l'insolvenza di obbligazioni di mutui *subprime* tripla B.

Michael Lewis racconta nel suo libro: "*Più vedevamo cosa fosse realmente un CDO, più ci dicevamo: 'Merda! È una fottuta merda. È una frode. Può non essere dimostrabile in un tribunale. Ma è una frode. Tuttavia, è stata anche un'opportunità sensazionale, poiché il mercato sembrava credere alla sua stessa menzogna. Si pagava molto meno per assicurare una porzione presumibilmente sicura di un CDO con rating tripla A che per assicurare obbligazioni chiaramente rischiose con rating tripla B. Perché pagare il 2% all'anno per scommettere direttamente contro le obbligazioni tripla B quando si poteva pagare lo 0,5% all'anno per fare la stessa scommessa contro la porzione doppia A del CDO? Se pagavano quattro volte di meno per fare quella che era di fatto la stessa scommessa contro i titoli ipotecari spazzatura tripla B, potevano permettersi di moltiplicare la scommessa per quattro*[273] ". A maggior ragione quando nel giugno 2006, per la prima volta, i prezzi del mercato immobiliare hanno iniziato a scendere.

Naturalmente, AIG vendeva anche CDS su obbligazioni subprime tripla A per un irrisorio 0,12% annuo, e Goldman Sachs ha sottoscritto circa 20 miliardi di dollari. In altre parole, in cambio di premi annuali di alcuni milioni di dollari all'anno, AIG rischiava di perdere 20 miliardi di dollari! AIG acquistava anche molti CDO, perché questi prodotti con rating tripla A erano sicuri! Alla fine del 2007, AIG stava assicurando non meno di 62 miliardi di CDO a Goldman Sachs, e alcuni dei CDO di Goldman si sono rivelati i peggiori del portafoglio CDS di AIG. Oltre ai CDS che AIG stava trasportando, AIG aveva circa 50 miliardi di dollari in CDO, perché "*Goldman aveva anche creato e venduto alcuni dei 75 miliardi di dollari in CDO ipotecari che erano stati ingenuamente acquistati da un'altra parte di AIG - la sua divisione*

---

[273] Michael Lewis, *La grande scommessa*, Debate Penguin Random House, Barcellona, 2013, p. 159.

di credito e titoli d'investimento [AIGFP] - CDO che avevano iniziato a perdere valore molto rapidamente[274] ". In breve, AIG stava facendo la parte dell'utile idiota [275]. Quando ha smesso di acquistarli, le principali banche di Wall Street (Goldman Sachs, JP Morgan, Bear Stearns, Merrill Lynch, Lehman Brothers, Bank of America, Morgan Stanley, Citigroup, UBS[276]) hanno trovato nuovi acquirenti di CDO e la macchina ha continuato a funzionare.

Nel 2007, i mutui contratti nel 2005, per un valore di 750 miliardi, stavano raggiungendo la scadenza biennale del basso tasso fisso iniziale e stavano passando a un tasso di interesse variabile più elevato. Le conseguenze non si sono fatte attendere, dato che anche la Federal Reserve aveva aumentato il tasso di interesse: all'inizio di febbraio 2007, Mortage Lenders Network, uno dei primi venti prestatori di *mutui subprime*, ha presentato istanza di fallimento, e all'inizio di aprile il secondo più grande del Paese, New Century, ha presentato istanza di fallimento, crollato per inadempienza.

I fallimenti si sono susseguiti. Le banche hanno smesso di vendere CDS su obbligazioni *subprime* e CDO. Alla fine di febbraio 2007, "da un giorno all'altro, *Morgan Stanley era passata dall'essere tremendamente desiderosa di vendere assicurazioni sul mercato dei subprime a non volerne più sapere nulla[277]* ".

Il 17 luglio, due hedge fund di proprietà della banca Bear Stearns sono falliti miseramente con un rating tripla A nuovo di zecca da parte di Moody's. Ai risparmiatori sono rimasti solo gli occhi per piangere i loro risparmi andati in fumo. Ai risparmiatori rimasero solo gli occhi per piangere i loro risparmi che erano svaniti. Ma i prestiti emessi nel 2006

---

[274] Charles Ferguson, *Inside Job, la crisi finanziaria...* Ediciones Deusto, Barcelona, 2012, p. 183.

[275] I suoi dirigenti e dipendenti si riempivano le tasche in attesa dell'apocalisse. "*L'attività era gestita da un'unità molto autonoma di 375 persone con sede a Londra, la AIG Financial Product (AIGFP), il feudo personale di un certo Joseph Cassano. L'AIGFP tratteneva il 30% dei profitti annuali sotto forma di bonus in denaro, e dava il resto alla società madre. Durante la bolla, l'AIGFP si è pagata più di 3,5 miliardi di dollari in bonus*". Charles Ferguson, *Inside Job, La crisi finanziaria...* pag. 148.

[276] Anche se JP Morgan aveva lasciato il mercato alla fine dell'autunno 2006. Deutsche Bank non è mai stata pienamente coinvolta.

[277] Michael Lewis, *La grande scommessa*, Debate Penguin Random House, Barcellona, 2013, p. 193.

sarebbero stati ancora peggiori di quelli del 2005; la crisi era appena iniziata.

In ottobre le banche hanno annunciato perdite massicce mai viste prima a Wall Street. Merrill Lynch ha annunciato perdite per 8 miliardi, Citigroup ha perso 11 miliardi, Bank of America 3 miliardi e così via. Michael Burry ha ritirato i suoi CDS nell'agosto 2007 e i suoi investitori hanno tirato un sospiro di sollievo. Ma nessuno lo ha ringraziato.

L'intero sistema si reggeva sul lavoro delle banche che avevano avviato le operazioni di prestito, indipendentemente dal fatto che fossero o meno i gestori delle operazioni di prestito. Se le banche non avevano selezionato buoni mutuatari, la qualità del portafoglio prestiti era in discussione. Spesso, però, l'analisi delle richieste di prestito non veniva effettuata dalle banche erogatrici, ma da semplici intermediari (commerciali) che avevano interesse a concludere il maggior numero possibile di contratti, e più grandi erano meglio era, visto che venivano pagati a provvigione. Si può dire - facendo un po' la caricatura - che ogni tipo di individuo, dagli americani alcolizzati e indigenti, ai neri tossicodipendenti, ai messicani appena arrivati a raccogliere fragole, ha potuto beneficiare della generosità delle banche. Troppi mutuatari etichettati come "*prime*" o "*subprime*" erano in realtà "*spazzatura*". Questi nuovi mutuatari soprannominati "Ninjna" (acronimo di "*No income, no job, no asset*" - nessun reddito, nessun lavoro, nessuna ricchezza) portavano sulle spalle l'economia mondiale!!!

Lo scandalo dei pignoramenti

Come si fa a spiegare all'uomo della strada l'importanza di un CDS sulla tranche double A di un CDO garantito da obbligazioni ipotecarie *subprime*? Ora lo capite. Il seguito è stato più prosaico.

Dall'estate del 2006 gli scambi di obbligazioni immobiliari hanno iniziato a rallentare, per poi arrestarsi completamente qualche mese dopo. Ognuno ha fatto i conti con se stesso. Le banche si sono affrettate a pignorare le case in modo così disordinato che migliaia di "*robofirmatari*" provvisori sono stati assunti per firmare i documenti di sfratto a catena. Alla fine del 2010, il *Wall Street Journal ha* rivelato che i dipendenti di JP Morgan hanno ammesso di aver firmato ciascuno 10.000 documenti di pignoramento al mese, senza un vero controllo e soprattutto senza rispettare le regole stabilite per i pignoramenti. Secondo il *New York Times,* Citigroup aveva addirittura trasferito il trattamento delle pratiche nelle Filippine e a Guam. Ciò non ha impedito a Citigroup di affermare che le sue procedure di pignoramento erano del tutto legali e che non era necessario sospendere nulla. Ci sono stati anche molti casi di famiglie sfrattate dalle loro case che non erano affatto in arretrato.

Due settimane dopo, in ottobre, quando tutte le implicazioni di queste pratiche disoneste sono diventate di dominio pubblico, lo scandalo dei "*robo-signer*" è stato ribattezzato "foreclosure gate". Nel frattempo era emerso che alcuni banchieri avevano falsificato documenti per accelerare le procedure di pignoramento: firme false, intestazioni false, atti retrodatati, sfratti infondati...Infatti, poiché la registrazione delle ipoteche era costosa in termini di procedure, le grandi banche e i due istituti di credito sovvenzionati a livello federale, "Fannie Mae" (soprannome della Federal National Mortgage Association) e "Freddie Mac" (Federal Home Loan Mortgage Corporation), avevano creato nel 1997 un organismo per accelerare le lunghe e costose procedure di registrazione[278]. Il sistema "MERS" (Mortage Electronic Registration Systems) consentiva la registrazione computerizzata delle compravendite di mutui ipotecari, in modo da eliminare i documenti cartacei. Questo sistema evitava anche di dover pagare tasse a Stati e Comuni per ogni registrazione o modifica di mutuo. Solo allo Stato della California, MERS doveva tra i 60 e i 120 milioni di dollari per regolarizzare le tasse di registrazione non riscosse. Nel bel mezzo degli sfratti, le procedure registrate dal sistema MERS sono state dichiarate illegali, o almeno non ammissibili in tribunale, e incomplete. A molte banche è stato vietato di pignorare le case perché non avevano i contratti di credito e le ipoteche originali in regola. Per ovviare a questo problema, molte banche, assistite da avvocati di dubbia moralità, avevano prodotto documenti ipotecari falsi o retrodatati che equivalevano a falsificare gli atti pubblici. Questo è stato il motivo dell'assunzione di "*robo-firmers*". La società MERS si era persino permessa di avviare pignoramenti senza preavviso ai tribunali.

Le banche avevano creato MERS, con il suo facile sistema di registrazione dei mutui ipotecari, per nascondere il fatto che c'erano troppi prestiti concessi a famiglie insolventi e che spesso non erano

---

[278] Fannie e Freddie hanno acquistato numerosi portafogli di titoli garantiti da mutui ipotecari a scopo di investimento. Dal 2004 al 2006 hanno acquistato 434 miliardi di dollari. Alla fine del 2010, le loro perdite ammontavano a 147 miliardi di dollari. È vero che l'amministrazione Obama li aveva costretti a concedere agevolazioni di pagamento ai mutuatari disoccupati.

nemmeno *subprime*, ma *spazzatura*. Ora, se le banche venissero dichiarate colpevoli e venisse loro ordinato di rimborsare i proprietari di casa danneggiati e gli Stati che non hanno riscosso le tasse di registrazione, le banche che hanno acquistato i CDO marci e gli assicuratori che hanno assicurato i CDO andrebbero sicuramente tutti in bancarotta.

Con l'informatizzazione degli atti di vendita, molti documenti erano andati persi e le banche non erano in grado di dimostrare di essere effettivamente proprietarie di un mutuo. Inoltre, poiché gli MBS e altri CDO erano stati venduti e rivenduti, la confusione era enorme.

E non è tutto: abbiamo poi appreso che molti banchieri avevano rivenduto le stesse obbligazioni ipotecarie "MBS" a diversi investitori[279]. Bear Stearns aveva messo in piedi una piramide alla Madoff, utilizzando i proventi di ogni vendita per pagare gli interessi a ogni nuovo gruppo di investitori. Il caso è esploso quando due entità (JP Morgan e Washington Mutual) hanno chiesto contemporaneamente il pignoramento della stessa proprietà immobiliare, rivendicando ciascuna la proprietà dell'ipoteca. Alcuni proprietari di casa si sono trovati nella posizione di dover affrontare più banche diverse con l'intenzione di pignorare lo stesso immobile. Le indagini successive hanno infine rivelato che il vero proprietario era il creditore Fannie Mae, ma che lo studio fallimentare (Shapiro & Fishman) aveva creato una falsa documentazione retrodatata.

Una nota giornalista americana, Gretchen Morgenson, ha riferito in un articolo del *New York Times di* questa pratica comune di distruggere il documento ipotecario fisico originale quando viene creato un avviso elettronico per "evitare confusione". Questo documento poteva essere rivenduto più volte, anche se i pagamenti ipotecari potevano essere applicati solo a una delle copie; per gli altri acquirenti, l'obbligazione risultava non pagata, il che ha ulteriormente contribuito al crollo degli MBS e dei CDO[280].

---

[279] Questa storia della vendita degli stessi mutui a molti acquirenti diversi è confermata dai professori di economia William Black e L. Randall Wray, che citano il caso della Bear Stearns Bank, uno dei grandi protagonisti di questa debacle.
[280] Secondo un'analisi da "teorici della cospirazione", il governo avrebbe incoraggiato un movimento al rialzo dei prezzi degli immobili con tassi di interesse interessanti. Gli MBS e i CDO sono stati poi rivenduti fino a venti volte agli investitori. Infine, non potendo pagare gli MBS e CDO venduti in eccesso del 2000%, è stato necessario far crollare intenzionalmente il mercato immobiliare, grazie alla complicità di Alan

L'FBI era a conoscenza di queste pratiche, dato che nel 2004 uno dei suoi comunicati stampa avvertiva di "un'epidemia di prestiti ipotecari fraudolenti". Il problema è stato menzionato anche nel *Rapporto sui crimini finanziari* del 2005. Nel 2006, i servizi dell'FBI hanno pubblicato un rapporto intitolato "Mortage Fraud report", spiegando che il 30-70% delle inadempienze su 3 milioni di prestiti analizzati erano dovute a malfunzionamenti nell'accensione dei mutui. Ma dei 14.000 agenti dell'FBI, solo un piccolo gruppo (120) lavorava su questo tipo di frode, cioè due agenti per Stato. All'epoca gli Stati Uniti si concentravano sull'antiterrorismo[281]. Tuttavia, viste le centinaia di migliaia di case abbandonate e semidistrutte che deturpavano molte città e quartieri del Paese, si poteva pensare che il nemico fosse chiaramente all'interno dei confini.

Far pagare il contribuente

Fin dall'inizio della crisi, il mercato delle cartolarizzazioni è stato praticamente chiuso, cosicché gli investitori si sono ritrovati in mano titoli il cui valore è crollato bruscamente. L'esatta composizione di questi veicoli di cartolarizzazione era così opaca che nessuno sapeva esattamente quali contenessero *subprime* e in quale proporzione. E nessuno sapeva quali istituti fossero maggiormente esposti ai *subprime* e a quale livello. Le banche avevano quindi smesso di fidarsi l'una dell'altra e non si concedevano prestiti reciproci. Questa crisi di fiducia ha paralizzato i mercati.

Giovedì 9 agosto 2007, BNP Paribas ha annunciato il congelamento di tre fondi *subprime*. Il 23 agosto, Countrywide Financial, in grande difficoltà, è stata salvata dal fallimento da Bank of America con un investimento di 2 miliardi. Il 14 settembre, i clienti della banca britannica Northern Rock hanno fatto lunghe file davanti ai bancomat per ritirare depositi non garantiti oltre le 2.000 sterline. Il panico bancario è stato fermato dalla garanzia della Banca d'Inghilterra su tutti i depositi, ma l'emorragia è comunque continuata e la banca è stata nazionalizzata mesi dopo.

Le banche centrali si sono rese conto del rischio monetario. Il 9 agosto, la BCE (Banca Centrale Europea) è stata la prima a immettere liquidità

Greenspan, che ha portato i tassi di interesse alle stelle. Articolo del 7 novembre 2010 di François Margineau su www.mondialisation.ca.
[281] Jean-François Gayraud, *La grande Fraude*, Odile Jacob, 2011, p. 103.

(prestiti alle banche). A seguire la Fed e la banca centrale britannica. In totale, ad agosto sono stati immessi 330 miliardi nel sistema bancario. Alla fine di gennaio 2008, la Fed ha riadattato il suo tasso al 3% (invece del 5,25% dell'agosto 2007).

Nel marzo 2008 è emerso chiaramente che tutte le obbligazioni dei *mutui subprime* non erano state vendute dalle banche ai fondi pensione sudcoreani o alle banche tedesche: la quinta banca di Wall Street, Bear Stearns (14.000 dipendenti), che aveva investito massicciamente nei *subprime*, era sull'orlo del fallimento. A differenza di Northern Rock, Bear Stearns era una banca d'investimento, il che significa che non raccoglieva denaro sotto forma di depositi dei clienti, ma emettendo titoli. A metà 2007, la banca aveva cercato di sbarazzarsi il più rapidamente possibile dei prestiti ancora in stock cartolarizzandoli e collocandoli sul mercato. Essendo fortemente "levereggiata [282] " (facendo molto affidamento sui prestiti a breve termine), Bear Stearns è diventata insolvente quando la situazione è peggiorata, poiché le altre banche hanno smesso di concedere prestiti. Questa volta il *bank run* ha assunto la forma di transazioni elettroniche e il denaro è uscito di corsa. In un attimo, il prezzo delle azioni è stato diviso per 80. I 17 miliardi di liquidità sono stati persi in 48 ore, vale a dire che la banca ha perso 100.000 dollari al secondo. Anche le altre banche erano complici e vittime del sistema.

Tim Geithner, a capo della "Federal Reserve" di New York, Ben Bernanke (successore di Alan Greenspan alla Fed) e Henry Paulson[283], segretario al Tesoro, decisero di salvare la banca e riuscirono a convincere JP Morgan ad acquistarla con un prestito di 30 miliardi di dollari da parte dello Stato. Anche se Paulson avvertì Wall Street che questa operazione non si sarebbe ripetuta.

---

[282]La leva finanziaria è il rapporto tra capitale proprio e investimento totale (capitale proprio + credito) in una transazione finanziaria. Più alto è il credito, maggiore è la leva finanziaria e minore è l'investimento in capitale. In altre parole, la leva finanziaria è semplicemente l'utilizzo del debito per finanziare una transazione. Riducendo il capitale iniziale da fornire, aumenta la redditività ottenuta. L'aumento della leva finanziaria aumenta anche i rischi della transazione, in quanto comporta una minore flessibilità o una maggiore esposizione all'insolvenza o all'incapacità di far fronte ai pagamenti. (NdT).

[283]Paulson e Bernanke hanno avuto un ruolo e una responsabilità molto discutibili nei momenti più urgenti della crisi del 2008, si legge in Charles Ferguson, *Inside Job, la crisis financiera...* Ediciones Deusto, Barcelona, 2012, pagg. 194-195. (NdT).

La crisi si è estesa al resto del mondo, poiché circa il 25% dei mutui statunitensi era stato acquistato all'estero. I meccanismi assicurativi si sono rivelati inutili, data l'entità delle somme in gioco. Non disponendo di un capitale proprio sufficiente per far fronte ai propri impegni, le assicurazioni sono fallite, trascinando con sé le banche.

La situazione è peggiorata rapidamente all'inizio di settembre 2008. Fannie Mae e Freddie Mac, i due gestori dei prestiti immobiliari delle famiglie che garantivano circa 5,3 trilioni di dollari di prestiti (il 40% del credito immobiliare statunitense), erano sotto la supervisione dello Stato. Il Tesoro americano ha investito 200 miliardi di dollari per salvarle e l'8 settembre le due entità sono state praticamente nazionalizzate.

Il 10 settembre Lehman Brothers, banca con 25.000 dipendenti e quarta banca d'investimento al mondo, ha registrato una perdita di quasi quattro miliardi di dollari nel terzo trimestre. La banca britannica Barclays avrebbe potuto acquistare Lehman, ma non poteva procedere all'operazione senza l'appoggio delle autorità di regolamentazione britanniche che si erano opposte.

La notizia bomba è esplosa lunedì 15 settembre: Lehman Brothers ha dichiarato bancarotta. Questa sconcertante notizia ha scatenato un vero e proprio panico e gli indici azionari sono crollati. Le azioni di Lehman Brothers crollano del 94% a 21 centesimi, riducendo la capitalizzazione della società a 145 milioni di dollari contro i 46 miliardi di dollari di sei mesi prima. Il contagio si è esteso a tutti i mercati mondiali.

Richard "Dick" Fuld, il presidente di Lehman Brothers, era convinto che la sua banca fosse troppo grande perché il governo la lasciasse fallire. *"Too big to fail"*, dicevano gli americani. Ma alla fine la banca era stata abbandonata al suo destino. Nella notte tra il 14 e il 15 settembre 2008, dopo quattro giorni di trattative, il governo statunitense aveva deciso di lasciar fallire Lehman Brothers senza intervenire, dopo essersi assicurato che ci fossero abbastanza creditori per assorbirne l'impatto. Nella sua relazione al Tribunale fallimentare per il Distretto meridionale di New York, Ian Lowitt, direttore finanziario di Lehman Brothers, ha dichiarato un bilancio con 639 miliardi di attività e 613 miliardi di passività, senza contare i miliardi di debiti mascherati da trucchi contabili. È stata la più grande bancarotta nella storia degli Stati Uniti.

Il giorno dopo, il 16 settembre 2008, l'amministrazione Bush ha dato il via libera al salvataggio multimiliardario di AIG, il principale assicuratore del Paese, che garantiva i rischi di insolvenza di centinaia di entità in tutto il mondo. Il governo federale ha acquisito il 79% del suo capitale. Nel corso del 2008, dopo ogni calo del prezzo delle azioni, Goldman Sachs aveva chiesto un risarcimento immediato in contanti ad AIG, "*portando a feroci dispute tra lei e AIG sul valore dei titoli e sull'ammontare dei pagamenti richiesti*". "*A metà del 2008, forse anche prima, Goldman sapeva che le sue richieste di CDS da sole avrebbero potuto facilmente causare il fallimento di AIG... Alla luce di tutto ciò, si può affermare che Goldman sapeva senza ombra di dubbio che AIG si trovava in gravi difficoltà... Goldman Sachs è diventata ancora più aggressiva nelle sue richieste di pagamento per i suoi CDS, in modo da ottenere i suoi soldi prima di tutti gli altri e prevenire la caduta di AIG*". "*Il 12 settembre, poco prima del fallimento di AIG, i pagamenti accumulati dai suoi CDS ipotecari ammontavano a 18,9 miliardi di dollari, di cui 7,6 miliardi, più del 40%, erano finiti direttamente nelle casse di Goldman, che ne chiedeva ancora di più*[284]". Va notato che la direzione di Goldman Sachs si era protetta dal fallimento spendendo 150 milioni di dollari per i CDS di AIG, in modo da intascare 2,5 miliardi di dollari in caso di default diffuso.

Dopo il crollo di Lehman Brothers, ci si potrebbe chiedere quale sarà la prossima grande banca della lista. Una banca con una capitalizzazione di mercato di un miliardo di dollari poteva avere un miliardo di CDS in circolazione. Nessuno sapeva quanti ne avesse o dove fossero. Phil Angelides, che in seguito avrebbe fatto parte della Commissione d'inchiesta sulla crisi finanziaria, ha spiegato nei suoi rapporti che né i regolatori della Federal Reserve né quelli dell'autorità per i mercati finanziari avevano visto i segnali d'allarme della crisi. Per anni non c'è stata alcuna regolamentazione e nessun funzionario aveva idea di cosa stesse accadendo sui mercati. AIG deteneva quindi 440 miliardi di credit default swap ed era chiaro che l'azienda non sarebbe stata in grado di rimborsare questi CDS, anche se nessuno lo sapeva, comprese le altre banche.

Merrill Lynch, che aveva perso 27 miliardi in CDO solo nel 2008, è stata acquistata da Bank of America. Morgan Stanley ha subito una perdita di 9 miliardi per aver investito massicciamente nei CDO. Anche Citigroup, UBS e molti altri hanno subito perdite terribili. "*Citigroup aveva una posizione molto più ampia nel mercato - più di 50 miliardi*

---

[284] Charles Ferguson, *Inside Job, la crisi finanziaria...* Ediciones Deusto, Barcellona, 2012, pagg. 184-185.

di mutui subprime nei suoi bilanci - e i suoi dirigenti non si sono resi conto di avere un problema fino a quando il mercato non ha iniziato a crollare[285] ".

Si scoprì allora che i salvataggi occulti della Federal Reserve non erano più sufficienti a rassicurare i mercati. Il 18 settembre, Henry Paulson e Ben Bernanke si sono presentati al Congresso. La situazione era catastrofica. Occorreva ripristinare la fiducia a tutti i costi per far sì che le banche tornassero a concedersi prestiti. Il governo doveva comprare le banche dai loro asset tossici e chiedere al Congresso un assegno in bianco di 700 miliardi, senza alcun controllo parlamentare e senza alcuna possibilità di opposizione giudiziaria. Il 29 settembre, il progetto di legge è stato respinto dalla Camera dei Rappresentanti.

Lo stesso giorno, in Europa, la banca Fortis è stata nazionalizzata in Belgio e nei Paesi Bassi, i cui governi hanno iniettato 11 miliardi di euro e preso il controllo del 49,9% del capitale per evitare il panico dei risparmiatori. Pochi giorni dopo, il Regno Unito ha ricapitalizzato Royal Bank of Scotland e Lloyd's Banking Group per 46 miliardi di euro. In seguito, la banca franco-belga Dexia è stata a sua volta ricapitalizzata per 6 miliardi di euro da Parigi e Bruxelles.

In ottobre, il sistema bancario islandese ha subito un crollo. Poiché il governo islandese si è rifiutato di risarcire i clienti britannici e olandesi, la Gran Bretagna ha invocato la legge antiterrorismo per inserire l'Islanda nella lista nera.

Il 3 ottobre, una versione modificata del piano di salvataggio di Henry Paulson e Ben Bernanke è stata finalmente accettata dal Congresso, in cambio di aiuti fiscali che hanno convinto decine di parlamentari, sia democratici che repubblicani. Henry Paulson, Segretario al Tesoro degli Stati Uniti, aveva fatto votare questo piano (TARP: *Troubled Asset Relief Program*), che prevedeva l'acquisto da parte del governo federale di 700 miliardi di dollari di asset tossici e ad alto rischio, in due fasi. Ma appena dieci giorni dopo l'adozione del piano di salvataggio, Henry Paulson decise di modificare radicalmente il progetto su imitazione del governo svedese: il Tesoro americano avrebbe preso parte al capitale delle istituzioni finanziarie più fragili, aumentandone così la liquidità.

---

[285]Charles Ferguson, *Inside Job, la crisi finanziaria...* Ediciones Deusto, Barcellona, 2012, pag. 172.

Il governo statunitense prevedeva ora di partecipare al capitale di alcune istituzioni finanziarie[286].

Il 13 ottobre 2008, Henry Paulson ha convocato i presidenti di nove delle maggiori banche statunitensi in un incontro segreto a Washington. Nove dei principali istituti bancari del Paese sono stati costretti ad accettare l'acquisto di azioni privilegiate dallo Stato. Così, metà della prima tranche, cioè 125 miliardi di dollari, è andata a Citigroup, JP Morgan Chase, Bank of America, Wells Fargo, Goldman Sachs, Morgan Stanley, Merrill Lynch, Bank of New York Mellon e State Street. La seconda metà della tranche sarebbe stata destinata alla ricapitalizzazione delle banche più piccole[287].

Dei primi 350 miliardi di dollari del salvataggio, circa 335 miliardi erano già stati distribuiti a metà dicembre 2008. "*Prima che Bank of America prendesse il controllo, anche se Merrill aveva perso 50 miliardi di dollari, i bonus ammontavano a circa 4 miliardi di dollari in contanti ed erano fortemente concentrati ai vertici. Più di 700 persone hanno ricevuto bonus superiori a 1 milione di dollari, e molti sono stati dell'ordine di decine di milioni*". Durante l'incontro con Paulson, il nuovo presidente di Merrill Lynch, John Thain, "*aveva una sola preoccupazione, che condivise con Paulson: questo avrebbe influito sulla libertà di pagare i bonus? La risposta è stata negativa[288]*".

Questo intervento diretto dello Stato sui mercati non ha precedenti nella storia degli Stati Uniti. L'assicuratore AIG aveva beneficiato di tre salvataggi da 60, 70 e 52,5 miliardi di dollari. Alcuni di questi sono stati erogati sotto l'amministrazione del presidente Barack Obama, eletto presidente il 4 novembre 2008. Non appena il denaro è stato erogato, Goldman Sachs ha ottenuto i 12,9 miliardi di dollari che le erano dovuti da AIG. In Francia, Société Générale aveva ricevuto 12 miliardi di dollari da AIG e BNP circa 5 miliardi.

---

[286] In Europa, i vari piani nazionali annunciati nel fine settimana dell'11 ottobre 2008 ammontavano a diverse centinaia di miliardi di euro in misure di ricapitalizzazione-nazionalizzazione delle banche. Nei mesi successivi, il governo britannico ha destinato 118 miliardi di euro al salvataggio delle proprie banche.
[287] Il programma TARP ha aiutato 650 banche. Ma 140 sono fallite comunque nel 2009 e altre 139 nel 2010.
[288] Charles Ferguson, *Inside Job, la crisi finanziaria...* Ediciones Deusto, Barcellona, 2012, p. 201.

Le banche hanno goduto di un indennizzo completo invece di accollarsi una parte delle perdite, come dovrebbero fare in questi casi di salvataggio. *"Quando il governo decise di cancellare le polizze [CDS] di AIG con Goldman Sachs, pagò come se la casa fosse completamente bruciata. Non c'era alcuna giustificazione per tale generosità: altri credit default swap erano stati liquidati per tredici centesimi di dollaro*[289]*"*, ha scritto l'economista Joseph Stiglitz. *"Per dirla senza mezzi termini, il contribuente americano ha salvato la nave fantasma che era diventata AIG, solo perché Goldman Sachs - insieme ad altri - è intervenuta per aiutare se stessa. Washington non ha mai spiegato veramente questa decisione eccezionalmente generosa: rimborsare l'establishment per tutte le sue perdite*[290]*"*, ha scritto Marc Roche. Il governo aveva usato il denaro pubblico per salvare una piccola cricca di banchieri che stavano distribuendo bonus milionari.

Il cinismo del piano Paulson rimarrà per sempre negli annali della storia. I profitti delle banche sono stati privatizzati, ma le perdite sono state sostenute dal contribuente. E nonostante il contribuente americano fosse diventato il principale "proprietario" di diverse banche, il dipartimento del Tesoro di George Bush e poi quello di Barack Obama si erano rifiutati di esercitare qualsiasi controllo. Dopo aver contribuito con centinaia di miliardi di dollari, il contribuente non aveva nemmeno il diritto di sapere come era stato speso il denaro. Il salvataggio dell'AIG, ad esempio, è stato reso pubblico molto più tardi, e solo grazie alle pressioni del Congresso.

Bernard Madoff è stato arrestato l'11 dicembre 2008, ma molti grandi dirigenti bancari avrebbero meritato di trascorrere una vacanza in prigione.

In Gran Bretagna, almeno, i vecchi manager sono stati licenziati e sono state imposte restrizioni alla distribuzione dei dividendi agli azionisti. Le banche statunitensi, invece, avevano continuato a distribuire dividendi e bonus straordinari agli azionisti e ai manager, senza nemmeno fingere di rilanciare il credito nell'economia. Nei tre anni successivi, le banche hanno pagato ai loro azionisti non meno di 80

---

[289] Joseph Stiglitz, *Caduta libera, il libero mercato e il crollo dell'economia mondiale*, Taurus, Madrid, 2010, p. 83.
[290] Marc Roche, *El Banco, cómo Goldman Sachs dirige el mundo*, Ediciones Deusto, Barcelona, 2011, p. 150. *"Il salvataggio di AIG, quasi 200 miliardi di dollari, si è basato su derivati di credit default swap, cioè alcune banche hanno scommesso contro altre"*. Joseph Stiglitz, *Caduta libera...* p. 41.

miliardi di dividendi, con la benedizione dello Stato. I dirigenti avevano ricevuto bonus record e anche i broker non avevano giocato male le loro carte, visto che "*uno studio di inizio novembre 2009 suggeriva che i trader, in media, avrebbero raccolto profitti per 930.000 dollari[291]* ". Joseph Cassano, il presidente dell'AIG che aveva assicurato quasi tutto ciò che gli capitava a tiro, aveva ricevuto un'interessante buonuscita, un paracadute d'oro da 314 milioni di dollari. "*Nove istituti di credito, che complessivamente avevano registrato perdite per 100 miliardi di dollari, hanno ricevuto 175 miliardi di dollari di fondi di salvataggio attraverso il TARP e hanno versato quasi 33 miliardi di dollari di bonus, tra cui più di un milione di dollari a testa a quasi cinquemila dipendenti[292]* ".

---

[291] Joseph Stiglitz, *Caduta libera, il libero mercato e il crollo dell'economia mondiale*, Taurus, Madrid, 2010, p. 91.

[292] Joseph Stiglitz, *Caída libre, el libre mercado y el hundimiento de la economía mundial*, Taurus, Madrid, 2010, p. 116. ["*Questi pagamenti così elevati e non correlati sono stati evidenziati dai bonus che le banche hanno pagato nel 2008, un anno record per le perdite e quasi record per i bonus (circa 33 miliardi di dollari). Sei delle nove grandi banche hanno pagato più bonus di quanti ne abbiano ricevuti in profitti*". Stiglitz, nota 8, pag. 386. "*I dirigenti che venivano pagati con le stock option erano incentivati a fare tutto il possibile per far salire il prezzo delle azioni della loro azienda, compresa la contabilità creativa. Più alto era il prezzo delle azioni, meglio veniva considerato il loro lavoro. Sapevano che più alti erano i profitti dichiarati, più alto sarebbe stato anche il prezzo delle azioni, e sapevano che imbrogliare i mercati era facile. E uno dei modi più semplici per aumentare gli utili dichiarati era quello di manipolare il conto economico, togliendo con una mano le perdite potenziali e aggiungendo con l'altra i profitti*". Stiglitz, pag. 196 "*Le banche statunitensi erano attivamente impegnate nell'inganno: rimuovevano il rischio dai conti economici in modo che nessuno potesse valutarlo. La portata dell'inganno che è stato realizzato è sbalorditiva: Lehman Brothers è stata in grado di dichiarare di avere una rete del valore di 26 miliardi di dollari poco prima di scomparire, quando aveva un buco nel conto economico di quasi duecento miliardi*". Stiglitz, p. 200. "*I dirigenti che difendevano le loro pratiche contabili ingannevoli sostenevano che gli azionisti traevano vantaggio dal fatto che le banche dichiarassero alti profitti nei loro conti. Ma mentre alcuni azionisti hanno vinto, altri hanno perso, soprattutto quelli che si erano fidati delle cifre truccate e che si erano aggrappati alle loro azioni con aspettative che non sono state soddisfatte. Quando alla fine la verità è stata scoperta, i prezzi sono scesi, a volte (come nel caso di Citibank) in modo drammatico*". Stiglitz, nota 9, pag. 386. "*Il conflitto sull'opportunità di contabilizzare o meno le stock option è un esempio della disparità di interessi. Gli azionisti vorrebbero sapere in che misura le loro azioni perdono valore a causa dell'emissione di stock option. Ma le aziende (cioè i loro manager) hanno resistito a migliorare la trasparenza di tali emissioni perché si rendono conto che se gli azionisti capissero in che misura le loro azioni perdono valore, si opporrebbero a questi pagamenti colossali*". Stiglitz, nota 16, p. 387].

A differenza di questi pagamenti, i risarcimenti versati alle famiglie sfrattate sono stati molto limitati. Nel 2012, Charles Ferguson aveva calcolato: "*Meno di un milione di persone che hanno perso la casa riceveranno assegni in media di 2.000 dollari a testa. Altri 20 milioni di persone i cui mutui sono sommersi, o che hanno perso la casa a causa degli sfratti, non riceveranno nulla[293]* ".

L'amministrazione Bush e la Federal Reserve non avevano preparato alcun piano di emergenza prima del piano di Paulson. In alcuni salvataggi (Bear Stearns), gli azionisti avevano ricevuto un po' di denaro e gli obbligazionisti erano stati completamente protetti. In altri casi (Fannie Mae), gli azionisti hanno perso tutto mentre gli obbligazionisti sono stati preservati. Nel caso di Washington Mutual, sia gli azionisti che gli obbligazionisti hanno perso tutto. In totale, si stima che 17 miliardi di dollari siano stati persi dagli investitori, ma anche dalle tasche di azionisti e pensionati. Ma l'unica sanzione per i dirigenti delle grandi banche è stata la loro ridicola apparizione alle audizioni parlamentari.

È quasi certo che se le grandi banche non fossero state salvate si sarebbe verificato un crollo generale del sistema finanziario. Il fatto è che alcune banche erano diventate troppo importanti per essere lasciate fallire. I dirigenti di queste grandi banche d'investimento sapevano che lo Stato non avrebbe potuto abbandonarle al loro destino senza andare incontro a conseguenze disastrose, quindi hanno cinicamente assunto rischi eccessivi. Wall Street aveva sfruttato la paura di un crollo economico generale per estrarre gigantesche somme di denaro dai contribuenti statunitensi.

Una prima misura sembrava assolutamente necessaria: il ripristino dello storico Glass-Steagall Act, una legge del 1933 votata in reazione alla Grande Depressione, che aveva imposto la separazione tra banche commerciali di deposito (che prestano denaro) e banche d'investimento (che organizzano la vendita di azioni e obbligazioni) per evitare i conflitti d'interesse che inevitabilmente sorgono quando la stessa banca emette azioni e presta denaro[294], ma che era stata abrogata nel 1999 dall'amministrazione Clinton (sinistra liberale statunitense).

---

[293] Charles Ferguson, *Inside Job, la crisi finanziaria...* Ediciones Deusto, Barcellona, 2012, p. 373.
[294] Joseph Stiglitz, *Caduta libera, il libero mercato e il crollo dell'economia mondiale*, Taurus, Madrid, 2010, p. 206.

Prima della deregolamentazione, altre norme vietavano, ad esempio, alle banche di espandersi da uno Stato all'altro del Paese, cosicché, a parte le grandi banche di New York e Chicago, il settore comprendeva migliaia di entità locali o regionali. Gli effetti criminogeni della deregolamentazione erano evidenti.

Lo Stato aveva distribuito la maggior parte del denaro alle grandi banche, quando in pratica da anni non erano più interessate a finanziare le imprese e l'industria. Secondo l'economista Joseph Stiglitz, erano possibili altre soluzioni: "*Invece di cercare di salvare le banche esistenti, che avevano ripetutamente dimostrato la loro incompetenza, il governo avrebbe potuto dare i 700 miliardi di dollari alle poche banche sane e ben gestite, o addirittura usarli per fondare una serie di nuove banche. A un modesto tasso di prestito di 12 a 1, ciò avrebbe generato 8,4 trilioni di dollari di nuovo credito - più che sufficienti per le esigenze dell'economia*[295] ".

Ironia della storia: gli sforzi di Alan Greenspan e George Bush per minimizzare il ruolo dello Stato nell'economia avevano fatto sì che lo Stato avesse un potere senza precedenti su un gran numero di settori. Lo Stato federale era così diventato il proprietario della più grande azienda automobilistica (prestito d'emergenza General Motors [296]), della più grande compagnia di assicurazioni e, in teoria, anche di alcune delle più grandi banche del Paese, viste le immense quantità di capitale investite.

ODC sintetici, frutti dell'amore

Nel 2011, la banca d'investimento Goldman Sachs impiegava 34.000 persone in una trentina di Paesi, mentre nel 1980 aveva solo 2.000 dipendenti. Dall'inizio di questo millennio, Goldman Sachs è la banca simbolo degli abusi del sistema finanziario occidentale.

---

[295] Joseph Stiglitz, *Caduta libera, il libero mercato e il crollo dell'economia mondiale*, Taurus, Madrid, 2010, pag. 174.
[296] Nel dicembre 2008 erano stati concessi oltre 13 miliardi di dollari alle "*Big Three*" (General Motors, Ford e Chrysler). A causa delle grandi difficoltà dell'industria automobilistica, GM e Chrysler avevano ricevuto rispettivamente 9,4 e 4 miliardi di dollari dal fondo di Paulson, per un totale di 13,4 miliardi di dollari, in cambio di condizioni estremamente rigide per garantire il ritorno alla redditività. Alla fine del 2013, lo Stato possedeva più del 10% di GM.

Nel 2007, Goldman Sachs, che gestisce enormi quantità di capitale, è stata l'unica banca ad aver realizzato un profitto durante il crollo del mercato *dei subprime*. A differenza di molti amministratori delegati di grandi banche, la cui priorità erano i campi da golf, i dirigenti di Goldman Sachs hanno tenuto d'occhio i mercati.

La banca aveva cambiato strategia nel dicembre 2006. David Viniar, il direttore finanziario, aveva raccomandato al consiglio di amministrazione di "ridurre l'esposizione al rischio", ossia di sbarazzarsi di tutti gli asset tossici il più rapidamente possibile[297]. Ansiosa di non rivelare il suo cambiamento di politica, Goldman Sachs ha continuato a essere presente sul mercato degli acquirenti, ma senza fare offerte per i titoli. Nella primavera del 2007, la banca ha iniziato a scommettere massicciamente sul crollo dei CDO *subprime* tossici che stava vendendo ai propri clienti, acquistando enormi quantità di derivati CDS. "*Goldman aveva comprato tutti i CDS possibili finché erano a buon mercato e poi, una volta che si era trovata completamente coperta, aveva svalutato i suoi titoli e chiesto il pagamento ai sottoscrittori*". In questo modo, stava speculando contro i suoi stessi clienti ai quali vendeva la sua spazzatura. Poco dopo, il mercato crollò. "*Sebbene Goldman abbia ottenuto enormi profitti dalle sue scommesse corte sui mutui, avrebbe potuto guadagnare molto di più. Ma i top manager, Viniar, Cohn e Lloyd Blankfein, l'amministratore delegato, non approvavano una strategia di massicce scommesse allo scoperto*[298]". Goldman Sachs è entrata nella leggenda di Wall Street generando 11,4 miliardi di dollari di profitti nel 2007, quando tutte le altre banche erano fallite[299].

La banca ha venduto ai suoi clienti obbligazioni che sapeva essere difettose. Ha facilmente venduto l'intera annata 2006 di CDO, senza

---

[297] Un altro film altamente consigliato, con un cast di attori eccezionali, è *Margin Call* (2011) di J.C. Chandor. Il film si svolge quasi a porte chiuse negli uffici di una grande banca americana, durante una notte di strazio vissuta dal consiglio di amministrazione. La prima parte racconta come la terribile scoperta di un giovane analista salga attraverso la gerarchia fino al vertice, fino al nuovissimo presidente interpretato da Jeremy Irons. C'è solo da rammaricarsi che lo spirito ebraico che anima i broker sia ancora una volta imputato ai Goyim. In questo caso, l'attore nordico Paul Bettany assume il ruolo del bastardo. Anche se è vero che i protestanti, soprattutto quelli anglosassoni, sono molto impregnati di valori "veterotestamentari" e cosmopoliti.

[298] Charles Ferguson, *Inside Job, la crisi finanziaria...* Ediciones Deusto, Barcellona, 2012, p. 170, 171.

[299] *Bilan.ch*, 4 luglio 2011, in *Comment Goldman Sachs a parié contre ses propres clients*.

rivelare agli acquirenti che i mutuatari erano prossimi al default totale. Prendiamo ad esempio un'emissione del 2006: GSAMP Trust 2006-S3. Goldman Sachs aveva emesso circa 494 milioni di dollari di questo CDO. Molti dei mutui ipotecari che componevano questo CDO erano stati rifinanziati con mutuatari il cui capitale medio valeva solo lo 0,71% del prestito! Inoltre, il 58% dei prestiti era scarsamente o per nulla documentato: nessun nome e cognome del mutuatario, nessun indirizzo, solo un codice postale. Nonostante ciò, le due principali agenzie di rating, Moody's e Standard & Poor's, avevano assegnato al 93% dell'emissione un rating "investor grade", ovvero la famosa "tripla A". Moody's aveva previsto che meno del 10% dei mutui sarebbe andato in default, mentre in realtà il 18% è andato in default dopo 18 mesi[300]. Gli acquirenti erano tendenzialmente gestori di fondi pensione, alla ricerca di investimenti sicuri, ma anche altre banche, assicurazioni, comuni, ecc. Goldman Sachs ha così raccolto miliardi di dollari.

L'azienda newyorkese è stata la più grande confezionatrice di prestiti *subprime* in sofferenza. Nel 2006, all'apice della bolla, Goldman aveva emesso 76,5 miliardi di dollari di obbligazioni di debito collateralizzate (CDO) costituite da prestiti immobiliari, un terzo dei quali erano *subprime... da* smaltire il prima possibile.

Charles Ferguson, nel suo libro *Inside Job,* ha raccontato una di queste transazioni: "*Una delle prime operazioni di asset stripping fu un CDO sintetico da 2 miliardi di dollari chiamato Hudson Mezzanine Funding 2006-1. La promozione di vendita di questi prodotti era quasi completamente fuorviante. Si affermava che l'intenzione di Goldman era quella di "stabilire una relazione a lungo termine con una selezione di partner" creando "investimenti immobiliari attraenti"... Quando l'operazione è stata eseguita, il gruppo ha gridato all'euforia: avevano ottenuto una grande riduzione del rischio e 8,5 milioni di dollari di profitti erano stati contabilizzati*[301]". I broker di Goldman Sachs sapevano esattamente che tipo di spazzatura stavano vendendo ai loro clienti.

John Paulson "*gestiva diversi hedge fund e aveva risorse sufficienti per perdere denaro per molto tempo*". Nonostante la sua convinzione che

---

[300] Articolo di Matt Taibbi pubblicato nel numero di luglio 2009 della rivista *Rolling Stone*.
[301] Charles Ferguson, *Inside Job, la crisi finanziaria...* Ediciones Deusto, Barcellona, 2012, p. 174.

fosse in arrivo un "crollo degli RMBS [302] subprime", era anche preoccupato per l'opacità e la complessità dei titoli ipotecari. Così Paulson ha valutato la possibilità di farsene confezionare uno da una banca d'investimento, in modo da poter sapere esattamente e persino decidere cosa stava succedendo. Persino Bear Stearns, che non è esattamente un modello di gestione etica dei mutui, ha respinto la sua richiesta ritenendola "disonesta"... perché, nonostante la loro scarsa preoccupazione per le questioni etiche, temevano potenziali azioni penali per frode. Fortunatamente per Paulson, la Goldman non aveva questi scrupoli. Il favoloso Fab Tourre fu incaricato di progettare lo strumento, comunicare con gli investitori e supervisionare la preparazione del materiale promozionale. Per rendere più facile la vendita agli investitori lunghi, cioè ai babbei, Tourre aveva bisogno di un manager indipendente che doveva essere responsabile della selezione delle attività di investimento... Alla fine, il compito fu assegnato ad ACA Management LLC, che aveva già gestito altre attività di Goldman. ACA non è mai stata informata del vero scopo della transazione. Sapevano che Paulson era coinvolto nell'affare, ma non che il suo vero scopo era scommettere contro di esso. Paulson fornì a Goldman un elenco di 123 obbligazioni su cui voleva scommettere; l'elenco fu consegnato ad ACA e ci furono incontri tra ACA, Paulson e Goldman. Sebbene ACA fosse a volte sorpresa dai nomi raccomandati da Paulson, o perlomeno ponesse il veto, fu raggiunto un accordo su un portafoglio di 90 obbligazioni, che comprendeva 55 dei nomi originariamente proposti da Paulson".

Il risultato finale è stato un CDO "sintetico" da 2 miliardi di dollari chiamato Abacus 2007-AC1. I titoli sono stati classificati in diverse categorie, come nella maggior parte dei prodotti di cartolarizzazione: la tranche *"super senior"* meno rischiosa (1,1 miliardi), 4 tranche intermedie (700 milioni) e la tranche *"equity"* più rischiosa (200 milioni). Il servizio marketing di Goldman ha presentato il prodotto in modo attraente per gli investitori. Il prospetto di vendita consisteva in diciotto pagine in cui si elogiava l'esperienza di ACA nella selezione del credito: *"Selezione delle attività basata sui fondamentali del credito... Allineamento degli interessi economici con quelli*

---

[302] I titoli garantiti da mutui ipotecari residenziali (RMBS) erano molto popolari in quegli anni, ambiti dagli operatori in cerca di rendimenti interessanti, dagli hedge fund ai fondi pensione alle compagnie di assicurazione. Alcuni RMBS raggruppavano molti mutui *subprime*. I processi di rating per i CDO e gli RMBS erano simili. Nel 2006, i subprime RMBS rappresentavano il 72% della composizione dei CDO. (NdT)

dell'investitore...". Nessuno dei CDO di ACA è mai stato declassato[303] ". Ovviamente, nessuno dei documenti di presentazione dei CDO menzionava John Paulson, noto per aver scommesso a breve sul mercato.

Questo Abacus non era il primo della serie, poiché la banca aveva già creato una ventina di prodotti di questo tipo. Ma l'Abacus 2007-AC1 è poi diventato famoso perché è stato all'origine di una denuncia presentata dalla SEC nell'aprile 2010, l'unica fino ad oggi che avrebbe messo alle corde Goldman Sachs.

Ufficialmente, per gli investitori, questi mutui erano stati selezionati da ACA Management, una terza parte indipendente. Ma la banca ha indotto ACA Management a credere che il fondo di Paulson volesse investire nel CDO Abacus, non scommettere contro di esso al ribasso. La mossa successiva è nota: John Paulson ha pagato alla banca 15 milioni di dollari per scegliere lui stesso i *subprime* più tossici. Avrebbe poi acquistato i CDS che lo avrebbero coperto contro le insolvenze (prodotti che sarebbero aumentati di valore all'aumentare del rischio) e poi avrebbe venduto allo scoperto i CDO Abacus[304].

Sapendo che il prodotto avrebbe subito una forte svalutazione, Paulson, da accordo trader, aveva iniziato acquistando lui stesso una piccola parte

---

[303] Charles Ferguson, *Inside Job, la crisi finanziaria...* Ediciones Deusto, Barcellona, 2012, p. 178.
[304] In finanza, lo short selling, vendita allo scoperto, posizione corta o posizione corta è l'operazione finanziaria che consiste nella vendita da parte di un operatore di mercato di un'attività che non possiede. Tale attività può essere acquisita per la vendita attraverso un'operazione di prestito titoli. Quando, in un secondo momento, si rende necessario restituire i titoli oggetto del prestito, è necessario acquistare titoli identici. Il prestatore si aspetta di ottenere un profitto economico nella misura in cui il valore del titolo è diminuito perché lo vende a un prezzo più alto (momento iniziale) rispetto a quando lo acquista (momento successivo). Se invece il titolo dovesse salire, subirebbe una perdita. La vendita allo scoperto è una scommessa sul ribasso del prezzo delle azioni. Consiste nel vendere un'attività che non si possiede per riacquistarla successivamente a un prezzo inferiore.
Se una compagnia aerea vuole proteggersi da un aumento del prezzo del carburante, può assicurarsi contro questo rischio acquistando petrolio sui mercati dei contratti a termine, fissando così il prezzo del petrolio che le verrà venduto tra sei mesi. Utilizzando i derivati, questa società può anche stipulare una polizza assicurativa contro il rischio di un aumento del prezzo del petrolio. In un periodo di crollo del mercato azionario, i guadagni al ribasso possono verificarsi molto rapidamente, mentre nei periodi di rialzo è necessaria un po' di pazienza per generare plusvalenze. In quest'ultimo caso, se un'azione è considerata sopravvalutata, una vendita allo scoperto ha l'effetto di calmare la speculazione e di impedire che il titolo si impenni al rialzo.

di Abacus (la più rischiosa), per incoraggiare altri investitori a fare lo stesso. Solo in seguito si sarebbe posizionato clandestinamente come venditore della grande maggioranza di Abacus.

I truffatori hanno presto seguito. Nell'aprile 2007, la piccola banca tedesca IKB di Düsseldorf ha "garantito la protezione dal rischio" acquistando 150 milioni di dollari di *azioni*. Nel maggio 2007, la banca olandese ABN Amro ha "garantito la protezione dal rischio" per la tranche "*super senior*" (la meno rischiosa a priori). Il fondo Paulson & Co. ha assunto la posizione di "acquirente di protezione".

Abacus non era un semplice CDO, ma un CDO "sintetico". Era un prodotto nuovo: il frutto dell'amore dei banchieri per gli investitori. Poiché il numero di prestiti immobiliari concessi stava diminuendo con la crisi, era necessario trovare una soluzione per continuare la cartolarizzazione. La soluzione era la seguente: bastava utilizzare i titoli garantiti da ipoteca esistenti come benchmark o indice e creare una scommessa a due facce. Il CDO sintetico non è altro che una scommessa sul valore di un CDO; e in una scommessa, per fare soldi, bisogna trovare persone che scommettano contro di noi.

Da un lato, un investitore acquistava il "lato positivo" di un CDO sintetico e riceveva una somma che rifletteva la performance dei CDO "reali" (o di un indice di valori di diversi CDO). Il guadagno non derivava quindi dai mutui ipotecari, ma dal "rovescio" della medaglia: i pagamenti che qualcun altro accettava di pagare in cambio del diritto di raccogliere il bottino in caso di crollo dei titoli. In questo caso, è stato John Paulson a pagare una commissione annuale dell'1,5% su 1 miliardo di dollari per proteggersi dal rischio. Gli investitori che hanno acquistato i titoli Abacus erano in un certo senso i sottoscrittori ("venditori di protezione") che ricevevano i premi a condizione che le obbligazioni non crollassero. Se il CDO fosse fallito, avrebbero pagato le perdite.

Pertanto, un CDO sintetico non è un'obbligazione come un CDO, ma un prodotto derivato di un CDO, nel senso che il suo benchmark, che ne definisce la performance, è il comportamento di un CDO sottostante. Grazie ai CDO sintetici, non era più necessario raccogliere 1 miliardo di dollari in mutui ipotecari cartolarizzati in obbligazioni per creare una scommessa. Era sufficiente trovare sul mercato qualcuno disposto a scommettere quel miliardo di dollari contro un CDO. Ecco perché le perdite sono state molto più consistenti di quelle rappresentate dai mutui *subprime*. Chi acquista il prodotto finanziario chiamato "CDO" (Collateralised Debt Obligation) non guadagnerà mai più dei flussi finanziari generati dall'aggregazione dei pagamenti mensili dei mutuatari, i cui prestiti costituiscono il titolo obbligazionario (il CDO vero e proprio). Ma la quantità di denaro che il venditore di un CDO sintetico può potenzialmente guadagnare è in linea di principio illimitata: dipende solo dall'ammontare delle scommesse che gli acquirenti sono disposti ad accettare in cambio dei premi pagati. In una scommessa, non c'è limite al numero di scommettitori, né alla somma della scommessa: il numero di scommettitori convinti che il cavallo *Bella de Mayo* vincerà la quarta corsa all'ippodromo di Saint-Cloud è potenzialmente illimitato. Lo stesso principio si applica a un CDO sintetico[305]. Si trattava quindi di scommettere sul rischio che un debito non venisse pagato e, per guadagnare su questa scommessa, era necessario trovare persone disposte a scommettere[306].

Goldman Sachs non ha semplicemente scommesso con i CDS sulle perdite dei prodotti che vendeva ai suoi clienti, ma ha utilizzato questo nuovo strumento finanziario che le ha permesso di moltiplicare i guadagni derivanti dal potenziale deprezzamento di un CDO. Vendendo CDO sintetici, Goldman Sachs si è protetta dal deprezzamento dei CDO che fungevano da benchmark. La banca cercò di trovare il maggior numero possibile di controparti disposte a svolgere il ruolo di sottoscrittori in cambio di un premio.

In questo modo le banche sono riuscite a prolungare l'esistenza della bolla finanziaria. I CDO sintetici consentivano loro di scommettere contro i titoli emessi, come avevano fatto Morgan Stanley con il CDO Libertas e Goldman Sachs.

---

[305] Analisi di Paul Jorion. Paul Jorion è un antropologo ed esperto finanziario belga di una certa fama che ha annunciato la crisi finanziaria globale nel 2005.
[306] Un CDO sintetico (collateralised debt obligation) è una variante di un CDO che generalmente utilizza credit default swap (CDS) e altri derivati per raggiungere i propri obiettivi di investimento. Si tratta quindi di un titolo finanziario derivato complesso, talvolta descritto come una scommessa sulla performance di altri prodotti ipotecari (o di altro tipo), piuttosto che un titolo ipotecario vero e proprio. Il valore e il flusso di pagamenti di un CDO sintetico non derivano da attività in contanti, come mutui o pagamenti di carte di credito, come nel caso di un CDO normale, ma dai premi pagati per l'"assicurazione" di credit default swap (CDS) sulla possibilità di insolvenza di un insieme definito di titoli "di riferimento" basati sulla liquidità. Le "controparti" che acquistano l'assicurazione possono essere proprietarie dei titoli "di riferimento" e gestire il rischio di default, oppure possono essere speculatori che hanno calcolato che i titoli andranno in default. (wikipedia. NdT).

I titoli creati erano così opachi e complessi da risultare incomprensibili agli investitori e alle agenzie di rating. Il documento di marketing di Abacus specificava che una controparte assumeva posizioni corte sui CDO sottostanti. Ma gli investitori non sapevano che si trattava di John Paulson, noto per le sue posizioni aggressive sul mercato *dei subprime*. Ovviamente, gli investitori non avrebbero mai scelto di investire nei titoli Abacus 2007-AC1 se avessero saputo che il fondo di Paulson li aveva scelti.

E quello che doveva succedere è successo: Abacus ha avuto la peggiore performance di tutti i prodotti simili presenti sul mercato. Gli investitori avevano acquistato il prodotto nell'aprile 2007 e nel gennaio 2008 il 99% del portafoglio Abacus era stato declassato dalle agenzie di rating[307]. Gli acquirenti di questi CDO sono stati magistralmente truffati. IKB, la banca regionale di Düsseldorf - un investitore solitamente prudente per la classe media - ha perso la sua intera partecipazione. Attraverso il suo fondo di investimento Rhinebridge Capital, ha perso anche più di 17 miliardi di euro nel mercato *dei subprime*. IKB è stata acquistata a un prezzo stracciato da un fondo pensione statunitense, ma i suoi azionisti, per lo più pensionati, hanno perso tutti i loro risparmi. ACA ha presentato istanza di fallimento alla fine del 2007 e nell'agosto 2008 la banca olandese ABN Amro è stata acquistata da Royal Bank of Scotland, che ha preferito abbandonare gli asset di Abacus pagando 840 milioni a Goldman Sachs. Alla fine, Paulson aveva intascato quasi 1 miliardo di dollari.

Nell'agosto 2008, la SEC aprì silenziosamente un'indagine su Paulson. Ma solo nel 2009, con la pubblicazione del libro di Greg Zuckerman *The Greatest Trade Ever*, è diventato di dominio pubblico che Goldman Sachs aveva stipulato un accordo al solo scopo di permettere a Paulson di vendere allo scoperto il mercato[308]. Nell'aprile 2010 è stata presentata una denuncia per frode civile presso la corte federale.

---

[307] Articolo di Matt Taibbi pubblicato nel numero di luglio 2009 della rivista *Rolling Stone*.
[308] Lo speculatore John Paulson non era imparentato con il Segretario di Stato al Tesoro (Henry Paulson). Il padre di Paulson era un certo Alfredo Guillermo Paulsen, nato in Ecuador da padre mezzo francese e mezzo norvegese e da madre ecuadoriana. La madre, Jacqueline Boklan, era invece figlia di immigrati ebrei provenienti dalla Lituania e dalla Romania e stabilitisi a New York. John Paulson e Lloyd Blankfein, presidente di Goldman Sachs, erano entrambi membri del "popolo eletto".

Per Charles Ferguson, molti attori erano a conoscenza della truffa dei *subprime*. Il giornalista ha così contraddetto la versione presentata da Michael Lewis, secondo il quale solo pochi investitori erano consapevoli dei rischi. In effetti, nel suo libro affascinante e molto istruttivo, *La grande scommessa*, Michael Lewis dà l'impressione che solo "*un piccolo gruppo di vigilanti folli, selvaggi e adorabilmente stravaganti*" avesse scommesso sul crollo del mercato. "*Con tutto il rispetto per il signor Lewis, la realtà era diversa: la Grande scommessa corta era un affare enorme e la maggior parte di Wall Street ha fatto un lavoro stupendamente buono per approfittarne.* "*Indubbiamente, migliaia di acquirenti di titoli di debito, sottoscrittori, broker, trader e dirigenti sapevano benissimo che questa storia sarebbe finita male, ma le loro fortune sono aumentate finché è durata*[309]".

I banchieri avevano tutto l'interesse a continuare a produrre e vendere i loro prodotti spazzatura il più a lungo possibile. Alcuni non ne erano ignari, anzi: "la *mancanza di informazioni non era un problema per i dirigenti di Goldman Sachs, JP Morgan e Morgan Stanley*". Anche se "*quest'ultima società ha iniziato a scommettere contro la bolla all'inizio del 2004, ma ha commesso un errore strategico che le è costato 9 miliardi di dollari*", vale a dire pagare i CDS troppo presto e troppo a lungo. JP Morgan, invece, non si è esposta e ha mantenuto le distanze. "*Goldman Sachs, invece, è stata una questione a parte. L'azienda ha guadagnato miliardi di dollari scommettendo contro gli stessi prodotti la cui vendita le aveva permesso di realizzare profitti milionari*[310]".

Charles Ferguson è stato categorico: "*Poiché i CDO sintetici possono esistere solo se ci sono persone decise a scommettere contro il 'lato lungo', la loro rapida ascesa è stata un chiaro indicatore del fatto che Wall Street sapeva non solo che esisteva una bolla, ma che la sua fine era imminente*". E ha insistito: "*E, in ogni caso, non si trattava affatto di un piccolo business praticato da un piccolo gruppo di individui polemici, alternativi e accattivanti. Una stima ragionevole è che, alla fine del 2006, il volume dei CDO sintetici, o principalmente sintetici, era di circa 100 miliardi di dollari, mentre circa un quarto degli asset dei CDO "convenzionali" era anch'esso sintetico. Nella prima metà del*

---

[309] Charles Ferguson, *Inside Job, la crisi finanziaria...* Ediciones Deusto, Barcellona, 2012, pagg. 163, 164.
[310] Charles Ferguson, *Inside Job, la crisi finanziaria...* Ediciones Deusto, Barcellona, 2012, pagg. 164, 165.

2007, poco prima del crollo del sistema, i CDO sintetici costituivano quasi certamente la maggioranza dei CDO presenti sul mercato. E nessuno conosceva questo business meglio di Goldman Sachs, John Paulson, Magnetar e Tricadia[311]*"*.

In effetti, altri fondi si erano ispirati a Paulson. Il più noto era Magnetar, fondato e gestito da un ebreo di nome Alec Litowitz, che aveva lavorato a stretto contatto con JP Morgan. Magnetar aveva effettuato una trentina di transazioni di questo tipo, per un valore compreso tra 1 e 1,5 miliardi di dollari ciascuna. Ma Magnetar aveva lavorato anche con Paulson.

"Finché i titoli non falliscono effettivamente, il detentore di un CDO sintetico deve effettuare pagamenti periodici all'investitore lungo. Questo può essere costoso. Paulson e Magnetar hanno acquistato le tranche più tossiche (la tranche "*equity*") per rassicurare i potenziali investitori, ma anche per intascare buoni rendimenti (spesso superiori al 20% annuo). Questi interessi hanno pagato la posizione corta fino allo scoppio della bolla. Quando la tranche *azionaria è* crollata, hanno certamente perso denaro, ma sapevano perfettamente che le tranche successive sarebbero crollate subito dopo e che sarebbero stati più che compensati.

La truffa è stata applicata su vasta scala: "*Stime molto approssimative suggeriscono che i soli pagamenti allo scoperto di questo hedge fund avrebbero potuto finanziare un quarto del mercato dei titoli ipotecari subprime nel 2006. I banchieri d'investimento si sono fatti pagare enormi commissioni per aver aiutato a strutturare i prodotti e per aver messo Magnetar in contatto con i fessi su cui scommetteva*[312]*"*.

"*I primi a capirlo sono stati alcuni dei grandi hedge fund [fondi di investimento]. A differenza delle banche d'investimento, non potevano fare grandi affari cartolarizzando prestiti e vendendo CDO. Di conseguenza, hanno dovuto aspettare che la bolla scoppiasse e guadagnare dal crollo... Oltre a Bill Ackman, i principali hedge fund hanno guadagnato miliardi di dollari scommettendo contro i titoli ipotecari quando la bolla è scoppiata, tra cui Magnetar, Tricadia, Harbinger Capital, George Soros e John Paulson. Si stima che questi*

---

[311] Charles Ferguson, *Inside Job, la crisi finanziaria...* Ediciones Deusto, Barcellona, 2012, p. 167.
[312] Charles Ferguson, *Inside Job, la crisi finanziaria...* Ediciones Deusto, Barcellona, 2012, p. 181, 182.

cinque hedge fund da soli abbiano realizzato più di 25 miliardi di dollari di profitto, e forse più di 50 miliardi, scommettendo allo scoperto contro la bolla dei mutui, e tutti hanno lavorato a braccetto con Wall Street per farlo[313] ". Bill Ackman, Georges Soros e John Paulson, tre importanti scommettitori, erano membri della setta.

Nel 2007, infatti, John Paulson è entrato definitivamente nella leggenda realizzando i maggiori profitti nella storia delle transazioni finanziarie. Aveva intascato 3700 milioni di dollari nel 2007 scommettendo contro i titoli ipotecari, 2000 milioni nel 2008 e 5000 milioni nel 2010[314].

Ma John Paulson non era solo uno speculatore di alto livello o un truffatore senza scrupoli. Era anche un generoso filantropo e donatore. Aveva donato 15 milioni di dollari al *Center for Responsible Lending*, un'associazione che forniva assistenza legale ai mutuatari immobiliari sovraindebitati. Durante una delle donazioni, Paulson ebbe queste bellissime parole piene di compassione: "*Siamo lieti di sostenere coloro che forniscono assistenza legale ai proprietari di case in difficoltà, molti dei quali sono stati vittime di prestatori predatori*[315] ". Delizioso e inconfondibile *chuzpah*!

Denunce contro Goldman Sachs

La "Banca" aveva doppiamente approfittato della bolla immobiliare: in primo luogo aveva truffato gli investitori che avevano acquistato i suoi CDO, e in secondo luogo aveva truffato il contribuente facendogli pagare per intero quanto dovuto dall'assicuratore AIG per i CDS a nome dello Stato. Questa banca era la più potente, ma anche la più criticata per le sue pratiche.

Dopo lo scoppio della bolla immobiliare, Goldman Sachs è stata colpita da un'ondata di cause legali. Le autorità dello Stato di New York hanno perseguito l'azienda e 25 broker che avevano venduto pile di CDO tossici a fondi pensione di dipendenti pubblici che avevano perso 100 milioni di dollari in investimenti. Lo Stato del Massachusetts aveva

---

[313] Charles Ferguson, *Inside Job, la crisi finanziaria...* Ediciones Deusto, Barcellona, 2012, p. 163.
[314] I fondi d'investimento in genere trattengono il 20% dei profitti annuali, più il 2% annuo del valore delle attività gestite, ma non subiscono perdite, il che porta i gestori ad assumere rischi.
[315] Jean-François Gayraud, *La grande Fraude*, Odile Jacob, 2011, p. 59.

avviato azioni legali per gli stessi motivi, per conto di 714 titolari di "prestiti predatori[316]". Ma la Goldman ne era uscita praticamente indenne, accettando di pagare la cifra irrisoria di 60 milioni di dollari, quanto il suo dipartimento CDO aveva guadagnato in un giorno e mezzo durante il boom immobiliare[317].

La SEC (Securities & Exchange Commission), l'autorità di regolamentazione dei mercati finanziari statunitensi, aveva probabilmente bisogno di recuperare un po' di credibilità, visto che nell'aprile 2010 ha ufficialmente avviato una serie di procedimenti civili contro l'azienda. Goldman Sachs è stata accusata di aver ingannato i suoi investitori sostenendo che gli asset di Abacus 2007-AC1 erano stati selezionati in modo indipendente da ACA Management, mentre in realtà il fondo Paulson era ampiamente coinvolto nella selezione dei titoli. Secondo la SEC, ACA Management aveva agito in buona fede. Invece, Goldman Sachs aveva ingannato tutti facendo credere che Paulson condividesse con loro lo stesso interesse per l'ascesa di questi titoli. Goldman Sachs è stata accusata di aver ingannato i suoi clienti a vantaggio di se stessa e, soprattutto, del suo partner Paulson. I gestori respinsero le accuse: sostennero di essersi solo protetti dai rischi e che gli investitori erano attori informati e ben consapevoli dei rischi che stavano correndo.

Tuttavia, l'accusa aveva presentato un'e-mail del novembre 2007 del presidente di Goldman Sachs Lloyd Blankfein al suo staff: "*Ovviamente, non siamo usciti dal pasticcio del credito immobiliare subprime. Abbiamo perso un sacco di soldi, e poi abbiamo recuperato più di quanto abbiamo perso grazie alle posizioni corte.*

Il 27 aprile 2010, durante un'audizione dei dirigenti di Goldman Sachs davanti a una commissione del Senato (presieduta dal senatore Carl Levin), alcuni senatori hanno chiesto se Goldman Sachs avesse a cuore gli interessi dei suoi clienti, come recita lo slogan della banca: "*Gli interessi dei nostri clienti vengono sempre prima di tutto[318]*". Non hanno ottenuto risposta. Un senatore ha poi fatto questa osservazione:

---

[316] Nell'ottobre 2010, Angelo Mozilo, presidente di Countrywide, aveva accettato di pagare 87 milioni di dollari per frode civile nell'ambito dell'accordo con la SEC.
[317] Articolo di Matt Taibbi, rivista *Rolling Stone*, luglio 2009.
[318] "*Gli interessi dei nostri clienti sono fondamentali. L'esperienza dimostra che la soddisfazione dei nostri clienti si traduce nel nostro successo*". Goldman Sachs: Our Principles (No. 1), in Marc Roche, *The Bank, how Goldman Sachs runs the world*, Ediciones Deusto, Barcelona, 2011, Annexes p. 237.

"Pensate che quando i vostri dipendenti pensano che qualcosa sia una schifezza e poi vanno a venderla, e poi la vostra azienda scommette contro di essa, pensate che questo li renda degni di fiducia?" O quest'altra domanda molto diretta: *"Se un vostro dipendente pensa che qualcosa sia una schifezza, un affare di merda, pensate che Goldman Sachs dovrebbe venderlo ai vostri clienti mentre voi stessi scommettete contro quei prodotti a breve? Penso che sia un caso molto chiaro di conflitto di interessi e credo che dovremmo fare qualcosa al riguardo. Ma trovo che voi non la vediate così[319]"*. I dirigenti della società si sono difesi da qualsiasi conflitto di interessi sostenendo la perfetta impermeabilità tra attività *di trading* e attività di consulenza.

Un giovane broker francese di nome Fabrice Tourre, un matematico di 22 anni laureato all'Ecole Centrale e reclutato da Goldman Sachs, era un imputato nominale. Doveva essere la miccia della sicurezza. Il suo processo, che il quotidiano economico *La Tribune* ha definito "*il processo più emblematico della crisi finanziaria del 2008*", è iniziato il 15 luglio 2013. Sono state rivelate le e-mail che Fabrice Tourre inviava alla sua fidanzata, come questa del 23 gennaio 2007: *"L'intero edificio sta per crollare da un momento all'altro. Unico potenziale sopravvissuto, Fab il favoloso"*. E questa del 7 marzo 2007: *"Il settore dei subprime è praticamente morto e i poveri piccoli mutuatari non dureranno a lungo"*. Il 13 giugno 2007 scrisse: *"Ho appena venduto obbligazioni Abacus ad alcune vedove e orfani che ho incrociato all'aeroporto. Questi belgi amano il prodotto Abacus!"*. Fabrice Tourre non era ebreo, ma a quanto pare era stato contaminato.

In tribunale, Fabrice Tourre ha dichiarato: *"Mi pento di queste e-mail, che danno una cattiva immagine dell'azienda e di me stesso"*. In realtà, abbiamo appreso che la banca stessa aveva tradotto e diffuso le e-mail ai media. Il suo superiore, Jonathan Egol (futuro CEO) e la sua subordinata Gail Kreitman, testimoniarono entrambi contro di lui, sostenendo che Fabrice Tourre gestiva Abacus da solo. Fabrice Tourre era stato sacrificato, tradito dalla sua azienda. È stato anche condannato al silenzio, poiché la banca ha pagato una fortuna ai suoi avvocati[320].

---

[319] Charles Ferguson, *Inside Job, la crisi finanziaria...* Ediciones Deusto, Barcellona, 2012, p. 188, 189.
[320] È fondamentale guardare il documentario di *Arte* su Goldman Sachs, disponibile sulle piattaforme video di Internet. Il 1° agosto 2013, la giuria ha dichiarato Fabrice Tourre colpevole di sei dei sette capi d'accusa a suo carico, tra cui la frode azionaria: Fabrice Tourre ha dovuto pagare personalmente più di 800.000 dollari (il suo ex datore

Goldman Sachs è stata scagionata nel luglio 2010, quando è stato raggiunto un accordo con la SEC: Goldman ha accettato di pagare la somma di 550 milioni di dollari per aver "*ingannato*" i suoi investitori. L'importo corrispondeva a una multa di 300 milioni di dollari e al pagamento di 250 milioni di dollari come risarcimento alle due banche danneggiate: Royal Bank of Scotland (che aveva acquisito la banca olandese ABN Amro, la vera vittima) e IKB, la prima banca a crollare nella crisi *dei subprime* tedeschi nel luglio 2007.

Goldman Sachs aveva contestato le accuse, ma aveva comunque accettato di pagare la multa e i danni in cambio dell'abbandono del procedimento legale. Va notato che l'importo di 550 milioni rappresentava appena una quindicina di giorni di guadagno per la banca nel 2009. Non appena è stato annunciato l'accordo con la SEC, le azioni della banca sono salite del 2% alla Borsa di New York, un guadagno di gran lunga superiore alla multa.

Criminali ai vertici dello Stato

Alla fine degli anni Novanta, sotto il presidente Bill Clinton ("di sinistra"), l'economia statunitense era gestita dalla "banda dei quattro", ovvero il presidente della Federal Reserve Alan Greenspan, il segretario al Tesoro Robert Rubin, ex dirigente di Goldman Sachs (26 anni nell'azienda), il suo vice Larry Summers e il capo della SEC Arthur Levitt (dal 1993 al 2001). Tutti e quattro erano ferocemente contrari alla regolamentazione dei mercati dei derivati[321]. Nel 1999, Alan Greenspan, Robert Rubin e Larry Summers erano finiti sulla copertina del *Times*, con il titolo "Il comitato per salvare il mondo". Trattandosi di tre membri del "popolo eletto", non era irragionevole pensare che i

---

di lavoro non ha potuto pagarli per lui). Inoltre, gli è stato vietato di operare sui mercati finanziari per tre anni.

[321] "*Negli anni '90, la presidente della Commodity Futures Trading Commission aveva chiesto una regolamentazione di questo tipo, e la necessità si è fatta più pressante quando la Federal Reserve Bank di New York, nel 1998, ha messo a punto un piano di salvataggio per la Long Term Capital Management... Ma il Segretario al Tesoro Robert Rubin, il suo vice Larry Summers e Alan Greenspan sono stati irremovibili nella loro opposizione e hanno raggiunto il loro obiettivo*". Joseph Stiglitz, *Caduta libera, il libero mercato e il crollo dell'economia mondiale*, Taurus, Madrid, 2010, p. 192 (e nota 4 p. 385). (NdT)

redattori del giornale strizzassero l'occhio ai loro amici dell'alta finanza[322].

Vale la pena notare che molti attori della crisi *dei subprime* erano membri della setta o ex collaboratori di Goldman Sachs. Nel 2008, durante la crisi, la situazione all'interno dell'amministrazione governativa non era diversa. Infatti, che il presidente sia un "democratico" o un "repubblicano" (della "sinistra" o della "destra" americana) non ha alcuna importanza finché i consiglieri e i banchieri cosmopoliti sono al loro posto. All'epoca, accanto alla squadra di governo del presidente "repubblicano" George Bush, Alan Greenspan aveva mantenuto la presidenza della Federal Reserve. Greenspan aveva ampiamente contribuito alla creazione della crisi *dei subprime* mantenendo i tassi di interesse molto bassi tra il 2001 e il 2004, favorendo così la crescita della bolla immobiliare, prima di alzarli bruscamente all'inizio del 2005. E non aveva fatto nulla per vietare i prestiti predatori. Nel 2006 fu sostituito da un altro membro della setta, Ben Shalom Bernanke[323]. Anche il capo dello staff del presidente, Joshua Bolten, era un figlio del "popolo eletto" ed ex dipendente della Goldman Sachs.

Il Segretario di Stato al Tesoro, Henry Paulson, non era certo ebreo - ma membro della Christian Science, una delle numerose sette protestanti che infestano gli Stati Uniti, tutte giudeo-compatibili e furiosamente pro-Israele[324]. Henry Paulson era l'ex amministratore delegato della banca Goldman Sachs, dove è stato per trentadue anni. Se Paulson ha lasciato fallire Lehman Brothers nel settembre 2008 è stato probabilmente a causa di alcune vecchie rivalità.

---

[322] La "sinistra" era favorevole alla deregolamentazione: Bill Clinton negli anni '90 negli Stati Uniti, Gordon Brown nel Regno Unito, Romano Prodi in Italia, Gerhard Schröder in Germania, Pierre Bérégovoy in Francia.

[323] *"L'impennata dei prezzi degli asset significava che Wall Street stava festeggiando. La teoria ortodossa dice che la Fed dovrebbe contenere questo tipo di feste, anche perché, inevitabilmente, sono altri a dover pagare il costo del risanamento la mattina dopo. Ma i presidenti della Fed, Greenspan e Bernanke, non volevano fare i guastafeste, così hanno dovuto inventare una serie di argomentazioni fallaci per giustificare l'immobilismo: le bolle non esistevano, non si poteva dire che c'era una bolla, anche se c'era, la Fed era in ogni caso più brava a ripulire la situazione dopo lo scoppio della bolla".* Joseph Stiglitz, *Caduta libera, il libero mercato e il crollo dell'economia mondiale*, Taurus, Madrid, 2010, p. 184.

[324] Leggete il nostro libro *La guerra escatologica* (2013).

Anche Timothy Geithner, a capo della Reserve Bank di New York, non era ebreo, ma era stato uno dei vice di Robert Rubin, ex dirigente della Goldman e Segretario del Tesoro sotto l'ex Presidente Bill Clinton.

Il capo della Banca Mondiale (2007-2012), Robert Zoellick, era un membro della setta; era stato anche consulente per gli affari internazionali di Goldman Sachs nel 1997. Anche il suo predecessore alla guida della Banca Mondiale, Paul Wolfowitz, in seguito vice segretario alla Difesa del presidente George Bush e uno dei falchi che hanno fatto precipitare gli Stati Uniti nella guerra in Iraq nel 2003, era un membro del "popolo eletto".

Quando, nell'ottobre 2008, "Hank" Paulson fece approvare dal Congresso il suo piano di salvataggio da 700 miliardi di dollari (il TARP), nominò un certo Neel Kashari per supervisionare quell'immenso patrimonio. Questo "indiano d'America" di 35 anni, fino ad allora sconosciuto, era un banchiere della Goldman Sachs.

Si può anche ricordare che all'epoca il presidente del Fondo Monetario Internazionale (FMI) era un altro membro della setta: Dominique Strauss-Kahn. In qualità di capo del FMI, doveva essere uno degli uomini più informati del mondo finanziario. Tuttavia, il 25 maggio 2008 aveva dichiarato che la crisi era *"alle spalle"*. Dominique Strauss-Kahn non è rimasto a lungo in carica. Il 18 maggio 2011 si è dimesso in seguito all'incriminazione per un caso di violenza sessuale all'hotel Sofitel di New York. Il 23 agosto ha beneficiato di un'archiviazione del caso nonostante le prove e il suo passato nella vicenda. L'anno successivo, una transazione finanziaria ha posto fine al procedimento civile, ma nel 2013 Dominique Strauss-Kahn è stato nuovamente rinviato a giudizio da un tribunale correzionale per "procacciamento aggravato da incontro" nel caso dell'hotel Carlton de Lille in Francia.

Dopo le elezioni presidenziali del novembre 2008 e l'elezione del Presidente nero Barack Obama, non è cambiato nulla. Ben Bernanke rimase al timone della Fed; Tim Geithner sostituì Henry Paulson come Segretario al Tesoro; e Mark Patterson, un ex lobbista... di Goldman Sachs, fu scelto come capo dello staff. Era chiaro che non ci sarebbero state riforme di vasta portata per modificare il sistema finanziario. Infatti, subito dopo la sua nomina, Tim Geithner dichiarò: *"Non sono mai stato un regolatore[325]"*.

---

[325] Si veda l'eccellente documentario di Charles Ferguson: *Inside Job* (2011).

Il segretario generale della presidenza era Rahm Emanuel, un ebreo-sionista di comprovato pedigree. Aveva guadagnato centinaia di migliaia di dollari nel consiglio di amministrazione dell'istituto di credito immobiliare Freddie Mac. E, come se non bastasse, il presidente Obama aveva scelto Larry Summers come primo consigliere economico[326].

Alla guida della Fed di New York, William Dudley è succeduto a Timothy Geithner. Era un ex capo economista della banca... Goldman Sachs.

Barack Obama aveva scelto Mary Shapiro, ebrea-sionista ed ex presidente della Finra, l'organismo di autoregolamentazione delle banche d'investimento, per presiedere la SEC.

Gary Gensler, un altro ebreo-sionista, era ora il presidente della Commodity Futures Trading Commission, l'autorità di regolamentazione dei mercati a termine degli Stati Uniti, che a sua volta era un ex co-direttore finanziario della società... Goldman Sachs.

Nonostante la depressione economica, le tre principali banche statunitensi - Goldman Sachs, JP Morgan e Barclays - godevano di un'insulsa salute. "*Questi gruppi regnano come signori e padroni. Le persone che li dirigono, Lloyd Blankfein, Jamie Dimon e Bob Diamond, sono ormai sulla bocca di tutti*", ci racconta Marc Roche nel suo libro su Goldman Sachs.

Lloyd Blankfein, il capo della "società", era "*il banchiere più potente del Paese, l'imperatore del capitalismo americano, una figura di riferimento dell'oligarchia finanziaria che godeva della posizione di viceré dell'America*".

---

[326]"*Ma si è scoperto che Obama era solo un altro presidente oligarca. Il primo segnale inquietante è stato quello delle nomine. Non una sola voce critica o riformista ha ottenuto un incarico... Invece abbiamo avuto Larry Summers, l'uomo che è stato dietro quasi tutte le politiche disastrose che hanno generato la crisi...*". Charles Ferguson, Inside Job, la crisi finanziaria... Ediciones Deusto, Barcellona, 2012, p. 367. "*Il principale consigliere economico della Casa Bianca, Lawrence Summers - ex segretario al Tesoro di Bill Clinton e, in quanto tale, artefice del Glass-Steagall Act nel 1999*". Marc Roche, La banca, come Goldman Sachs gestisce il mondo, Ediciones Deusto, Barcellona, 2011, p. 228.

Blankfein è nato nel 1954 a New York; "*originario di una famiglia di ebrei sfuggiti ai pogrom russi della fine del XIX secolo[327]* ". Questo imminente banchiere "si *circonda solo di una piccola cricca di accoliti, ex trader di J. Aron* [una filiale di Goldman Sachs, ndt], *e preferibilmente di New York. Tra i tanti fedelissimi usciti da questo vivaio c'è il suo numero due, Gary Cohn, una figura ineludibile il cui bonus è pari al suo[328]* ".

Jamie Dimon, il capo di JP Morgan, "*ama presentarsi come un "patriota"*", ci ha detto scherzando Marc Roche, sottolineando che "*proviene dall'alta borghesia di Smirne, in Turchia*". In precedenza Dimon aveva lavorato a stretto contatto con Sandy Weill, un altro membro della setta che presiedeva Lehman Brothers. Questo Sandy Weill era un "*amico di famiglia e una leggenda della finanza americana[329]* ".

Per quanto riguarda Bob Diamond, presidente di Barclays Capital, si dice che provenga da una famiglia cattolica irlandese. È possibile, dopotutto. Abbiamo visto che molti top manager bancari e grandi truffatori erano autentici goyim. I valori dell'ebraismo sono penetrati in molte menti, soprattutto nei Paesi anglosassoni protestanti, ma hanno saputo offuscare anche le menti di molti cattolici, in particolare negli Stati Uniti. Ma il cognome "Diamond" è un classico dell'onomastica ebraica, e sappiamo che l'ebraismo è spesso vissuto in segreto o a distanza. I marrani in Spagna nel XVI secolo e i franchi in Polonia nel XVIII secolo si spacciavano per cattolici, mentre i sabbatiani nell'Impero Ottomano erano spesso buoni musulmani[330].

---

[327] Gli intellettuali ebrei raccontano sempre la stessa storia. In realtà, l'emigrazione degli ebrei era stata provocata dall'istituzione in Russia, nel 1896, del monopolio statale sulle bevande alcoliche e dalla soppressione di tutte le distillerie private. Questa misura volta a proteggere i contadini russi "*aveva inferto un duro colpo all'attività economica degli ebrei di Russia*" (Aleksandr Solzhenitsyn, Deux Siècles ensemble, tome I, Fayard, 2002, p. 326. Leggi in *Fanatismo ebraico*).

[328] Marc Roche, El Banco, cómo Goldman Sachs dirige el mundo, Ediciones Deusto, Barcelona, 2011, p. 211, 107, 88-89, 95. "*È anche un amante dei giochi di parole, un asso delle piroette verbali, come quando dichiara al Sunday Times: "Sono solo un banchiere che fa il lavoro di Dio""*. p. 88.

[329] Marc Roche, La banca, come Goldman Sachs gestisce il mondo, Ediciones Deusto, Barcellona, 2011, p. 95, 217, 212.

[330] Vedi *Psicoanalisi dell'ebraismo*.

Il risveglio dell'antisemitismo

Si potrebbe pensare che l'antisemitismo faccia parte di un'epoca passata. Come ha scritto Marc Roche nel suo libro sulla banca Goldman Sachs: *"L'ultimo bastione del pregiudizio antisemita, la Borsa di New York, cadde all'inizio degli anni '70, quando il presidente e amministratore delegato di Goldman Sachs, Gus Levy, divenne il primo ebreo a presiedere il consiglio di amministrazione della Borsa di New York*[331]*"*.

Tuttavia, la comunità ebraica era preoccupata dal fatto che molti di coloro che avevano una grande responsabilità per la crisi finanziaria erano, di fatto, ebrei.

"Abbastanza da far venire le vertigini ai seguaci della paranoia antiebraica, che immaginano che l'economia mondiale sia nelle mani degli ebrei", si legge sui siti web della "comunità".

"La crisi finanziaria americana ha portato a un forte aumento del numero di messaggi antisemiti pubblicati su forum, blog e siti web", ha dichiarato l'Anti-Defamation League (ADL, la più grande associazione antirazzista degli Stati Uniti). *"Centinaia di messaggi antisemiti su Lehaman Brothers e altre entità colpite dalla crisi dei subprime sono stati pubblicati su forum di discussione finanziaria. I messaggi attaccano gli ebrei in generale, alcuni accusandoli di controllare il governo e la finanza, di far parte di un 'ordine mondiale ebraico' e quindi di essere responsabili della crisi economica"*.

Il presidente dell'ADL, Abraham Foxman, ha ripetuto il solito discorso: *"Abbiamo imparato dalla storia moderna che ogni volta che c'è una flessione nell'economia mondiale, c'è un aumento dell'antisemitismo e del bigottismo, ed è quello che stiamo vedendo ora"*.

Il sito web dell'ADL ha pubblicato uno dei suoi numerosi messaggi che accusano gli ebrei di *"infiltrarsi a Wall Street e nel governo e di rovinare l'America"*. *"I vecchi luoghi comuni sugli ebrei e il denaro stanno riemergendo"*, ha affermato Abraham Foxman. *"Come abbiamo visto dopo l'11 settembre, non appena ci sono problemi e incertezze nell'economia o negli eventi mondiali, gli ebrei diventano i capri espiatori.*

---

[331] Marc Roche, *La banca, come Goldman Sachs gestisce il mondo*, Ediciones Deusto, Barcellona, 2011, p. 184.

Sui siti web ebraici francesi circolava la stessa analisi "pronta all'uso": *"Come se fosse una legge ferrea, le situazioni di crisi internazionale - soprattutto quelle finanziarie - risvegliano l'antisemitismo che è sempre latente nell'inconscio collettivo. Il presunto legame tra "l'ebreo e il denaro" o "la cospirazione ebraica per dominare il mondo" sono di nuovo temi di moda".* Le accuse erano terribili!

Naturalmente, alcuni musulmani hanno colto l'occasione per denunciare il ruolo nefasto dei "sionisti" nell'economia mondiale: *"L'ondata antisemita che accompagna la crisi è a sua volta alimentata dalle dichiarazioni dei leader arabi nel mondo musulmano e dalla grande profusione di vignette antisemite sulla stampa araba. Così abbiamo sentito il capo di Hamas a Gaza dare la colpa della crisi finanziaria alla "lobby ebraica americana" e il presidente iraniano Mahmoud Ahmadinejad dichiarare "che un pugno di sionisti governa il mondo""*.

Queste accuse, provenienti da un'altra epoca, ponevano ancora una volta gli ebrei ai margini dell'umanità; e ci si poteva chiedere quando le loro sofferenze sarebbero finalmente finite: *"in quattromila anni di sofferenze*[332] *"*, come scriveva Jacques Attali. C'era molta sofferenza nei grattacieli e nei ministeri!

In realtà, la rinascita dell'antisemitismo, sotto la penna di intellettuali ebrei, è una costante multisecolare e lo stesso ritornello viene regolarmente ripetuto dai media mainstream. Abbiamo fornito non pochi esempi nei nostri libri precedenti. Basta dare un'occhiata:

All'inizio di novembre 2003, un sondaggio della Commissione europea su 7500 persone ha indicato lo Stato di Israele come una minaccia alla pace nel mondo. Il sondaggio non era stato reso pubblico, ma gli articoli sull'argomento del quotidiano inglese *The Guardian* e del quotidiano spagnolo *El País* ne avevano parlato. Orrore! Lo Stato di Israele è stato effettivamente indicato come la minaccia numero uno per la pace nel mondo, davanti persino alla Corea del Nord! Il sondaggio, condotto su 500 persone provenienti dai quindici Paesi dell'Unione Europea, poneva la domanda: *"Mi dica secondo lei se questo Paese rappresenta o meno una minaccia per la pace nel mondo"*. E lo Stato di Israele era stato scelto dal 59% degli intervistati. La diffusione dei risultati aveva scatenato polemiche, in particolare da parte del Centro Simon Wiesenthal, che all'epoca aveva chiesto l'esclusione dell'Unione

---

[332] Jacques Attali, *Un homme d'influence*, Seix Barral, Barcellona, 1992, p. 11.

Europea dal processo di pace israelo-palestinese e aveva accusato l'Europa di vivere "*la peggiore manifestazione di antisemitismo dalla Seconda guerra mondiale*". Il rabbino Marvin Hier, fondatore del Centro Wiesenthal, aveva inoltre dichiarato: "*Questo scioccante sondaggio sfida la ragione logica. È una fantasia razzista che dimostra solo che l'antisemitismo è profondamente radicato nella società europea, più che in qualsiasi altro momento dalla fine della guerra*". E questo nel 2003, cinque anni prima della crisi finanziaria.

Probabilmente è antisemita anche notare che gli intellettuali ebrei, i politici ebrei e i finanzieri ebrei fanno costantemente pressione sull'Occidente affinché dichiari guerra alle nazioni che non sono sufficientemente soggette alle leggi della democrazia e della finanza internazionale. È così che le nazioni occidentali sono state trascinate in guerre contro l'Iraq (1991), contro la Serbia (1999), contro l'Afghanistan (2001), di nuovo contro l'Iraq (2003), contro la Libia (2011); e probabilmente sarebbero entrate in guerra contro l'Iran e la Siria nel 2013 se il presidente russo Vladimir Putin non avesse fatto un colpo di mano sul tavolo[333].

---

[333] La traduzione di questo libro si conclude un anno dopo l'inizio della guerra in Ucraina (24 febbraio 2022). La vertiginosa escalation escatologica, geopolitica e militare sembra inarrestabile, mentre Israele continua a bombardare impunemente Siria e Iran. Dopo il colpo di Stato Euromaiden del 2013, gli Stati Uniti hanno promosso un cambio di regime "democratico" in Ucraina, guidati dalla diplomazia di Victoria Nuland. Dopo la presidenza conservatrice e isolazionista del repubblicano Donald Trump, che si trascinava troppo a lungo di fronte alle pressioni *dell'establishment* statunitense, un'elezione dubbia ha riportato un'amministrazione democratica al potere alla Casa Bianca. Ancora una volta, ebrei di primo piano occupano i ministeri chiave (Segretari di Stato, del Tesoro, del Procuratore generale, della Sicurezza interna e dell'Intelligence nazionale) dell'amministrazione presidenziale, guidata dal capo della politica estera statunitense Antony Blinken. La storia della creatura Zelensky, quel lurido comico e attore diventato presidente dell'Ucraina, deve essere raccontata. Il produttore del film Zelensky (un tizio che interpreta un ruolo in una serie televisiva e poi lo interpreta nella realtà) è stato Ihor Kolomoiski, alias Bennia (il nome del padrino della mafia ebraica nei *Racconti di Odessa di* Isaac Babel, un capolavoro della letteratura ashkenazita). Per questo, Kolomoiski ricevette da Ronald Lauder (miliardario americano e presidente del World Jewish Congress) la rete televisiva che portò Zelensky alla celebrità. D'altra parte, c'è la società oligarchica di Kolomoiski, la Burisma, leader ucraino del gas, implicata nella corruzione del clan Biden (si veda anche la nota 161). Questo oligarca ucraino era anche proprietario della prima banca ucraina PrivatBank (utilizzata dal 33% degli ucraini), dalla quale ha direttamente sottratto fondi equivalenti al 5% del PIL ucraino. Il denaro transitava attraverso le Isole Vergini Britanniche per essere reinvestito nel *Midwest degli Stati Uniti*. Kolomoiski è oggi il maggior proprietario immobiliare dello Stato dell'Ohio, proprio sui terreni del feudo di Lex Wexner, altro

4. I super predatori

Tra i grandi vincitori della crisi c'era David Tepper, il fondatore dell'hedge fund statunitense Appaloosa Management, che nel 2009 aveva guadagnato 4 miliardi di dollari. All'età di 56 anni è entrato nella *top 50* delle maggiori fortune degli Stati Uniti. *"Tepper incarna nel corpo e nell'anima questo legame con Goldman..., l'amministratore delegato dell'hedge fund statunitense Appaloosa è il numero uno nella hit-parade dei vincitori della crisi[334]"*.

Il quotidiano *Le Monde* del 4 gennaio 2014 ha pubblicato un articolo su di lui intitolato: *"David Tepper, lo speculatore che trasforma le azioni in oro massiccio"*. Il suo fondo *Palomino*, specializzato in azioni statunitensi, aveva generato guadagni del 42% nel 2013. Tepper aveva puntato con successo su banche, compagnie assicurative e società immobiliari. La sua remunerazione nel 2013 era salita a 3 miliardi di dollari, rendendolo il gestore *di hedge fund* più pagato degli Stati Uniti. Tepper, si legge, *"ha iniziato la sua carriera presso Goldman Sachs nel settore dei titoli spazzatura"* prima di mettersi in proprio: *"David Tepper si è fatto conoscere nel febbraio 2009, all'apice della crisi dei subprime. Contrariamente ai suoi rivali, lo speculatore aveva acquistato su vasta scala i titoli indesiderati di banche americane e britanniche in totale fallimento. Fiducioso nell'efficacia del piano di salvataggio dello Stato, il principale azionista dell'hedge fund aveva scommesso sul successo del programma per aiutare le grandi banche di entrambe le sponde dell'Atlantico a far uscire il settore finanziario dal pantano. L'ostruzionista del mercato ha costruito la sua fortuna su un'idea semplice: comprare titoli sottovalutati, resistere alle mode e... aspettare. Non ho mai perso seguendo il mio istinto"*. *Questo è il mantra di questo audace giocatore d'azzardo, sicuro della sua buona stella"*. Dalla sua creazione nel 1993, la sua società ha garantito ai suoi investitori un

---

miliardario statunitense strettamente legato allo scandalo di Jeffrey Epstein. L'intera rete di una pericolosa mafia internazionale si estende quindi dietro il presidente Zelensky (fonti: *Faits et Documents, Courrier international, wikipedia*. NdT).

[334] Marc Roche, *La banca, come Goldman Sachs gestisce il mondo*, Ediciones Deusto, Barcellona, 2011, p. 113, 194.

rendimento medio del 27%. Tutto ciò che questo "Crasso" del New Jersey toccava diventava oro. Avete capito bene: David Tepper "*è cresciuto in una famiglia ebrea*".

Goldman Sachs in Grecia: magia finanziaria

Nel febbraio 2010, la "società" è stata accusata di aver svolto un ruolo losco nella crisi finanziaria della Grecia. Tra il 2000 e il 2003, Goldman Sachs aveva aiutato il Paese a ripianare il suo debito per consentirgli di soddisfare i criteri di adesione all'euro: un deficit di bilancio del 3% e un debito pubblico non superiore al 60% del prodotto interno lordo. Tuttavia, il Paese era ben lontano dal soddisfare questi criteri. La Grecia, esclusa nel 1999 quando si decise di creare l'euro, era riuscita nel 2001 a soddisfare i requisiti di Maastricht e ad entrare nella zona euro grazie a un sotterfugio finanziario. Per nascondere parte del debito e sfoggiare conti sani, il governo socialista di Costas Simitis aveva fatto ricorso alla creatività finanziaria della banca d'affari Goldman Sachs, riuscendo così a nascondere 3 miliardi di euro di debito.

Un decennio dopo, nel marzo 2012, due funzionari greci responsabili della gestione del debito, Spiros Papanicolau e il suo predecessore Cristoforos Sardelis, hanno fornito dettagli sul contratto di debito che era stato negoziato nel 2001 con la "ditta", che aveva permesso alla Grecia di nascondere parte del debito nazionale.

Nel giugno 2011, Goldman Sachs aveva concordato con il governo greco un "currency *swap*", che ha permesso alla Grecia di prendere in prestito 2,8 miliardi di euro senza che ciò si riflettesse nelle statistiche ufficiali. Ci sono i "credit default *swap*", i famosi CDS che abbiamo visto: si paga un premio trimestrale o annuale alla banca e se il mutuatario va in default, la banca paga il debito. Ma c'è anche l'"interest rate *swap*" (il più comune): si è indebitati a un tasso variabile e si vuole passare a un tasso fisso; si paga un tasso fisso per un determinato periodo e la banca paga l'interesse variabile. Oppure gli *swap su* materie prime, ad esempio per acquistare in anticipo il petrolio a un certo prezzo e a una certa data. E poi ci sono gli *swap su* valute, per minimizzare l'impatto della volatilità dei tassi di cambio.

L'operazione consisteva nello scambiare un debito precedentemente contratto dalla Grecia in dollari (emissione di un'obbligazione da 10 miliardi di dollari in 5 anni) con un debito in euro con Goldman Sachs. Se il tasso di cambio fosse, ad esempio, 1€ per 1,3$, la banca pagherebbe 7,7 miliardi di euro alla Grecia. Ma se le due parti si accordano su un tasso di cambio di 1,15$ invece di 1,3$, la Grecia riceve 8700 milioni di euro e non 7700 milioni. In questo modo, lo Stato greco ha ricevuto 1 miliardo di euro in più nell'operazione[335]. La banca ha poi pagato interessi semestrali alla Grecia (sui 10 miliardi di dollari), che a sua volta li ha pagati ai suoi investitori (prima di rimborsare i 10 miliardi di dollari dovuti in cinque anni). Parallelamente, la banca rimborsa i 10 miliardi di dollari alla Grecia, che restituisce l'importo in euro.

Quasi 1 miliardo di euro di debito era così scomparso dal radar di Eurostat, l'ente statistico dell'Unione Europea. Per recuperare l'importo scontato, la banca aveva questa volta utilizzato un interest *swap*, basato su un tasso diverso da quelli prevalenti all'epoca. All'epoca, il tasso era sembrato molto vantaggioso per i gestori del debito greco. Ma la situazione, molto più complicata di quanto sembrasse all'inizio, si era ritorta contro la Grecia dopo gli attentati dell'11 settembre 2001. I tassi di interesse obbligazionari erano scesi sui mercati e lo *swap di* interessi aveva subito perdite.

I funzionari greci hanno poi tentato una rinegoziazione con Goldman Sachs nel 2002 e hanno accettato di utilizzare un nuovo prodotto derivato per i rimborsi basato sul tasso di inflazione. Ma, come ha confessato lo stesso Papanicolaou, "*è stata una pessima scommessa*".

Le autorità greche avevano ipotecato gli aeroporti e le autostrade del Paese per raccogliere fondi disperatamente necessari. Con il contratto "Eole" stipulato nel 2001 con Goldman Sachs, lo Stato greco aveva ricevuto fondi immediati e si era impegnato a versare alla banca i futuri proventi delle tasse aeroportuali. L'anno prima erano stati i proventi della lotteria nazionale a essere inghiottiti in un contratto chiamato "Ariana". La Grecia era diventata una sorta di mercato delle pulci di quartiere, ma su scala nazionale. Il governo aveva classificato queste operazioni come vendite, non come prestiti.[336]

Nel 2005, l'importo del debito principale era quasi raddoppiato, raggiungendo 5,1 miliardi di euro invece dei 2,8 miliardi iniziali. Cristoforos Sardelis ha spiegato di non aver avuto la possibilità di incontrare altre banche per ottenere controfferte e valutare l'assetto

---

[335] Articolo di Paul Monthe del febbraio 2010 su *next-finance.net*. Non abbiamo trovato alcun articolo esplicativo nella stampa tradizionale.
[336] *New York Times*, 18 febbraio 2010.

finanziario di Goldman Sachs perché quest'ultima aveva minacciato di annullare il contratto. L'accordo è stato quindi tenuto segreto[337].

Trattandosi di un'operazione molto complessa e personalizzata, Goldman Sachs aveva applicato commissioni di intermediazione di gran lunga superiori a quelle applicate a transazioni più standard. Al momento della firma dell'accordo, nel 2001, la Grecia aveva un debito di 300 milioni di euro che si aggiungeva ai 2,8 miliardi di euro presi in prestito dalla banca d'affari.

Alla fine del 2009, la situazione finanziaria della Grecia è diventata uno scenario catastrofico. All'inizio di novembre, il nuovo governo socialista di George Papandreou si interrogava su come attuare il suo programma di tagli e austerità per ridurre l'abissale debito (112% del PIL) al fine di convincere i mercati finanziari e l'Unione Europea. L'8 dicembre 2009, l'agenzia di rating Ficht Ibca ha declassato il rating del debito del Paese da AA^- a BBB^+, equivalente a orecchie d'asino.

Le voci di uno scenario di bancarotta sono circolate nelle sale del mercato. A ciò ha fatto seguito la speculazione sul debito della Grecia, con un conseguente aumento dei tassi di interesse richiesti al governo per contrarre prestiti sui mercati internazionali: 6-7%, il doppio del tasso tedesco a 10 anni. I greci hanno visto aumentare il peso del debito che dovevano ripagare in aggiunta ai prestiti precedentemente camuffati.

Gary Cohn, il numero 2 di Goldman Sachs, è tornato ad Atene con lo speculatore John Paulson. Il ruolo del banchiere era quello di rassicurare gli acquirenti di obbligazioni greche (debito) in modo che il Paese potesse continuare a contrarre prestiti sui mercati. Gary Cohn ha presentato uno strumento finanziario che avrebbe permesso di rimandare a un futuro lontano i costi del sistema sanitario greco.

Ma mentre consigliava il governo greco, la "ditta" speculava sul mercato dei CDS contro la Grecia con Paulson dietro le quinte, lo stesso con cui era stata in combutta durante la crisi *dei subprime*[338]. Acquistando e consigliando ai propri clienti i CDS sul debito greco, Goldman Sachs incoraggiava l'aumento dei tassi di interesse richiesti al Paese, il che era paradossale per la prima banca a consigliare Atene. La banca non si è sottratta ad alcuno stratagemma, diffondendo false

---

[337] Articolo del 10 marzo 2012 di Audrey Dupeyron, su *express.be*
[338] *Libération*, 20 febbraio 2010.

voci sul fatto che lo Stato greco fosse in gravi difficoltà. I 300 milioni di euro di commissioni annuali non erano sufficienti339.

Anche John Paulson stava prosperando. Nel novembre 2009 ha creato un fondo d'investimento specializzato nell'estrazione dell'oro. Nel 2010, dopo i primi annunci di svalutazione delle obbligazioni greche da parte delle agenzie Fitch e Standard and Poor's, Paulson ha sferrato i suoi attacchi all'economia greca instabile. Le speculazioni sulla bancarotta della Grecia gli hanno fruttato quasi 5 miliardi di dollari. La sua fortuna era ormai stimata in 12 miliardi di dollari e i suoi fondi gestivano 32 miliardi di dollari di attività.

Nel 2009, Goldman Sachs aveva registrato profitti per ben 13 miliardi di dollari. Ma l'anno precedente l'azienda aveva pagato solo 14 milioni di dollari di tasse. Questa banca, che aveva venduto centinaia di migliaia di prestiti immobiliari tossici ai pensionati e confiscato decine di miliardi ai contribuenti statunitensi, nel 2008 aveva pagato solo 14 milioni di dollari di tasse, mentre aveva distribuito 10 miliardi di dollari di bonus ai suoi dirigenti. Il suo nuovissimo presidente Lloyd Blankfein aveva ricevuto una busta di 43 milioni di dollari in bonus[340].

Secondo la relazione annuale di Goldman Sachs, questa debolezza della tassazione era in gran parte dovuta ai cambiamenti nella "*distribuzione geografica dei profitti*". Ciò significava, in parole povere, che i loro profitti erano localizzati in paradisi fiscali[341]. Tutto ciò non ha impedito alla dirigenza di Goldman Sachs di vantarsi della sua etica esemplare: "*L'integrità e l'onestà sono al centro della nostra attività. Ci aspettiamo che i nostri dipendenti mantengano un'etica*

---

[339] L'azienda ha piazzato le sue pedine anche all'estero. Nell'ottobre 2011, Mario Draghi, ex vicepresidente di Goldman Sachs, è stato nominato alla guida della Banca Centrale Europea. Negli anni in cui Goldman Sachs era più attiva in Grecia, tra il 2002 e il 2005, questo stesso Mario Draghi era vicepresidente della filiale europea dell'azienda. Giurò su Dio di non essere a conoscenza della falsificazione dei conti greci, anche se non c'era motivo di credergli. La famiglia Draghi era solita trascorrere le vacanze nel sud Italia in compagnia di Robert Rubin e del suo entourage. Mario Monti, il primo ministro italiano, aveva lavorato per molti anni come consulente bancario internazionale, così come il suo connazionale Romano Prodi, ex presidente del Consiglio italiano e presidente della Commissione europea.

[340] Articolo di Matt Taibbi, sulla rivista *Rolling Stone*, luglio 2009.

[341] In effetti, in quegli anni tutte le grandi multinazionali avevano trovato il modo di ridurre al minimo le proprie imposte. Tra il 1998 e il 2005, quasi due terzi delle grandi aziende operanti negli Stati Uniti non hanno pagato alcuna imposta. E la situazione era la stessa in tutti i Paesi. Si veda l'articolo *Cinq astuces des multinationales pour ne pas payer d'impôts*, su www.challenges.fr.

irreprensibile in tutto ciò che fanno, sia nella vita professionale che in quella personale[342]."

George Soros e la speculazione

Anche il famoso George Soros era uno speculatore di alto livello. Nel 2008, l'ex vedete di Wall Street era ancora uno degli uomini più ricchi del mondo. Il suo patrimonio personale è stato stimato in 20 miliardi di dollari nel 2012, secondo la classifica della rivista *Forbes* (22° più ricco del mondo). Era anche un simbolo della speculazione internazionale. Il suo fondo di investimento Quantum Fund era domiciliato a Curaçao, nelle Antille olandesi. Si trattava di un paradiso fiscale che gli permetteva di evadere le tasse e di nascondere l'identità dei suoi investitori. Nel 1992 aveva messo a segno uno dei più grandi colpi finanziari del secolo, intascando oltre 1 miliardo di dollari.

Spiegazione: Nel marzo 1979 i paesi della Comunità economica europea adottarono un nuovo sistema di tassi di cambio: lo SME, o Sistema monetario europeo. Le valute europee avevano ora un margine di fluttuazione del 2,25% intorno a una moneta fittizia, l'ECU (European Currency Unit), definita come un paniere medio ponderato delle diverse valute europee e che fungeva da riferimento per tutte. Ogni volta che si raggiungeva la percentuale massima di variazione (cioè più o meno il 2,25%), le banche centrali dovevano intervenire sui mercati per evitare che il tasso di cambio si muovesse al di fuori della banda di fluttuazione, acquistando valuta in caso di diminuzione del tasso di cambio centrale di riferimento (ECU), o vendendo la valuta interessata in caso di aumento.

Limitando la volatilità delle valute, questo sistema favoriva il commercio all'interno dell'Unione, le imprese evitavano i rischi di cambio. Ciò implicava interventi della banca centrale per mantenere le parità e una relativa omogeneità delle economie.

Quando una valuta si discosta dal tasso di cambio centrale, la banca centrale del paese in questione deve aumentare i tassi di interesse o utilizzare le proprie riserve valutarie. Un aumento dei tassi di interesse porta a un aumento della domanda di valuta. Se in Francia, ad esempio, i tassi passano dal 2 al 5%, gli investitori stranieri chiederanno più

---

[342] Goldman Sachs: Our Principles (N°14), in Marc Roche, *The Bank, how Goldman Sachs runs the world*, Ediciones Deusto, Barcelona, 2011, Annexes p. 239.

franchi per approfittare dei tassi di interesse più vantaggiosi del paese. La banca nazionale del paese può anche vendere parte delle sue riserve valutarie, ad esempio convertendo i marchi deutsche in franchi. Una diminuzione della domanda di marchi e un aumento della domanda di franchi si tradurranno in un apprezzamento del franco nei confronti del marco e dell'ECU.

Nel 1990-1991, la Gran Bretagna stava sperimentando un'inflazione (aumento dei prezzi) superiore a quella degli altri Paesi europei. La Banca d'Inghilterra aveva allora aumentato i tassi d'interesse, rafforzando così la valuta britannica e riducendo i prezzi delle importazioni - soprattutto di materie prime ed energia - e moderando l'inflazione. All'epoca i tassi di interesse erano molto alti e la sterlina era sopravvalutata.

Nel 1992 l'Europa era in recessione. La riunificazione tedesca costava 150 miliardi di marchi all'anno e, per combattere l'inflazione che ne derivava, la Bundesbank aveva aumentato i tassi di interesse, provocando una forte rivalutazione del marco. Gli altri Paesi europei furono costretti ad aumentare i tassi di interesse per difendere le loro valute o a svalutare, come fecero Italia e Spagna. Il tasso di interesse della Banca d'Inghilterra era già superiore al 10%, un ulteriore aumento avrebbe aggravato il tasso di disoccupazione in un periodo di recessione (meno investimenti). Quanto a un'ulteriore svalutazione della sterlina, era fuori discussione: a quanto pare avrebbe intaccato l'orgoglio del Regno Unito... Norman Lamont, il Cancelliere dello Scacchiere, decise allora di non fare nulla.

George Soros approfittò di questa indecisione e riuscì a convincere altri investitori che la sterlina avrebbe potuto crollare in caso di un attacco massiccio e coordinato. Prese in prestito 7 miliardi di sterline sopravvalutate e, il 16 settembre 1992, il suo fondo d'investimento Quantum sferrò il suo attacco, vendendo allo scoperto la sterlina con una "vendita allo scoperto".

L'operazione è stata condotta in collaborazione con i fondi Caton Corp e Jones Investment, nonché con le banche statunitensi JP Morgan, Citicorp, Chase Manhattan e Bank of America, il che ha amplificato notevolmente l'attacco. Il tasso di cambio di una valuta dipende dalla domanda e dall'offerta di ciascuna valuta sul mercato dei cambi. La sterlina ha iniziato a deprezzarsi e il marco e il franco ad apprezzarsi.

Per contrastare la massiccia vendita di sterline, la Banca d'Inghilterra ha dapprima utilizzato le sue riserve (valuta estera in altre valute) per riacquistare le sterline sul mercato, ma la quantità di riserve valutarie disponibili era limitata e alla fine la Banca d'Inghilterra ha dovuto capitolare.

Il giorno dopo, la Gran Bretagna ha annunciato la sua uscita dallo SME e una svalutazione del 15%. George Soros e tutti i fondi e le banche che avevano partecipato all'attacco furono in grado di rimborsare i loro prestiti in sterline, ma con una sterlina che poterono riacquistare svalutata. Il Tesoro britannico ha stimato le perdite in 3,4 miliardi di sterline, ma George Soros ha guadagnato 1,1 miliardi di dollari dopo l'operazione. Dopo questo episodio speculativo, le altre valute europee furono svalutate una dopo l'altra e il 1° agosto 1993 i margini di fluttuazione dello SME passarono al 15%[343].

Miliardari cosmopoliti

L'avidità di denaro e la brama di ricchezza sono probabilmente i tratti caratteriali più comuni che vengono in mente quando si pensa all'ebraismo. Certo, ci sono ebrei poveri, ma è pur vero che gli ebrei sono ampiamente sovrarappresentati tra i miliardari del mondo (in miliardi, miliardi).

In un libro del 2004 intitolato *Il secolo ebraico*, uno storico ebreo di nome Yuri Slezkine ha constatato il trionfo dello spirito ebraico nel mondo. Innegabilmente, erano anche i cittadini più ricchi: *"Gli ebrei sono ora la comunità religiosa più prospera d'America", ha scritto... Il reddito familiare degli ebrei è il più alto (72% sopra la media nazionale). Gli ebrei sono tre volte più lavoratori autonomi rispetto alla media nazionale. Sono anche la comunità meglio rappresentata tra gli americani più ricchi (secondo la rivista Forbes, nel 1982, circa il 40% dei quaranta individui più ricchi degli Stati Uniti erano ebrei). Anche i nuovi immigrati dall'Unione Sovietica iniziano a guadagnare più della media nazionale entro pochi anni dal loro arrivo"*.

Gli ebrei erano ampiamente sovrarappresentati tra gli uomini influenti: *"Nell'ottobre 1994, Vanity Fair pubblicò le biografie di ventitré magnati dei media, descritti dalla rivista come il "nuovo establishment", ovvero "gli uomini e le donne che dominano il mondo dell'intrattenimento, delle telecomunicazioni e dei computer, e la cui ambizione e influenza hanno reso gli Stati Uniti la vera superpotenza*

---

[343] Articolo di Jacques-Marie Vaslin pubblicato su *Le Monde* il 17 settembre 2012.

dell'era dell'informazione". Undici di loro erano ebrei, ovvero il 48%[344] ".

Nel marzo 2007, sul sito web ebraico britannico[345], Leslie Bunder ha analizzato la classifica annuale delle maggiori fortune della *rivista Forbes* e ha tratto alcune conclusioni sui miliardari ebrei. Secondo la rivista americana, allora c'erano 946 miliardari (in miliardi di dollari) nel mondo. L'ebreo più ricco del mondo era il re dei casinò Sheldon Adelson, che "pesava" 26,5 miliardi di dollari. Era il sesto uomo più ricco del mondo. All'undicesimo posto (il secondo ebreo più ricco del mondo), il proprietario di Oracle Larry Ellison, con una fortuna stimata in 21,5 miliardi di dollari. Seguono il magnate russo del petrolio Roman Abramovitch (18,7 miliardi) e il cofondatore di Google Sergey Brin con 16,6 miliardi. A 33 anni era il più giovane miliardario del pianeta. Michael Dell, proprietario del gigante informatico Dell, era al 30° posto, con una fortuna di 15,8 miliardi. Subito dopo Steven Ballmer, CEO di Microsoft, con 15 miliardi. Un oligarca russo, il magnate dell'alluminio Oleg Deripaska, ha raggiunto i 13,3 miliardi di dollari. Altri ebrei hanno accumulato fortune per circa 10 miliardi di dollari: Sumner Redstone, proprietario degli studi cinematografici Paramount (8 miliardi); il britannico Philip Green, proprietario di BH e Top Shop (7 miliardi); il banchiere Joseph Safra in Brasile con 6 miliardi e suo fratello (2,9 miliardi). Esther Koplowitz (5600 milioni) era "spagnola". Sua sorella Alicia "pesava" 5 miliardi, così come lo stilista americano Ralph Lauren (nato Ralph Lifschitz) e il magnate sudafricano dei diamanti Nicky Oppenheimer e il sindaco di New York Michael Bloomberg. Sarebbe inutile continuare con questo elenco, che varia notevolmente di anno in anno.

Un articolo del *Jerusalem Post del* 26 febbraio 2008 riportava che gli ebrei erano il gruppo religioso più ricco degli Stati Uniti, con il 45% di "redditi a sei cifre" all'anno, cioè con almeno 100.000 dollari, mentre la media statunitense era del 18%.

Nell'ottobre 2009, abbiamo scoperto la classifica di Forbes dei 400 uomini più ricchi d'America, commentata da Jacob Berkman: *"Alcune rapide statistiche: siamo ragionevolmente certi che 139 dei 400 americani più ricchi sono ebrei, compresi 20 dei primi 50 più ricchi.*[346]

---

[344] Yuri Slezkine, *Le Siècle juif*, 2004, La Découverte, 200, p. 391.
[345] www.somethingjewish.co.uk
[346] *"Alcune statistiche veloci: siamo ragionevolmente certi che 139 dei 400 americani più ricchi sono ebrei, compresi 20 dei 50 più ricchi".*

". Per una popolazione che rappresentava l'1,5% della popolazione totale, queste cifre erano piuttosto significative.

Il miliardario Sam Zell era uno dei maggiori speculatori immobiliari degli Stati Uniti, dove possedeva 10 milioni di metri quadrati e 225.000 appartamenti. Aveva anche investito in Venezuela, Brasile e Cile, due centrali elettriche in Cina, una in Bangladesh e una nelle Filippine. Era al 77° posto su 400 nella classifica di *Forbes* 2009, con una fortuna stimata in 3,8 miliardi di dollari: sul settimanale *Marianne* del 7 aprile 2007 si legge: "*Sam Zell ha fatto fortuna acquistando vecchi edifici in affitto; li ha ristrutturati grazie ai suoi agganci politici; ha aumentato gli affitti, cacciando così gli inquilini, soprattutto gli anziani. Ha appena acquistato il Los Angeles Times, uno dei giornali più prestigiosi degli Stati Uniti. Viva il modello americano.* Che bastardi questi "americani"!

In Australia, lo stesso scenario. L'*Agenzia telegrafica ebraica* del 10 giugno 2008 ha pubblicato questa informazione: Frank Lowy, un ebreo australiano, è diventato "*l'uomo più ricco del Paese*". Si tratta di un sopravvissuto all'Olocausto che aveva combattuto per lo Stato di Israele nel 1948. Aveva poi costruito la sua fortuna costruendo centri commerciali negli Stati Uniti, nel Regno Unito, in Australia e in Nuova Zelanda, anche se aveva avuto i suoi problemi con il fisco australiano. Si è difeso sostenendo che gran parte del suo denaro era stato donato a enti di beneficenza nello Stato di Israele. Patriota, Lowy aveva fondato nel 2006 l'Institute for National Security Studies a... Tel Aviv.

Nel 2009 abbiamo appreso che le tre maggiori fortune familiari in Canada erano ebraiche: i Belzberg di Vancouver, i Bronfman di Montreal (ora cittadini statunitensi) e i Reichmann di Toronto[347].

Sappiamo che nella Russia degli anni '90, dopo il crollo del sistema sovietico, un manipolo di oligarchi si era accaparrato quasi tutta la ricchezza del Paese. Nel suo libro *Il secolo ebraico*, Yuri Slezkine ha scritto: "*Quando è stata introdotta l'economia di mercato, le file degli imprenditori privati, delle professioni liberali e di tutti coloro che affermano di preferire il successo professionale alla sicurezza del posto di lavoro si sono rapidamente ingrossate. Dei sette principali oligarchi che hanno costruito enormi imperi finanziari sulle macerie dell'Unione Sovietica e che hanno dominato l'economia e i media russi durante*

---

[347] Edward S. Shapiro, 1992, *A Time For Healting: American Jewry After World War Two*, p. 117.

l'era Eltsin, c'era un figlio di un alto funzionario del commercio estero sovietico (Vladimir Potanin) e sei ebrei (Pyotr Aven, Boris Berezovsky, Mikhail Fridman, Vladimir Gusinsky, Mikhail Khodorkovsky e Aleksandr Smolensk) che hanno costruito le loro fortune "da zero"[348].*"*

Alla fine del 2008, con la crisi finanziaria, diversi miliardari russi erano scesi di grado. Secondo il quotidiano russo Izvestia, Oleg Deripaska, il magnate dell'alluminio, l'uomo più ricco della Russia e l'undicesimo al mondo, ha visto il suo patrimonio ridursi da oltre 20 miliardi di euro. Il secondo uomo più ricco della Russia, Roman Abramovitch, ha visto il suo portafoglio di attività passare da 23,5 miliardi a 3,3 miliardi di dollari in sei mesi. Le fortune degli oligarchi sono state calcolate in base al valore delle azioni da loro possedute e la borsa di Mosca aveva perso il 65% quell'anno. I miliardari "russi", che avevano costruito i loro imperi su prestiti bancari garantiti dalle loro azioni, sono stati costretti a vendere le loro partecipazioni in società nel momento peggiore per ripagare i loro debiti, stimati in 110 miliardi. Messi all'angolo dalle banche, hanno persino dovuto chiedere al Cremlino 78 miliardi di dollari in anticipo per superare la crisi[349].

La classifica di *Forbes* del marzo 2011 ha stabilito che, per il secondo anno consecutivo, l'uomo più ricco del mondo non è l'americano ma il messicano Carlos Slim (74 miliardi), davanti a Bill Gates (56 miliardi). In un anno, il re messicano delle telecomunicazioni e la sua famiglia hanno aumentato la loro ricchezza di oltre 20 miliardi di dollari. Al terzo posto il famoso investitore Warren Buffet, con 50 miliardi di dollari, seguito dall'industria del lusso con il francese Bernard Arnault (41 miliardi di dollari), seguito da Larry Ellison (Stati Uniti) e Lakshmi Mittal (India).

Per i potenti del mondo, la crisi è stata dimenticata: il numero totale di miliardari si è attestato a 1210, un massimo storico da quando esiste la classifica. Gli Stati Uniti sono ancora in testa con 413 miliardari, ma ora rappresentano solo il 33% della lista, rispetto al 40% del 2010 e al 50% precedente. L'Europa, al secondo posto nel 2010 con 248 miliardari, è stata superata dalla regione Asia-Pacifico, con 332 miliardari.

---

[348] Yuri Slezkine, *Le Siècle juif*, 2004, La Découverte, 200, p. 385. Sul saccheggio della Russia, si veda *La mafia ebraica*.
[349] *Le Figaro*, 26 dicembre 2008

La rivista *Forbes* viene spesso pubblicata in diverse edizioni, come Forbes Israel, che classifica gli ebrei più ricchi del mondo. Nel 2012, Larry Ellison, cofondatore e presidente di Oracle, era in cima alla lista con 36 miliardi di dollari. Dietro di lui Sheldon Adelson (24,9 miliardi di dollari), che si è classificato al quattordicesimo posto nella classifica delle fortune mondiali. Seguono nell'ordine il sindaco di New York Michael Bloomberg, il famoso speculatore George Soros e i cofondatori di Google Sergey Brin e Larry Page, la cui madre è ebrea (18,7 miliardi di dollari ciascuno; 24° nella classifica mondiale). Al sesto e al decimo posto tra gli ebrei più ricchi figurava il giovane Mark Zuckerberg, fondatore di Facebook, seguito da Michael Dell e così via. L'articolo prosegue citando i miliardari ebrei che vivono in Israele: Roman Abramovitch (12,1 miliardi), Lev Blavatnikm, Ralph Lauren, Ron Lauder, David Azrieli e Haim Saban (2,9 miliardi ciascuno). Secondo Forbes, nel 2014 diciotto israeliani erano miliardari.

La famosa rivista *Vanity Fair* - di proprietà della famiglia ebraica Newhouse - pubblica regolarmente una lista delle personalità più influenti, ma non più ricche, degli Stati Uniti ("*The new Establishment*"). L'11 ottobre 2007, in seguito alla pubblicazione di un numero speciale, il *Jerusalem Post* ha pubblicato un articolo di Nathan Burstein, che ha scritto: "*Questa è una lista delle persone più potenti del mondo. E del centinaio di banchieri e magnati dell'intrattenimento e dei media che influenzano la vita di miliardi di persone, più della metà (53%) sono ebrei*". Burstein ha evocato la "*predominanza*" degli ebrei, che costituiscono meno del 2% della popolazione statunitense. Diciassette cognomi erano di attori, presentatori televisivi che dovevano la loro notorietà ai proprietari dei media.

Il nazionalista americano Michael Collins Piper ha fatto luce: in cima alla lista, per il secondo anno consecutivo, c'è il barone dei media Rupert Murdoch, la cui madre era ebrea, anche se lui non ha mai professato la sua ebraicità, pur essendo un fervente sostenitore dello Stato di Israele. Al fianco del suo impero ci sono le famiglie Rothschild, Oppenheimer e Bronfman. A seguire Warren Buffet che, pur non essendo ebreo, è uno stretto collaboratore della famiglia Rothschild. Al secondo posto c'è Steve Jobs, il cofondatore (non ebreo) di Apple e Pixar (una società di produzione di cartoni animati). I successivi cofondatori ebrei di Google sono Sergey Brin e Larry Page.

Joseph Aaron, caporedattore *del Chicago Jewish News*, ha scritto che si tratta di una lista di cui i lettori del suo giornale possono "*essere particolarmente soddisfatti e orgogliosi. Si può dire che siamo accettati in questa società - sì! E si può dire che abbiamo molto potere.... Dobbiamo parlare dell'antisemitismo come di una cosa del passato e dire che gli ebrei non devono più avere paura di essere visibili e influenti".*

Miliardari "visibili e influenti

Questi miliardari hanno un'enorme influenza sul gioco democratico, poiché sanno sempre come influenzare il candidato che meglio difenderà i loro interessi. Negli Stati Uniti, la loro influenza è molto visibile durante le elezioni presidenziali, poiché la campagna elettorale può essere finanziata da cittadini o da società.

Così, nel 2008, il miliardario Sheldon Adelson, immobiliarista e proprietario di grandi casinò, aveva contribuito alla campagna presidenziale di John McCain, il candidato repubblicano che si opponeva al democratico Barack Obama. Nelle elezioni del 2012, Adelson si era impegnato per un totale di 100 milioni di dollari per installare il repubblicano Mitt Romney alla Casa Bianca. In quell'occasione, il suo compagno di corsa, Paul Ryan, era stato letteralmente convocato all'hotel-casinò *Venetian* di Las Vegas: il miliardario voleva valutare il giovane deputato del Wisconsin. *"È molto probabile che il tema di Israele sia stato messo sul tavolo"*, ha commentato un amico intimo del magnate. Il giornalista di *Le Figaro* ha aggiunto: "*Poiché Adelson esige che i candidati che aiuta diventino strenui difensori dello Stato ebraico, Ryan ha dovuto giurare fedeltà al re delle slot machine del Nevada*[350] ". Secondo il quotidiano israeliano *Haaretz*, il magnate di Las Vegas aveva creato nel 2007 il quotidiano gratuito *Israël Hayom*, con una tiratura giornaliera di oltre 200.000 copie, con l'obiettivo principale di sostenere il Primo Ministro israeliano Benjamin Netanyahu, capo della destra dura israeliana.

Discreti come Sheldon Adelson, anche i fratelli David e Charles Koch avevano sostenuto con tutte le loro forze finanziarie la campagna presidenziale di Mitt Romney. Con i loro 50 miliardi di dollari di proventi petroliferi, erano la quarta più grande fortuna d'America. David e Charles Koch erano i fondatori del movimento *Americans for Prosperity*, vicino a Paul Ryan e al movimento *Tea Party*, che intendevano finanziare con 400 milioni di dollari. Il 4 luglio 2012

---

[350] *Le Figaro*, 24 agosto 2012

avevano organizzato una sontuosa festa nella tenuta di famiglia negli Hamptons, a est di New York, a Long Island, che ha riunito l'intero *establishment* repubblicano della East Coast, lontano dalle telecamere e dal trambusto mediatico.

Nel 2008, il candidato democratico, l'afroamericano Barack Obama, aveva potuto contare sull'appoggio di altri miliardari, la maggior parte dei quali ebrei provenienti dai feudi democratici di New York e Hollywood. Dal momento in cui si era candidato al Senato nel 2004, Barack Obama era stato sponsorizzato da decine di miliardari: Bill Gates di Microsoft, l'uomo più ricco degli Stati Uniti; Warren Buffet, Larry Page (Google), Steve Balmer (Microsoft), i registi Steven Spielberg e George Lucas, Ken Griffin e Penny Pritzker (Hyatt Hotels), ecc. Penny Pritzker, direttore finanziario della sua campagna, aveva raccolto 745 milioni di dollari.

Ripetiamo: tutti i miliardari del pianeta non sono ebrei, tutt'altro; ma gli ebrei sono enormemente sovrarappresentati rispetto alla loro percentuale sulla popolazione generale. Sono anche i più feroci speculatori e finanzieri. Più di un secolo fa, lo scrittore yiddish Sholem Aleichem scrisse giustamente, nel 1913: "*Le più grandi bestie e gli squali del mercato azionario sono per lo più ebrei. I loro cognomi si contano sulle dita di una mano: Rothschild, Mendelssohn, Bleichroeder, Yankl Schiff*[351] ".

Banchieri cosmopoliti e rivoluzionari socialisti

Sappiamo che nelle famiglie ebraiche il peso della tradizione e dei divieti costringe i figli a sposarsi all'interno della comunità. Ancora oggi, quando un membro di una famiglia ortodossa sposa un gentile, la famiglia celebra un rito chiamato *shib'ah*, una riunione che di solito avviene dopo un decesso. Fare *shib'ah* significa dichiarare che la persona è considerata morta in tutti i sensi[352].

I banchieri ebrei, forse ancor più degli altri, danno l'impressione di volersi proteggere da matrimoni sbagliati, per preservare i loro segreti e i loro patrimoni. Alcune famiglie sono così sospettose da incoraggiare i matrimoni solo all'interno della famiglia allargata. L'edizione del

---

[351] Cholem-Aleikhem, *La Peste soit de l'Amérique*, 1913, Liana Levi, 1992, pag. 295.
[352] Leggi in *Psicoanalisi dell'ebraismo*.

1905 dell'*Enciclopedia Ebraica* riporta che dei 58 matrimoni della famiglia Rothschild, la metà (29) erano tra cugini.

La famiglia Warburg era una delle grandi dinastie bancarie tedesche all'inizio del XX secolo[353]. Con sede ad Amburgo, la banca Warburg finanziava la maggior parte delle imprese tedesche, concedeva prestiti internazionali e aveva legami in tutto il mondo con altri banchieri israeliani.

Un noto intellettuale sefardita, Jacques Attali, ha seguito l'evoluzione della famiglia Warburg scrivendo la biografia di uno dei suoi membri. A metà del XIX secolo, scrive Attali, "*la famiglia estende ormai le sue ramificazioni in tutta Europa attraverso un'eccezionale rete di relazioni e una serie di matrimoni ben pianificati: gli Schiff a Vienna, i Rosenberg a Kiev, i Günzburg a San Pietroburgo, gli Aschkenasis a Odessa, gli Oppenheim, i Bischoffsheim e i Goldschmidt nella stessa Germania, sono suoi parenti e associati*". Nel 1870, Sigmund Warburg "*mantiene ottimi rapporti con Lionel Rothschild a Londra, con Pereire a Parigi, con Günzburg a San Pietroburgo e con Salomon Loeb a New York*[354]".

Nel 1871 Abraham Kuhn, che aveva fondato una banca a New York con Salomon Loeb, tornò in Germania per ritirarsi ad Amburgo. Lì incontrò un giovane ambizioso, Jacob Schiff, il cui padre era un cambiavalute di Francoforte. Poiché Jacob Schiff voleva stabilirsi negli Stati Uniti, Abraham Kuhn lo presentò a Salomon Loeb. Tre anni dopo, nel 1875, Jacob Schiff sposò la figlia di Loeb, Therese, e divenne il suo socio principale. In breve tempo si affermò come il vero proprietario della banca "Kuhn Loeb". Lo rimase per mezzo secolo, diventando "*uno

---

[353] La famiglia Warburg ha probabilmente avuto origine a Venezia, dove era conosciuta come la famiglia *della Banca*. Si dice che la stessa famiglia sia stata fondata dallo spagnolo Anselmo de Palenzuela. Anselmo *del Banco* era uno dei più ricchi ebrei sefarditi dell'inizio del XVI secolo. Nel 1513 aveva ottenuto dal governo veneziano una carta che gli consentiva di prestare denaro a interesse, un'attività particolarmente limitata a causa del divieto di usura nel mondo cattolico. Lasciò il *Banco* con la famiglia dopo che furono imposte nuove restrizioni alle istituzioni finanziarie veneziane e alla comunità ebraica della città. La famiglia si trasferì quindi a Bologna e da lì nella città tedesca di Warburg, adottando il nome di questa città come cognome. Il primo antenato noto dei Warburg è quindi Simon von Kassel (1500-1566). Dopo la Guerra dei Trent'anni, i Warburg si trasferirono ad Amburgo (wikipedia. NdT).

[354] Jacques Attali, *Un hombre de influencia, la vita di Sigmund Warburg*... Seix Barral, Barcellona, 1992, p. 45, 50.

degli uomini più ricchi d'America". Nel 1893, Jacob Schiff "*è il più celebre ebreo di New York e uno degli uomini più ricchi del mondo*[355]".

Ma torniamo ai Warburg tedeschi: Charlotte Esther e Moritz Warburg ebbero cinque figli, tra cui Max, Felix e Paul. All'età di trent'anni, Max si affermò come erede degli affari della banca. Divenne amico di un influente ebreo, Albert Ballin, che all'epoca gestiva la grande compagnia di navigazione Hamburg-America Linie ed era il confidente dell'imperatore Guglielmo II in persona[356]. Paul, il fratello minore, era l'intellettuale della famiglia, mentre Felix viaggiava per il mondo. Nel 1893, a Francoforte, Felix incontrò una delle figlie di Jacob Schiff, in vacanza in Europa con la famiglia. Il matrimonio tra Felix Warburg e Frieda Schiff ebbe luogo a New York nel 1895. Lì sbocciò un altro idillio tra Paul Warburg, fratello di Felix, e Nina Loeb, la giovane sorella della madre di Frieda. Paul diventa così lo zio del fratello. Un anno dopo, Paul si trasferisce a New York e diventa socio della banca Kuhn Loeb. Paul avrà un figlio, James, che diventerà la sesta generazione di banchieri Warburg.

"*Le loro alleanze sono quindi ancora molto studiate: si sposano tra banchieri, ebrei nel caso di chi è banchiere, per estendere l'impero, per evitare che si frammenti, per mantenere i segreti degli affari nella cerchia più ristretta. Questa regola viene stravolta raramente, e sempre in modo drammatico. In particolare, un ebreo o un'ebrea sposano molto raramente un non ebreo, anche se è un nobile*[357]."

Felix, spendaccione, intratteneva tutta l'alta società newyorkese nel suo castello Tudor o nel suo palazzo a cinque piani sulla prestigiosa Fifth Avenue, dove si accumulavano quadri dei grandi maestri, dei Dürer, dei Rembrandt e dei Boticcelli. Divenne così amico, tra gli altri, di Albert Einstein. Paul, invece, prendeva molto sul serio il suo lavoro e lavorava a stretto contatto con il cognato Jacob Schiff.

I Warburg erano evidentemente molto attenti a qualsiasi manifestazione di antisemitismo nel mondo, soprattutto in Russia. Scrive Jacques Attali: "*Detestano ancora di più ciò che leggono dalla*

---

[355] Jacques Attali, *Un uomo d'influenza*, Seix Barral, Barcellona, 1992, p. 52, 59.
[356] "*Il banchiere e l'armatore di Amburgo sfruttano le rispettive relazioni e non si separano. La prima linea telefonica privata in Germania collega i loro rispettivi uffici. I due, da Amburgo, influenzano un potente impero e guadagnano molto denaro organizzando prestiti e aprendo linee di navigazione a beneficio del Reich*". Jacques Attali, *Un uomo d'influenza*, p. 72.
[357] Jacques Attali, *Un homme d'influence*, Seix Barral, Barcellona, 1992, p. 69.

penna di giornalisti o scrittori come Dostoevskij: "Oggi l'ebreo e la sua banca dominano ovunque, l'Europa e l'Illuminismo, tutta la civiltà, soprattutto il socialismo, perché, con il loro aiuto, l'ebreo eliminerà il cristianesimo e distruggerà la civiltà cristiana. A quel punto non resterà che l'anarchia. L'ebreo governerà l'universo[358]..."".

Max era rimasto in Germania e gestiva la casa d'origine: "Si *sentiva tedesco e solo tedesco*", racconta Attali senza scherzare, "*era proprio il tipo dell'ebreo di corte, più tedesco dei tedeschi, super-patriottico*". Questo patriottismo di facciata, che spesso troviamo negli ebrei, corrisponde essenzialmente all'odio che essi provano nei confronti di chi si oppone al loro potere; in questo caso si trattava essenzialmente della monarchia russa: "*La coscienza ebraica della famiglia, un po' sopita, si risveglia e si trasforma in odio verso il 'diavolo russo'*". L'imperatore tedesco Guglielmo II si era lasciato coinvolgere da questo patriottismo molto particolare, influenzato da Max Warburg e Albert Balin. Durante il suo primo incontro con l'imperatore nel 1903, Max Warburg lo aveva pregato di protestare presso lo zar contro i "pogrom" in Russia. "Altrimenti, *gli disse, la fragilità della dinastia Romanov sarebbe venuta alla luce e le minacce rivoluzionarie si sarebbero diffuse. L'Imperatore alza le spalle, assolutamente scettico. Il colloquio si conclude seccamente*[359] ". Ma dopo lo sciopero insurrezionale del 1905 che aveva scosso il potere dello zar, l'imperatore tedesco chiamò Max Warburg e lo ammise nella sua cerchia di consiglieri più stretti[360].

A New York, anche Jacob Schiff, presidente della Kuhn Loeb and Co, lavorava per rovesciare la monarchia russa, colpevole di non aver dato agli ebrei il posto che sentiva di meritare. Dal 1894, "*cerca di organizzare un blocco finanziario contro lo zar, che definisce "nemico dell'umanità"*", scrive Jacques Attali. Nel 1905, presta denaro al Giappone nella sua guerra contro la Russia. *Egli* "*accetta con piacere di finanziare questa guerra*[361] ". Propose anche a Max Warburg di lanciare insieme un prestito alla popolazione tedesca per la guerra. Pochi mesi dopo, il Giappone fu completamente vittorioso e prese il controllo della Manciuria e della Corea.

---

[358] Jacques Attali, *Un homme d'influence*, Seix Barral, Barcellona, 1992, p. 62.
[359] Jacques Attali, *Un uomo d'influenza*, Seix Barral, Barcellona, 1992, p. 71, 62, 72.
[360] Un buon principe non dovrebbe mai circondarsi di ebrei, né di persone che hanno contatti con loro.
[361] Jacques Attali, *Un homme d'influence*, Seix Barral, Barcellona, 1992, p. 77.

Nell'agosto 1914, allo scoppio della Prima Guerra Mondiale, la banca Kuhn Loeb si schierò naturalmente dalla parte della Germania contro la Russia e raccolse i fondi necessari. Felix Warburg, da parte sua, si occupò di riunire le principali organizzazioni caritatevoli e nel 1916 istituì il *Comitato di distribuzione congiunto*, che organizzò gli aiuti agli ebrei dell'Europa orientale (solo agli ebrei). La banca Kuhn Loeb aveva anche fornito fondi a Lenin e Trotsky per recarsi in Russia e minare il loro regime, considerato dagli ebrei di tutto il mondo come il nemico prioritario. La collusione tra i banchieri e i rivoluzionari ebrei era quindi naturale[362].

Le sconfitte dell'esercito russo da parte della Germania fecero precipitare gli eventi e nel febbraio 1917 scoppiò la rivoluzione. Il 2 marzo 1917 lo zar abdica. Il nemico prioritario - cioè il Paese meno democratico e meno disponibile nei confronti dei finanziatori internazionali - era ora l'Impero di Guglielmo II. Curiosamente e quasi per caso, poco dopo, in aprile, le democrazie riuscirono finalmente a convincere il governo statunitense a dichiarare guerra alla Germania[363]. Tutti i giornali americani controllati dagli ebrei si rivoltarono contro la Germania e cambiarono l'opinione pubblica americana, fino ad allora pacifista. Da buoni e pacifici, i tedeschi venivano ora dipinti come bestie feroci capaci di tagliare le mani a bambini innocenti. In Germania, gli ebrei cambiarono improvvisamente casacca: fu la famosa "pugnalata alle spalle", una celebre frase coniata dai tedeschi. Ovunque, in ogni città del Reich, gli agitatori socialisti dei ghetti proclamavano la rivoluzione mondiale. Nel novembre 1918 la situazione era totalmente

---

[362] Il 12 dicembre 1918, il rapporto dei servizi segreti della Marina statunitense su Paul Warburg recitava: "*Warburg, Paul: New York City. Cittadino tedesco naturalizzato nel 1911. È stato decorato dal Kaiser nel 1912, è stato vicepresidente del Federal Reserve Board. Grandi somme gestite attraverso la Germania sono andate a Lenin e Trotsky. Ha un fratello che è a capo del sistema di spionaggio in Germania*". "*La documentazione della Kuhn, Loeb Company sull'impegno per l'instaurazione del comunismo in Russia è troppo ampia per essere citata in questa sede...*", Eustace Mullins, *I segreti della Federal Reserve*, Ed. Digital White Moon, 2014, pagg. 197, 196. Sulla rivoluzione bolscevica leggere *Le speranze planetarie*.

[363] Sul potere della lobby negli Stati Uniti nel 1917, si legga la testimonianza di Pierre Antoine Cousteau in *Jewish Fanaticism*. L'entrata in guerra degli Stati Uniti era stata preparata fin dall'ottobre 1916 da Lord Lionel Walter Rothschild, che stava negoziando con l'Inghilterra la creazione di un "focolare ebraico in Palestina". Il 2 novembre 1917, il ministro degli Esteri britannico Arthur James Balfour scrisse una lettera a Lord Rothschild per esprimere il sostegno della Gran Bretagna ai progetti sionisti. Questi negoziati annullarono le iniziative di pace lanciate dalla Germania nel 1916. Leggete il discorso di Benjamin Freedman al Willard Hotel (Washington DC) nel 1961.

insurrezionale, anche se nessun soldato alleato aveva messo piede sul suolo tedesco.

Nel giugno 1918, poco prima dell'armistizio, Max Warburg fu presentato a Friedrich Ebert, il futuro presidente socialdemocratico della Repubblica di Vienna. Lo stesso Jacques Attali rivelò la doppiezza del banchiere, che si supponeva "super-patriottico": "*Max lo impressiona. Ebert non si aspettava di vederlo così critico nei confronti del regime imperiale, né di trovarsi d'accordo con qualcuno che ha conosciuto come il più fidato consigliere finanziario dell'imperatore per quindici anni*[364] ".

Vediamo persino emergere l'ovvia complicità dei banchieri cosmopoliti e dei rivoluzionari ebrei: "*Il 5 novembre 1918, un comitato rivoluzionario prende il potere ad Amburgo. L'aura di Max Warburg è tale che il comitato, dopo averlo preso in ostaggio e avergli fatto pressione affinché dicesse dove si trova il denaro della città, protegge la sua famiglia, lo invita a pranzo in municipio e lo ascolta come consigliere*[365] ".

Pochi giorni dopo l'armistizio dell'11 novembre, Friedrich Ebert, in qualità di presidente del governo provvisorio, chiese a Max Warburg di guidare la delegazione finanziaria tedesca ai negoziati del trattato di pace a Versailles.

La frode della Federal Reserve

Paul Warburg fu all'origine della creazione della Federal Reserve nel 1913. Pochi anni prima, nel 1907, dopo una crisi del mercato azionario, aveva pubblicato un piccolo libro intitolato *Piano per una banca centrale*; l'obiettivo principale era quello di garantire una costante disponibilità di credito. Paul Warburg aveva tenuto numerose conferenze sull'argomento e i suoi sforzi stavano diventando sempre più concreti. Nel 1910, dopo aver ricevuto la cittadinanza statunitense, l'Associazione dei banchieri di New York aveva ufficialmente appoggiato il suo progetto e nel 1912 il neoeletto Presidente Wilson gli chiese di redigere un testo da sottoporre ai rappresentanti del Paese. Il progetto di legge, presentato al Senato da Robert Owen e al Congresso

---

[364] Jacques Attali, *Un homme d'influence*, Seix Barral, Barcellona, 1992, p. 100.
[365] Jacques Attali, *Un homme d'influence*, Seix Barral, Barcellona, 1992, p. 101.

da Carter Glass, divenne noto come Owen Glass Act, adottato nel dicembre 1913.

Il giorno dopo, il 24 dicembre 1913, il *New York Times* titolava in prima pagina a lettere maiuscole: "*Wilson firma la legge sul denaro!*". Seguiva un altro titolo: "*La prosperità sarà libera. Aiuterà ogni classe*". Ma nelle pagine interne, il giornale riassumeva in una breve citazione di un discorso del deputato Charles Lindbergh, padre del celebre aviatore: "*Il disegno di legge istituirebbe il più gigantesco Trust della terra*".

Nel suo discorso alla Camera dei Rappresentanti, Lindbergh era stato molto più diretto: "*Questa legge crea il più gigantesco Trust della terra. Quando il Presidente firmerà questa legge, il governo invisibile attraverso il potere del denaro sarà legalizzato. Il popolo potrebbe non accorgersene subito, ma il giorno della resa dei conti è solo a pochi anni di distanza... Il peggior crimine della legislatura dei secoli è perpetrato da questa legge bancaria... Questa è una legge sull'inflazione, l'unica questione è l'entità dell'inflazione*".

Lo stesso giorno Jacob Schiff aveva scritto al colonnello Edward Mandel House, l'amico più intimo e il consigliere più fidato del Presidente Wilson: "*Mio caro colonnello House: voglio dirle una parola per il lavoro silenzioso, ma indubbiamente efficace, che ha svolto nell'interesse della legislazione sul denaro e per congratularmi con lei per il provvedimento. Con i migliori auguri, fedelmente vostro, Jacob Schiff*[366] ".

L'Owen Glass Act creò dodici banche regionali per difendere gli interessi economici dei loro territori. Ma era la Federal Reserve di New York a fissare i tassi di interesse e a controllare l'offerta giornaliera di denaro e il suo prezzo. Gli azionisti di questa banca erano quindi i veri padroni dell'intero sistema. Per molti anni, l'identità di questi azionisti è rimasta un mistero. Nel suo istruttivo libro *I segreti della Federal Reserve*, pubblicato nel 1952, il ricercatore Eustace Mullins ha fornito alcuni chiarimenti:

"*La Federal Reserve Bank di New York emise 203.053 azioni e, come riportato dal Controller of the Currency il 19 maggio 1914, le grandi banche di New York City presero più della metà delle azioni in circolazione. La National City Bank di Rockefeller Kuhn e Loeb,*

---

[366] Eustace Mullins, *I segreti della Federal Reserve*, Ed. Digital Luna Blanca, 2014, pagg. 81, 83-84.

controllata da Rockefeller, prese il maggior numero di azioni di qualsiasi banca, 30.000 azioni. La First National Bank prese 15.000 azioni. Quando queste due banche si fusero nel 1955, possedevano in blocco quasi un quarto delle azioni della Federal Reserve Bank di New York, che controllava l'intero sistema, e potevano quindi nominare Paul Volckler o chiunque avessero scelto come presidente del Consiglio dei Governatori della Federal Reserve".

Gli azionisti di queste banche, che possedevano le azioni della Federal Reserve di New York, controllavano di fatto il Paese. Erano "*i Rothschild d'Europa, Lazard Frères (Eugene Meyer), Kuhn Loeb Company, Warburg Company, Lehman Brothers, Goldman Sachs, la famiglia Rockefeller e gli interessi di JP Morgan. Questi interessi si sono fusi e consolidati negli ultimi anni, cosicché il controllo è molto più concentrato*[367]".

"*Non solo l'alleanza Morgan-Kuhn, Loeb acquistò il controllo dominante delle azioni della Federal Reserve Bank di New York, con quasi la metà delle azioni possedute dalle cinque banche di New York sotto il loro controllo... ma persuasero anche il presidente Woodrow Wilson a nominare uno del gruppo, Paul Warburg, nel Consiglio dei governatori della Federal Reserve*[368]".

Ciascuna delle dodici Federal Reserve Banks doveva eleggere un membro del Comitato consultivo federale che si sarebbe riunito quattro volte all'anno a Washington con il Consiglio dei governatori del Federal Reserve System per essere informato sulla futura politica monetaria.

---

[367] Eustace Mullins, *I segreti della Federal Reserve*, White Moon Digital Publishing, 2014, pagg. 94-95. [Nel libro, l'autore sostiene l'esistenza di una cospirazione che coinvolge Paul Warburg, Edward Mandell House, Woodrow Wilson, J.P. Morgan, Benjamin Strong, Otto Kahn, le famiglie Rockefeller e Rothschild e altri banchieri europei e americani, che ha portato alla fondazione del Sistema della Federal Reserve degli Stati Uniti. Mullins sostiene che il Federal Reserve Act del 1913 contraddice l'articolo 1, sezione 8, paragrafo 5 della Costituzione degli Stati Uniti, in quanto istituisce una "banca centrale di emissione" per gli Stati Uniti sotto il dominio dei banchieri internazionali e con il potere di fissare i tassi di interesse statunitensi. Mullins sostiene che la Prima Guerra Mondiale, la crisi agricola del 1920 e la Grande Depressione del 1929 furono provocate da interessi finanziari internazionali che speravano di trarre profitto da conflitti e instabilità economica. Mullins ricorda anche l'ostinata opposizione di Thomas Jefferson alla creazione di una banca centrale negli Stati Uniti].

[368] Eustace Mullins, *I segreti della Federal Reserve*, White Moon Digital Publishing, 2014, pagg. 106-107. "*I Morgan erano sempre stati associati alla Casa Rothschild*". Eustace Mullins, I segreti della *Federal Reserve*, p. 131.

Questo sembrava garantire una buona rappresentanza. Ma in pratica, il presidente della banca di Saint Louis o di Cincinnati non avrebbe mai contraddetto Paul Warburg o JP Morgan, "*quando una nota scarabocchiata da uno di loro sarebbe bastata a far precipitare la sua piccola banca nella bancarotta*".

La Federal Reserve Bank, che non era né "di riserva" (poiché il suo compito era quello di creare la moneta e non di detenerla) né "federale" (essendo di proprietà di azionisti privati), acquisì un potere enorme: il potere di emettere leggi per fissare il tasso di interesse, l'offerta di moneta e il tasso di cambio della valuta.

Durante la Prima Guerra Mondiale, il destino della nazione era nelle mani di tre membri del "popolo eletto": Eugene Meyer, nominato capo della War Finance Corporation; Bernard Baruch, a capo del War Industries Board; e Paul Warburg, governatore della Fed. Questi tre israeliani costituivano il triumvirato che esercitava un potere senza precedenti nel Paese. Finanziarono la campagna elettorale di Woodrow Wilson e lo fecero rieleggere nel marzo 1917. E grazie ai loro consigli, il candidato alla pace divenne un fervente guerrafondaio.

Quando Paul Warburg si dimise dal Consiglio di amministrazione nel 1918, fu sostituito da Albert Strauss, socio della banca Seligman. Warburg era tornato alla sua attività presso la Kuhn Loeb Bank, anche se continuò a influenzare la politica della Fed come presidente del Federal Advisory Committee. A dicembre, il presidente Wilson partì per la Francia con una delegazione per partecipare alla Conferenza di pace. Lo accompagnarono, tra gli altri, Bernard Baruch, JP Morgan, Thomas Lamont, Albert Strauss, Walter Lippman, Felix Frankfurter, il giudice della Corte Suprema Brandeis e Paul Warburg come principale consigliere finanziario. A Versailles, dove si stavano svolgendo i negoziati per il trattato di pace, ebbe modo di incontrare il fratello Max, che guidava la delegazione tedesca, accompagnata dagli uomini d'affari[369].

Nel 1935, il mandato decennale dei membri del Consiglio dei governatori della Federal Reserve fu esteso a quattordici anni. Pertanto, pur non essendo stati eletti dal popolo, i CFO rimasero in carica per un periodo cumulativo di tre mandati presidenziali.

---

[369] Eustace Mullins, *I segreti della Federal Reserve*, White Moon Digital Publishing, 2014, pag. 107, 218.

Con l'"Owen Glass Act", lo Stato federale aveva abbandonato il diritto di emettere la propria moneta a un cartello di banche private. Mentre la normale funzione di una banca centrale è quella di fornire un servizio pubblico di emissione di moneta gratuita all'amministrazione del Paese per il corretto funzionamento dell'economia, il sistema di Paul Warburg aveva imposto un cartello bancario che si era arrogato il diritto di battere moneta e di prestarla a interesse allo Stato.

D'ora in poi, quando il Tesoro degli Stati Uniti avrà bisogno di un miliardo di dollari, sarà costretto a chiederlo in prestito alle grandi banche private. Come ha detto il deputato Patman: "*La Federal Reserve concede un credito di un miliardo di dollari al Tesoro per ogni obbligazione, e ha creato dal nulla un miliardo di dollari di debito che il popolo americano è obbligato a ripagare con gli interessi[370]*".

L'indebitamento degli Stati fa la fortuna dei banchieri. Dall'inizio degli anni '90, il debito pubblico statunitense è cresciuto in modo esponenziale: 16,7 miliardi di dollari nel 2013, il 20% dei quali detenuti dalla Federal Reserve. Ma il debito era in realtà più di 50 miliardi, se si aggiungono l'assistenza sanitaria e le pensioni, ovvero venti volte più del bilancio annuale del Paese. Ovviamente questa cifra colossale e in continuo aumento non sarà mai ripagata, ma permette all'alta finanza di dettare la sua legge al popolo americano.

Dal 1971, con l'abbandono del gold standard, il dollaro non era più convertibile in oro e il suo valore dipendeva solo dalla fiducia degli investitori nel governo. In breve, d'ora in poi la credibilità del dollaro si basava esclusivamente sulla forza politica e militare degli Stati Uniti. Avendo bisogno del prestigio dello Stato per stabilire la credibilità della loro moneta, i banchieri chiusero gli occhi di fronte all'aumento esponenziale del loro indebitamento e sostennero i governi che si susseguirono, fornendo le somme necessarie per finanziare le guerre e mantenere le centinaia di basi militari sparse per il mondo.

---

[370] Eustace Mullins, *I segreti della Federal Reserve*, Ed. Digital Luna Blanca, 2014, p. 325 (Money Facts, House Banking and Currency Committee, 1964, p. 9).

5. Una mentalità unica

La stragrande maggioranza degli esseri umani normalmente costituiti si accontenta di poco: prendersi cura della famiglia, comprare una piccola casa, una vacanza estiva, qualche hobby o passione e fare sport e/o elevazione spirituale, li soddisfa in larga misura. Quasi tutta l'umanità - in tutti e cinque i continenti - vive con poco denaro e se la cava molto bene in questo modo. Solo un'esigua minoranza di esseri umani su questa terra adora il denaro, ne parla giorno e notte o dorme sognando di fare il bagno in monete d'oro e banconote. E per secoli queste persone si sono essenzialmente cooptate in una piccola setta ben nota per il suo fervore commerciale, la sua avidità e la sua sete di potere.

Greg Smith non faceva parte di questa piccola setta. Originario del Sudafrica, ex borsista dell'Università di Stanford negli Stati Uniti, aveva comunque fatto carriera in Goldman Sachs, dove era salito alla posizione di "direttore esecutivo dei mercati dei derivati" in Europa, Medio Oriente e Africa. Nel corso della sua carriera, ha fornito consulenza a due dei maggiori *hedge fund* del mondo, a cinque dei maggiori gestori di portafoglio statunitensi e a tre dei maggiori fondi sovrani del Medio Oriente e dell'Asia. I suoi clienti rappresentavano "*un portafoglio totale di oltre 1.000 miliardi di dollari*". Ma Greg Smith ha gradualmente sperimentato qualche scrupolo nel continuare a truffarli, così ha deciso di dimettersi nel marzo 2012. E lo ha fatto con il botto, annunciando la sua partenza in un articolo pubblicato dal *New York Times*. Il quotidiano *Le Monde* del 14 marzo 2012 ha ripreso la notizia con il titolo: "*Perché lascio Goldman Sachs*". Greg Smith ha spiegato che "*non riusciva a guardare negli occhi gli stagisti*" quando doveva elogiare il lavoro della sua banca. Ha accusato i dirigenti di Goldman Sachs di prendere i clienti per fessi, cretini, vacche da mungere e di cercare solo di arricchirsi a loro spese. Ha incolpato l'amministratore delegato della banca, Lloyd Blankfein, e il suo presidente, Gary Cohn, di aver favorito una cultura del disprezzo che, a suo dire, non può che portare la società alla rovina. "Le *persone che si preoccupano solo di fare soldi non possono tenere a galla questo business - o mantenere la fiducia dei loro clienti - per molto tempo ancora*", ha detto.

A causa della loro educazione, e anche del vecchio background cristiano, i Goyim tendono ad avere più scrupoli degli ebrei quando si tratta di truffare gli altri, e sono anche meno propensi ad accumulare denaro. La febbre dell'accaparramento a Wall Street ha certamente contaminato gli spiriti - molti grandi manager bancari non sono ebrei - ma è chiaro che questa frenesia predatoria non è un'eredità delle nostre vecchie tradizioni europee, e anche i Goyim più ebrei sembrano essere frenati da vecchi principi morali sepolti nel profondo. Gli ebrei, invece, non sono frenati da alcun tipo di morale "anti-commerciale". La loro inventiva finanziaria e il loro appetito per la ricchezza sembrano addirittura esaltati dal piacere che provano nel truffare un cliente o un concorrente. Poiché non credono nell'inferno, nella vita dopo la morte o nella reincarnazione, sono probabilmente meno vincolati da obblighi morali rispetto agli altri popoli della terra e più inclini a investire nel loro soggiorno terreno.

Beate le monete d'oro

Alla fine della prima parte di questo libro, abbiamo visto come gli ebrei potessero considerare i goyim nel loro libro sacro, il Talmud, che contiene gli insegnamenti dei rabbini. Nella Torah - cioè nella parola divina che si suppone sia stata trasmessa a Mosè al Sinai e da lui trascritta per il popolo d'Israele (Genesi, Esodo, Levitico, Numeri e Deuteronomio) - si può anche trovare una spiegazione a questa sete di ricchezza che sembra animare molti ebrei. Jacques Attali, uno dei principali rappresentanti dell'ebraismo intellettuale in Francia, ci ha fornito alcune spiegazioni in occasione della pubblicazione del suo libro intitolato *Gli ebrei, il mondo e il denaro*. Nella rivista *L'Express* del 10 gennaio 2002, ha presentato il suo lavoro come segue: *"Nella Bibbia, ha spiegato, la ricchezza è un modo di servire Dio, di essere degni di lui. Uno dei testi fondanti dice: "Amerai Dio con tutte le tue forze", e uno dei commenti* [midrash, Gemara talmudica, ndt] *precisa: "Questo significa con tutte le tue ricchezze". Quindi: "Più sarai ricco, più mezzi avrai per servire Dio"... Dio gli chiede [ad Abramo] di essere ricco per servirlo. Per questo la Genesi (XIII, 2) misura con orgoglio il progresso di questa ricchezza: Abramo era molto ricco di greggi, argento e oro... Isacco e Giacobbe confermano la necessità di arricchirsi per piacere a Dio. Isacco accumula animali. "Si arricchì sempre di più, fino a diventare estremamente ricco. Aveva grandi greggi di pecore, grandi mandrie di bovini e molti schiavi" (Genesi XXVI, 13-14). In seguito, Giacobbe "divenne molto ricco e aveva molte greggi, serve e servi, cammelli e asini" (Genesi XXX, 43). Dio benedice la sua fortuna e gli permette di comprare il suo diritto di eredità dal fratello Esaù, a riprova del fatto che tutto può essere monetizzato, anche per un piatto di lenticchie371...".*

E per arricchirsi non c'è niente di meglio che importare ed esportare e concedere prestiti a interesse. Queste due attività sono strettamente correlate ed è noto che da tempo immemorabile gli ebrei vi hanno svolto un ruolo di primo piano. Molto prima dell'era cristiana, i banchieri ebrei fiorirono in tutto il Mediterraneo. Dopo la caduta di Gerusalemme nel 586 a.C., *"troviamo allora ad Alessandria, insieme ad alcuni banchieri ebrei molto potenti, numerose comunità"*, scrive Jacques Attali, confermando l'idea diffusa che l'ebraismo sia la fonte dello spirito capitalista: *"La loro dispersione a Babilonia e altrove li rende gli agenti ideali del commercio internazionale, e quindi del prestito di denaro, intimamente legato ad esso.... Alcuni di loro, associati ai Fenici, controllavano anche i prestiti alle spedizioni commerciali internazionali... Negli archivi ritrovati di una delle prime case di credito del mondo a Babilonia, la "casa di Murashu", troviamo settanta nomi di ebrei e contratti firmati in condizioni di parità tra ebrei e uomini d'affari babilonesi372 ".*

Nel mondo musulmano la situazione non sarebbe cambiata in seguito. Il noto storico ebreo Leon Poliakov ha citato *"fonti arabe sui banchieri Josef ben-Pinchas e Aaron Ben-Imran che prosperarono a Baghdad sotto il califfo Al-Muqtádir (908-939). Ben-Pinchas e Ben-Imran gestivano un'impresa bancaria e godevano di una vasta clientela di ricchi ebrei, ma anche di non ebrei, che davano loro il loro capitale in deposito"*. Organizzavano *"transazioni e speculazioni fruttuose"* e *"avevano schiavi neri catturati sulle coste dell'Africa... Re della finanza a Baghdad e banchieri dei Califfi per un quarto di secolo, Ben-Pinchas e Ben-Imran, pur essendo i primi, non furono gli unici373 ".* In Persia e

---

[371] Jacques Attali, *Los judíos, el mundo y el dinero*, Fondo de cultura económica, 2005, Buenos Aires, pagg. 21-22, 23.

[372] Jacques Attali, *Un homme d'influence*, Seix Barral, Barcellona, 1992, p. 18. *"Così, dagli albori della moneta... le comunità ebraiche si stabilirono lungo le linee di forza del denaro. E quando l'Impero romano si affacciò, si organizzarono intorno agli imperi d'Oriente, divennero finanziatori del loro commercio e diedero vita al capitalismo del rischio e del profitto, impiegando il calcolo e la ragione e mettendoli al servizio di una forma astratta".*

[373] Leon Poliakov, *Histoire de l'antisémitisme*, 1981, Calmann-Lévy, 1991, Points Seuil, vol. 1, pag. 81, 82.

in Egitto, infatti, i banchieri e i mercanti ebrei esercitavano un dominio simile. Jacques Attali ha scritto: "*I califfi reclutavano i loro consiglieri ed esperti economici solo tra gli ebrei374* " Qualche secolo dopo, gli ebrei dominavano ancora la finanza mondiale con il pugno di ferro. Scrive Attali: "*Nell'Impero bizantino, poco dopo il cuore del mondo, gli ebrei divennero prestatori di denaro con cauzioni o pietre preziose come garanzia, controllarono il conio della moneta, il cambio, i depositi e il credito; in seguito fu loro affidata la riscossione delle tasse, un compito impopolare se mai ce ne fu uno. E disponendo, di comunità in comunità, delle migliori reti di informazione dell'epoca, a Baghdad, al Cairo, ad Alessandria o a Fez, si imposero come consiglieri dei principi^{375}* ".

Dall'altra parte del mondo, il mercante veneziano Marco Polo menzionò la prosperità e l'influenza degli stabilimenti ebraici in Cina (1286). I resoconti dei viaggiatori arabi del IX secolo raccontavano già la stessa storia[376].

Nella Spagna del XII secolo la situazione era identica, perché vediamo come nell'atto del Cid - quel capolavoro dell'epica popolare spagnola - due ebrei, Raquel e Vidas, siano finanzieri e usurai. Nel XIV secolo, scrive Leon Poliakov, "*i grandi finanzieri ebrei di Toledo e Siviglia, che controllavano tutti i circuiti finanziari del regno, erano ancora onnipotenti alla corte di Castiglia^{377}* ".

Abraham Leon, intellettuale ebreo marxista di origine polacca (il suo vero cognome era Wajnsztok), aveva studiato questo argomento. Nel suo libro, *La concezione materialista della questione ebraica*, si arrende all'evidenza: "*Nella Spagna cristiana, in Castiglia, gli ebrei sono banchieri, esattori, fornitori del re. La regalità li protegge perché le forniscono sostegno economico e politico*".

Gli ebrei erano meno numerosi in Francia, ma comunque molto influenti: "*Con l'avvento del re Filippo Augusto (1180) e durante i primi*

---

[374] *L'Express*, 10 gennaio 2002, pagg. 56-65.
[375] Jacques Attali, *Un hombre de influencia*, Seix Barral, Barcellona, 1992, p. 19. "*Non c'è più prestatore di denaro dell'ebreo, si dice esageratamente dappertutto, e in molte lingue del tempo "judaizar" significa addirittura "far pagare gli interessi", e non è un'espressione molto gentile*".
[376] Leon Poliakov, *Histoire de l'antisémitisme*, 1981, Calmann-Lévy, 1991, Points Seuil, vol. 1, pag. 13.
[377] Leon Poliakov, *Histoire de l'antisémitisme*, 1981, Calmann-Lévy, 1991, Points Seuil, vol. 1, pag. 144.

anni del suo regno, gli ebrei erano ricchi e numerosi in Francia... Nel XII secolo, l'usura sembra essere la principale funzione economica degli ebrei di Francia".

In Inghilterra erano poche migliaia, ma sufficienti, a quanto pare, a sollevare tensioni con la popolazione. *"In Inghilterra, all'epoca del re Enrico II (nella seconda metà del XII secolo), scrive Abraham Leon, gli ebrei erano già pienamente impegnati nell'usura. Erano generalmente molto ricchi e la loro clientela era costituita da grandi proprietari terrieri. Il più famoso di questi banchieri ebrei fu un certo Aronne di Lincoln, molto attivo alla fine del XII secolo. Il re Enrico II gli doveva 100.000 sterline, una somma equivalente al bilancio annuale del regno d'Inghilterra dell'epoca. Grazie a tassi di interesse estremamente elevati - che andavano dal 43 all'86% - un'immensa quantità di terreni della nobiltà era passata nelle mani di usurai ebrei. Ma essi avevano partner potenti ed esigenti. I re d'Inghilterra sostenevano gli affari degli ebrei perché rappresentavano per loro un'importante fonte di reddito. Tutti i prestiti contratti con gli ebrei erano gravati da una tassa del 10% a favore dell'erario reale*[378]*"*.

In Germania commerciavano anche schiavi provenienti dall'Oriente. *"Il periodo prevalentemente commerciale durò fino alla metà del XIII secolo. Gli ebrei collegavano la Germania con Ungheria, Italia, Grecia e Bulgaria. Il commercio di schiavi era fiorente fino al XII secolo. Così, le tariffe doganali di Wallenstadt e Coblenza spesso stabilivano che i commercianti di schiavi ebrei dovevano pagare 4 dinari per ogni schiavo. Un documento del 1213 dice degli ebrei di Laubach "che sono straordinariamente ricchi e che commerciano con i veneziani, gli ungheresi e i croati"*[379]*."*

In Polonia, *"le richieste della nobiltà e del clero contro l'usura ebraica divennero sempre più pressanti"*. Nel 1420 un congresso ecclesiastico chiese al re di prendere provvedimenti contro la *"grande usura ebraica"*. Nel 1423, Ladoslas Jagellon promulgò lo *"Statuto di Warta"* che proibiva agli ebrei di contrarre mutui[380]*"*.

---

[378] Abraham Léon, *La Conception matérialiste de la question juive*, 1942, cap. 3, La période de l'usurier juif.
[379] Gli ebrei sono sempre stati, in tutte le epoche, i principali commercianti di schiavi. Leggi *La mafia ebraica*.
[380] Abraham Léon, *La Conception matérialiste de la question juive*, 1942, cap. 3.

Nella Russia zarista, prima della rivoluzione bolscevica, "*più della metà degli istituti di credito, risparmio e prestito si trovavano nella Zona di residenza*", scrive Aleksandr Solzhenisyn, e "*nel 1911, l'86% dei loro membri erano ebrei*[381] ". La situazione era quindi identica ovunque ci fossero ebrei.

Non si può mai dimenticare il ruolo dei finanzieri ebrei nella storia, dall'antico Egitto al trionfo dei soci e dei manager di Goldman Sachs, fino alla saga dei famosi fratelli Rothschild, che nel XIX secolo avevano stabilito il loro dominio sul mondo degli affari. La prodigiosa ricchezza della famiglia Rothschild era proverbiale e argomento di conversazione in tutta Europa[382].

Sulla sofferenza di essere un banchiere

Gli intellettuali ebrei usano spesso la scusa che gli ebrei sono stati costretti a svolgere queste attività finanziarie, che le porte delle professioni nobili erano chiuse e che, per secoli, non avrebbero avuto altra scelta che esercitare la professione di finanziere per sopravvivere. Anche il famoso fisico Albert Einstein ha espresso questa convinzione. Egli denunciò la "*terribile ingiustizia che ci affligge dal Medioevo. A quei tempi, agli ebrei era proibito intraprendere professioni direttamente produttive, ed erano costretti a dedicarsi a professioni puramente mercantili*[383] ".

Michel Wieviorka è uno di quei sociologi coccolati dalla Repubblica francese e dai media. È direttore di ricerca presso l'Ecole des Hautes Etudes en Sciences Sociales: è un lavoro comodo e ben retribuito. Nel suo nuovo libro L'*antisemitismo spiegato ai giovani* (2014), questo

---

[381] Alexandre Soljenitsyne, *Deux Siècles ensemble, Tome I*, Fayard, 2002, pagg. 175, 333-335. Lo conferma il sociologo sefardita Edgar Morin: "Diciassette banche polacche su venti erano ebrei gentili a metà del XIX secolo" (*Le monde moderne et la queston juive*, Seuil, 2006, p.117). Sulla zona di residenza, leggere *Fanatismo ebraico*.

[382] "*Il patrimonio di James Rothschild aveva raggiunto i 600 milioni di marchi. Solo un uomo in Francia ne possedeva di più. Si trattava del Re, il cui patrimonio era di 800 milioni. Il patrimonio combinato di tutti i banchieri francesi era inferiore di 150 milioni a quello di James Rothschild. Questo naturalmente gli conferiva poteri incalcolabili, compreso quello di rovesciare i governi ogni volta che lo desiderava. È noto, ad esempio, che rovesciò il gabinetto del primo ministro Thiers*". Eustace Mullins, *I segreti della Federal Reserve*, ed. Digital White Moon, 2014, p. 143. Mullins ha citato David Bruck, *Baron Edmond de Rothschild*.

[383] Albert Einstein, *La mia visione del mondo, discorso pronunciato a Londra*, edizione digitale Titivillus, 2016, p. 105.

brillante intellettuale scrive della situazione degli ebrei prima della Rivoluzione francese del 1789: "*Gli ebrei non hanno il diritto di appartenere a corporazioni, di esercitare certi mestieri. Sono confinati in alcune professioni, per esempio quelle pecuniarie (prestito a interesse, vietato ai cristiani). A volte devono portare un segno distintivo*384 ".

Anche il prolifico Jacques Attali, che è stato consigliere del presidente socialista François Mitterrand prima di diventare consigliere del presidente liberale Nicolas Sarkozy, ha avanzato questa tesi: "*Le corporazioni, che sono diventate onnipotenti, li escludono dai mestieri artigianali, anche da quelli meno ambiti.... Così, in molte parti d'Europa, non resta loro praticamente altro che il commercio di cavalli, la macelleria e soprattutto - tragica situazione - il prestito di denaro, professione strategica in questa fase di capitalismo nascente e di costituzione delle nazioni. Essendo costretti a farlo, lo faranno fino allo sfinimento. Con loro grande infelicità. Ancora una volta, saranno utili e saranno odiati per i servizi resi*[385] ".

Lo vediamo anche versare qualche lacrima per i poveri banchieri ebrei del Medioevo. Essi erano "*costretti dalla forza delle cose a prestare denaro ai principi per attirare la loro protezione, a rischio di essere creditori dei potenti per garantire la loro libertà, sapendo di moltiplicare allo stesso tempo il rischio di finire come capri espiatori, e avendo imparato, in quattromila anni di sofferenze, ad articolare una morale e un'azione*[386] ". Tutti gli storici ebrei ripetono questo discorso fallace ad nauseam.

La verità, tuttavia, ci obbliga a dire che nessuno ha mai impedito agli ebrei di coltivare la terra, di essere falegnami o fabbri. Anzi, è il Talmud che proibisce loro di coltivare terre straniere, e le loro stesse tradizioni li spingono a praticare il commercio d'importazione e l'usura, e non qualche divieto sconosciuto delle società gentili. Ma i lettori dei nostri libri precedenti sanno che gli intellettuali ebrei, spinti dalla loro "*chutzpah*" - quell'impudenza incommensurabile che è a prova di tutto - non esitano a dire le più grandi falsità per ingannare i Goyim.

---

[384] Michel Wieviorka, *L'Antisémitisme expliqué aux jeunes*, Seuil, 2014, p. 23.
[385] Jacques Attali, *Los judíos, el mundo y el dinero*, Fondo de cultura económica, 2005, Buenos Aires, p. 167.
[386] Jacques Attali, *Un homme d'influence*, Seix Barral, Barcellona, 1992, p. 11.

Nel suo documentato studio *Gli ebrei e la vita economica*, pubblicato nel 1911, l'eminente storico tedesco Werner Sombart denunciò il "*mito secondo cui gli ebrei furono costretti, durante il Medioevo europeo e soprattutto "dopo le Crociate", a praticare l'usura perché tutte le altre professioni erano loro vietate". I duemila anni di storia dell'usura ebraica prima del Medioevo bastano a dimostrare la falsità di questa costruzione storica*". Sombart ha poi fornito alcuni esempi: "*Durante il Medioevo e successivamente, vediamo spesso i governi fare sforzi per indirizzare gli ebrei verso altre carriere, ma senza successo. È quanto accadde in Inghilterra sotto Edoardo I, in Posnania nel XVIII secolo, dove le autorità cercarono di incoraggiare gli ebrei con premi e altri mezzi a intraprendere altre carriere*[387]".

Ma nonostante tutti questi sforzi, gli ebrei erano rimasti mercanti e usurai.

Abraham Leon ha avuto l'onestà di riconoscerlo: "*In molti scritti sulla vita economica degli ebrei nel Medioevo si dice che essi furono esclusi, fin dall'inizio, dall'artigianato, dal commercio di beni e che fu loro proibito di possedere beni immobili. Queste sono solo leggende... È altrettanto falso affermare che gli ebrei non potevano essere ammessi alle corporazioni artigianali... Certamente, nel Medioevo c'erano pochi fabbri o falegnami ebrei tra gli artigiani: i padri ebrei che davano i loro figli all'apprendistato in quei mestieri erano molto pochi. Anche le corporazioni che escludevano gli ebrei non lo facevano per animosità religiosa o per odio razziale, ma perché le professioni di usuraio e ambulante erano considerate "disoneste". Le corporazioni escludevano i figli degli uomini d'affari, degli usurai e dei venditori ambulanti ebrei, così come non accettavano tra loro i figli dei semplici braccianti, dei barcaioli e dei tessitori di lino*[388]".

Il grande scrittore russo Aleksandr Solzhenisyn ha ricordato che sono state adottate diverse misure governative per promuovere l'agricoltura ebraica in Russia. All'inizio del XIX secolo, le autorità avevano destinato più di 30.000 ettari a questo scopo. Si trattava di terreni nell'Ucraina meridionale, tra i più fertili d'Europa, che erano stati dati loro in proprietà ereditaria. Ogni famiglia ebraica aveva ricevuto 40

---

[387] Werner Sombart, *Les Juifs et la vie économique*, 1911, Payot, 1923, p. 401. Il suo studio economico è un riferimento, ma il suo capitolo sulla psicologia ci sembra mediocre.
[388] Abraham Léon, *La Conception matérialiste de la question juive*, 1942, cap. 3, La période de l'usurier juif.

ettari di terra statale, mentre in Russia l'appezzamento medio dei contadini raramente superava i dieci ettari. Inoltre, erano stati concessi loro prestiti in denaro e offerta la costruzione di izba in legno. Questo programma fu però cancellato nel 1810. Nel 1812 si scoprì che delle 848 famiglie insediate ne erano rimaste solo 538. Gli attrezzi erano stati persi, rotti o impegnati, i buoi erano stati macellati, rubati o venduti e i campi seminati troppo tardi. Solzhenitsyn ha spiegato la mentalità di alcuni di questi agricoltori "scioccati": temevano che se si fosse dimostrato che gli ebrei erano "*capaci di lavorare la terra*", sarebbero stati "*costretti a farlo389* ".

Già nel XIII secolo, nella sua Summa Theologica (1273), il grande teologo cattolico Tommaso d'Aquino aveva scritto, dopo un attento esame: "*Sarebbe meglio costringere gli ebrei a lavorare per vivere, come avviene in alcune regioni d'Italia, piuttosto che lasciarli vivere nell'ozio e arricchirsi solo con l'usura^{390}* ".

Acquisto di protezione

Naturalmente, come tutti sanno, troviamo finanzieri ebrei e la loro usura in tutta la storia dell'antisemitismo. Da tempo immemorabile, gli ebrei sono stati espulsi da ogni luogo, da ogni Paese, fin dalla più alta antichità. Tra le accuse mosse contro di loro, troviamo sempre la pratica del prestito a interesse, la frode, il furto e la truffa, oltre all'incessante derisione della religione dominante. Accaparravano le ricchezze, rovinavano i contadini, si appropriavano delle loro proprietà senza scrupoli, cercando sempre di comprare il favore dei principi, chiedendo loro in cambio la protezione contro la gente comune, sempre desiderosa di sventrarli.

Gli ebrei furono espulsi o massacrati dagli egiziani, dai babilonesi, dai persiani, dai greci e dai romani. E nei secoli successivi, gli Stati cristiani e i musulmani agirono allo stesso modo nei loro confronti. Furono espulsi dall'Inghilterra nel 1290; espulsi dalla Francia nel 1306, ma reintrodotti da un re debole e nuovamente espulsi nel 1394. Furono espulsi dalla Spagna nel 1492, dalla Provenza nello stesso periodo, dalle città e dagli Stati italiani, dall'Ungheria, dall'Austria e da tutti i

---

[389] Alexandre Soljenitsyne, *Deux siècles ensemble*, Tome I, Fayard, 2002, pagg. 79-86. Si legga in *Fanatismo ebraico*.
[390] Citato in Leon Poliakov, *Histoire de l'antisémitisme*, 1981, Calmann-Lévy, 1991, Points Seuil, vol. 1, p. 282.

principati tedeschi, anche se riuscirono a tornare poco dopo. Gli ucraini li massacrarono nel secolo successivo. Furono nuovamente espulsi da Mosca nel 1891, per poi tornare come signori e padroni nel 1917. Solo i principali Stati costituiti (Inghilterra, Francia e Spagna) erano riusciti a liberarsene definitivamente. Il più delle volte, infatti, gli ebrei riuscivano dopo qualche anno a tornare in piazza, di solito grazie a un re debole o a un vuoto di potere. Questo dimostra quanto fossero desiderosi di tornare, nonostante l'ambiente ostile.

Gli storici ebrei hanno l'abitudine di farci credere che gli ebrei erano indispensabili, che il popolo chiedeva il loro ritorno e li accoglieva con le lacrime agli occhi, chiedendo perdono. Ascoltate il "grande" storico Leon Poliakov che ci parla di quegli "*usurai un tempo utili e familiari di cui il popolo chiedeva il ritorno*". A volte gli intellettuali ebrei ribaltano l'equazione e fingono che i principi abbiano espulso gli ebrei e poi li abbiano richiamati solo per ottenere denaro. "*I re di Francia espulsero e accolsero gli ebrei diverse volte per confiscare le loro proprietà*[391]", scrive Abraham Leon.

Ovviamente, tali osservazioni vanno prese con un sorriso. Nel corso della loro storia, gli ebrei hanno sempre cercato di corrompere i principi per acquistare il diritto di tornare in patria e continuare - sotto la protezione delle autorità - a praticare la loro attività preferita, l'usura (cioè il prestito a interessi abusivi). Dopo qualche decennio, lo stesso copione si ripeté: l'esasperazione popolare scoppiò sotto forma di insurrezione contro i vampiri e gli ebrei furono nuovamente espulsi... in attesa di una nuova riammissione pagando una buona quantità di monete d'oro. Questa storia tragicomica, tanto ridicola quanto patetica, si ripete da 3.000 anni...

Gli Stati che espulsero spietatamente gli ebrei vissero un periodo di splendore: la Francia si espanse fino alla rivoluzione; la Spagna conobbe un'età dell'oro dopo il 1492. Al contrario, la Polonia, che aveva accolto gli ebrei espulsi da tutto il mondo nel Medioevo e in epoca moderna, alla fine crollò completamente e fu fatta a pezzi dai suoi vicini alla fine del XVIII secolo.

Lo storico ebreo Abraham Leon si ribella alla tesi del tedesco Werner Sombart, che tende a credere che la prosperità di una città o di una nazione dipenda dalla presenza di mercanti ebrei, perché indubbiamente

---

[391] Abraham Léon, *La Conception matérialiste de la question juive*, 1942, cap. 3, La période de l'usurier juif....

anche gli ebrei hanno svolto e continuano a svolgere un ruolo cruciale nella storia del capitalismo. La potenza commerciale e finanziaria dei Paesi Bassi nel XVII secolo era dovuta, se non del tutto, in gran parte, alla presenza di tutti quegli ebrei sefarditi espulsi dalla Spagna con tutti i loro beni.

Il grande storico francese Fernand Braudel, che all'epoca rappresentava la Scuola delle Annales (una scuola storica che studia le civiltà nel lungo periodo, in contrapposizione alla storia degli eventi[392]), aveva notato questa evidenza. Nella sua voluminosa opera *Civiltà materiale, economia e capitalismo, secoli XV-XVIII*, Braudel scriveva degli ebrei espulsi dalla Spagna nel 1492 e rifugiatisi ad Amsterdam: *"Gli ebrei sefarditi, in particolare, hanno contribuito al progresso dell'Olanda. Nessuno dubita che abbiano fornito un serio sostegno alla città, nel campo degli scambi e ancor più in quello della speculazione borsistica. Erano maestri in queste attività, e persino i loro creatori[393]"*.

Ma Abraham Leon ha giustamente notato che la grande maggioranza degli ebrei espulsi dalla Spagna nel 1492 si era rifugiata nell'Impero Ottomano (Salonicco, Istanbul, ecc.). *"È lì che lo "spirito capitalista" degli ebrei avrebbe dovuto produrre i suoi maggiori effetti"*. Ma non fu così. *"Pertanto la teoria di Sombart è completamente falsa"*, conclude Abraham Leon, forse un po' frettolosamente.

In Germania gli ebrei erano rimasti molto influenti. Il Sacro Romano Impero, diviso in 350 principati quasi indipendenti, non era stato in grado di liberarsi degli ebrei in modo così radicale come avevano fatto l'Inghilterra, la Francia e la Spagna: gli ebrei espulsi da un principato trovavano immediatamente rifugio nel ducato o nel regno vicino e

---

[392] La Scuola *delle Annales* è una corrente storiografica fondata da Lucien Febvre e Marc Bloch nel 1929, che ha dominato praticamente tutta la storiografia francese del XX secolo e ha avuto un'enorme diffusione nel mondo occidentale. Prende il nome dalla rivista francese *Annales d'histoire économique et sociale* (poi *Annales. Economies, sociétés, civilisations*, e rinominata nuovamente nel 1994 come *Annales. Histoire, Sciences sociales*), dove le sue idee furono pubblicate per la prima volta. La "corrente delle Annales" sviluppa una storia che non è interessata all'evento politico e all'individuo come protagonista tipico del lavoro della Storiografia contemporanea, ma ai processi, alle strutture sociali, e quindi a un'ampia gamma di argomenti il cui approccio con gli strumenti metodologici delle Scienze sociali gli ha permesso di studiare. (wikipedia, NdT).

[393] Fernand Braudel, *Civilización material, economía y capitalismo, siglos XV-XVIII*, volume III, Alianza Editorial, 1984, Madrid, pag. 150.

aspettavano il momento giusto per tornare in cambio di denaro. Nel XVII e XVIII secolo, alcuni ebrei erano saliti a posizioni di rilievo grazie alle loro capacità finanziarie. Tra i cosiddetti "ebrei di palazzo" (*Hofjuden*), il più famoso fu senza dubbio Joseph Ben Issachar Süßkind Oppenheimer, vissuto nella prima metà del XVIII secolo e principale consigliere del duca di Württemberg (di fronte all'Alsazia). Già all'epoca, questo individuo era stato oggetto di numerosi pamphlet che ne denunciavano le azioni e i crimini. Prima della Seconda guerra mondiale, i servizi di propaganda del regime nazionalsocialista realizzarono un film su questo finanziere, ispirato al romanzo pubblicato nel 1925 da uno scrittore ebreo di nome Lion Feuchtwanger. In questo libro sulla vita dell'"ebreo Süss", scritto da un membro della setta che cercava di nascondere o minimizzare alcuni aspetti del "problema ebraico", si poteva leggere quanto segue:

"Süss aveva confidenti e spie dappertutto, e chiunque si ribellasse a lui poteva essere sicuro di passare il resto della sua vita rinchiuso in una tetra prigione del castello di Neuffen... Süss faceva già sfoggio del suo potere in pubblico e lo mostrava chiaramente, così come flirtava e si vantava della sua padronanza delle arti cortesi e mondane... A parte questo, si sforzava di essere il centro degli eventi di corte. Non c'era straniero negli Stati Uniti che venisse a Stoccarda senza porgere i suoi omaggi all'onnipotente favorito... I ministri e gli alti funzionari avevano per lui un rispetto servile. Lo temevano quasi più del Duca. A un suo fischio, tutti si precipitavano da lui. Alla minima resistenza minacciava di farli rinchiudere o frustare o seppellire sotto la forca... Naturalmente, Süss aveva anche il duca in suo potere... Così seguiva ciecamente ogni consiglio del suo direttore delle finanze.....Aveva rapporti con tutti i finanzieri d'Europa e attraverso i suoi innumerevoli agenti, per lo più ebrei, il denaro svevo scorreva nei canali più complicati... Controllava l'industria e il commercio in ogni angolo d'Europa e una parte importante dell'intera ricchezza della Germania passava attraverso le sue casse[394]*"*.

Nella seconda parte del romanzo troviamo anche queste considerazioni: *"Con una cupa e sconfinata arroganza ironica, gestiva tutti coloro che lo circondavano e faceva funzionare i ministri come se fossero lacchè fritti. Da lui emanava un violento e sarcastico disprezzo per tutto ciò che significava dignità umana, libertà e responsabilità... Saccheggiava,*

---

[394] Lion Feuchtwanger, *El Judío Süss*, Edhasa, Barcellona, 1990, Editorial Sudamericana (Pdf), pagg. 97-100.

apertamente e senza misura, il tesoro ducale. Prese commissioni e vendette al duca, a un prezzo colossale, oggetti senza valore. Impose nuovi pesi al ducato, che gemeva ed era esausto, e ciò che ne ricavò lo depositò senza nascondersi nelle sue casse private e non in quelle del duca[395]".

Era quindi inevitabile aspettarsi una reazione che i politici di oggi definirebbero "antisemita". E ciò che doveva accadere è accaduto: Joseph Süss Oppenheimer ha incontrato una dura resistenza, è comparso in tribunale e ha terminato la sua vita appeso a una corda.

L'autore del romanzo, Lion Feuchtwanger, ci ha anche detto che: *"Nelle città sulle rive del Mediterraneo e dell'Oceano Atlantico, gli ebrei erano grandi e potenti. Erano gli intermediari nello scambio tra Oriente e Occidente. Arrivavano ben oltre il mare[396]".*

Non sappiamo se all'epoca importassero già in Europa padelle, tartine e giacche di pelle cinesi, ma di certo le loro pratiche politiche, commerciali e finanziarie non erano popolari sul continente.

I palazzi degli ebrei, banchieri e consiglieri dei principi non devono farci perdere di vista il fatto che la stragrande maggioranza degli ebrei viveva in modo molto più modesto. Resta comunque vero che gli ebrei, oggi come in passato, sono generalmente e proporzionalmente più ricchi del resto della popolazione. Werner Sombart ha dimostrato con le statistiche che in Germania, nel XVII e XVIII secolo, gli ebrei erano *"diverse volte più ricchi"* dei cristiani. *"Particolarmente istruttivi sono i dati relativi alle città dell'Alta Slesia o alla città di Posen, dove gli ebrei erano sei volte più ricchi del resto della popolazione".* E Werner Sombart ha aggiunto: *"Anche in Russia e in Galizia, dove le comunità ebraiche sono generalmente molto povere, sono sempre più ricche della popolazione cristiana tra cui vivono[397]".* Werner Sombart ha infine sottolineato questa evidenza: *"Da Re Salomone a Gerson Bleichröder e Barnato, la ricchezza ebraica attraversa la storia come un filo d'oro".*

---

[395] Lion Feuchtwanger, *El Judío Süss*, Edhasa, Barcellona, 1990, Editorial Sudamericana (Pdf), p. 215-216.
[396] Lion Feuchtwanger, *El Judío Süss*, Edhasa, Barcellona, 1990, Editorial Sudamericana (Pdf), p. 121.
[397] Werner Sombart, *Les Juifs et la vie économique*, 1911, Payot, 1923, p. 243.

Il prestito fruttifero

Gli storici ebrei non si stancano di ripetere che i finanzieri ebrei erano indispensabili per il buon funzionamento dell'economia perché il prestito a interesse era vietato nella cristianità e nel mondo musulmano. È vero che nell'Europa cristiana del Medioevo il prestito a interesse era disapprovato. I Padri della Chiesa, e dopo di loro i teologi, si sono basati sull'Antico Testamento (Esodo 22, 24; Levitico 25, 33-37; Deuteronomio 23, 20; Salmi XV) e sul Vangelo di San Luca (prestare senza aspettarsi nulla in cambio).

"Allo straniero puoi prestare a interesse, ma al tuo fratello non devi prestare a interesse", si legge nel Deuteronomio. Gli ebrei interpretano il testo nel modo più semplice del mondo. Naturalmente, Jacques Attali ha evocato più volte il prestito a interesse nelle pagine del suo libro. In sostanza, diceva: *"Non c'è motivo di proibire il prestito a interesse a un non ebreo, poiché l'interesse è solo il segno della fertilità del denaro. D'altra parte, tra gli ebrei si dovrebbe prestare senza interesse, in nome della carità. È persino prescritto, nei confronti dei più poveri, di prestare a un tasso di interesse negativo"*. Ma attenzione: *"La ricchezza è un mezzo, non un fine*[398]*"*.

---

[398] *"L'interesse (che si chiama neshej, cioè "tagliare, mordere") è proibito all'interno della comunità, perché nella comunità il prestito è considerato come una forma di solidarietà tra fratelli, non come una transazione commerciale"*; *"Al di fuori della comunità, che esige solidarietà e carità, l'interesse è permesso perché non ha nulla di immorale.... Nessuno è obbligato a considerare lo straniero come un potenziale povero. Né i non ebrei corrono il rischio di essere espulsi"*; *"Per gli ebrei ottenere interessi sul denaro non è immorale; e se non lo si fa tra ebrei, è per un senso di solidarietà, non per un divieto morale. Come il bestiame, il denaro è ricchezza fertile"*; *"(...)Prestare a interesse ai non ebrei è, per tutti gli ebrei, un obbligo, un dovere morale. Il Talmud autorizza in ogni caso il prestito a interesse ai non ebrei"*; *"I giudici autorizzano poi gli usurai ebrei a raggrupparsi per raccogliere i fondi da prestare ai cristiani. In questo modo, il prestito a interesse tra ebrei diventa possibile, a condizione che il mutuatario finale sia un cristiano"*; *"Per Rabbi Judah Loew, il diritto di prestare a interesse deriva dal fatto che il valore numerico della parola "interesse" (ribit) è 612: a suo avviso, questo dimostra che di per sé prestare equivale a obbedire ai 613 obblighi della Legge."*; *"(...) la ricchezza è un mezzo per servire meglio Dio... il denaro può essere uno strumento di bene... chiunque può godere del denaro ben guadagnato... morire ricchi è una benedizione, se il denaro è stato acquisito moralmente e si sono compiuti tutti i propri doveri verso i poveri della comunità..."*. In Jacques Attali, *Los judíos, el mundo y el dinero*, Fondo de cultura económica, 2005, Buenos Aires, p. 45, 66, 91, 121, 144, 233, 90.

Il prestito con interesse è praticamente un obbligo per gli ebrei, raccomandato dai loro saggi. Dei 613 comandamenti (*Mitzvah*) della legge che un pio ebreo deve rispettare, il comandamento 545 lo obbliga a prestare con interesse ai goyim, in modo inverso a come deve trattare il suo "prossimo": "*Al gentile infliggerai un morso usurario e a tuo fratello non infliggerai un morso usurario*", si legge nel Talmud[399].

È quindi permesso, persino raccomandato, chiedere un interesse a uno straniero, poiché non è un fratello o un vicino. Per i cristiani, invece, il testo viene letto in modo diverso, perché Gesù Cristo è venuto a proclamare la legge dell'amore universale. Nel cristianesimo, tutti gli esseri umani sono considerati fratelli e sorelle; non c'è più alcuna distinzione tra concittadini e stranieri.

Nel 325, il Concilio di Nicea proibì ai chierici di intraprendere qualsiasi tipo di traffico pecuniario. Il divieto si generalizzò gradualmente e fu esteso anche ai laici. Alla fine dell'VIII secolo, in un capitolo di 82 articoli chiamato *Admonitio generalis* (esortazione generale), promulgato il 23 marzo 789, l'imperatore Carlo Magno impose il divieto di concedere prestiti a interesse. Il III Concilio di Latran (1179), il IV Concilio di Latran (1215), il II Concilio di Lione (1274) e il Concilio di Vienna (1311) consolidarono questi principi nel tempo. Ma già molto prima dell'era cristiana, Aristotele aveva condannato il prestito a interesse: "*Quanto al prestito a interesse, è giustamente odiato perché trae il suo profitto dal denaro stesso e non da quello per cui è stato introdotto. Il denaro, infatti, è stato creato per lo scambio, ma nel prestito di cui parliamo l'interesse moltiplica il denaro (è per*

---

[399] "*La proibizione di pagare interessi al fratello è scritta esplicitamente nella continuazione dello stesso versetto nel Deuteronomio: "Non presterai interessi a tuo fratello". Pertanto, non è necessario imparare questa halachah [legge ebraica] per deduzione. La Gemara risponde: È necessario per insegnare che se uno paga un interesse a un ebreo, viola sia la mitzvà positiva di pagare un interesse a un gentile ma non a un ebreo, sia il divieto di pagare un interesse a un ebreo. La Gemara risponde: non significa che prendere in prestito denaro con interesse sia una mitzvà; piuttosto, il versetto menziona il pagamento di interessi a un gentile ad esclusione di tuo fratello, per insegnare che mentre puoi pagare interessi a un gentile, non puoi pagare interessi a un ebreo... Puoi prendere in prestito denaro da loro e puoi prestare loro denaro con interesse. Allo stesso modo, per quanto riguarda un Ger Toshav [straniero residente in Israele], si può prendere in prestito denaro da lui e prestarglielo con interesse, poiché non è un ebreo. La mishnah indica che un ebreo può prestare denaro con interesse a un gentile fin dall'inizio*". Talmud *Bava Metzia 70b*, in www.sefaria.org. (NdT)

questa proprietà che l'interesse ha ricevuto il nome che ha, perché come i figli sono come i genitori, l'interesse è denaro denaro). Di tutte le specie di traffico è quindi la più contraria alla natura[400]."

Tuttavia, non sembrava possibile ipotizzare una crescita economica della società senza ricorrere al credito, soprattutto perché la circolazione monetaria nel Medioevo era molto limitata. In assenza di cristiani, gli ebrei, che non erano soggetti a questi divieti, svolgevano il ruolo di creditori. Ma molto presto alcuni cristiani inventarono modi e mezzi per aggirare le misure contro l'usura, attraverso un sistema mascherato di credito su pegno o attraverso la soluzione della "garanzia del morto", un accordo in base al quale il debitore cedeva un'eredità al creditore come compenso per gli interessi sul debito e per il quale il prestatore poteva ricevere un reddito.

Ai tempi di Carlo Magno, le transazioni commerciali a distanza erano rare; ma più tardi, con il risveglio commerciale dell'Occidente, divenne indispensabile ricorrere a forme di pagamento che non comportassero il trasporto di grandi somme di denaro. Fu a Genova, a metà del XII secolo, che comparve il contratto di cambio, e anche in questo caso l'interesse era nascosto[401]. Il sistema era molto semplice: attraverso un contratto notarile, un mercante-banchiere italiano anticipava a un mercante che si recava in una piazza commerciale - soprattutto alle fiere della Champagne - una somma di denaro in valuta estera in cambio di denari genovesi; la somma in valuta estera era sempre specificata in cifre tonde: cento, duecento, trecento... denari di Provins, una moneta equa. In questo modo, la commissione o l'interesse sulla transazione non comparivano. In questo modo, questi mercanti erano talvolta banchieri essi stessi, con un capitale prevalentemente di origine familiare, a cui si aggiungevano in seguito i depositi di privati, che avevano la responsabilità di portare a termine. Alla fine del XII secolo,

---

[400] Aristotele, *Politica, Libro primo, III.*
[401] Il contratto di cambio era all'origine di tutte le attività bancarie e delle cambiali. Lo dimostrano i documenti e gli scritti di giuristi e teologi che hanno trattato la questione dell'usura e del contratto di cambio. All'inizio il più diffuso era il *cambium minutum* o scambio manuale. Il *cambium minutum* era praticato principalmente dai cambiavalute che cambiavano monete d'oro in denaro o valuta straniera in denaro locale. In cambio dei suoi servizi, il cambiavalute riceveva una commissione molto modesta, chiamata "ventaja camba". I contratti di cambio nel Medioevo erano documenti olografi, cioè scritti interamente a mano dal traente, ma non erano negoziabili e non circolarono sotto forma di girata fino all'inizio del XVII secolo nelle Fiandre. Prima dell'inizio del XVII secolo, le cambiali non erano scontate, ma venivano acquistate e vendute a un prezzo determinato dal tasso di cambio.

ai mercanti piemontesi si aggiunsero quelli toscani, senesi e poi fiorentini. I mercanti italiani lombardi arrivarono alle fiere della Champagne, dove incontrarono i mercanti dei Paesi del Nord, i fiamminghi e i tedeschi. Il termine "lombardo" venne a designare un mercante italiano che si dedicava alla pratica del commercio di denaro, diventando in seguito sinonimo di usuraio. La sua attività finanziaria comprendeva sia trasferimenti di capitali che prestiti bancari, con grande scandalo della Chiesa, ma con la complicità del re di Francia e dei grandi uomini del regno. San Luigi e Filippo III, ostili agli ebrei, avevano favorito e incoraggiato questi mercanti-banchieri a prendere il loro posto, mentre le autorità ecclesiastiche non mancavano di condannarli alle fiamme dell'inferno[402].

La pratica del prestito a interesse si sviluppò progressivamente con la mercificazione dell'economia e l'ascesa della borghesia, anche se i principi esercitarono sempre la loro autorità in materia. A partire dal XV secolo, le banche, le compagnie commerciali e le manifatture furono autorizzate a pagare interessi sui fondi presi in prestito, con il permesso del re.

Nel XVI secolo, il teologo protestante Giovanni Calvino fu il primo nella cristianità ad ammettere il prestito a interesse. Questa pratica si diffuse come un fulmine in città e paesi calvinisti come Ginevra, i Paesi Bassi e l'Inghilterra.

Imbevuti di idee veterotestamentarie e affascinati dal giudaismo, i protestanti - soprattutto quelli anglosassoni e calvinisti olandesi - pensavano a loro volta che l'accumulo di ricchezza fosse una benedizione divina.

Nel suo saggio intitolato *L'etica protestante e lo spirito del capitalismo* (1905), Max Weber notò che in Germania le famiglie più ricche erano gli ebrei, seguiti dai protestanti e poi dai cattolici. Nel 1895, nello Stato di Baden, fu calcolato un reddito imponibile di 4 milioni di marchi per

---

[402] A Perugia, nel 1462, i frati francescani erano riusciti a convincere i ricchi della città a fondare un banco dei pegni, il "*Monte di Pietà*". Il Monte di Pietà prestava denaro gratuitamente o a un tasso di interesse molto basso. Il Monte di Pietà si diffuse in tutta Italia e in Europa. Il termine francese, e spagnolo, deriva da una cattiva traduzione dell'italiano "*monte di pietà*"; da *monte* (valore, quantità, somma) e *pietà* (pietà, carità). Avrebbe dovuto essere tradotto come "*credito di carità*".

1000 ebrei, 954.060 marchi per 1000 protestanti e 589.000 marchi per 1000 cattolici[403].

Tra i calvinisti, la propensione alle professioni commerciali e bancarie e all'arricchimento con ogni mezzo era una realtà ancora più evidente. Werner Sombart ha citato un passo di un "*pamphlet burlesco*" del XVII secolo - del 1608 - intitolato *Lo specchio ebraico del calvinismo*, il cui contenuto mostra i legami spirituali tra il puritanesimo (calvinismo) e l'ebraismo. A quanto pare, l'autore sapeva come gestire l'ironia: "*Se devo dire sul mio onore e in tutta verità perché sono diventato calvinista, devo confessare che non c'è altra ragione che questa: nessun'altra religione si avvicina tanto all'ebraismo nel suo modo di risolvere i problemi religiosi e di vita*".

L'autore prosegue citando "in *modo mezzo serio e mezzo satirico*", scrive Werner Sombart, le analogie tra ebraismo e calvinismo: "*Gli ebrei odiano il nome di Maria, e la sopportano solo quando è fatta d'oro e d'argento o impressa sulle monete; anche noi abbiamo poca considerazione di Maria, ma siamo ben lontani dal disprezzare le monete su cui è riprodotta la sua immagine, e vendiamo volentieri le sue statue d'oro e d'argento nei nostri negozi*".

E ancora: "*Gli ebrei si intrufolano in ogni paese per ingannare la gente; noi facciamo lo stesso: lasciamo la nostra patria e andiamo in altri paesi, dove siamo sconosciuti, in modo da poter, con i nostri inganni e le nostre menzogne, sfruttare la gente ancora più facilmente, perché non diffida di noi*[404]".

Questa alleanza tra puritani anglosassoni ed ebrei, alimentata dalla linfa dell'Antico Testamento, è stata la vera matrice della società capitalista, liberale e cosmopolita che oggi tende a espandersi su tutto il pianeta. Il trionfo dello spirito cosmopolita è dovuto a questa simbiosi, al tempo stesso religiosa e vilmente materialista, che rappresenta il cosmopolitismo contemporaneo, cioè il realismo ebraico e protestante del capitalismo, secondo cui il profitto è il motore della Creazione[405].

---

[403] Max Weber, *La ética protestante y el espíritu del capitalismo* (1905), Alianza Editorial, Madrid, 2001, nota 4 pag. 44.
[404] Werner Sombart, *Les Juifs et la vie économique*, 1911, Payot, 1923, p. 322.
[405] Sui legami tra protestantesimo ed ebraismo, si veda *Jewish Fanaticism* (2007). E sul contagio ebraico nel protestantesimo, si veda *La guerra escatologica* (2013).

Rapacità patologica

Sarebbe ingenuo pensare che la tendenza di alcuni ebrei ad accumulare ricchezze dipenda unicamente dall'insegnamento di precetti religiosi. La verità è che questa religione è l'espressione di antiche disposizioni preesistenti, la cui origine va ricercata nella storia molto particolare della setta: il denaro è per loro innanzitutto un mezzo per corrompere le autorità, al fine di garantirsi la sopravvivenza in un ambiente ostile. Ma per capire la radice del problema, bisogna studiare il retroterra psicologico che determina questi impulsi accumulativi negli ebrei. In effetti, esiste nel profondo dell'anima ebraica una paranoia latente che li porta a costruire muri per proteggersi dall'ostilità di milioni di goyim che vivono intorno a loro e che sembrano avere un solo desiderio: uccidere gli ebrei! Questa mentalità è stata molto ben riassunta da questo commento di un certo Christian Boltanski: "*La guerra in Francia mi ha insegnato che il nostro vicino ha un solo desiderio: ucciderci. Che il nostro vicino estremamente gentile e amichevole può ucciderci il giorno dopo, che lo stesso uomo che ha abbracciato i suoi figli al mattino può ucciderne altri nel pomeriggio[406].*"

Vent'anni prima, i leader delle comunità non vedevano il mondo in modo diverso. Nel 1978, ad esempio, *Le Droit de vivre*, l'organo della *Lega contro l'antisemitismo* (Licra), titolava in prima pagina: "*Sconfiggere l'antisemitismo per evitare il peggio*". Nel 1991, il suo presidente ha dichiarato: "Abbiamo il *diritto di essere preoccupati. Ho l'impressione che siamo nel 1934 o nel 1938*[407]". Nei nostri libri precedenti, abbiamo dimostrato che questa inquietudine degli ebrei è stata cronica e permanente per secoli, e che la causa va ricercata non solo nella loro storia, ma soprattutto nella psicoanalisi[408].

La letteratura ebraica offre diversi esempi di personaggi animati dall'avidità e dalla ricerca sfrenata del potere. Irene Nemirovsky, scrittrice originaria di una famiglia di banchieri ebrei, ci ha lasciato nei suoi libri i ritratti di personaggi potenti che aveva incontrato nella sua Ucraina. Nel suo romanzo *David Golder*, pubblicato nel 1929, descrive un banchiere emigrato a Parigi (come suo padre): "*A Londra, a Parigi,*

---

[406] *L'Arche*, "*Le mensuel du Judaïsme français*", numero di giugno 1995, in *The Mirror of Judaism*.
[407] In *Lo specchio del giudaismo*, capitolo *La geremiade ebraica*.
[408] Leggere le terze parti di *Psicoanalisi dell'ebraismo* (2006) e *Fanatismo ebraico* (2007). E *Lo specchio dell'ebraismo* (2009).

a New York, quando si nominava David Golder, la gente pensava a un vecchio ebreo duro che era stato odiato e temuto per tutta la vita, che aveva schiacciato chiunque avesse incrociato il suo cammino[409]".

David Golder era in affari con un altro ebreo di nome Soifer. Questo era il tipo di uomo descritto dallo scrittore: "*Soifer, un vecchio ebreo tedesco, una vecchia conoscenza della Slesia che aveva perso di vista e che aveva incontrato di nuovo pochi mesi prima, venne a giocare a carte con lui. Soifer, un tempo rovinato dall'inflazione, aveva recuperato tutte le sue perdite speculando sul franco. Tuttavia, gli era rimasta una sfiducia permanente, che cresceva di anno in anno, nei confronti di un denaro che rivoluzioni e guerre potevano trasformare da un giorno all'altro in carta priva di valore. A poco a poco, trasformò la sua fortuna in gioielli. In una cassetta di sicurezza a Londra conservava diamanti, magnifiche perle, smeraldi così belli che nemmeno Gloria nei suoi giorni migliori avrebbe mai sognato di possedere... Eppure era avara fino all'ossessione*[410]".

Vediamo ora un passaggio di un libro del celebre scrittore yiddish Isaac Bashevis Singer. Nel suo romanzo intitolato *Meshugah* (in yiddish "pazzo"), Isaac Bashevis Singer (ben noto ai nostri lettori) traccia il ritratto di un personaggio chiamato Chaim Joel Treibitcher: "*Quest'ultimo era ancora un uomo molto ricco. Il suo impero commerciale in America superava in importanza quello che era stato in Europa. Dormiva esattamente quattro ore per notte, più tre quarti d'ora durante il giorno - non un minuto di più. Quando era a letto, continuava a escogitare nuovi modi per aumentare la sua ricchezza. In America, negli anni Trenta, aveva acquistato case e fabbriche, oltre che azioni, e il valore dell'insieme era in costante aumento. A Miami Beach possedeva terreni che valevano una fortuna. Molto prima che Israele diventasse uno Stato ebraico, aveva acquistato terreni e immobili a Gerusalemme, Haifa e Tel Aviv. Tutto ciò che toccava si trasformava in oro*[411]". A pagina 135 del romanzo, una prostituta ebrea racconta che Harry Treibitcher, nipote di Chaim, si è suicidato. Egli "*correva dietro alle prostitute*", era "*un truffatore e un giocatore d'azzardo. Scommetteva sulle corse e guidava una Rolls Royce*".

---

[409] Irene Nemirovsky, *David Golder*, ed. digitale jugaor, Lectulandia.com, p. 76
[410] Irene Nemirovsky, *David Golder*, ed. digitale jugaor, Lectulandia.com, p. 85
[411] Isaac Bashevis Singer, *Meshugah*, Edition L'Empreinte, 1994, p. 86.

Dopo la Seconda Guerra Mondiale, il famoso "sopravvissuto all'Olocausto" Martin Gray raccontò nel suo libro *In the Name of All My People* come era diventato ricco. Si era stabilito negli Stati Uniti, a New York, dove si era riunito alla sua famiglia e aveva lavorato freneticamente per guadagnare molto denaro: "*Moltiplicai le mie attività, il gioco d'azzardo, le vendite, i servizi, gli spettacoli. Ho accumulato dollari. Di notte, mi sdraiavo a letto*". Poi si è dedicato all'antiquariato, soprattutto alle porcellane, e ha fatto razzia di tutto quello che trovava. Viaggiò in Europa, che stava cercando di riprendersi dalle rovine della guerra. "*Il mio principio era quello di comprare e vendere rapidamente. Un piccolo profitto moltiplicato produce un grande profitto". La merce arrivava. Berlino divenne per me un lontano sobborgo di New York. Per mesi vagai così, di continente in continente..... Presto aggiunsi Londra al mio itinerario. A Berlino il mercato stava diventando difficile... Tutti gli antiquari degli Stati Uniti si erano riversati su Berlino, svuotando la città e l'intera Germania delle sue porcellane*[412]". Per ovviare alla carenza, Gray iniziò a produrre finte porcellane autentiche del XVIII secolo: "*Accumulai dollari, investii, vendetti... Ero ormai ricco, cittadino degli Stati Uniti, importatore, produttore, avevo aperto una filiale in Canada e un'altra all'Avana. Possedevo case; avevo investito i miei soldi in borsa. Passavo da una capitale all'altra, per me Parigi e Berlino erano sobborghi in periferia... Mai i miei affari andarono meglio: incassavo, investivo, compravo, incassavo di nuovo*[413]".

Possiamo anche citare Peter Rachman (1919-1962), nato Perec Rachman a Lvov, in Polonia, figlio di un dentista ebreo. Dopo la guerra, aveva costruito un impero immobiliare nella zona ovest di Londra. Il suo patrimonio immobiliare consisteva in un centinaio di blocchi di appartamenti che ospitavano una serie di locali notturni. Le case che acquistava venivano talvolta suddivise per la prostituzione (Rachman fu condannato due volte per sfruttamento della prostituzione). Ma il più delle volte si accontentava di espellere gli inquilini rendendo la loro vita miserabile (rumore, lavori edili, ecc.). I "bianchi" che avevano la protezione legale dei vecchi affitti furono così sostituiti da immigrati africani e caraibici più malleabili. La sua scheda "wikipedia" su Internet

---

[412] È così che la Germania sconfitta è stata saccheggiata da cima a fondo. A questo proposito, leggete la testimonianza di Samuel Pisar in *Psicoanalisi dell'ebraismo*.
[413] Martin Gray, *Au nom de tous les miens*, Robert Laffont, 1971, Poche, 1984, p. 365-393 e *In nome di tutti i miei*, edizione digitale su https://es.scribd.com. Leggi in *La mafia ebraica* e *Lo specchio del giudaismo*.

indica che era diventato famoso per la sua avarizia e che la parola "*Rachmanism*" era stata inserita nell'*Oxford English Dictionary* per designare un padrone di casa avido e disonesto.

Naturalmente, non tutti gli ebrei possiedono questa caratteristica e non tutti gli individui avidi, rapaci e spietati sono ebrei. Ma siamo costretti a constatare che questa inclinazione ad accumulare grandi fortune si verifica più in questa comunità che in qualsiasi altra, e che troppo spesso queste fortune sono costruite a spese di altri.

"*L'ebreo è un luccio in uno stagno di carpe*", scrissero nel 1734 i commercianti della città prussiana di Stendal, che si lamentarono con le autorità.

Un'ingiunzione del 1765 dei mercanti e dei commercianti di Parigi recitava: "*Gli ebrei possono essere paragonati ai calabroni che entrano negli alveari per uccidere le api, aprire le loro pance ed estrarre il miele dalle loro viscere*".

Dopo la Rivoluzione francese del 1789, gli ebrei emancipati poterono intraprendere anche la carriera politica. Uno dei grandi storici dell'ebraismo, Leon Poliakov, ha giustamente spiegato: "*Avendo sempre primeggiato nella corsa alla ricchezza, gli ebrei emancipati vi si applicarono con doppio ardore, e le trasformazioni politiche ed economiche dell'epoca facilitarono molte promozioni spettacolari*[414] ".

Alla fine del XIX secolo, Bernard Lazare, intellettuale ebreo all'epoca molto famoso in Francia per il suo coinvolgimento nella difesa del capitano Dreyfus[415] , riconobbe naturalmente alcune carenze della sua comunità: "*L'ebreo è indubbiamente meglio dotato di ogni altro per il successo.... È freddo e calcolatore, energico e flessibile, perseverante e paziente, lucido ed esatto, e tutte queste qualità le ha ereditate dai suoi antenati maneggiatori e commercianti di ducati. Se si dedica al commercio e alla finanza, beneficia della sua educazione secolare e*

---

[414] Léon Poliakov, *Histoire de l'antisémitisme, tome II*, 1981, Points Seuil, 1990, p. 134.
[415] Il caso Dreyfus ha avuto origine da una sentenza giudiziaria presumibilmente antisemita, in un contesto di spionaggio e antisemitismo, in cui l'accusato era il capitano Alfred Dreyfus, di origine ebraica alsaziana, e che per dodici anni, dal 1894 al 1906, ha sconvolto la società francese dell'epoca, segnando una pietra miliare nella storia dell'antisemitismo (NdT).

atavica, che non lo ha reso più intelligente, come dichiara la sua vanità, ma più adatto a certe funzioni[416]".

All'epoca, il dizionario francese *Littré* dava questa definizione di "ebreo": "*3° Fig. Colloquiale: Chi presta a usura o vende a caro prezzo, e, in generale, chiunque cerchi di guadagnare con il duro lavoro*417".

Edgar Bronfman, che è stato presidente del World Jewish Congress per 26 anni a partire dagli anni '80, era ben consapevole dell'importanza del prestito a interesse. Poco prima della sua morte, un giornalista gli aveva chiesto quale fosse secondo lui la più grande invenzione dell'umanità. Bronfman aveva risposto in modo semplice: "Il *prestito a interesse!418* "".

Il suo predecessore, Nahum Goldman, presidente fondatore del Congresso ebraico mondiale, aveva espresso la stessa idea. Nel suo libro *The Jewish Paradox*, pubblicato nel 1976, scrisse: "La *vita ebraica è composta da due elementi: accumulare denaro e protestare419* ".

Oggi, con i loro miliardi, gli ebrei controllano la stampa, la televisione, l'industria cinematografica e hanno il potere di distruggere la reputazione di qualsiasi politico. Consigliano ministri, frequentano deputati e senatori, dettano i loro slogan ai commissari di polizia e portano i loro avversari in tribunale, dove sono sicuri di vincere le loro cause.

In queste condizioni, capiamo che il denaro è la migliore protezione. Garantisce loro che la polizia sarà al loro fianco il giorno in cui i rivoltosi cercheranno di entrare nelle loro case per recuperare i loro beni e vendicarsi di tutte le umiliazioni subite.

Terribili pregiudizi

Sembra ammissibile che uno storico - ebreo o meno - possa citare l'incommensurabile ricchezza di banchieri o mercanti ebrei nell'antichità o nel Medioevo. Ma se un goy osa sottolineare lo

---

[416] Bernard Lazare, *L'antisemitismo, la sua storia e le sue cause*, (1894). Edizioni La Bastille, ed. digitale 2011, p. 159.
[417] Leon Poliakov, *Histoire de l'antisémitisme*, 1981, Points Seuil, vol. 1, p. 337.
[418] Citato da Israel Shamir nel suo articolo *Banquiers et voleurs* (Banchieri e ladri), ottobre 2001.
[419] Nahum Goldman, *Le paradoxe juif*, Paris, Stock, 1976, p. 67. (Letto in *El Espejo del Judaísmo*). [*La paradoja judía*, Editorial Losada, Buenos Aires, 1979 (fuori stampa)].

straordinario potere finanziario dell'ebraismo nella società di oggi, allora gli ebrei si buttano nella mischia per denunciare l'inaccettabile "violenza" di tali affermazioni, i "pregiudizi" di un'altra epoca, "la rinascita dell'antisemitismo", o le "ore più buie della nostra storia[420]", ecc. I pianti, le lacrime e le urla degli intellettuali ebrei sono così scioccanti per il francese che all'inizio si chiede cosa sia stato detto di così scioccante, visto che si trattava solo di un'ovvietà. Poi si rende subito conto che gli resta una sola cosa da fare se vuole conservare il suo lavoro: inginocchiarsi e chiedere perdono[421].

L'importanza della ricchezza e del potere degli ebrei non deve essere esagerata. Jacques Attali, notando questo forte pregiudizio nell'Olanda del XVI secolo, ha voluto sottolinearlo: "*Amsterdam è diventata il tempio della speculazione, il luogo dove si formano le "bolle" finanziarie. Mentre la comunità costruisce una magnifica sinagoga, la città arriva a esagerare la ricchezza degli ebrei... In realtà, la fortuna degli ebrei è più apparente che reale*".

Allo stesso modo, non bisogna credere che nel XIX secolo i Rothschild fossero davvero ricchi. Sarebbe un errore grossolano pensarlo, poiché tali menzogne alimentano la propaganda antisemita: "*I Rothschild non sono paragonabili alla centesima fortuna britannica, e Fred Krupp rimane, al di là di ogni dubbio, il tedesco più ricco del suo tempo... in Francia, nessun ebreo ha una fortuna che si avvicini a quella dei Morny o degli Hottinger. Si tratta di un'élite culturale più che materiale[422]*". È risaputo che gli ebrei sono deboli e vulnerabili. La "finanza ebraica" è un mito della propaganda antisemita e reazionaria per ingannare le masse e metterle contro gli eterni "capri espiatori". Gli ebrei sono poveri, molto poveri. Dire il contrario o insinuare che tra i miliardari del pianeta gli ebrei rappresentino una quota esageratamente sproporzionata è un'opinione antisemita. E come si dice oggi: "*Questa non è un'opinione, è un crimine*", o "*un'opinione criminale*" se preferite.

---

[420] "Le ore più buie" (*Les heures les plus sombres*) è un'espressione coniata e utilizzata dalla sfera culturale e mediatica francese che si riferisce agli anni '30 e alla Seconda Guerra Mondiale. È una sorta di richiamo alla memoria del pubblico ogni volta che viene pronunciata.

[421] La "grande fragilità emotiva" dell'ebraismo e la sua "intolleranza alla frustrazione" appartengono al quadro clinico della patologia isterica (vedi *Psicoanalisi dell'ebraismo*).

[422] Jacques Attali, *Los judíos, el mundo y el dinero*, Fondo de cultura económica, 2005, Buenos Aires, p. 262-263, 324.

Si potrebbe pensare che il dominio ebraico sul mondo della finanza sia terminato da tempo: a partire dall'XI secolo, afferma con serietà Jacques Attali, *"più di mille anni di dominio ebraico quasi assoluto, e del tutto involontario, del sistema bancario internazionale sono terminati. Da questo momento in poi, il loro potere rimane immenso, ma non sono più i principali finanziatori del capitalismo... e i finanzieri ebrei hanno in parte ceduto il loro posto ad altri mercanti e banchieri423 "*.

Come spiegare allora il motivo per cui sono stati successivamente espulsi da ogni dove? Jacques Attali ha risposto a questa domanda in modo molto semplice: i Goyim non capiscono fino a che punto gli ebrei siano utili per loro. Ascoltate e meravigliatevi: *"A Baghdad avevano già fatto questa esperienza nel IX secolo, o a Londra nel XII, a Cordova nel XIII, a Siviglia nel XV, a Francoforte nel XVIII: più ampia era la gamma di servizi che fornivano, più erano odiati"*. Noi goyim siamo un popolo molto ingrato. Dopo la grande espulsione dalla Spagna, Attali scrisse: *"Poveri e ricchi partono insieme, senza beni o quasi, e senza capire perché vengono mandati via424 "*.

Abraham Leon, anch'egli formatosi nelle arti talmudiche, aveva trovato alcune soluzioni ingegnose e originali per smontare le "tesi" antisemite: *"L'espulsione definitiva degli ebrei avvenne alla fine del XIII secolo in Inghilterra; alla fine del XIV secolo in Francia; alla fine del XV secolo in Spagna. Queste date riflettono la differenza nel grado di sviluppo economico di questi Paesi. Il XIII secolo è il periodo di massimo splendore economico dell'Inghilterra. Nel XV secolo, i regni spagnoli iniziarono ad arricchirsi e a sviluppare il loro commercio... Il feudalesimo lasciò gradualmente il posto al sistema di scambio. Di conseguenza, il campo di attività dell'usura ebraica si restringe costantemente. Diventa sempre più insopportabile perché è sempre meno necessaria. Quanto più abbondante diventa il denaro, come conseguenza della più intensa circolazione delle merci, tanto più spietata diventa la lotta contro una funzione economica che non ha quasi trovato alcuna giustificazione economica se non nell'epoca dell'immobilismo economico, quando il tesoro dell'usuraio costituiva l'indispensabile riserva della società.... Gli ebrei, come fonte di reddito, divennero sempre meno interessanti agli occhi dei re (per non parlare*

---

[423] Jacques Attali, *Un homme d'influence*, Seix Barral, Barcellona, 1992, p. 20.
[424] Jacques Attali, *Los judíos, el mundo y el dinero*, Fondo de cultura económica, 2005, Buenos Aires p. 327, 218.

del fatto che l'espulsione degli ebrei era sempre un'operazione estremamente redditizia). Così, gli ebrei furono progressivamente espulsi da tutti i Paesi occidentali".

In breve, se capiamo bene, gli ebrei sarebbero stati espulsi quando stavano perdendo tutto il loro potere, quando erano al limite della loro debolezza. *"Qua e là, piccole comunità ebraiche sono riuscite a mantenersi in alcune funzioni economiche subordinate. Le banche ebraiche ora non sono altro che banchi di pegno, banchi dei pegni, banchi dei pegni, dove la miseria prende in prestito. È un crollo totale. L'ebreo diventa un piccolo usuraio che presta a fronte di piccole somme ai poveri delle città e delle campagne. E cosa può fare con i beni non pagati? Deve venderli. L'ebreo diventa un piccolo venditore ambulante e un raccoglitore di stracci. L'antico splendore è completamente scomparso. Inizia l'era dei ghetti e delle peggiori persecuzioni e umiliazioni... Come banchi di pegno, mercanti di vestiti vecchi, venditori ambulanti e raccoglitori di stracci, conducono una vita miserabile in ghetti bui, essendo il bersaglio dell'odio e del disprezzo della gente comune*[425] *".* La vita degli ebrei fu sempre molto dura.

Hannah Arendt, figura obbligata dell'ebraismo intellettuale del dopoguerra, riprese questa bizzarra spiegazione nel suo libro *Le origini del totalitarismo*. Nella terza parte del libro, intitolata *Antisemitismo*, l'autrice mostrava che l'ascesa dell'antisemitismo nel XIX secolo non corrispondeva affatto al prodigioso aumento del potere degli ebrei nella società europea dopo la loro emancipazione, come gli spiriti superficiali avevano fino ad allora creduto, ma - paradossalmente - a una perdita di potere dei finanzieri ebrei [426]. Nel corso dell'Ottocento, dopo le trasformazioni sociali provocate dalla Rivoluzione francese, la cittadinanza era stata concessa agli ebrei in quasi tutti i Paesi europei, con la notevole eccezione di Russia e Romania. In Germania, spiega Hannah Arendt, gli "ebrei di palazzo" persero il loro potere e la loro influenza. "Nei *primi decenni di questo sviluppo, gli ebrei persero la loro posizione esclusiva nella finanza pubblica a favore di uomini d'affari dalla mentalità imperialista; la loro importanza come gruppo diminuì, anche se alcuni ebrei mantennero la loro influenza, sia come*

---

[425] Abraham Léon, *La Conception matérialiste de la question juive*, 1942, cap. 3, La période de l'usurier juif....
[426] La parola "paradosso" compare spesso sotto la penna di intellettuali ebrei; questo, ovviamente, non è un caso.

consulenti finanziari che come intermediari intereuropei427 ". Pertanto, "si *può osservare che l'antisemitismo raggiunse il suo apice quando gli ebrei avevano perso le loro funzioni pubbliche e la loro influenza e rimanevano solo con la loro ricchezza. Quando Hitler salì al potere, le banche tedesche erano già quasi interamente Judenrein (e proprio in questo settore gli ebrei avevano occupato posizioni decisive per più di cento anni)*".

L'ingenuità e la credulità dei Goyim è tale che Hanan Arendt si è permessa di andare oltre: "Lo *stesso si può dire di quasi tutti i Paesi dell'Europa occidentale. L'affare Dreyfus non è scoppiato sotto il Secondo Impero, quando l'ebraismo francese era all'apice della sua prosperità e della sua influenza, ma sotto la Terza Repubblica, quando gli ebrei erano quasi completamente scomparsi dalle posizioni importanti (anche se non dalla scena politica). L'antisemitismo austriaco non divenne violento sotto Metternich e Francesco Giuseppe, ma nella Repubblica austriaca del dopoguerra, quando divenne chiaro che nessun altro gruppo aveva subito una tale perdita di influenza e prestigio a causa della scomparsa della monarchia asburgica428.*"

L'antisemitismo, che stava crescendo in Germania, Francia e Austria, era opera di "fanatici della cospirazione", sempre pronti a prendersela con i poveri e i vulnerabili perché troppo codardi per colpire i veri potenti. "L'*elemento ebraico internazionale e intereuropeo [cosmopolita] divenne oggetto di odio universale proprio per la sua inutile ricchezza e di disprezzo per la sua mancanza di potere*". Gli antisemiti, che personificano la "*bassezza umana*", non attaccano i potenti, ma "i *gruppi privati del potere o che rischiano di perderlo429* ". La verità doveva essere detta!

Bisogna capire che le tesi di Abraham Leon e Hannah Arendt sono ridicole solo per gli antisemiti, perché il comune goy è sempre pronto a ingoiare simili elucubrazioni talmudiche. I lettori dei nostri libri precedenti lo sanno bene: gli intellettuali ebrei non si tirano indietro di fronte a nulla e sono sempre pronti a negare l'evidenza e a contraddire la realtà. Questa spiegazione dell'antisemitismo, che postula che esso

---

[427]Hannah Arendt, *Le origini del totalitarismo*, l'*antisemitismo*, 1951, Taurus-Santillana, Madrid, 1998, p. 37.
[428]Hannah Arendt, *Le origini del totalitarismo*, l'*antisemitismo*, 1951, Taurus-Santillana, Madrid, 1998, pag. 29.
[429]Hannah Arendt, *Le origini del totalitarismo*, l'*antisemitismo*, 1951, Taurus-Santillana, Madrid, 1998, p. 37, 88. Letto in *Speranze planetarie (*2005).

si sia scatenato contro una comunità indebolita dalla sua perdita di potere nel XIX secolo, è evidentemente completamente contraddetta dalla realtà schiacciante, ovvero che l'emancipazione dell'ebraismo europeo è stata l'inizio di un notevole aumento della sua influenza in tutti i settori della società. L'immagine del favoloso potere dei cinque fratelli Rothschild che dominava l'Europa del XIX secolo rimane il riferimento alla leggendaria *"fortuna anonima e vagabonda"*.

Marc Roche è un altro intellettuale ebreo. Nel suo libro su Goldman Sachs - peraltro piuttosto mediocre - ha superato Jacques Attali, Abraham Leon e Hannah Arendt, realizzando l'impresa di far scomparire puramente e semplicemente i finanzieri ebrei dall'equazione, come per magia - o stregoneria, per così dire. Marc Roche denunciava così il presunto razzismo che regnava a Wall Street ed evocava *"le difficoltà incontrate dalle minoranze razziali nel trovare il loro posto in un universo così bianco[430]."*

I banchieri ebrei sono scomparsi: restano solo i bianchi razzisti, le "vespe" dagli occhi spenti che saccheggiano il terzo mondo e si accaparrano le ricchezze del mondo. Marc Roche ha usato la nota "inversione accusatoria", tanto cara agli intellettuali ebrei, che consiste nel proiettare sugli altri ciò per cui probabilmente si sentono in colpa. Leggete cosa ha scritto per denunciare l'oligarchia finanziaria, in particolare gli "oligarchi" che hanno monopolizzato tutta la ricchezza della Russia negli anni '90: *"Oligarchia: regime politico in cui la sovranità è detenuta da un piccolo gruppo di persone, una classe ristretta e privilegiata. Il termine è stato aggiornato per definire il "capitalismo cosacco" che si è impadronito della Russia dopo il crollo del comunismo[431]* ". E Dio sa che i cosacchi sono persone rapaci, violente, ingannevoli e senza scrupoli.

L'autore era visibilmente intenzionato a far capire ai suoi lettori che la finanza ebraica era un mito, visto che concludeva il suo libro con uno sguardo di sfuggita alla questione. Così, alla fine del libro, mette ancora una volta i puntini sulle i: *"Fino al 1945, a Wall Street c'era una vera e propria segregazione tra banche ebraiche e protestanti. Oggi Goldman Sachs non è più una banca ebraica, così come JP Morgan non coltiva*

---

[430] Marc Roche, *La banca, come Goldman Sachs governa il mondo*, Ediciones Deusto, Barcellona, 2011, p. 168.
[431] Marc Roche, *El Banco, cómo Goldman Sachs dirige el mundo*, Ediciones Deusto, Barcelona, 2011, p. 97. Sul saccheggio della Russia da parte di oligarchi ebrei negli anni '90, si veda *La Mafia judía*.

più le sue radici protestanti. Tuttavia, i pregiudizi dell'opinione pubblica sono difficili da rovesciare432 ".

Anche Roger Cukierman, ex presidente del Crif (Consiglio di rappresentanza delle istituzioni ebraiche in Francia), si è indignato contro questi odiosi pregiudizi e ha negato l'evidenza, rispettando così le tradizioni della sua comunità: ""*Gli ebrei hanno i soldi!*" *Ci sono sempre pregiudizi antisemiti così banalizzati e terribili che alla fine portano alle peggiori conseguenze433* ".

Ora sapete la verità: la finanza ebraica è un mito. Può essere esistita a Babilonia migliaia di anni fa, forse anche nel XIX secolo, o effimeramente all'inizio dell'avventura di Goldman Sachs, quando la banca era agli albori. Ma quella storia è definitivamente finita. Ciò che i vostri occhi vedono non corrisponde alla realtà. I vostri occhi sono chiusi, le vostre palpebre sono pesanti... Siete completamente rilassati... State dormendo profondamente... Ora state dormendo profondamente.

Non esiste una "lobby ebraica", contrariamente alle affermazioni fallaci e calunniose degli antisemiti. Ascoltate cosa ci ha detto questo Meir Waintrater sulla "lobby ebraica" nella rivista ebraica *L'Arche* nell'ottobre 1999 (pagina 10):

"Chiunque abbia una minima familiarità con le questioni ebraiche conosce l'inutilità di una simile domanda. Il Crif, che è l'unica organizzazione che può parlare a nome della comunità ebraica nell'arena politica, è una piccola organizzazione che si basa quasi esclusivamente su volontari. Interviene solo apertamente, sotto forma di comunicati stampa e incontri con i leader nazionali e internazionali. Non ha né la vocazione né i mezzi per fare pressioni sui politici o sui media, che è il segno distintivo di qualsiasi gruppo di pressione.... (E non parlo dell'ambasciata israeliana, il cui servizio informazioni è senza dubbio uno dei più poveri e mal equipaggiati di tutte le rappresentanze diplomatiche a Parigi; né dell'Organizzazione Sionista Mondiale, in declino e periodicamente destinata a scomparire, i cui pochi delegati in Francia si occupano esclusivamente di diffondere la cultura ebraica e di aiutare i candidati a emigrare in Israele). In una parola: il concetto di "lobby ebraica" non ha alcun fondamento nella

---

[432] Marc Roche, *La banca, come Goldman Sachs gestisce il mondo*, Ediciones Deusto, Barcellona, 2011, p. 233.
[433] Roger Cukierman, *Ni fiers, ni dominateurs*, Edition du Moment, 2008, p. 97. In *Lo specchio del giudaismo* (2009)

realtà". Ed è proprio questo il motivo per cui, ogni anno, quasi tutta la crema del mondo politico francese, personalità politiche e ministri di destra e di sinistra, sono invitati alle famose serate del Crif.

Su questa falsariga si colloca, ad esempio, la seconda parte del noto film *La Vérité si je mens*[434] (Francia, 2000): alcuni bastardi senza scrupoli truffano un povero piccolo fornitore del Sentier, portandolo alla rovina. Questi bastardi sono gli acquirenti degli ipermercati della grande distribuzione, i proprietari goyim dagli occhi blu che saranno puniti alla fine del film. Non fraintendeteci: non stiamo dicendo che questo non possa accadere nella realtà. Ci sembra solo che il ruolo del bastardo tenda a ricadere quasi esclusivamente sui goyim bianchi, e che sarebbe più giusto se di tanto in tanto vedessimo nella finzione cinematografica anche qualche ebreo imbroglione, truffaldino, malvagio, imperialista e guerrafondaio, oltre a neri assassini seriali o magrebini stupratori. Ma per questo dovremo probabilmente aspettare una nuova era.

L'antisemitismo è un'assurdità, ci dicono gli intellettuali ebrei: "*L'antisemitismo è totalmente incoerente, ma questo non preoccupa mai gli antisemiti*", ha scritto il grande sociologo Michel Wierviorka. "*Tutto ha un posto nel discorso antisemita, l'odio per gli ebrei è alimentato da argomenti contraddittori*[435] ". Come spiegare allora la permanenza dell'antisemitismo, "*se è assurdo e irrazionale*"? Michel Wierviorka risponde nel suo dialogo fittizio con un goy: "*A dire il vero, mi sono posto questa domanda molte volte, e non ho mai trovato una risposta soddisfacente. La migliore, secondo me, è l'idea che il popolo ebraico sia stato costituito nel corso della storia come figura del male e della disgrazia. La loro presenza tra altri popoli, dove non sono mai stati più di una minoranza, li ha resi il capro espiatorio ideale*". Ovviamente, il sociologo si scagliava contro "*le assurde accuse di cospirare per governare il mondo e condurlo alla perdizione*[436] ".

Eppure, tutte queste considerazioni non hanno mai impedito agli ebrei di dare lezioni di moralità all'umanità, come i professori che giudicano gli alunni in un esame. Si leggano le parole di Albert Einstein, che scrisse con una certa presunzione: "*La situazione del nostro popolo sparso sulla terra è un barometro della moralità che regna nel mondo*

---

[434] Una commedia popolare ebraica che ebbe un grande successo in Francia in quegli anni.
[435] Michel Wieviorka, *L'Antisémitisme expliqué aux jeunes*, Seuil, 2014, pag. 100.
[436] Michel Wieviorka, *L'Antisémitisme expliqué aux jeunes*, Seuil, 2014, pag. 115, 117.

politico... La tradizione del popolo ebraico consiste in una volontà di giustizia e di ragione che serve e ha servito il resto dell'umanità, e servirà in futuro[437] ".

O come ha detto mirabilmente anche uno dei suoi congeneri, Stéphane Zagdanski: "*Si potrebbe sviluppare in tutti i toni possibili questa ode, questa gigantesca rapsodia della generosità, dell'altruismo, della gratuità e della splendida ma inutile dedizione che è l'ebraismo*[438] ".

Jacques Attali sapeva anche dare prova di grande umorismo quando ci ricordava le regole morali dell'ebraismo: "*Imporre una morale molto austera, non tollerare l'arroganza o l'immoralità, per non creare gelosie o pretesti di persecuzione*[439] ". Non c'è da ridere!

---

[437] Albert Einstein, *La mia visione del mondo, discorso pronunciato a Londra*, Titivillus Digital Edition, 2016, p. 104-105. [*Spinoza e Karl Marx sono emersi da questa tradizione*, p. 105.
[438] Stéphane Zagdanski, *De l'Antisémitisme*, Climats, 1995, 2006, p. 327.
[439] Jacques Attali, *Los Judíos, el mundo y el dinero*, Fondo de cultura económica, 2005, Buenos Aires, p. 490.

Il progetto Cosmopolitan

La verità è che gli ebrei hanno un vantaggio nell'arte e nel modo di ingannare la gente e di accumulare ricchezza. Non sorprende quindi, in queste circostanze, che siano i campioni del liberalismo, della deregolamentazione e dell'abolizione delle frontiere. Gli Stati, con la loro legislazione invadente, la loro amministrazione inquisitoria e la loro polizia più o meno "antisemita", sono per loro essenzialmente ostacoli che li costringono a certe acrobazie finanziarie, come aprire conti bancari dall'altra parte del mondo, domiciliarsi in paradisi fiscali, ecc. Tutto questo per tenere le loro fortune al riparo dal fisco e dalla legge. Gli ebrei, infatti, sentono sempre il bisogno impellente di correggere l'ingiustizia che ritengono di aver subito con qualche azione di autocompensazione extra-legale.

Ma i miliardari ebrei (in numero di miliardi) non accumulano ricchezze per il solo piacere di possedere e godere di beni materiali. Come i loro colleghi ebrei che si sentono veramente ebrei, sono innanzitutto spinti dal desiderio di vedere le profezie avverarsi: sono convinti che il loro messia debba venire. Ma sono anche consapevoli che non arriverà finché non sarà stabilita la pace sulla faccia della terra, una pace che sarà assoluta, universale e definitiva. Per generazioni, gli ebrei hanno lavorato instancabilmente verso questo obiettivo di pacificazione globale dell'umanità. Il concetto di "pace" è al centro dell'ebraismo e non è un caso che questa parola (*shalom* in ebraico) compaia così frequentemente in tutti i discorsi degli ebrei del mondo. Non si tratta solo di un concetto religioso o di una fede nell'avvento di un mondo migliore, opera di Dio in un futuro lontano, ma di un principio guida che determina l'impegno e le azioni degli ebrei nella loro vita quotidiana. Infatti, gli ebrei, attraverso il loro lavoro, le loro azioni e il loro coinvolgimento in politica, lavorano ogni giorno per costruire la "Pace".

Per raggiungere questa pace, gli ebrei lavorano instancabilmente per eliminare tutte le fonti di conflitto, in primo luogo i conflitti tra le nazioni. Le nazioni sono presumibilmente i generatori della guerra, quindi bisogna fare tutto il possibile per indebolirle. Nei film che producono e realizzano, nei romanzi che scrivono, nei discorsi che ripetono nei media e nelle loro cattedre accademiche, gli ebrei militano attivamente a favore di tutto ciò che contribuisce a indebolire il senso di appartenenza collettiva. In nome dell'"uguaglianza", dei "diritti umani" e della "tolleranza", spingono con tutte le loro forze per la fratellanza universale, l'apertura delle frontiere e la libera circolazione di persone e merci. In tutti i Paesi in cui sono insediati, incoraggiano l'immigrazione, promuovono la miscegenazione, esaltano la società multiculturale e l'ambiguità identitaria. Le società tradizionali devono scomparire; tutte le differenze tra le persone devono essere spazzate via e soppresse: razze, etnie, nazioni, religioni. Alla fine, tutti gli Stati dovranno unirsi, fondersi in un unico governo mondiale, l'unico in grado di portare felicità e prosperità alla terra. L'unificazione del mondo sarà anche il preludio a una pacificazione globale dell'umanità, che è, secondo loro, la precondizione per la venuta del loro messia[440].

Nel XIX e XX secolo, con il marxismo e l'ideologia comunista, gli ebrei avevano cercato di sopprimere le classi sociali a costo di innumerevoli vittime, ma sempre sotto le spoglie di grandi ideali umanitari: laicità, tolleranza, "diritti umani", "internazionalismo", ecc.[441]. Oggi spingono il loro fanatismo fino a far scomparire le differenze tra uomini e donne[442], banalizzando l'omosessualità nei loro film e nelle loro serie televisive, incoraggiando l'ambiguità sessuale, la dissoluzione della famiglia eterosessuale, nonché attaccando i valori morali "reazionari" o patriarcali, sempre con l'obiettivo di stabilire la "Pace" e l'"Unità" tra nazioni e individui. Del vecchio mondo non deve rimanere nulla, tutto deve scomparire! E quando non ci sarà più nulla da distruggere, gli ebrei, che avranno mantenuto intatto il loro sangue, la loro legge e la loro religione, saranno riconosciuti da tutti come il "popolo eletto" di Dio. È questo il

---

[440] Questo è ciò che abbiamo ampiamente dimostrato, da cima a fondo, supportato da centinaia, se non migliaia, di citazioni nei nostri libri precedenti. A questo proposito, si vedano in particolare *Speranze planetarie (*2005) e *Fanatismo ebraico* (2007).
[441] Quasi tutti gli ideologi marxisti erano infatti originari di questa comunità. Si vedano i capitoli dedicati a questo tema in *Speranze planetarie (*2005) e *Fanatismo ebraico* (2007).
[442] Riteniamo che l'attuale offensiva globale della politica transumanista e transgender sia ispirata alle dottrine esoteriche della Cabala ebraica. Leggi in *Psicoanalisi dell'ebraismo.*

fanatismo egualitario e messianico che apre la strada al progressismo democratico e totalitario.

Agendo di concerto, con un obiettivo ben definito, i miliardari ebrei sono quindi molto più efficaci dei goyim ed esercitano una grande influenza sulle decisioni politiche, soprattutto nei Paesi occidentali.

George Soros, ad esempio, non era solo uno speculatore senza scrupoli: era anche un grande "filantropo". Dopo il crollo dell'Unione Sovietica, nel 1993 fondò l'*Open Society Institute*, il cui scopo dichiarato era quello di promuovere lo sviluppo di società democratiche e "aperte". Inizialmente, i suoi investimenti erano rivolti principalmente ai Paesi in via di sviluppo e a quelli dell'ex Unione Sovietica. Ma poi ha riversato centinaia di milioni di dollari nelle sue fondazioni, presenti in più di 30 Paesi.

Nel suo libro, pubblicato nel 2006 (*Il grande disordine mondiale*), abbiamo visto come lo speculatore abbia incoraggiato l'immigrazione in Europa: "*A causa dell'invecchiamento della popolazione, l'immigrazione è una necessità economica, ha scritto. In quanto prototipo di società mondiale aperta, l'Europa deve accogliere l'immigrazione e incoraggiare l'adesione di nuovi membri*". Soros ha anche rivelato informazioni sul suo ruolo nel bombardamento della piccola Serbia patriottica nel 1999, nonché nelle rivoluzioni "democratiche" (colorate): nella "Rivoluzione delle rose" in Georgia nel 2003 e nella "Rivoluzione arancione" in Ucraina nel 2004[443]. Dieci anni dopo, il 25 maggio 2014, ospite sul set della rete statunitense CNN, l'uomo d'affari ha riconosciuto apertamente di aver finanziato l'opposizione al presidente filorusso in quel Paese. Ha poi indicato il Presidente russo Vladimir Putin come il nemico numero uno da sconfiggere. L'obiettivo è, come sempre, l'instaurazione di democrazie "aperte" e "tolleranti" nei confronti degli interessi globalisti, dissolvendo così i popoli e favorendo l'instaurazione di un governo mondiale. Nel 2010, Soros aveva finanziato l'associazione "Human Right Watch" per oltre 100 milioni di dollari. Soros era molto preoccupato per il razzismo e impegnato nella difesa dei diritti "umani". Ha chiesto all'Unione Europea di attuare un grande piano per l'integrazione dei Rom. "*L'entità dei problemi richiede un piano globale ed efficace per l'integrazione dei Rom a livello dell'UE*". La

---

[443] Su George Soros e altri "guru di Wall Street", si veda *Speranze planetarie* (2005) e *Fanatismo ebraico* (2007) (si veda ancora la nota 333).

sua fondazione aveva già distribuito quasi 150 milioni di dollari in programmi e integrazione dei Rom nell'Europa orientale[444]. Nel 2012 ha donato 35.000 euro al "Collettivo contro l'islamofobia" in Francia.

Nella sua autobiografia, Soros ha raccontato che da adolescente ebreo nell'Ungheria controllata dai nazisti aveva partecipato al saccheggio delle proprietà degli ebrei. *Soros non si sentiva in colpa per questo*". Il miliardario ha paragonato quell'episodio della sua vita al suo atteggiamento nei confronti dei mercati finanziari: "*Se non l'avessi fatto io, l'avrebbero fatto altri*[445]", ha detto. Georges Soros ha sostenuto tutte le cause "liberali" negli Stati Uniti: la depenalizzazione della cannabis, il controllo delle armi, l'eutanasia, ecc. In California aveva donato un milione di dollari per sostenere associazioni a favore della legalizzazione della cannabis, forse per cullare il sonno della popolazione. La "società aperta" è in realtà una "società spezzata", in cui le mafie transnazionali possono operare a loro piacimento. Questo è il progetto globalista.

Il sociologo Edgar Morin è un altro esemplare abbastanza rappresentativo di questi intellettuali cosmopoliti ossessionati dall'avvento delle loro profezie[446]. Da trent'anni ripete lo stesso discorso, quasi parola per parola, e le stesse idee in tutti i suoi libri. Nel 1993, nel suo libro *Terra-Patria*, annunciava già in dettaglio la buona notizia, "*quella dell'era planetaria*": "*Migrazioni e incroci, produttori di nuove società, policulturali, sembrano annunciare la patria comune a tutti gli esseri umani*[447] ". Il nostro compito, ha detto Edgar Morin, è quello di "*riformare la civiltà occidentale*", "*federare la Terra*" e "*realizzare l'era della cittadinanza planetaria*". Dobbiamo "*considerare la cittadinanza planetaria, che darebbe e garantirebbe a tutti i diritti terrestri*[448] ", ha assicurato il sociologo.

Vent'anni dopo, nel 2014, nel suo libro intitolato *La nostra Europa*, Edgar Morin ha ribadito le sue stesse ossessioni, i suoi stessi avvertimenti profetici: "*Siamo all'inizio dell'era planetaria... C'è la*

---

[444] *Le Monde.fr*, 28 agosto 2010.
[445] *Le Point*, 18 settembre 2008.
[446] Edgar Morin (Parigi, 1921), nato Edgar Nahum, è un filosofo e sociologo francese centenario di origine sefardita. È un autore prolifico e pluripremiato, ampiamente tradotto in inglese.
[447] Edgar Morin e Anne-Brigitte Kern, *Tierra-Patria*, 1993, Editorial Kairós, Barcelona, 2005, p. 43.
[448] Edgar Morin e Anne-Brigitte Kern, *Tierra-Patria*, 1993, Editorial Kairós, Barcellona, 2005, p. 136, 142, 143.

speranza che le nostre società attuali subiscano una metamorfosi verso un'unione planetaria, verso una società-mondo, una richiesta razionale di un mondo limitato e interdipendente". *Gli esseri umani non hanno solo un'unica discendenza comune. Gli esseri umani hanno anche un destino comune... Tutti gli esseri umani hanno una patria comune. Siamo tutti figli della Terra* [449] *"*. E ancora: "*L'unità, la diversità e la miscegenazione devono vincere sull'omogeneizzazione e sul ripiegamento. La miscegenazione non è solo bla bla bla*[450]*..."*. Sulla sua sedia a rotelle, davanti a un muro, Edgar Nahum passava la giornata a ripetere le stesse parole.

Anche Jacques Attali è molto rappresentativo di questi intellettuali ebrei, letteralmente ossessionati dalla miscegenazione universale (tranne che per loro stessi, ovviamente) e dall'unificazione del mondo. I lettori dei nostri libri lo conoscono bene, anche nella sua intimità! È probabilmente lo scrittore che esprime più chiaramente il progetto politico dell'ebraismo, visto che da molti anni espone spudoratamente il suo ideale di unificazione planetaria nei suoi libri e sulle televisioni francesi[451].

Nel suo libro intitolato *Fraternità*, pubblicato nel 1999, aveva già auspicato la creazione di un governo mondiale. Si proietta nel futuro e immagina "*tredici personaggi che compongono il governo mondiale creato ventitré anni prima, nel 2083*". Ogni resistenza al suo potere era scomparsa: "*Nel 2080 nessuno, o quasi, denunciava la formidabile concentrazione di ricchezza e potere: cinque gruppi finanziari controllavano più della metà del capitale mondiale, e una parte significativa del resto apparteneva ai trafficanti di organi*[452] *, cloni e cervelli virtuali. Cinque miliardi di terrestri avevano a malapena di che sopravvivere*". Sulla Terra regnava finalmente la pace: "*Si era formata una nuova classe privilegiata che riuniva, senza distinzione di*

---

[449] Edgar Morin, Mauro Cerruti, *La nostra Europa, Che cosa possiamo aspettarci, Che cosa possiamo fare*, Paidós, 2013, Barcellona, p. 142, 143.
[450] Edgar Morin, Mauro Cerruti, *Nuestra Europa*, Paidós, 2013, Barcellona, p. 145. [Il libro è pieno di perle come questa: "*L'Europa deve soprattutto problematizzarsi. E deve problematizzarsi rigenerando il principio costitutivo della sua identità: il principio dell'unità nella diversità e della diversità nell'unità*", p. 112, 113].
[451] Jacques Attali è una personalità che nel corso degli anni è diventata più visibile al pubblico spagnolo e ispanofono. Molte delle sue opere sono state tradotte in spagnolo. Uno dei suoi libri più consigliati sulla società globale futura è *Breve historia del futuro*, Ediciones Paidós Ibérica, Barcellona, 2007.
[452] Il traffico di organi è una specialità della mafia ebraica.

nazionalità, imprenditori di banche dati, manipolatori di geni, produttori di chimere, organizzatori di reti e animatori di spazi di piacere... Era possibile vedere come si stava instaurando una società aperta, generosa e rispettosa delle differenze. Tutti si dilettavano a coltivarle per il piacere di tutti".

L'essenziale, come capirete, è distruggere tutte le antiche comunità organiche, tutte le tradizioni ancestrali, tutti i legami di sangue e tutte le solidarietà familiari o etniche. Il nichilismo ebraico non conosce limiti e Jacques Attali proclama apertamente la dissoluzione della famiglia patriarcale, parlando di *"matrimoni multipli e simultanei, eterosessuali o omosessuali*[453]*"*. Negli anni successivi, Attali non smetterà di ripetere questa idea ad nauseam in tutte le sue opere.

Nelle sue visioni, Attali vede una piccola élite di *"nomadi planetari"* a capo del mondo. I membri di questa nuova élite sarebbero *"un'iperclasse planetaria"*, priva *"di riferimenti patriottici"*. Il governo dei loro sogni sarebbe un *"governo mondiale"*, *"eletto con voto elettronico per cinque anni"*. "*Aveva il compito di organizzare una democrazia interamente dedicata al rispetto degli esseri umani e alla protezione delle libertà e dei diritti"*. Tutto sarebbe andato bene nel migliore dei mondi: *"La fame e la miseria erano state universalmente bandite"*. E i cittadini planetari si fidavano ciecamente dei loro governanti per risolvere tutti i conflitti: *"Il divieto di vendita di qualsiasi arma, comprese le armi da caccia e da caccia, era garantito e controllato da una polizia, una giustizia e una regolamentazione planetarie... e la genetica faceva il resto quando permetteva di isolare e neutralizzare, senza violare le libertà, i geni legati alla violenza, all'invidia, alla gelosia e all'odio di sé"*. Il governo mondiale disporrebbe di mezzi eccezionali: *"risorse fiscali planetarie votate da un parlamento delle Nazioni Unite"*. E tutto l'oro del mondo sarebbe finalmente confluito nelle sue mani: *"Una sola Banca Centrale controllava l'uso dell'unica moneta del mondo*[454]*"*. Alla fine del libro, Jacques Attali riteneva che il lettore fosse sufficientemente preparato

---

[453] Jacques Attali, *Fraternità, una nuova utopia*, Paidós Iberica, Barcellona, 2000, p. 16, 20, 21 "*Autorizzare l'unione tra le persone, qualunque sia il loro sesso e il loro numero, in modo che possano unire le loro solitudini, provare piacere nell'aiutarsi a vicenda e aiutare gli altri insieme*". p. 147.

[454] Jacques Attali, *Fraternità, una nuova utopia*, Paidós Iberica, Barcellona, 2000, p. 20, 21.

alla sua profezia finale: *"Una banca centrale planetaria avrebbe amministrato la moneta unica del mondo".*[455] "

Nel 2007, Attali ha svelato i suoi piani per salvare le pensioni dei pensionati francesi. Si trattava semplicemente di *"organizzare l'arrivo di due milioni di stranieri all'anno tra il 2020 e il 2040, il che si tradurrebbe, considerando l'intero periodo considerato e basandosi sulla crescita delle famiglie, in 93 milioni di immigrati che entrano nel nostro Paese; la Francia avrebbe allora 187 milioni di abitanti, il 68% dei quali sarebbero immigrati di prima o seconda generazione*[456] ".

Nel 2009, in un'altra sua opera intitolata *Il senso delle cose*, Attali ha proseguito coscienziosamente la sua opera di distruzione dei valori europei, insistendo più volte sulla *"necessità di un governo mondiale*[457] ".

Il 16 febbraio 2010, sul canale televisivo *Public Sénat*, nel programma *Conversations d'avenirs* dedicato alla città di Gerusalemme, Jacques Attali ha ingenuamente evocato questa città come *"capitale planetaria di un governo mondiale"*: *"Possiamo sognare che Gerusalemme diventi un giorno la capitale del pianeta unificato attorno a un governo mondiale. È un luogo bellissimo per un governo mondiale".*

Nel 2011, dopo la pubblicazione del suo ennesimo nuovo libro intitolato *Domani, chi governerà il mondo*, ha proposto *"un esecutivo planetario"* concepito come *"un eptavirato. Un Consiglio di sette membri eletti per sette anni, non rieleggibili - simboleggerebbe l'unità del mondo ed eserciterebbe l'autorità morale necessaria per il rispetto della costituzione mondiale... La presidenza dell'eptavirato sarebbe annuale e a rotazione. Il governo mondiale preparerebbe, proporrebbe, voterebbe e attuerebbe il bilancio mondiale*[458] ". Jacques Attali ebbe l'opportunità di presentare il suo progetto su tutti i canali radiofonici e televisivi.

Il 6 maggio 2014, sul canale televisivo BFMTV del miliardario franco-israeliano Patrick Drahi, Attali ha ripetuto e riassunto ancora una volta il progetto, affinché i Goyim recepissero definitivamente il messaggio:

---

[455] Jacques Attali, *Fraternità, una nuova utopia*, Paidós Iberica, Barcellona, 2000, pag. 142.
[456] Jacques Attali, *L'avenir du travail*, Fayard, 2007, p. 118.
[457] Jacques Attali, *Le Sens des choses*, Robert Laffont, 2009, pagg. 199, 252, 253.
[458] Jacques Attali, *Demain, qui gouvernera le monde*, Fayard, 2011, p. 311. Leggere in *La Guerre eschatologique* (2013).

"*Abbiamo bisogno di un governo mondiale, di una finanza mondiale, di una banca mondiale, di un capitalismo planetario. Si può sognare una Gerusalemme come capitale planetaria. Gerusalemme come capitale del governo mondiale sarebbe un posto bellissimo*[459] ".

In seguito, grazie ai prestiti a interesse, all'unica moneta mondiale e alla Banca Centrale planetaria, tutta la ricchezza confluirà nei forzieri dei figli di Israele. I trattati *Pesachim* e *Sanhedrin* del Talmud babilonese ci assicurano che, al tempo del Messia, i tesori degli ebrei saranno così immensi che "*ci vorranno 300 asini per portare le chiavi di ogni cassaforte*[460] ". Allora non ci sarà più nulla da temere. Tutti i nemici saranno scomparsi e gli ebrei potranno finalmente trovare riposo e pace.

Parigi, settembre 2014

---

[459] Il lettore deve sapere che Jacques Attali ha una grande influenza sul panorama politico e mediatico francese. Da principale consigliere del Presidente Mitterrand negli anni '80, fino alla recente presidenza di diverse commissioni economiche sotto le presidenze di Sarkozy e Hollande. Nella sfera privata, è anche un importante banchiere internazionale. È noto che Attali ha sponsorizzato pubblicamente il giovane Emmanuel Macron, allora dipendente della banca d'affari Rothschild & Co e direttamente sponsorizzato da David René de Rothschild (membro del Consiglio del Congresso ebraico mondiale). Macron è stato poi catapultato alla presidenza della Repubblica francese dai media, nonostante non avesse il consueto appoggio politico, diventando così per molti analisti la figura politica di Rothschild e di personaggi come Attali. Con il suo stile arrogante e autoritario, Emmanuel Macron sta attuando in Francia una politica globalista a passi da gigante: privatizzazione oligarchica dell'economia francese, sgretolamento dello Stato francese e integrazione nel nuovo ordine mondiale dell'agenda 2030. (Maggiori informazioni su Faits et documents: https://www.faitsetdocuments.com/). (NdT).

[460] *Pesachim* 118b e 119, e *Sanhedrin* 110b. Sull'escatologia, cioè la visione dei tempi finali nelle grandi religioni, si legga *La guerra escatologica* (2013).

ALTRI TITOLI

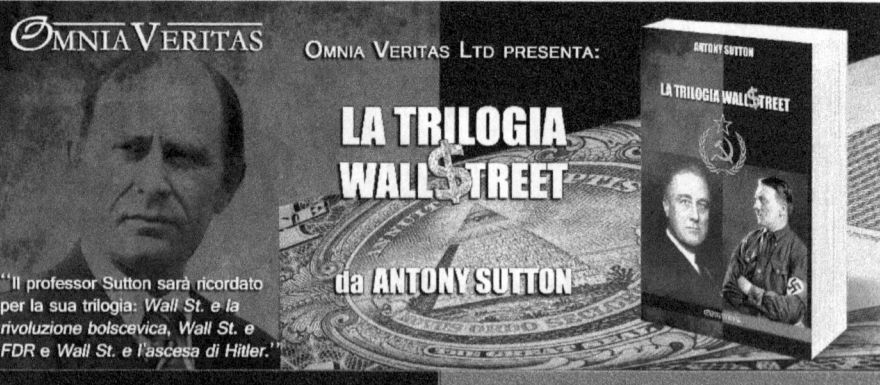

I MILIARDI DI ISRAELE

www.ingramcontent.com/pod-product-compliance
Lightning Source LLC
Chambersburg PA
CBHW060111170426
43198CB00010B/849